논리와 추리

과학 방법론의 기초 및 PSAT/LEET 문제 풀이를 위한 응용 기법

우 정 규

대중출판

머리말

논리학에 관한 서적은 아주 많다. 논리학은 사람의 여러 기능 중 핵심인 생각하는 방법에 관한 연구이기 때문에 많을 수밖에 없다. 사람들이 생각하고 행동할 때 바른 생각, 바른 행동을 하기 위해서 논리의 도움을 받을 수 있다면 그것은 그렇지 않은 경우보다 틀림없이 더 좋다. 더구나 전문지식을 가지고서 서비스를 제공하면서 살아가고 있는 오늘날의 지식경제 사회에서는 전문가의 논리적 판단은 전문가를 성공적 지위로 이끄는 데 필수적인 수단이 되고 있다.

오랜 기간 동안 논리학을 연구하고 가르쳐 왔다. 그러한 연구와 교수의 경험을 살려 이 책을 쓴다. 이 책은 논리학에 관한 형식적 접근 방법론에 입각해서 집필되었다. 흔히 형식 논리라고 불리는 분야이다. 하지만 형식에 대한 연구에 그치지는 않았다. 형식 논리가 내용을 담는 그릇이 되도록 하였다. 그래서 가능한 한 우리말을 사용하여 기호화하려고 하였다. 우리말을 사용하여 기호화하는 것이 불편한 경우에만 불가피하게 영어 알파벳을 사용했다. 단순한 기호라도 사고자 자신에게 익숙하면 익숙할수록 사고의 편리성이 생기기 때문이다.

또한 LEET(법학적성시험)를 보거나 고위공직자로 진출하기 위해 PSAT(공직적성시험)를 보려는 수험생들에게 도움을 주려는 목적에서 기출문제가 부분적으로 활용되어 내용이 구성되었다. LEET의 〈추리논증〉과 PSAT의 〈언어논리〉, 〈자료해석〉, 〈상황판단〉이 모두 지석 능력을 검사하는 시험이다. 그러한 시험 문제를 신속하고 정확하게 풀 수 있는 논리적 구성력을 향상시키려는 것이 이 책의 주목적 중 하나이다.

PSAT나 LEET의 문제들이 회(回)를 거듭할수록 세련되고 있다. 하지만 문제의 내용이 달라질지언정, 문제풀이를 위해 어떤 특별하거나 새로운 논리적 기법이 요구되는 것은 아니다. 이 책은 PSAT와 LEET의 추리문제를 풀기에 필요한 범위의 논리적 지식을 담고 있다. 이 책에서 다루어지는 논리적 지식의 범위는 논증영역의 문제(비판, 쟁점, 약화, 강화 등)를 푸는데도 큰 도움이 된다. 왜냐하면 문제들의 내용은 과학적 지식인데 이 책에서는 귀납논리와 과학적 방법(즉 증거와 가설)이 포함되어 있기 때문이다.

논리학은 이제 대학 강단에서만 강의되는 시대가 아니다. 논리적 사고 훈련의 결실은 실제 시험에서 고득점으로 맺어져야 한다. 이러한 취지에서 이 책에서는 추리에 관한 핵심 원리와 응용 기법에 초점이 맞추어져 있다. 또한 이 책에서는 언어의 의미와 관련된 전반적인 이해를 위해 논리학의 전형적인 범위를 벗어난 발화 행위론도 포함되어 있다. 언어의 의미에 대한 전반적인 이해에 기초해야 언어 정보 처리에 효율적일 수 있기 때문이다. 또한 이 책에서는 연역 논리에 못지않게 실제로 활용되는 귀납추리에 관한 부분도 다루고 있다. 일상인뿐만 아니라 과학자들이 지식 획득을 위해 실제로 사용하고 있는 추리 방법이 귀납인 만큼 귀납에 대한 이해와 활용이 포함되었다. 구체적으로는 기본적인 귀납추리 형식들, 확률논리, 의사결정논리, 및 가설과 추론이 이 책에 포함되어 있다. 물론 책의 분량을 고려하여 이 부분에 대한 기출문제는 거의 들어 있지 않다.

어쨌거나 이 책의 독자가 자신의 사고 능력 증진을 위해서만이 아니라 각종 시험에서도 좋은 성과를 거둘 수 있게 하려는 목적에서 집필된 이 책을 최대한 활용해 주길 기대한다. 조금이라도 독자에게 유용한 책이 되었으면 하는 바람이다. 또한 이 책을 통해 독자께서 실력향상이 되었다면, 필자의 『만점 LEET』시리즈의 추리논증1 추리영역과 논증영역의 공통편, 추리논증2 추리영역: 논리추리, 수리추리, 논리퍼즐, 그리고 2009 PSAT와 2010학년도 LEET 기출문제 해설집으로 학습을 넓혀나갈 수 있을 것이다.

필자가 논리학에 관심을 갖고 연구할 수 있도록 해주신 많은 스승님들과 동료 연구자들께 감사드린다. 필자는 귀납에 관해 석사과정에서 연구하였고, 확률을 응용하는 의사 결정 이론에 관해 박사과정에서 연구하였다. 그동안의 연구 성과의 일부를 이 책에 담았는데, 그 모두가 훌륭하신 스승님들의 가르침 때문에 가능했다고 생각한다.

이전에 『과학을 위한 게임·확률 의미론과 적용』을 출판한데 이어, 이책도 기꺼이 출판해 주신 대종출판의 사장님과 직원 여러분에게도 감사드린다.

우 정 규

목 차

제1장 논리란 무엇인가?
1. 사고와 논리 ···9
2. 논리학의 정의와 의미 ··10

제2장 논리학의 주요 개념들
1. 언어, 단어와 개념, 문장 ··25
2. 논리학의 구성부분 ··56

제3장 연역 논리
1. 연역추리와 귀납 논증의 구별 ··75
2. 고전 논리 ···102
3. 명제 논리 ···149
4. 한량 논리 ···185
5. 관계 논리 ···197
6. 양상 논리 ···211
7. 오류론 ···219

제4장 귀납 논리
1. 귀납이란 무엇인가 ··235
2. 귀납추리의 종류 ···237
3. 귀납의 정당화 ··273

제5장 확률 논리와 의사 결정 논리
1. 확률 논리 ···279
2. 의사 결정 논리 ···283

제6장 가설과 추론
1. 가설과 증거 ··295
2. 가설 - 귀납적 방법 ···298

3. 가설 - 귀납적 방법의 복잡성··300
4. 반증 ···306
5. 베이즈의 확증 이론 ··308

참고 문헌 ··311

찾아 보기 ··313

제 1 장   논리란 무엇인가?

1. 사고와 논리

2. 논리학의 정의와 의미

1. 사고와 논리

1-1. 두뇌와 사고

사람은 태어나서 죽을 때까지 수많은 활동을 하지만 그 중 핵심적으로 생각하는 활동을 한다. 사람이 생각을 할 때, 두 가지 특성이 나타나는데, 하나는 두뇌의 활동이라는 측면이며, 다른 하나는 언어의 사용이다. 생리학적으로 두뇌의 기능에 문제가 없다면, 즉 태어날 때부터 무뇌아로 태어나거나 사고 등의 이유로 후천적 뇌사가 되거나 하지 않는다면, 두뇌 기능의 우수성이 개인적 차이는 있다 할지라도 정상적 활동을 한다고 할 수 있다.

두뇌 활동이란 음식 섭취를 통한 신진대사 에너지를 사고할 때 두뇌에서 소비하는 현상을 말한다. 이러한 에너지 소비는 산소와의 결합을 의미한다. 즉 에너지가 산소와 결합하는 산화 작용을 의미할 것인데, 이때 산소가 필요하다. 이렇게 필요한 산소를 두뇌에서 통상적으로 4분 이내에 공급받지 못한다면 뇌사에 이른다고 한다. 뇌사에 이르면 인간은 생각을 더 이상 할 수 없게 되는데, 이를 뇌사라고 말하며, 뇌사자에게는 의식이 없어졌다고 말한다. 이러한 두뇌 생리학적 설명을 통해서 우리는 생각함에 있어서 두뇌 활동 또는 의식이 필수적인 한 부분임을 알 수 있다.

의식을 연구하는 학문은 심리학, 정신 의학 등인데, 심리학을 대표로 꼽을 수 있다. 심리학에서는 인간의 활동을 마음, 육체의 활동 등의 개념을 가지고서 분석한다. 서양 언어에서 있어서 마음이란 오늘날 통상적으로 두뇌를 의미하지만, 우리말에 있어서는 심장 쪽을 의미하여 차이가 있다. 우리말에서 마음은 마음씨가 좋다 나쁘다 등으로 나타나, 심장의 따뜻함 차가움으로 은유된다. 이런 점에서 언어를 통한 개념의 문화적 차이를 볼 수 있지만, 통상적으로 사고와 관련해서는 의식 중 열혈의 감정과 대비하여 이성의 냉철함이 강조되어 왔다.

1-2. 두뇌와 언어

한편 생각을 할 때 언어 없이는 불가능하다. 어떤 사람이 아무런 생각이 없다고 할 때, 그에게는 두뇌에서 언어적 기호의 흐름이 없다는 것을 의미한다. 여기서의 언어적 기호란 전기 회로적인 의미에서 에너지의 흐름에 실려 있는 어떤 상징성이다. 그러한 상징성은 기호라는 단어와 동의어이며, 그러한 기호에는 의미가 담겨 있다. 사람이 생각함에 있어 고민이 많다든가 정신적 고통이 심하다는 것은 그에게 있어 관련된 문제가 언어적으로 계속 머릿속에서 현전하고 있다는 것이다. 이와 같은 번민을 없앤다는 것은 무언의 상태가 되도록 노력한다(즉 수양한다)는 것을 의미하며 무언의 상태가 될 때 무념의 상태가 되었다고 말할 수 있다. 이러한 고찰에서 볼 때, 언어가 사고의 필수불가결한 또 하나의 부분임을 알 수 있다.

무언, 무념을 추구하는 경우와는 달리, 우리는 생활하면서 늘 언어를 가지고서 두뇌 속에서 생각하지 않을 수 없다. 인간의 사고 작용으로 지식이 축적되어 고등한 과학 문화가 형성되어 온 것이다. 이와 같은 전반적인 이해 속에서 그러한 역할을 해온 것을 한 마디의 말로 표현하라고 요구받는다면 그것은 다름 아닌 논리라고 대답할 수 있다.

2. 논리학의 정의와 의미

논리(logic, 희랍어 logike)란 고대 그리스 언어에서, 특히 아리스토텔레스의 의미에서 사고의 방법, 즉 추론을 의미하는 단어에서 기원된다. 아리스토텔레스는 인간은 이성적이라고 정의했다. 인간의 이성은 사고 활동의 핵심이다. 인간의 사고 활동의 집적물은 지식이라 하므로, 인간의 지식활동에 관련된 특정한 종류의 원리들을 분석하고 명제화하며 이들을 체계화하는 분야의 학문이 있게 되는데, 이를 논리학이라고 한다. 영어 표현으로는 logic이라 하는데, 이것은 어떤 때는 논리로, 어떤 때는 논리학으로 사용되고 있다. 논리라고 하든 논리학이라고 하든, 의미상의 차이는 크게 발생하지 않는다. 다만 논리학이라고 할 때는 인간의 사고 과정을 체계적으로 연구하는 학문이라고 정의된다.

하지만 논리가 일상적 사고에서든 과학적 사고에서든, 사고가 인간의 기본 활동이므로 논리는 다양한 적용의 예를 보이게 되며 확장된 의미를 갖게 된다. 수학과 같은 형식 과학에서는 연역적 방법이 사용되므로, 연역 논리는 형식 과학의 탐구 방법론이라 말해지며, 사회 과학이든 자연 과학이든 개별 과학에서는 주로 귀납적 방법이 사용되므로 귀납 논리는 경험 과학의 탐구 방법론이라 말해진다. 여기서 방법론이란 탐구 방법에 관한 체계적인 일반 이론을 의미한다.

과학의/과학을 위한 탐구 방법론이라는 논리학의 확장된 의미보다도, 일상적으로는 문제 해결의 방법론 또는 의사결정의 방법론이라는 의미에서 논리학의 특성이 규정되기도 한다.

2-1. 문제 해결의 방법론으로서의 논리

먼저 Mayer(1992), pp.490-493에 소개되어 있는 일상적인 문제를 다루는 예를 살펴보자. 체중 감량 다이어트 프로그램을 운영하는 어떤 회사 직원이 지금 식품 창고에서 치즈를 점심 식사로 제공할 준비를 하고 있다. 그 체중 감량 다이어트 프로그램에 규정된 양은 치즈가 들어 있는 컵의 2/3의 3/4이다. 그 양을 어떻게 준비할 것인가? 수학적 계산을 하기 위해 종이와 연필이 필요하거나 아니면 다음과 같이 암산을 할 수 있다. 2/3×3/4=1/2. 그래서 계량컵의 1/2를 채워서 준비하면 될 것이다. 이것이 수학 교과서에 따른 해결법이다. 이런 방법은 논리학의 규범적 측면을 보여 주는 것이다.

그런데 실제로 행할 때 그 직원은 절차적 지식을 따른다. 그는 컵의 2/3 지점을 표시하고서 치즈를 채운다. 치즈는 눅눅한 고형물이므로 그것을 컵에서 쏟으면 원기둥이 된다. 그 원기둥형의 치즈를 사등분한다. 사등분된 것 중의 하나를 버리고 나머지를 사용한다. 심리학자들은 실제 생활에서 사람들이 수학 교과서의 방식을 따르기보다는 식품 창고 직원의 방식을 따른다는 것을 많이 보고하고 있다. 이처럼 심리학에서 사고의 연구는 실제의 사람들이 어떻게 사고하고 있는가를 있는 그대로 보여주는 기술적 측면이다.

사고에 대한 심리학적 연구는 사고 과정이 실제로 어떻게 일어나고 있는가를 실증적으로 연구한다. 위의 예가 그것이다. 사고 과정의 절차적 기술과는 달리, 수학 교과서에 의한 방법은 더 간편한 논리적 방법이다. 우리는 그 직원이 불편하게 그러한 절차에 따르기보다는 수학적 계산에 의해 계량컵을 사용하는 것이 합리적이라고 말할 수 있다. 이런 점에서 논리학은 규범적 학문이다. 우리는 논리학에서 연구된 사고 법칙에 따라 생각할 것을 요구받으며 그렇게 교육받아 왔다. 논리학은 사람이 실제로 잘못 생각하였다면, 즉 논리적인 오류를 범하였다면 오류를 시정하도록 해주는 역할을 한다. 이처럼 논리학은 규범적 또는 처방적 성격의 학문이다.

일상생활에서 접하는 많은 문제를 해결하는 데에는 사실들이 많은 도움을 준다. 문제 해결 과정이 두뇌 속에서 어떻게 일어나고 있는지는 아직 명료하게 밝혀지지 않았지만, 논리적 사고 절차가 어떻게 도움을 주고 있는지에 대해서는 심리학적 연구와 논리학적 연구로 많이 밝혀져 있다. 일상생활에서의 문제를 해결하는 것도 부분적으로는 과학적 방법에 의한 것이기도 하지만, 위의 치즈 예에서 본 것처럼 하나의 방법만이 있는 것은 아니다. 사람들은 일반적으로 문제를 해결하고 새로운 발견을 하는 자신만의 방법을 개발하지만, 누구나가 유용하게 사용할 수 있는 일반적인 원리는 Ruchilis and Sandrda(1990), pp.40-42에 따르면 다음과 같다.

1) 문제를 규정한다
2) 문제를 해결하기 위해 사실을 수집한다
3) 기억, 논리적 추론, 및 믿을 만한 정보를 사용하여 더 많은 사실을 수집하거나 생성한다
4) 결론을 도출한다

문제 해결 활동은 문제로부터 시작한다. 그런데 문제가 무엇인지가 인식될 수 있어야만 해결을 도모할 수 있다. 예를 들어 술주정뱅이는 자신이 알콜 중독자인지를 인식하지 못한다. 알콜 중독자에게 술을 끊으라고 말하면 그는 오히려 그렇게 말하는 사람을 비난한다. 사회와 국가의 문제도 이와 비슷하다. 기본적인 경제 사회 정치 문제는 상황이 아주 복잡하기 때문에 제대로 인식하여 표현하기가 쉽지 않다. 예산 부족 내지 재정 적자가 문제라면 증세를 하거나, 정부 지출을 줄이거나 이 두 정책을 조합 사용함으로써 해결될 수 있을 것이다. 그러나 정부는 이러한 선택에 직면했을때 어찌할 줄 몰라서 문제를 인식하지 못한 척 하기도 한다. 정치 문제는 더 심각하다. 정치인들은 반대파의 조언을 아예 못들은 척하며 자신의 입장과 해결책이 최선이라고만 주장한다. 따라서 문제가 무엇인지 규정되면 해결책은 자연스럽게 모색될 수 있다.

요즘 미소관계는 상당히 우호적이 되었지만 미소간에 냉전 분위기가 심각해진 상황이 되었을때 미국의 북극 미사일 기지에서 사고가 발생했다고 가정하여 설명해 보자. 미사일기지 관리자는 멀리 떨어져 있는 본부로부터 조치 명령을 받을 수 없다면 미리 관련 사실을 수집하지 않았던 것을 후회할 것이다. 본부는 미사일이 정해진 경로상에 있다는 사실을 확인하거나 아니면 부인할 수 있도록 다른 레이더 기지를 점검해서 항상 현황의 사실을 수집하고 있어야 문제를 해결할 수 있을 것이다.

레이더 기지의 관리들은 기억을 더듬어 문제를 해결할 추가 정보를 찾으려 할 것이다. 사령관은 미사일이 향하고 있는 상대국의 지도자를 찾아 공동 해결책을 논의하려 시도해 볼 수도 있을 것이다. 우리의 일상 문제는 그 미사일 기지에서 발생했을 문제 상황에서보다는 압박감이 덜할 것이다. 사실을 수집하고 논리적 추론을 사용하는 과정은 어떠한 제한도 없다. 우리는 전문가와 대화하여 조언을 얻으며 도서관에서 서적과 전문 잡지를 읽으며, 부합하는 모든 정보에 관해 꾸준히 생각하며, 심지어 실험을 하기도 한다. 그렇게 함으로써 우리는 문제의 결단에 이르게 하는 충분한 사실들을 수집하였다는 지점에 이르게 된다.

논리적 추론 과정을 이용하여, 우리는 결론에 도달할 수 있게 된다. 아마도 문제를 해결할 행위를 결단하게 될 것이다. 사실 수집에는 경험을 종합하는 귀납적 방법이 활용되었다면, 문제 해결의 결단 단계에서는 최대 이익을 가져다 주는 최선의 해결책을 선택하기 위한 논리적 연역이 활용될 것이다.

2-2. 과학적 탐구 방법론으로서의 논리

다음의 예는 지질학에서의 추론의 예인데, LEET 예비시험 문제로 출제된 것이다.

문제 다음은 어느 지질학자의 논증에서 보인 추리 과정을 간략하게 정리한 것이다.

―――――― <보 기> ――――――

ㄱ. 비가 내리면 도로는 젖는다. 비가 내린다. 그러므로 도로는 젖을 것이다.

ㄴ. 어떤 아이의 구강 내 점막에 좁쌀 크기의 하얀 반점이 몇 십 개 보인다. 홍역에 걸렸을 때 나타나는 특징적인 증상은 구강 내 점막에 생기는 작은 반점들이다. 그러므로 이 아이는 홍역에 걸렸을 것이다.

ㄷ. 질량이 매우 큰 별 주위에서 빛의 경로가 별 쪽으로 휘어지는 현상이 관찰되었다. 모든 질량을 가진 물체는 질량이 큰 별에 의해 끌어당겨진다. 그러므로 빛은 질량을 가지고 있을 것이다.

ㄹ. 지각 변동으로 지층이 융기하면 육지에서도 조개 화석이 발견된다. 히말라야 산맥은 지각 변동으로 지층이 융기하여 만들어진 것이다. 그러므로 히말라야 산맥에서는 조개 화석이 발견될 것이다.

남아프리카의 화도(volcanic pipe)에서 다이아몬드가 발견되었다. 다이아몬드는 오직 탄소로부터 만들어지며, 온도가 적어도 1000°C에 달하고 압력이 적어도 55kbar일 때 다이아몬드로 합성된다. 그러므로 압력이 적어도 55kbar에 이르고 온도가 적어도 1000°C에 달하는 지하 심부에서 만들어진 다이아몬드가 화도를 따라서 다른 물질들과 함께 위로 옮겨 왔을 것이다.

다음 <보기>의 논증들 중 위 논증에서 보인 추리 과정과 같은 것을 모두 고른 것은?

① ㄱ, ㄴ ② ㄴ, ㄷ ③ ㄷ, ㄹ
④ ㄱ, ㄴ, ㄷ ⑤ ㄴ, ㄷ, ㄹ

이 문제를 이해하기 위해 먼저 논리적 형식을 설명한다. 우리의 사고는 전제로부터 결론으로 이행한다. 이러한 것을 추리 또는 논증이라고 한다. 즉 전제가 성립한다면 결론이 성립한다 또는 할 수 있다는 구조이다. 여기서 우리는 조건문이 들어 있음을 볼 수 있다. '◆◆면 ◇◇'가 조건문의 형식이다. 이것을 통상 'p→q'로 표현한다. →는 조건문을 나타내는 기호이며, p는 조건문의 조건 또는 전건이라고 부르며 q는 결과 또는 후건이라고 부른다. p는 영어의 premise(전제, 前提)라는 것의 첫글자이며 q는 알파벳 순서상 p 다음에 오는 것으로서 예시적으로 사용되고 있다.

여기서 기호를 사용하는 이유에 대해 확실히 이해해 두자. 기호를 사용하는 것은 분석을 복잡하게 하려는 것이 아니라, 추리의 구조를 명료하고 간단하게 표현하고자 함이다. 기호는 일종의 언어로서 의미를 갖고 있다. 이러한 기호는 이상 언어이다. 이상 언어는 일상언어를 사용하는 것보다 논리적 관계를 명료히 드러내서 분석하는 데 도움을 주므로 논리학자들이 개발하여 사용해 왔다. 따라서 여러분은 기초적인 논리 기호를 이 책에서 설명되는 방식에 따라 그대로 적용하여야 한다.

조건문에 조건 또는 결과가 결합하여 전제를 구성한다. 이렇게 구성된 전제에 조건 또는 결과가 결론으로 결합되어 다음과 같은 형식이 생겨난다.

(1) 전건 긍정식 (2) 전건 부정식 (3) 후건 긍정식 (4) 후건 부정식

$$p \to q$$
$$p$$
$$\therefore q$$

$$p \to q$$
$$\sim p$$
$$\therefore \sim q$$

$$p \to q$$
$$q$$
$$\therefore p$$

$$p \to q$$
$$\sim q$$
$$\therefore \sim p$$

여기서 ∴는 '그러므로'를 나타낸다. 즉 ∴ 다음에 오는 것은 결론이다. 이와 같이 3단으로 나타내는 것이 보기에 좋으나 필요에 따라서 또는 논리적 분석을 위해 사용하는 방식에 따라 전제와 결론을 나란히 써서 1단으로 표현되기도 한다. 그러면 (1)은 다음과 같이 표현된다. [(p→q)∧p] / ∴ q. 이처럼 가로로 1단으로 표현하게 되면 문장들 사이에서 생략되었던 것이 표현해야 한다. 전제는 p→q라는 조건문과 p라는 명제로 결합되어 있다. 즉 전제의 두 명제 또는 전제 두 개는 '그리고' 라는 말에 의해 결합되고 있다. 이것을 밝혀 '그리고'에 해당하는 결합사 ∧(브릿지 또는 그리고 또는 and라고 읽는다)를 사용하여 연결한다. 또한 논증의 문장 구조를 분명히 하기 위하여 결합이 되어 있는 것에 대해 괄호(소괄호, 중괄호, 대괄호 등)를 사용한다. 괄호 안에 있는 것은 괄호 밖에 있는 것보다는 결합이 강력하다는 것을 의미한다. 이처럼 생략되어 있는 것과 결합의 강도를 논증의 취지에 따라서 보충하여 문장을 기호화해야 한다. 또한 전제를 구성하고 있는 두 개의 전제는 위치가 교환 가능하다. 즉 q를 먼저 말하고 p→q를 다음에 말하여도 그 내용상 달라짐은 없다. 다시 말해 교환 법칙

도 논리적 추리 규칙 중 하나이다.

　(1) 전건 긍정식은 논리적으로 타당하며 연역 논리의 추리 규칙 중 하나이다. 이것은 조건문이 있을 때 조건이 성취되면 결과는 반드시 참임을 의미한다. 바꿔 말해서, 연역추리는 전제가 참이라면 결론도 반드시 참이라는 진리보존적 특성을 갖고 있는 추리이다. 위 〈보기〉의 "ㄱ. 비가 내리면 도로는 젖는다. 비가 내린다. 그러므로 도로는 젖을 것이다."가 이에 해당하는 예이다. 즉 약어를 사용하여 논증 구조를 보이면 다음과 같다.
　"[(비→젖)∧비] / ∴ 젖.

　(2) 전건 부정식은 오류이다. "비가 내리면 도로가 젖는다. 비가 내리지 않았다. 그러므로 도로는 젖어 있지 않을 것이다."가 이에 해당하는 예이다. 도로는 비가 내리지 않았지만 다른 이유로, 가령 살수차가 물을 뿌렸다면 젖어 있을 수도 있기 때문에 이 추리에서의 결론은 사실이 아닐 수도 있다. 전건 부정식은 제한적으로 법률 해석 중 논리 해석에 해당하는 반대 해석으로 사용되기도 한다. 예로 민법 조문 중 "선의의 제삼자에게 대항할 수 없다"는 것은 "어떤 사람이 선의의 제삼자라면 계약자나 낙약자는 그에게 대항할 수 없다"는 것과 같은 의미이고 이것은 "그가 선의가 아니라면 그에게 대항할 수 있다"는 것을 의미한다. 왜냐하면 그 법조문에서는 선의자와 악의자의 배타적인 집합만 있고 선의자에게 – 대항권 없음과 ~선의자(즉 악의자)에게 – 대항권 있음이라는 배타적 특성 결합만이 있다고 전제되어 있기 때문이다.

　(3) 후건 긍정식은 오류이다. 이것은 귀납 논리에 속하는 논증 형식으로서 귀추법(abduction)이라고 부른다. 이것은 과학적 탐구에서 가장 유용하게 사용되는 논증이다. 왜냐하면 과학자는 원인을 찾는 논증을 주로 하기 때문이다. 이 논증의 구조를 일상어로 간략히 나타내면, 원인이 있다면 결과가 있는데 결과가 발생했으므로 그 원인은 옳을 것이다가 된다. 문제에서 제시된 지질학자의 논증이 바로 이 형식의 예이다. 즉 간략히 나타내서, "[화구 다 발견 ∧ (탄소고온고압→다 생성(=발견))] ∴ 고온고압. 제시문에 있는 표현이 같은 의미의 표현인지를 고찰할 능력도 필요하며, '◆◆할 때 ◇◇'가 논리적으로 조건문(→)으로 표현되는 것임을 알아 두어야 한다.

　(4) 후건 부정식은 연역추리의 규칙 중 하나이다. 조건문 'p→q'에 대우라는 추리 규칙을 적용하면 그것은 '~q→~p'가 된다. 이렇게 변형하면, 이것은 결국 (1)의 전건 긍정식과 같다. 마찬가지로 대우를 적용하면 (2) 전건 부정식과 (3) 후건 긍정식이 본질적으로 같은 형

식의 추리임을 알 수 있다. 후건 부정식은 과학적 반증(falsification)의 핵심 방법이다. 반증은 "어떤 가설 H가 참이라면 어떤 사건 E가 관찰될 것이다. 그런데 E가 관찰되지 않았다. 그러므로 가설 H는 옳지 않다"로 되어 있다. 기호로 다시 쓰면, "[(H→E)∧~E]→~H." '/∴'는 '→'과 같다. 예로 "빛을 전달하는 물질 에테르가 있다면 시차가 발생할 것이다. 그런데 실험 결과에서는 시차가 발생하지 않았다. 그러므로 에테르는 존재하지 않는다." 이처럼 반증을 통해 가정된 실체를 제거하는 철학적 견해를 제거적 유물론(eliminative materialism)이라고 부르며, 이러한 사고를 통해 과학적 지식은 미신과는 다르고 미신에서 벗어났다고 말해진다.

　위와 같은 이해를 통해서 문제의 정답을 찾아내 보자. 제시문의 논증은 후건 부정식임을 위에서 말했다. 〈보기〉에서 후건 부정식을 찾으면 된다. ㄱ은 전건 긍정식임을 위에서 말했다.

　ㄴ에서 "어떤 아이의 구강 내 점막에 좁쌀 크기의 하얀 반점이 몇 십 개 보인다"는 것은 진료의 결과로서 증상에 대한 사실 기술이다. "홍역에 걸렸을 때 나타나는 특징적인 증상은 구강 내 점막에 생기는 작은 반점들이다"는 조건문을 표현되는 이론적 가설이다. "이 아이는 홍역에 걸렸을 것이다"는 결론으로서 조건문의 조건에 해당한다. 간략히 표현하면, "[구강반점∧(홍역→구강반점)] /∴ 홍역." 이것은 후건 부정식이다.

　ㄷ에서 "질량이 매우 큰 별 주위에서 빛의 경로가 별 쪽으로 휘어지는 현상이 관찰되었다"는 관찰 사실이다. "모든 질량을 가진 물체는 질량이 큰 별에 의해 끌어당겨진다"는 이론적 법칙이다. "빛은 질량을 가지고 있을 것이다"는 추정 결론이다. 이를 간략히 나타내면, "[빛휨∧(빛질량→끌림(즉 휨)] /∴ 빛질량." 이것은 후건 부정식이다.

　ㄹ에서 "지각 변동으로 지층이 융기하면 육지에서도 조개 화석이 발견된다"는 것은 조건 명제로 일반 가설이다. "히말라야 산맥은 지각 변동으로 지층이 융기하여 만들어진 것이다"는 관찰 사실이다. "히말라야 산맥에서는 조개 화석이 발견될 것이다"는 예측 사실이다. 이를 간략히 나타내면 "[(융기→화석)∧융기)] /∴ 화석 발견." 이것은 전건 긍정식이다.

　이처럼 문제에 대해 논리적 분석을 하면 제시된 논증은 후건 긍정식으로 〈보기〉의 ㄴ과 ㄷ이 같은 형식이며, ㄱ과 ㄹ은 전건 긍정식으로서 제시된 논증과 형식이 다르다. 따라서 정답은 ② ㄴ, ㄷ이다.

　이 예제를 통해서 볼 수 있는 것처럼, 과학적 탐구에서 연역추리와 귀납추리가 사용되고 있으므로 논리학은 과학의 탐구 방법론이라고 말할 수 있다. 지식 확장을 목표로 하는 경험과학적 탐구에서는 귀납추리가 주로 사용되고 있다. 귀납추리 중 단순 일반화를 통해 법칙을 발견할 수도 있고, 통계적 일반화를 통해 통계적 법칙도 발견할 수 있다. 통계적 법칙은 직입률(straight rule), 즉 표본에 있는 어떤 특성의 비율을 모집단의 비율로 직선적으로 추리하는 규칙에 의해서 형성된다. 직입률에 의해 형성된 통계 법칙은 통계적 삼단논법과 같은 통계적 추리의 전제로서 사용된다. 특히 통계학에서는 비율, 확률 등과 같은 용어를 기본 용어로 사용하여 연구되어 있으므로, 통계학은 귀납적 탐구 방법론임을 분명히 이해해야 한다.

과학자들은 보편 법칙을 발견하려고 노력하지만, 자연의 특성이 보편 법칙으로 진술되지 않을 경우라면, 통계 법칙으로라도 자신의 연구 결과를 표현하려 한다. 왜냐하면 자연 현상의 본질 중 명확한 기술이나 예측이 불가능한 경우, 예로 양자역학적 세계에서는 미결정론적/확률론적 기술과 예측 방법이 사용되고 있기 때문이다. 또한 방법 없는 연구 내용이 있을 수 없으므로 어떤 연구 결과, 즉 과학적 발견이 있다면 우리는 그 과학자가 어떤 방법을 사용했는지 확인할 필요가 있다. 과학자가 말하는 탐구 방법이 확인할 수 있는 것이 아니라면 우리는 그의 주장을 받아들이려 하지 않는다. 바꿔 말해서 우리는 검증 가능하지 않은 이론을 받아들이려 하지 않는다. 과학은 검증이든 반증이든 논리적 방법에 의존되어 있으며, 그것을 피하려고 하는 과학자는 진실하다고 평가되지 않는다.

2-3. 의사 결정의 방법론으로서의 논리

우리는 통계적 방법을 사용하든 않든 어떤 문제에 대해 결론적으로 자신의 입장이나 행위를 선택하게 된다. 인간사의 모든 것이 매순간마다 결정이 요구된다. 점심 식사를 하려 할 것인지 말 것인지를 결정해야 하며, 식단에 대해서도 된장찌개를 먹을 것인지 김치찌개를 먹을 것인지를 결단해야 한다. 그러한 결단 과정도 논리적으로 구성되어 분석될 수 있다.

다음은 2006년 행정외무고시 상황판단 기출 문제 중의 하나로 결단과 관련하여 논리가 어떻게 응용되고 있는지를 보여 주고 있다.

문제 다음 상황들 중에서 이익을 극대화하는 결정을 한 사람을 모두 고르면?

<상황A>
'갑'은 3년 전에 1000만 원을 들여 기계를 구입하였으나 현재 이 기계는 노후되어 정상적으로 사용하기 위해서는 수리가 필요한 실정이다. 현재 시장 상황을 확인하여 보니 선택 가능한 대안은 다음과 같았고, '갑'은 대안 '다'를 선택하였다.

가. 500만 원을 지불하고 일부 수리할 경우 기계를 이용하여 100만 원짜리 상품 10개를 생산하여 판매할 수 있다. 생산이 끝난 기계는 중고상에 200만원에 팔수 있다.
나. 기계를 전혀 수리하지 않으면 800만 원에 중고상에 팔 수 있다.
다. 1000만 원을 들여 기계를 완벽하게 수리할 경우 1900만 원에 중고상에 팔 수 있다.

<상황B>
'을'은 여의도 증권가에서 10년째 식당을 운영하고 있다. 어느 날 인근 증권사에서 매월 150그릇의 설렁탕을 한 그릇당 1만 원에 판매해 줄 것을 요청하였다. 관련 비용을 확인해 본 결과, 재료비는 그릇당 2000원이며 설렁탕을 추가 준비하기 위해서는 월급이 50만 원인 종업원을 새로 고용해야 하고 현재 점포 임대료로 매월 100만 원을 지불하고 있다. '을'은 다음 대안들 중 '나'를 선택하였다.

가. 신규주문을 수락한다.
나. 신규주문을 거절한다.

<상황C>
'병'은 목재 450만 원어치 중 1/3로 의자 10개를 생산하고 나머지로는 식탁 10개를 생산하였다. 시장에서 의자 가격은 개당 5만 원에, 식탁 가격은 개당 40만 원에 형성되어 있다. 만약에 의자와 식탁에 각각 개당 3만 원과 5만 원의 비용을 추가로 들여 장식하면, 의자 판매가격은 12만 원, 식탁 판매가격은 50만원이 된다. '병'은 다음 대안들 중 '다'를 선택하였다.

가. 의자와 식탁 모두 추가장식 없이 판매한다.
나. 의자와 식탁 모두 추가장식을 하여 판매한다.
다. 의자는 추가장식 없이 팔고 식탁은 추가장식을 하여 판매한다.
라. 의자는 추가장식을 하여 팔고 식탁은 추가장식 없이 판매한다.

① 갑   ② 을   ③ 갑, 을   ④ 갑, 병   ⑤ 을, 병

이 문제는 서로 다른 문제 상황에서 이익을 극대화하는 행위(즉 해결책)을 선택한 사람을 모두 문제이다. 따라서 〈상황A〉, 〈상황B〉, 〈상황C〉 각각 최대의 이익을 주는 행위가 어떤 것인지를 골라야 한다. 갑, 을, 병이 자신의 문제 상황에서 최대의 이익을 주는 행위를 선택했는지 검토해 보자.

먼저 결단 이론의 기본 이론을 살펴보자. 사람은 자신이 받아들일 수 있는 행위들 중에서 하나만을 선택한다. 이를 A_i로 나타낸다. 또한 그러한 행위는 어떤 세계의 상태 하에서 행해지는 것이므로 세계의 상태를 S_j로 나타낸다. 그러면 그러한 세계의 상태 하에서 어떤 행위의 결과 O_{ij}의 값을 표현할 수 있다. 그러한 결과의 값을 $U(O_{ij})$로 나타내자. 그러면 다음과 같은 결단 행렬이 만들어진다.

행위＼상태	S_1	S_2	…	S_j
A_1	$U(O_{11})$	$U(O_{12})$		$U(O_{1j})$
A_2	$U(O_{21})$	$U(O_{22})$		$U(O_{2j})$
⋮				
A_i	$U(O_{i1})$	$U(O_{i2})$		$U(O_{ij})$

세계의 상태는 그 상태가 발생할 확률 $P(S_j)$을 갖는다. 그러면 행위자는 여러 행위 대안의 기대 효용(expected utility, 줄여서 EU)을 계산할 수 있다.

$$EU(A_i)=P(S_j)\times U(O_{11})+P(S_2)\times U(O_{12})+ \cdots +P(S_j)\times U(O_{1j})$$

이제 결단 이론의 기대 효용 계산법을 적용하여 각 행위 대안과 그때의 결과의 값을 표로 정리한 후 정답을 정해 보자. 문제에서는 세계의 상태 발생에 관한 정보는 제시되지 않고 결과의 값만이 제시되어 단순화되어 있다.

(1) 〈상황A〉에서 '다'를 선택한 갑의 경우

갑이 '가'를 선택할 경우, 기계수리비 500만 원을 들여 1000만 원의 물건을 생산 판매하여 500만 원의 이익에나 생산이 끝난 중고 기계를 판 가격 200만 원을 더해 700만 원의 이익을 남길 수 있다. '나'를 선택할 경우, 추가적인 투자비용이 없이 그대로 중고 기계를 판 대금 800만 원을 이익으로 남길 수 있다. '다'를 선택할 경우, 추가적인 투자비용 1000만 원을 들여 1900만 원에 팔았으므로 900만 원의 이익을 남길 수 있다. 따라서 갑의 경우는 주어진 상황을 고려해서 최대의 이익을 남길 수 있는 선택을 하였다고 할 수 있다.

20 · 제1장 논리란 무엇인가?

대 안	결과의 값	
㉮ 수리 생산	수 리 비	-500
	생산판매	1000
	기계판매	200
	합 계	700
㉯ 기계 판매	기계판매	800
㉰ 수리 판매	수 리 비	-1000
	기계판매	1900
	합 계	900

(2) <상황B>에서 '나'를 선택한 을의 경우

 을이 '가'를 선택할 경우, 인근증권사의 요청을 받아들이면, 매월 150만 원의 총수입이 발생한다. 그런데 이에 들어가는 재료비 30만 원, 그리고 추가되는 종업원급료 50만 원을 합한 월 80만 원을 차감하면 70만 원의이익이 창출된다(임대료는 지속적으로 지급되는 고정비용이기 때문에 추가비용에 계산하지 않는다). 따라서 인근 증권사의 요청을 받아들일 경우 그렇지 않은 경우보다 70만 원의 추가 이익이 기대되는데, 을은 이를 거절하였으므로 이익을 극대화하는 결정을 하지 못한 경우에 해당한다.

대 안	결과의 값	
㉮ 제안 수락	재료비	-30
	종업원	-50
	식대매출	150
	합계	70
㉯ 제안 거절		0

(3) <상황C>에서 '다'를 선택한 병의 경우

 병이 '가'를 선택할 경우, 의자 50만 원, 식탁 400만원을 판매하게 되므로 원가를 제하면 이익은 0이 된다. '나'를 선택할 경우, 총판매대금 620만 원(장식 의자 120만 원+장식 식탁 500만)에서, 목재원가 450만 원에다 추가 장식비용 80만 원을 합한 금액 530만 원을 차감하면 90만 원의 이익을 남길 수 있다. '다'를 선택할 경우, 총판매대금 550만 원(의자 50만 원+장식 식탁500만 원)에서, 목재원가 450만 원에다 식탁 추가 장식비용 50만 원을 합한 금액 500만 원을 차감하면 50만 원의 이익을 남길 수 있다. '라'를 선택할 경우, 총판매대금 520

만 원(장식 의자 120만 원+식탁 400만 원)에서, 목재원가 450만 원에다 의자 추가 장식비용 30만 원을 합한 금액 480만 원을 차감하면 40만 원의 이익을 남길 수 있다. 따라서 병이 이익을 극대화하려면 '나'의 경우를 선택해야 하는데 '다'를 선택하였으므로 최대의 이익을 남길 수 있는 결정이라 할 수 없다.

대 안	결과의 값	
㉮ 의자 현행 식탁 현행	목재비	-450
	의자	50
	식탁	400
	합계	0
㉯ 의자 장식 식탁 장식	목재비	-450
	장식비	-80
	의자	120
	식탁	500
	합계	90
㉰ 의자 현행 식탁 장식	목재비	-450
	장식비	-50
	의자	50
	식탁	500
	합계	50
㉱ 의자 장식 식탁 현행	목재비	-450
	장식비	-30
	의자	120
	식탁	400
	합계	40

결국 갑만이 주어진 문제 상황에 대해 이익을 극대화하는 결정을 내린 셈이 된다. 따라서 정답은 ①이다.

제 2 장 논리학의 주요 개념들

1. 언어, 단어와 개념, 문장

2. 논리학의 구성부분

1. 언어, 단어와 개념, 문장

1-1. 언어의 정의와 기능

사람은 말로 생각이나 감정 등을 표현하고 사람들 서로 간에 의사를 소통한다. 말은 보통 구어를 의미하며 문어까지 통틀어서 언어(language)라고 말하며 사람이나 동물이 생활 속에서 사용하는 언어를 일상언어라고 한다. 일상언어와는 달리 표현의 간결성이나 논리적 구조의 명료화를 위해 인공적으로 만든 언어를 이상 언어라고 한다. 이상 언어는 Wittgenstein(1922) 이전의 수리철학자나 논리학자에게서도 볼 수 있지만, Wittgenstein은 그의 후기 사상에서 일상언어학파로 전환되었을지라도 그의 전기 사상에서 이상 언어에 입각한 세계의 구성을 제시하고 있고 Carnap(1947, 1958) 등에게로 이어져 현대의 기호 논리학의 기초(symbolic logic)가 되고 있다.

언어가 무엇인지에 대해서 다양한 정의가 있을 수 있지만 Wittgenstein의 다음과 같은 정의를 받아들이기로 한다. 언어란 "의사소통을 위한 사회적 약속(social convention for communications"이다. 정보 또는 의사를 전달하거나 소통을 하기 위해서는 사적 언어의 수준을 넘어서야 한다. 사적 언어란 개인의 고통에 대한 표현과 같이 자신만이 이해할 수 있지 타인은 이해하지 못하는 언어이다. 각 개인이 자신의 사적 언어만을 사용한다면 모두 고립된 개인이 될 것이다. 하지만 한 언어를 공통으로 사용하고 있는 언어 문화권에서는 의미 이해의 차이가 있거나 소통상의 문제가 발생할 수 있을지언정, 전혀 의사소통이 불가능한 것은 아니다. 새로운 교역 지대가 형성되면 최초로 피존(pigeon)의 상태가 형성된다. 피존은 비둘기를 나타내는 서양어이지만 그 말을 처음 듣는 동양인이 언어 사용 경험의 누적으로 피존이 무엇을 의미하는지 파악하는 단계에 이르게 된다. 이처럼 개별 단어들의 이해 누적을 통해서 단어들의 관계가 규칙적으로 형성되는 것을 이해할 수 있는 단계에 이르게 된다. 그러한 단계를 크레올(creole)이라고 한다. 이처럼 인류 문화는 언어 사용을 통해 비약적으로 발전해 왔음은 부인하기 어렵다.

언어가 갖고 있는 기능에 대해서는 2005년 견습직원 언어논리 기출 문제를 통해서 살펴보자.

[문제] 다음 글의 괄호 안에 들어갈 단어를 순서대로 바르게 나열한 것은?

> 언어의 다섯 가지 기능을 살펴보자. (㉠) 기능은 누구나 가장 중요한 것으로 인정하는데, 의미 전달에 필요한 개념적 의미가 지배적으로 작용한다. 언어는 (㉡) 기능을 가질 수도 있어 화자(話者)의 감정과 태도를 드러내는 데 쓰이며 (㉡) 기능에는 감정적 의미가 중요하다. 세 번째의 기능으로는 우리가 다른 사람들의 행동이나 태도에 영향을 미치고자 할 때에 쓰게 되는 (㉢) 기능을 들 수 있다. 이와 같은 사회통제의 기능은 발신자 쪽보다 수신자 쪽에 더 강조점을 두게 된다. 이러한 기능 이외에도 언어 자체의 속성을 활용하여 즐거움을 추구하는 (㉣) 기능이 있다. 이 기능은 감정적 의미와 관계가 있으면서 거의 그에 못지 않게 개념적 의미와도 관계가 있다. 언어의 또 다른 기능은, 사람들이 보통 대수롭게 여기지 않는 것으로 이른바 (㉤) 기능이다. 낯선 사람들이 만났을 때 날씨 이야기로 대화를 시작하는 것은 그 좋은 예이다.

<보 기>

㉮ 미적(美的) ㉯ 지령적(指令的) ㉰ 표현적(表現的)
㉱ 친교적(親交的) ㉲ 정보적(情報的)

	㉠	㉡	㉢	㉣	㉤
①	㉯	㉮	㉰	㉱	㉲
②	㉯	㉰	㉲	㉮	㉱
③	㉰	㉱	㉯	㉲	㉮
④	㉲	㉮	㉯	㉰	㉱
⑤	㉲	㉰	㉯	㉮	㉱

제시문에는 언어의 다섯 가지 기능이 설명되어 있다. 각 기능이 어떠한 것인지, 그에 대해 이름을 어떻게 부여할 것인지를 정하는 문제로서 개념 정의 방법과 연결되어 있다.
  ㉠ 언어의 기능 중 가장 중요한 것은 무엇보다 정보의 교환이다. 따라서 ㉠에 적절한 것은 '정보적'이란 단어이다. 여기서의 정보(information)란 사실에 관해 알려 준다(inform)는 의미에서 채택된 용어이다.

ⓒ 화자가 언어를 통해 자기의 감정과 태도를 드러낸다는 것은 언어를 통해 자기를 표현한다는 말과 같다. 따라서 ⓒ에 적절한 것은 '표현적'이란 단어이다. 표현적이라는 것은 감정 표현과 연결된 말에서 따온 것이다.

ⓒ 언어를 통해 상대방의 생각이나 감정에 영향을 미치는 것에서 나아가 상대방의 행동이나 태도 변화까지 가져올 수 있다. '지령'은 상대방이 어떤 행동을 하도록 명령을 내리는 것이다. ⓒ에는 '지령적'이란 단어가 적절하다. '지령'이라는 단어 대신에 자주 쓰이는 말은 '지시(指示, directive)'라는 용어이다.

ⓔ 언어 자체의 속성을 활용하여 즐거움을 추구한다는 것은 가령 언어의 운율에 맞게 시를 지어 낭독함으로써 즐거움을 얻는 것이다. 즐거움은 미의 역할 중 핵심적인 것 중의 하나로 볼 수 있다. 따라서 '미적'이란 단어가 적절하다.

ⓜ 낯선 사람을 만났을 때 금방 공통된 대화 주제를 찾기 힘들다. 이 때 어색하게 침묵을 지키기보다 날씨 이야기로 대화를 시작함으로써 이런 낯섬과 어색함에서 벗어날 수 있다. 이때의 언어는 낯선 사람과 사귀기 위한 수단으로서의 역할을 한다. 따라서 '친교적'이란 단어가 적절하다. '친교적'이라는 단어와 유사하게 사용되는 것으로는 '외교적' 또는 '의례적'이라는 단어이다.

이상에서 살펴본 것을 정리하면 정답은 ⑤이다.

1-2. 문장의 생성과 변형

기호는 무엇인가를 나타내거나 상징하기(represent, stand for, signalize) 위해 사용된다. 그러한 기호에는 표식(mark)으로 사용되는 자연물도 있고 인공적으로 약정한 부호도 있다. 시각용으로 만들진 것도 있고 청각용으로 만들어진 것, 심지어 촉각용으로 만들어진 것도 있다. 이러한 기호와 관련해서 통사론, 의미론, 및 화용론이라는 세 분야가 연구되어 왔다.

사람이 말을 만들어 쓰는 것에 대하여, 특히 말과 말의 연결 관계에 대한 연구를 통사론이라고 한다. 통사론은 전통적으로 문법이라고 불러 왔는데, 이것은 단어와 단어를 결합하여 문장을 생성(generation)하는 분야에 대한 연구이다. 인간이 어떤 면에서 보면 유한한 능력을 지녔음에도 무한한 수의 문장을 만들어낼 수 있는가에 대한 대답은 합성성의 원리에 근거하여 제시된다. 합성성의 개념은 프레게(Frege(1952))나 러셀(Russell(1903))에게서 그 기원을 제시할 수 있지만 언어학자인 Chomsky(1965)도 그 개념을 채택하여 사용하고 있다. 합성성(compositionality)이란 문장과 문장을 결합하여 새로운 복합 문장을 구성하는 능력을 말하지만, 어휘와 어휘를 결합하는 측면에 대해서까지 유사하게 말할 수 있다. 또한 나아가서 새로운 문장을 결론으로 도출하는 것은 변형(transformation) 개념이 적용되는 것이다. 바꿔 말하면 통사론은 문장의 생성 이론이며 추리론은 문장의 변형 이론이다. 전자는 전통적으로 언어학의 영역이며 후자는 논리학 고유의 영역이라고 볼 수 있다.

우리가 사용하는 말은 무엇인가를 나타내는데, 그것을 의미라고 한다. 비유적으로 말하면, 말은 의미의 외모이다. 즉 말은 의미를 담는 그릇이다. 의미를 담는 그릇인 언어는 구체적으로 문장으로 되어 있다. 그러한 문장이 세계의 사실을 그릴 때, 우리는 그러한 문장을 진술(statement)이라고 하기도 하고 평서문 또는 선언문(declarative sentence)라고도 한다. 여기서의 선언(宣言)은 사실에 대한 선언, 즉 진술 또는 주장이라는 의미이다. 선언은 사실의 변화를 통한 성립의 경우에도 사용된다. 예로 성혼선언문, 독립선언문과 같은 때의 용법이다. 한자를 빌려 표현된 한글 표현을 사용하기 때문에 선언이라는 의미의 중의성이 발생하여 애매한 경우도 있으니 유의하기 바란다. 요컨대 진술, 주장, 선언, 서술의 문장은 주어와 술어로 구성되어 있다. 주어와 술어 모두 단어 내지 어휘에 속한다. 어떤 단어에 대해서 말할 때 우리는 그 단어의 의미가 무엇인지를 묻는다. 단어의 의미를 탐구하는 분야를 개념론이라고 한다.

1-3. 개념과 의미

1-3-1. 개념의 정의 형식과 의미론적 동치

문장에는 기본적으로 주어 자리와 술어 자리가 있다. 예를 들어, "모든 짝수는 2의 배수이다"를 가지고서 설명하자. 주어 자리에 짝수가 자리하며 술어 자리에 2의 배수가 자리하고 있다. 우리는 짝수가 무엇이냐고, 즉 짝수의의 의미 내지 개념을 물어볼 수 있다. 그러면 "짝수란 2의 배수이다"라고 정의된다고 대답할 수 있다. 이러한 형식으로 되어 있을 때 주어의 자리에 있는 것을 피정의항이라고 부르며, 술어의 자리에 있는 것을 정의항이라고 부른다. 즉 다음과 같은 형식으로 표현된다.

짝수　　＝　　2의 배수

피정의항 =df　정의항(즉 피정의항을 정의항에 의해 정의된다)

정의항과 피정의항이 완전히 같은 것일 때 우리는 그것을 동의어라고 한다. 즉 정의항의 집합과 피정의항의 집합이 상등일 때 그 두 단어는 의미론적 동치이다. 콰인의 논의를 활용하여 설명해 보자.

Quine(1953)은 논리 실증주의에서 주장하고 있는 분석 명제와 종합 명제의 이분법을 비판하였다. 분석 명제란 주어를 긍정하고 술어를 부정하면 모순에 빠지는 명제이다. 논리 실증주의에서는 분석 명제의 의미는 경험적으로 검증할 필요가 없으며 종합 명제는 경험적 사실을 종합하여 진술한 문장으로서 인식적 의미를 가지고 있다고 주장된다. 이러한 이분법은 경험주의의 독단 중 하나라고 Quine은 비판한다. 예를 들어 살펴보자.

(1) 모든 미혼 남자는 미혼이다.

(1)은 일종의 동어반복, 즉 주어에 있는 단어가 술어에서 동일하게 다시 사용되고 있다. 이것은 전형적인 분석적 진리이다. 이것은 동일률, 즉 "A는 A이다"와 같은 명제이다.

(2) 모든 총각은 미혼이다.

(2)는 총각에 대한 경험적 지식이 없다면 분석 명제인지 아닌지를 확인할 수 없다. 통상, 경험 지식이 풍부한 성인들은 (2)가 참임을 알지만, 그렇지 않은 어린이는 (2)가 참인 문장인지 아닌지를 알지 못한다. 따라서 그러한 어린이에는 (2)는 어떤 경험적 의미가 있을 수도 있다. 즉 그러한 어린이에게 (2)는 인식적 의미가 있다고 말해진다. (2)와 같은 부류의 명제는 위의 정의법을 적용한 명제이다. 즉 피정의항으로서의 동의어에 정의항으로서의 동의어가 대입됨으로써 분석 명제로 전환된다.

Quine은 (2)와 같은 부류의 동의성은 분석성 만큼이나 문제가 많으며 동의성에 의거해 분석성을 정의하려는 시도는 실패하며, 한 언어의 문장을 다른 언어의 문장으로 번역하는 것이 불가능하며 어떤 사실이 진정한 사실인지 아닌지도 결정하기 어렵다고 주장한다. 하지만 우리가 늘 사용하는 언어가 모두 (2)와 같은 수준에서 정지되어 있는 것은 아니다. 문장 또는 명제는 퇴적물이 강의 하류로 흘러가 하구에 단단하게 퇴적되는 것처럼, (2)와 같은 부류의 진술들이 법칙 문장으로서의 지위를 얻게 될 수도 있다. 이런 점에서 Quine에 따르면 말하는 방식(the way of speaking)이 중요하다. 말하는 방식에는 한 언어 문화권에서 특정 문장이 얼마만큼 견고하게 되었는지의 정도 개념이 적용된다.

Quine의 철저한 지적에도 불구하고 일상생활에서 우리는 극도로 엄밀한 의미에 의미론적 동의어만을 사용하는 것은 아니다. 앞의 1.2.2에 있는 지질학자이 언어 표현에서 '발견'이 '생성'으로 대체되었으며 '휨'이 '끌어당겨짐'으로 대체되었음을 보았다. 우리는 동일한 표현을 반복 사용하는 것을 회피하는 언어 습관이 있으므로 의미상 거의 유사한 표현을 동의어로 사용하는 경향이 있다. 이러한 경향을 유념하여 독서를 하거나 시험 문제를 풀어야 한다.

1-3-2. 개념과 범주

사물이나 현상에 대해서, 우리는 그것을 지각하거나 이해했을 때 언어적 표현, 즉 단어를 사용하게 될 때, 일반적으로 우리는 그것에 대해 개념을 가지고 있다고 말한다. 개념을 담은 틀은 범주(category)이다. 범주는 원래 그리스어 'kategorein'에서 유래하였고, 한자어의 범주는 『서경(書經)』의 「홍범구주(洪範九疇)」에서 유래한다. 아리스토텔레스의 『오르가논』에서는 술어의 형식으로서 실체(實體)·양·질·관계·장소·시간·위치·상태·능동·수동 등 10개의 범주를 들었다. 스콜라 철학에서는 존재·질·양·운동·관계·천성 등 6개의 범주를, 데카르트와 로크는 실체·상태·관계 등 3개의 범주를 든다. 칸트는 아리스토텔레스의 범주가 경험적으로 모아놓은 불완전한 것이라고 하여 판단의 모든 기능을 들어 판단표(判斷表)와 대응시켜서 4강(綱) 12목(目)의 범주를 도출하고, 또다시 그 선험적 연역을 하였다. 피히테로부터 헤겔에 이르는 독일 관념론 철학에서는 범주는 사유의 형식일 뿐만 아니라, 절대자의 범주로서 실재(實在)의 논리형식으로서 전개시켰다. 현대에는 라일이나 비트겐슈타인과 같이 범주 문제를 분석철학(分析哲學)의 방향으로 전개하는 경향이나 화이트헤드와 같이 47개의 형이상학적 범주를 드는 입장 등이 있다.

범주의 적용이 잘못되는 경우가 있는데, 그것을 범주 오류(category mistake)라 한다. 일반적으로, 하나의 유(類)에 속하는 종(種)이나 개체에 적용할 수 있는 개념을 같은 유에 속하는 다른 종이나 개체에도 적용하여 그것에 관한 속성 또는 정보를 획득하거나 표현하거나 주장하는 방법은 유추(analogy)이다. 간략히 말하면 두 대상 A와 B 사이에 그 둘이 같은 종이나 유에 속하여 갖고 있는 공통 특성에 근거하여 A에 있는 다른 특성을 B도 가지고 있을 것이라고 추정할 수 있다. 하지만 그러한 추정의 내용이 사실이라면 좋지만 사실이 아니라면 오류가 된다. 이 오류는 특정 범주의 것에 타 범주의 속성을 부여하여 그것을 단정적으로 사실화하고 일반화하는 것으로서, 일반적으로 범주 오류라고 부른다. 범주 오류의 예는 다음과 같은 말에서 볼 수 있다. "교실도 봤고, 운동장도 봤지만, 왜 학교는 안 보여 주는 거지?" "아버지, 저는 과학자는 되고 싶지 않아요. 제가 되고 싶은 것은 유전공학자입니다."

유와 종의 차이는 생물학적 개념에서의 계층의 차이이다. 언어 사용에 있어서도 계층의 차이가 있다. 실제에서 사용된 언어는 대상 언어라고 불리며 대상 언어에 대한 언급은 메타 언어라고 불린다. 대상 언어와 메타언어에 대한 혼동은 사용과 언급의 혼동이라고도 하는데, 이것이 범주 오류에 해당하는 것이다. 예를 들어, "소크라테스는 5음절이다. 크산티페의 남편은 소크라테스이다. 따라서 크산티페의 남편은 5음절이다."

범주 내지 개념을 응용하여 출제된 문제를 하나 풀어보자. 이 문제는 2005년 견습직원 언어논리 영역에서 출제된 것이다.

문제 │ 다음 글의 내용과 부합하지 않는 것은?

> 우리는 흔히 수학에서 말하는 '집합'을 사물들이 모여 하나의 전체를 구성하는 '모임'과 동하곤 한다. 하지만 사물의 모임과 집합 사이에는 중요한 차이가 있다. 첫째, 전체로서 사물의 모임은 특정한 관계들에 의해 유지되며, 그런 관계가 없으면 전체 모임도 존재하지 않는다. 그렇지만 집합의 경우 어떤 집합의 원소인 대상들이 서로 어떤 관계를 가지든 그 집합에 대해서는 아무런 차이가 없다. 둘째 전체로서 어떤 사물의 모임이 있을 때 우리는 그 모임의 부분이 무엇인지를 미리 결정할 수 없다. 반면에 집합이 주어져 있을 때에는 원소가 무엇인지가 이미 결정되어 있다. 셋째, 전체로서 어떤 사물의 모임 B에 대해서는 B의 부분의 부분은 언제나 B 자신의 부분이라는 원리가 성립한다. 그렇지만 집합과 원소 사이에는 그런 식의 원리가 성립하지 않는다. 그러므로 우리는 모임을 집합과 혼동해서는 안 된다. 내가 앉자 있는 의자를 이루는 원자들의 집합 자체는 의자가 아니다.

① 홀수만으로 이루어진 집합들의 집합은 홀수를 원소로 갖지 않는다.
② 대대를 하나의 모임으로 볼 때 대대의 부분으로서 중대의 부분들인 군인들은 대대부의 부분이라고 할 수 없다.
③ 대학교를 하나의 모임으로 볼 때 이 모임의 부분은 단과대일 수도 있고 단과대학에 속하는 학과일 수도 있다.
④ 집합A가 홀수들의 집합이라면 임의의 대상들이 A의 원소이냐 아니냐는 그 대상이 홀수이냐 아니냐에 따라 이미 결정되어 있다.
⑤ 군인들 각각은 살아남더라도 군대라는 모임을 유지시켜 주는 군인들 사이의 관계가 사라진다면 더 이상 군대라고 할 수 없을 것이다.

문제의 발문에 부합이라는 단어가 사용되고 있다. 부합(附合)이라는 단어는 일치(一致)와 동의어로 이해할 수 있다. 그러면 이 문제는 선택지의 어느 것이 제시문의 내용과 일치하지 않는 것인지를 결정하는 문제이다.

제시문의 내용을 정리하면 다음과 같다.

첫째: '모임'은 특정한 관계들에 의해 유지되지만 '집합'은 원소들이 서로 어떤 관계를 가지든 관계없다. 즉 모임과 집합은 완전한 동의어가 아니며 범주 또는 개념이 다르다.

둘째: 집합에서는 원소가 미리 결정되지만 모임의 부분은 미리 결정되지 않는다는 것이 하나의 차이점이다.

셋째: 어떤 모임의 부분의 부분은 바로 그 모임의 부분이기도 하지만 집합에서는 그렇지 않다는 것이 또 다른 차이점이다.

① 홀수만으로 이루어진 집합들의 집합은 홀수를 원소로 갖지 않는다: 이것은 셋째 차이점과 연관된다. 선택지에서는 집합에서의 사례를 들고 있는데, 상·하위 관계에 있는 두 가지 집합이 거론된다. '홀수만으로 이루어진 집합' 과 '홀수만으로 이루어진 집합들의 집합' 이다. 전자는 물론 홀수를 원소로 가지지만, 후자는 제시문의 설명(모임의 경우 부분의 부분-즉 하위 부분-도 그 모임의 부분이지만 집합에서는 그렇지 않다)에 부합하게 홀수를 원소로 갖지 않는다. 집합들의 집합을 멱집합이라고 한다. 멱집합에서의 원소는 '홀수' 가 아니라 '홀수만으로 이루어진 집합들' 이다.

② 대대를 하나의 모임으로 볼 때 대대의 부분으로서 중대의 부분들인 군인들은 대대부의 부분이라고 할 수 없다: 이것은 셋째 차이점과 연관된다. 선택지에서는 대대라는 모임의 부분으로서의 중대의 부분인 군인들은 대대의 부분이라 할 수 없다고 되어 있다. 이것은 제시문의 설명과 부합하지 않으므로 정답이다. 제시문에 따르면 하나의 모임인 대대의 부분(중대)의 부분(군인)은 역시 대대의 부분이다.

③ 대학교를 하나의 모임으로 볼 때 이 모임의 부분은 단과대일 수도 있고 단과대학에 속하는 학과일 수도 있다: 이것은 셋째 차이점과 연관된다. 제시문에 따르면 대학교라는 큰 모임의 부분인 단과대학도 대학교의 부분이지만, 단과대학의 부분인 학과도 대학교라는 상위 모임의 부분이 된다.

④ 집합A가 홀수들의 집합이라면 임의의 대상들이 A의 원소이냐 아니냐는 그 대상이 홀수이냐 아니냐에 따라 이미 결정되어 있다: 이것은 둘째 차이점과 연관된다. 집합A가 홀수들의 집합이라면 그 원소들은 홀수냐 아니냐에 따라 이미 결정되어 있다는 것인데, 집합의 원소는 미리 결정되지만 모임의 부분은 미리 결정되지 않는다는 제시문의 내용과 부합한다.

⑤ 군인들 각각은 살아남더라도 군대라는 모임을 유지시켜 주는 군인들 사이의 관계가 사라진다면 더 이상 군대라고 할 수 없을 것이다: 이것은 첫째 차이점과 연관된다. 군인들 사이의 관계에 의해 유지되는 군대라는 모임에서 군인들 사이의 관계가 사라지면 군대라고 할 수 없게 된다는 것인데, 이것은 모임은 관계들에 의해 유지된다는 제지문의 설명에 부합한다.

1-3-3. 외연과 내포

아리스토텔레스의 고전 논리학에 의하면, 단어의 의미, 즉 개념은 외연(extension)과 내포(intension)로 구분된다. 외연이란 어떤 단어를 참되게 적용할 수 있는 사물이나 개체들의 집합을 말한다. 2, 4, 6, … 등은 2의 배수로서 짝수의 외연이다. 태양계의 행성의 외연은 수성, 금성, 지구, 화성, 목성, 토성, 천왕성, 해왕성, 명왕성이었다. 명왕성은 1930년, 클라이드 톰보가 발견하여 태양계에서 가장 작은 9번째 행성이었지만, 2006년 8월 24일 국제천문연맹 총회에서 태양계 행성의 지위를 박탈하였다. 그 날 정의된 새로운 행성의 기준은 "첫째, 태양 주위를 돌고 둘째, 충분한 질량을 가져 자체 중력으로 유체역학적 평형을 이루는 한편 타원형이 아닌 구형을 유지하며 셋째, 주변 궤도의 다른 천체들을 깨끗이 흡수할 수 있는 천체(공전 구역 내에서 지배적인 역할을 하는 천체)일 것"으로 규정되었다. 명왕성은 첫째와 둘째의 기준은 만족하지만 셋째 조항을 충족시키지 못하여 왜소행성으로 재분류되어 134340이라는 소행성 번호가 붙게 되었다. 이처럼 어떤 단어의 외연의 변동이 생길 수 있으며, 그러한 변동이 있더라도 기존의 단어를 버리고 새 단어를 만들지 않은 경우를 우리는 볼 수 있다.

외연은 수학의 집합론에서 말하는 표현을 사용하면 어떤 집합의 원소이다. 집합론에서는 집합의 이름으로서의 기호가 표현되며 그 집합의 원소를 { }를 사용하여 열거한다. 예로, 짝수={2, 4, 6, …, 100, …}. 외연의 개수가 특정의 유한수로 표현되면 그 집합은 유한 집합이라 하며, 그 개수가 무한하면 그 집합은 무한 집합이라고 한다. 유한 집합 중 원소가 오로지 하나만 있는 경우도 있는데, 우리는 그러한 경우에 붙여준 이름을 고유 명사라고 한다. 사람의 이름이 대표적인 경우이다. 그리고 자연물 중 원소가 하나로 되어 있는 경우에 우리말에서는 그렇지 않지만 영어에서는 정관사를 붙여서 사용한다. 예로 'the sun,' 'the moon'이 그러한 것이다. 나아가 확정 기술구에 해당하는 원소가 하나뿐인 경우도 그러하다. 달에 대해 '(그) 지구의 (그) 자연적 위성'이라는 기술구는 달을 가리킨다.

집합의 원소가 하나도 없는 경우를 공집합이라고 한다. 공집합의 경우에도, 그 이름이 사용되거나 그 이름과 관련된 어떤 성질이 관여될 수 있다. 그러한 성질을 내포라고 한다.

아리스토텔레스는 일물일어설을 주장했다. 이것은 하나의 사물에 하나의 단어가 결합되어 있다는 것으로, 단어가 있으며 반드시 사물이 있음을 함축하는 것으로, 그러한 가정 위에 논리학을 세웠다. 하지만 어떤 단어나 구에 의해 지시(指示, denote)되고 있는 사물이 전혀 없다면, 그 단어나 구는 아무런 외연도 갖고 있는 것이 아니다. 공집합의 외연에 관련된 문제는 Boole이 19세기 중엽에 제기하였고, Russell은 기술 이론(theory of description)에서 다루었다. Russell은 확정 기술구, 예로 "그 현재의 프랑스의 왕은 대머리다"라는 예문을 통해 내포는 있지만 외연이 없는 사례들을 제시하였다. '그 둥근 삼각형,' '그 털 달린 물고기,' '일각수,' '에테르' 등은 모두 외연이 없으므로, 즉 공집합이므로, 외연적 의미론에 입각하면 모두 같은 의미이다. 그러한 지적에도 불구하고 우리는 그 단어나 구가 어떤 의미를 가지고 있다고 생각한다. 여기서의 의미는 외연적인 것이 아니라 성질과 관련된 내포적인 것이다.

사물의 성질을 기술하는 단어를 속성 술어라고 한다. 그러한 단어의 의미가 항상 명료하게 사용되고 있는 것은 아니다. 예를 들어, "이 욕조의 물은 시원하다"에서 시원하다는 욕조의 물에 대한 속성을 기술한다. 하지만 욕조의 물이 뜨거운 경우에도 시원하다라고 말하는 경우에 시원하다는 말은 모호한(vague, fuzzy) 단어이다. 고대 그리스의 메가라 학파에서는 '대머리(baldness)'에 대해서 많은 역설적인 논의를 했었다. 어느 정도부터 대머리인지가 명확한 기준에 의해 규정되어 있지 않기 때문이다. 그와 같은 까다로운 사례를 경계 사례(borderline case)라고 한다. 우리의 일상언어는 모호하기 그지없다. 그래서 특정 단어가 적용될 것도 같고 적용되지 않을 것도 같은, 정도에 있어서 한계가 정해지지 않은 단어들이 있다. 오늘날 많이 연구되고 있는 퍼지 논리 연구자들은 모호 역설을 해결하려고 연구하여, 귀속도(degrees of belonging) 개념을 사용하여 해결하려 하고 있다.

단어의 내포는 그 단어가 어떤 무엇인가에 참되게 적용되기 위해 그 무엇이 갖추어야 할 특성들로 구성된다. 내포는 집합론의 용어를 빌려서 말하면, 그것은 조건제시법에서 제시된 조건이다. 예를 들어 말하면, 어떤 대상이 짝수로 규정되기 위해서는 그 대상이 일단 양의 정수이고 2로 나누면 나머지가 없이 정수로 된 몫을 가져야만 한다. 위의 태양계의 행성에 대한 새로운 내포는 셋째 기준으로 추가된 것이다. 이처럼 내포가 새로이 부과되어 기존의 개념에 변화가 생기는 현상을 우리는 볼 수 있다.

이상과 같이 어떤 단어의 외연은 그 단어가 참되게 적용되는 대상들의 집합이며, 어떤 단어의 내포는 어떤 대상이 그 단어의 외연을 이루는 집합의 한 원소인지 아닌지를 결정짓는 성질들의 모임이다. 성질을 나타내는 단어가 여러 가지로 이해될 수 있어서 정확히 어떤 의미로 의도된 것인지를 결정할 수 없을 때 그 단어(말)는 애매한 것이 된다. 단어의 의미의 애매성은 다의성과 관련되어 있다. 즉 어떤 단어가 두 가지 의미를 가지고 있어서 사전적으로 애매하거나 특정 맥락과 관련에서 애매하다는 것을 의미한다. 먼저 두 개 이상의 정의를 지닌 단어에 대해 그것을 사전적으로 애매하다고 말한다. 대부분의 단어들은 사전적으로 애매하다. 예를 들어 '눈'은 사물을 보는 감각 기관 중의 하나일 수도 있고, 겨울철에 기온이 낮을 때 물이 응결되어 지표면으로 떨어져 쌓인 것을 의미할 수도 있고, 나뭇가지나 감자와 같은 식용 작물에서 돋아나는 새싹을 의미할 수도 있다.

사용되는 단어의 의미를 맥락을 주의 깊게 조사해서 파악하려 할 때라도 그 단어를 두 가지 이상으로 이해할 수밖에 없는 경우가 있다. 그러한 단어를 맥락적으로 애매하다고 한다. 예를 들어 "히틀러는 살아 있다"라는 말은 사람들이 아직도 히틀러라는 이름의 망령을 믿고 있다는 것을 의미할 수도 있고, 나치의 지도자들이 지금까지도 아르헨티나에 살고 있다는 것을 의미할 수도 있다.

우리가 일상적으로 사용하는 단어는 모호하면서도 애매한 것들이 대다수이다. 왜냐하면 사전에서 정의된 의미를 일반적으로 받아들일지라도 미묘한 차이가 발생할 때 사용자는 자신의 의미만을 강조하는 습성이 있기 때문이다. 사전이라고 하는 것도 사전 편찬자의 경험과 지식을 반영하여 표제어의 개념 또는 의미를 정의한다는 한계점을 가지고 있으므로, 사전 편찬자의 개념 정의와 일치하지 않은 개념을 가지고 있는 사람이 있을 수 있다. 원리적으로 개념의 불일치가 발생할 수 있으며 이것은 언어적 논란으로 이어질 것이지만, Wittgenstein이 제시한 가족 유사성(family resemblance)이라는 개념을 수용하여 사물에 대한 이해, 타자에 대한 이해, 나아가서 인간 상호 간의 의사소통이 유용하게 진행될 필요가 있다. 언어가 사적 언어가 아니라 공적 언어로서 기능할 수 있게 하는 수단 중의 하나가 개념 정의를 하는 방식이다.

1-3-4. 개념 정의의 종류

위에서 설명된 외연과 내포를 개념 정의와 관련지어 살펴보자. 외연을 제시하는 정의 방법은 직시적 정의(ostensive definition)이다. 이것은 원소를 일일이 열거하면서 해당 개념이 무엇인지를 인식 또는 이해하게 하는 방식이다. 예를 들어, 그것은 "2, 4, 6 등이 짝수이다"라고 알려주는 것이다. 내포 중 본질적인 내포를 이용하여 정의하는 방식을 본질적 정의(essential definition)이라고 한다. 본질은 유(類)와 종(種)의 차이에 의해서 드러나기 때문에, 본질적 정의는 유와 종의 차이에 의한 정의라고 불리기도 한다. 예를 들어, "인간은 이성적이다"라고 말하는 것은 아리스토텔레스의 관점에서 볼 때 인간에 대한 본질적 정의이다. 세 번째의 정의 방법은 사물이나 현상을 정의하기 위해서 새로운 단어를 도입하는 방식으로, 이러한 정의를 약정적 정의(stipulative definition)라 한다. 이 약정적 정의는 명목적 정의 또는 언어적 정의라고 불리기도 한다. 약정적 정의의 방법은 새로운 용어를 도입하는 사람이 그 용어의 의미를 적절하게 지정하는 것이다. 약정적 정의는 피정의항(definiendum)을 정의하기 위해 새로운 정의항(definiens)을 사용하겠다는 제안이나 요청이나 통고이다. 그렇기 때문에 약정적 정의는 참도 아니고 거짓도 아니다. 약정적 정의는 용어의 의미 자체를 명료화하는 데 기여하기보다는 언어적 혼란을 제거하는 데 많은 도움을 준다. 약정적 정의는 다양한 이유 때문에 사용된다. 우선 편리성을 들 수 있다. 예를 들어, "… =df 나는 기분이 좋다"라는 정은 정의에 의해 긴 문장을 짧게 줄일 수 있다. 그리고 비밀유지도 약정적 정의의 장점 중 하나이다. 물론 바람직하지는 않지만, 최근 사용되고 있는 인터넷상의 외계어의 경우가 이에 해당된다고 하겠다. 그리고 표현의 간결성과 경제성도 약정적 정의를 사용하는 이유 중 하나이다. "퀴즈 =df 간단한 시험," "블랙 홀 =df 물질이 중력수축을 일으켜 그 크기가 임계반지름인 슈바르츠실트 반지름 이하로 줄어든 천체" 등이 약정적 정의의 예이다.

정의에 대해 마지막으로 실제 언어생활에서 많이 나타나는 설득적 정의(persuasive definition)을 살펴보자. 설득적 정의는 독자나 청자의 태도에 영향을 미치거나 감정을 움직여 설득적으로 논쟁을 해결하기 위해 만들어지거나 그런 용도로 쓰이는 정의를 말한다. 이 정의는 언어의 정보적 기능보다는 표현적 기능을 사용하며, 특히 설득적 기능을 사용하는 정의로서 실제로는 정의라고 할 수 없으며 논쟁의 해결에 거의 도움을 주지 못한다. 정치적 논쟁에서 흔히 사용된다. 설득적 정의는 사용해서도 안 되고 현혹당해서도 안 된다. 예를 들면 "환경오염 =df 우리의 자손들이 지저분한 쓰레기 더미 속에서 살아야 함," "환경오염 =df 우리가 안락한 생활을 영위하는 과정에서 발생하는 부산물," "낙태 =df 무방비 상태의 인간을 죽이는 것이고, 우리 시민들 가운데 가장 어린 사람의 권리를 부정하는 것이고, 철없고 천박한 젊은이들의 난잡한 성관계를 촉진시키고, 생명과 자유와 행복추구권을 거부하는 것," "낙태 =df 인종과 피부색 그리고 성별 등과 관계없이 우리 시민 모두에게 대등한 권리를 부여하는 것이고, 절망적인 여성을 제물로 삼는 사악하고 비열한 제도를 폐지하는 것이며, 우리 젊은이들이 사회에서 유용한 역할을 할 수 있고 사랑받을 수 있는 기회를 부여하는 것," "공산주의 =df 경제영역으로 확장된 민주주의," "자본주의 =df 경제영역에서의 자유를 최대로 보장하는 체제."

지금까지 설명해 온 개념과 관련된 논의를 활용하여 2007년 입법고시 상황판단 기출 문제를 풀어보자.

[문제] 다음 글은 '위계적 망모형'에 대한 설명이다. <보기>의 내용 중 '위계적 망모형'에 부합하지 않는 현상을 모두 고른 것은?

> 이 세상에 관한 우리의 지식은 어떻게 저장되어 있을까? 연구자들은 참새, 뻐꾸기, 카나리아 등과 같은 각 범주에 대한 지식이 각각 독립적으로 분리되어 저장되어 있지 않고 조직화되어 저장되어 있을 것이라고 믿고서, 지식이 저장되는 방식에 대해 아래의 그림과 같은 위계적 망 모형을 제안해 왔다. 이 모델에서 망은 마디와 고리로 이루어지는데, 마디는 개념(예: '새')에 해당하고, 고리는 마디들 간의 관계를 표시한다. 아래의 그림을 보면 '동물' 개념은 망 내에서 가장 높은 수준에 표상되어 있고, 이는 하위 수준에 있는 '새' 개념, '물고기' 개념과 연결되어 있으며, '새'는 '카나리아', '타조'와 '물고기'는 '상어', '연어'와 각각 연결되어 있다. 이 연결은 단순한 연합이 아니라 상위 또는 하위 개념 관계를 나타낸다.
> 또한 각 개념에는 여러 속성들이 연결 저장되어 있는데, 예를 들어 '카나리아'는 '노래 부를 수 있다', '노랗다'와 연결되어 있다. 이때, 동일한 상

위 개념 범주에 속하는 여러 하위 개념들이 공통적으로 갖고 있는 속성들은 각 개념에 일일이 저장되어 있지 않고 상위 개념에만 저장되어 있다. 예를 들어, '날개를 갖고 있다'는 모든 새에 공통적이므로 새에 연결되어 있고, '호흡한다'는 모든 동물에 공통적이므로 '동물'에 연결되어 있다. 이 위계적 망 모델에서 가장 중요한 가정은 한 개념 마디로부터 연결고리를 통해 다른 개념 마디로의 탐색이 이루어질 때 시간이 소요된다는 것이다. 예를 들어, 'A는 B이다'라는 명제를 이해할 때는 A개념 마디와 B개념 마디 간의 연결 고리의 수에 따라 이해에 소요되는 시간이 결정된다.

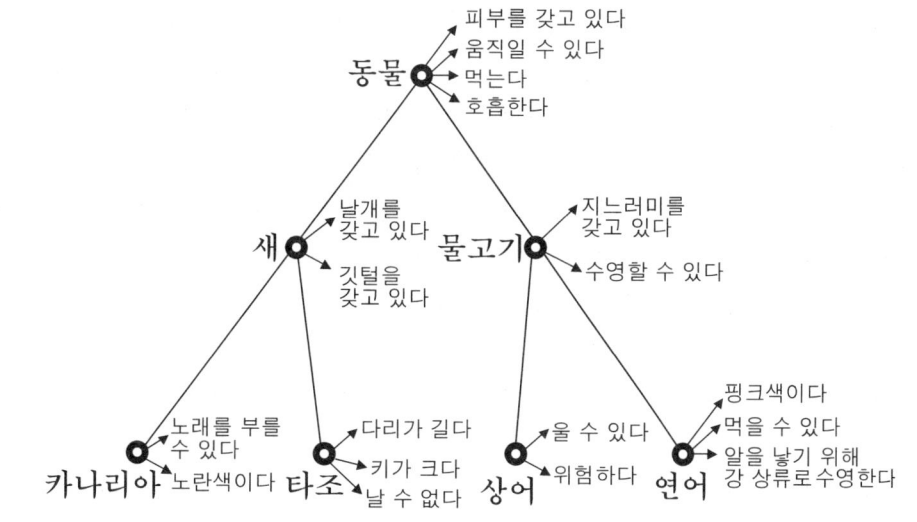

―― <보 기> ――

㉠ '참새는 새이다'라는 문장이 '참새는 동물이다'라는 문장보다 더 빨리 이해된다.
㉡ '카나리아는 새이다'라는 문장이 '타조는 새이다'라는 문장보다 더 빨리 이해된다.
㉢ '개는 동물이다'라는 문장이 '개는 포유동물이다'라는 문장보다 더 빨리 이해된다.
㉣ '개는 새끼에게 젖을 먹인다'라는 문장이 '개는 호흡한다'라는 문장보다 더 빨리 이해된다.

① ㉠, ㉡   ② ㉡, ㉢   ③ ㉢, ㉣   ④ ㉡, ㉣   ⑤ ㉠, ㉣

제시문은 개념의 '위계적 망 모형' 이론에 관한 것이다. 제시된 설명에 부합하지 않는 것을 〈보기〉에서 고른다. 사람은 '위계적 망 모형'으로 지식 또는 개념을 저장한다. 이 모델에서 망은 마디와 고리로 이루어지는데, 마디는 개념에 해당하고 고리는 상위, 하위와 같은 마디들 간의 관계를 나타낸다. 각 개념들에는 여러 속성들이 연결 저장되는데, 여러 하위 개념들이 공통으로 갖는 속성들은 그 상위 개념에만 저장된다. 중요한 것은 한 개념 마디로부터 연결고리를 통해 다른 개념 마디로의 탐색이 이루어질 때 시간이 소요된다는 점이다. 시간이 더 소요된다는 것은 이해가 더 더디다는 것을 의미한다.

㉠ '참새는 새이다' 라는 문장이 '참새는 동물이다' 라는 문장보다 더 빨리 이해된다: '참새는 새이다' 와 '참새는 동물이다' 라는 문장에 나오는 개념들을 하위에서 상위 개념 순으로 연결하면 '참새-새-동물' 순이 된다. 따라서 '참새는 새이다' 는 문장 이해를 위해서 '참새' 라는 개념 마디로부터 '새' 라는 개념 마디로 탐색해 나갈 때 거쳐야 하는 연결고리는 1개이다. 이에 비해 '참새는 동물이다' 는 문장을 이해하기 위해서는 2개의 연결고리를 거쳐야 한다. 2개의 연결고리를 거치려면 1개의 연결고리를 거치는 것보다 더 시간이 든다. 따라서 '참새는 동물이다' 보다는 '참새는 새이다' 가 더 빨리 이해될 것이다.

㉡ '카나리아는 새이다' 라는 문장이 '타조는 새이다' 라는 문장보다 더 빨리 이해된다: 제시문에 나온 그림에 의거할 때 '카나리아는 새이다' 와 '타조는 새이다' 는 문장 이해를 위해서는 하나의 연결고리를 거친다. 그러므로 두 문장 이해에 걸리는 시간은 같다고 보아야 한다.

㉢ '개는 동물이다' 라는 문장이 '개는 포유동물이다' 라는 문장보다 더 빨리 이해된다: '개는 동물이다' 와 '개는 포유동물이다' 라는 두 문장에 들어 있는 세 개념을 하위에서 상위 개념 순으로 연결하면 '개-포유동물-동물' 이 된다. 따라서 1개의 연결고리만 거치면 되는 '개는 포유동물이다' 가 2개의 연결고리를 거쳐야 하는 '개는 동물이다' 보다 빨리 이해될 것이다.

㉣ '개는 새끼에게 젖을 먹인다' 라는 문장이 '개는 호흡한다' 라는 문장보다 더 빨리 이해된다: '개는 새끼에게 젖을 먹인다(바꿔 말하면 포유류라는 것이다)' 와 '개는 호흡한다' 에서 '개' 는 개념이고 '새끼에게 젖을 먹인다' 와 '호흡한다' 는 속성이다. 위계적 망 모형에 따르면 각 개념들에 속성들이 연결 저장되는데 여러 하위 개념들이 공통으로 갖는 속성들은 그 상위 개념에만 저장된다. 그러므로 '새끼에게 젖을 먹인다' 는 '개' 가 아닌 '포유동물' 개념에 저장될 것이고 '호흡한다' 는 '동물' 개념에 저장될 것이다. 그런데 '개 -포유동물-동물' 순으로 개념들이 연결되어 있다. 따라서 '개는 새끼에게 젖을 먹인다' 를 이해하기 위해서는 1개의 연결고리, '개는 호흡한다' 를 이해하기 위해서는 2개의 연결고리를 거쳐야 한다. 따라서 전자의 문장이 후자의 문장보다 더 빨리 이해될 수 있다.

위에서 살펴본 바와 같이 정답은 ② ㉡, ㉢이다.

1-4. 명제와 의미

1-4-1. 명제와 진리 조건적 의미론

문장에 담겨 있는 내용은 그것에 의해 제안된 무엇인가를 의미하게 되는데, 그러한 의미에서 그 무엇을 명제(proposition)라고 한다. 문장은 언어학에서 주로 사용하는 용어이며 명제는 논리학에서 주로 사용하는 용어이다. 이 책은 논리학을 다루고 있으므로 앞으로 명제를 기본 용어로 채택하여 사용하겠다.

우리는 명제에 대해 그것이 무엇을 의미하는가 또는 그것의 의미는 무엇인가를 묻는다. 그러므로 언어와 관련된 궁극적인 용어는 의미(meaning)이다. 단어의 의미란 개념의 외연과 내포를 통해서 설명되지만, 명제에 대해서는 개념이라는 용어를 적용하지 못한다. 따라서 명제의 의미에 대해서는 새로운 용어를 도입해서 규정할 필요가 있다.

어떤 명제가 의미가 있다는 것은 무엇을 의미하는가? 그 명제가 사실이라면, 실재의 세계와 또는 그 명제가 표현하고자 하는 바 그대로의 내용과 일치한다면 의미가 있다고 말한다. 이를 '참(true/truth)'라는 용어를 이용하여 다음과 같이 말할 수 있다.

어떤 명제가 의미가 있다면 그것은 그 명제가 참인 경우뿐이다.

이것은 다음과 같이 논리적 동치로 변형된다.

어떤 명제가 참이라면 그것은 의미가 있다.

이러한 명제 표현에서 보이는 것은 참(한자 표현으로 진리)이 조건으로 제시되어 있다는 것이다. 이러한 의미론을 진리 조건적 의미론(truth-conditional semantics)이라고 부른다. 이 이론은 전통적으로 진리 대응설(correspondence theory of truth)에 속하는 것으로 20세기 초반부에 타르스키에 의해 제시되어 발전되어 왔다.

예를 들어, 여기 빨간 모자가 있다고 하자. 어떤 사람이 그 모자를 보고 "이 모자는 빨갛다." 혹은 "이 모자는 파랗다."라고 말을 한다면 그 말에 대하여 참, 거짓을 문제 삼게 된다. 이 경우에 "이 모자는 빨갛다"라는 명제는 사실과 일치하므로 참이고, "이 모자는 파랗다"라는 명제는 사실과 일치하지 않으므로 거짓이다. 참인 경우 그 명제는 의미가 있다는 것이요, 거짓인 경우 그 명제는 (인식적) 의미가 없는 것이다.

명제는 보통 문장으로 표현된다. 그러나 모든 문법적인 문장이 명제인 것은 아니다. 가령 "머리가 아프다!"라는 감탄문이나 "창문을 열어라"라는 명령문이나 "내일 비가 올 것인가?"라는 의문문 등은 문법적으로는 하나의 문장이지만 참 거짓을 가질 수 없기 때문에 명제가 아니다. "사람은 동물이다"라는 문장과 같은 서술적 문장만이 참 거짓을 따질 수 있다. 그러므로 명령문, 감탄문, 의문문 등은 명제로 취급될 수 없으며 참 거짓을 따질 수 있는 서술적 문장에 한정해서만 명제 개념을 적용한다. 문장은 문법적으로 옳은 표현이다.

  명제가 갖는 참이나 거짓을 그 명제의 진리치(truth-value)라고 한다. 명제는 참이든가 거짓이든가 그 둘 중의 하나이며 하나의 명제가 참이면서 동시에 거짓일 수 없다. 또한 참도 아니고 거짓도 아닐 수 없으며 어떤 명제이든 그것이 명제인 이상 일정한 진리치를 가져야 한다. 참과 거짓이라는 이치(二値)만을 인정하는 전통논리학은 이치논리학(二値論理學)이다. 그러므로 전통논리학은 참 혹은 거짓으로 판별되는 세계만을 다룰 수 있을 뿐이다.

  의미가 있는 명제는 참인 진리치를 갖는다. 참이 아닌 경우를 거짓이라고 한다. 제삼, 제사의 진리치를 인정하지 않는 이치 논리학은 참과 거짓을 명제에 대한 특성 함수의 값으로 부여하여 체계화된다. 이렇게 체계화된 논리학을 진리 함수적 논리학이라고 한다. 세계의 사태를 기술하는 명제들과 실제로는 추론이나 논증이라고 불리는 것 속에 들어 있는 명제들 모두, 그것이 더 이상 분해될 수 없는 원자 명제이든 원자 명제들이 결합되어 있는 복합 명제이든 간에, 참인 명제 집합에 속하든가 아니면 거짓인 명제 집합에 속하는 것으로 간주된다. 즉 모든 명제는 진리 집합 또는 비진리 집합의 원소(즉 외연)가 되는데, 이것을 외연 논리학이라 한다. 이러한 생각은 프레게와 러셀이라는 학자가 명제 논리학의 체계를 제시하기 시작한 19세기말 20세기 초에 신실재론(neorealism)이나 감각 자료(sense-data)에 근거를 두어 실체를 구성하는 중성적 일원론(neutral monism)이라고 하는 철학에 기초되어 있다.

  그 이론에 따르면, 문장의 의미를 검증하기 위해서는 감각 자료로 환원이 가능하며, 사물의 존재란 감각 자료의 논리적 구성물이라는 것이다. 이 감각 자료 언어는 관념적인 것도 물질적인 것도 아닌 제삼의 중성적인 것이다. 이러한 사상에 기초하여 1920년대와 1930년대의 카르납으로 대표되는 논리 실증주의나 라이헨바하로 대표되는 논리 경험주의가 태동하게 되었고, 현대 과학 언어의 기초로 활용되고, 엄격한 실증주의에 대한 비판을 받고서 확증주의로 변화되었다. 이 내용은 전문적인 과학 철학자들의 입장을 구체적으로 한다면, 더 이해가 되겠지만 과학 철학, 언어 철학, 논리 철학에 대한 소개가 목적이 아니므로, 우정규(2002)를 참고 하길 바란다.

  우리가 사용하는 문장, 또는 세계의 사태를 말 그대로 표현했다고 하는 진술도 사람들의 관점들에 따라서는 논란을 불러일으킨다. 왜냐하면 사람에 따라서 관점이 제 각각 다른 경우도 있으므로 누구나 어떤 사태에 대해 동일하게 기술을 하는 것은 아니기 때문이다. 하지만 이와 같은 상대성을 인정해 놓고서는 언어 공동체에서 어떠한 대화도 불가능할 것이다. 싸움만, 특히 말싸움만 창궐하게 될 것이다. 그래서 문장이 갖고 있는 객관적인 내용이 있다는 것을 근본적으로 인정해 놓아야 한다는 입장이 제시되게 된다. 그럴 때 문장은 명제라는 용어로 바뀐다. 명제란 진위 판단이 가능한 문장, 특히 관념적인 요소를 받아들여서, 어떤 제시된 기준에 따라 참/거짓을 결정할 수 있는 문장이나 진술을 의미한다. 명제에 해당하는 영어 단어는 proposition으로 문장에 담긴 내용이나 세계의 사태에 관한 진술을 제안(제의)한다는 의미에서 만들어진 것이다.

1-4-2. 원자 명제, 분자 명제, 및 결합사

지금부터 명제들을 결합시키는 결합사(connectives)에 대해서 알아보도록 하자. 우리의 생활은 개인의 내면세계를 포함하여, 자신의 내면적 욕구나 의지(즉 내적 표상 또는 신념)에 의해 외부세계와 관계를 맺게 되거나 아니면 외부로부터 들어오는 말로 된 정보에 의해 반응행동을 함으로써 확장되어 가게 된다. 왜냐하면 넓고 넓은 세계에서, 또한 그러한 세계를 진술하는 정보의 바다에서 필요한 정보를 찾고 활용하게 하는 근본적인 지식이 있어야 하기 때문이다.

중학교 1학년 1학기, 제7차 교육과정에 따르면 7학년 가 수학 교과서에, 집합 단원이 들어 있고, 8학년 나에 기하학 문제를 다룰 때 명제가 소개되어 있다. 또한 고등학교 1학년인 10학년 가 수학 교과서에서 집합과 명제의 단원이 들어 있다. 여러분들은 과거 수학 교과서를 통해서 배운 기본 지식을 상기하면서, 집합과 명제에 관해 이 책에서 추가되는 설명을 이해해 두면 좋을 것이다.

자연수라는 단어는 그 단어로 서술될 수 있는 대상들의 집합을 나타내는 표현이다. 자연수={1, 2, ···}, 한국의 대학교={서울대, 강원대, ···, 제주대}. 기본적으로 사물의 이름이나 성질을 나타내는 단어는 사물들을 서술해 주는 기능을 갖고 있다. "1은 자연수다," "서울대는 한국의 대학교다"와 같이 단어들이 결합되어 사태를 그린다. 우리는 흔히 사실을 진술한다고도 말한다.

우리는 사실을 참(진리)라고도 말한다. 궁극적으로 인간의 언어생활에서 의미는 가장 중요한 사항이다. 왜냐하면 인간은 궁극적으로 의미를 부여하고 추구하는 존재이기 때문이다. 의미를 해명하기 위해서 참이라는 말을 사용하여 이론을 구성하면 그것을 우리는 진리 의미론이라고 부른다. 논리 실증주의 또는 논리 경험주의라는 철학적 입장이 이러한 노선에 서 있는 이론들이다. 그런데 엄밀히 생각해 보면, 인간의 지적 능력으로 모든 문장에 대해서 검증이니 확증을 할 수 없다. 불확정성 이론도 있어 왔으며, 불완전성 정리도 주장되어 왔다. 그래서 명제에 진술되어 있는 내용이 발생할 가능성, 즉 확률을 문제 삼게 된다. 확률을 이용하여 명제의 의미를 규정하려는 이론은 확률 의미론(probability theory of meaning)이라고 한다. 이 주제는 이 책의 범위, 즉 연역 논리와 연역추리의 범위 벗어나므로 관심 있는 독자는 우정규(2002)를 참고하기 바란다. 다시 필요한 기본 내용으로 돌아가자.

참인 명제든 거짓인 명제든 하나만 있을 때, 더 이상 분해할 수 없는 상태의 명제를 원자 명제(atomic proposition)라 한다. 우리의 실제의 언어생활은 복잡한 세계 사태를 원자 명제를 기본 단위로 하여 그린다(진술한다). 영어권 연구가들은 원자 명제를 나타내기 위해서 영어 알파벳의 인쇄체 소문자를 다음과 같이 사용한다. p, q, r, …. 형식적인 설명을 위해서는 소문자와 결합사를 나타내는 기호들을 사용하는 것이 간편하기 때문에, 그럴 때는 영어 소문자를 사용한다. 하지만 실제로 문제 풀이를 할 때에는 우리는 우리말로 된 문장에서 핵심 단어에 해당하는 첫 글자를 따서 사용하는 것이 정보 기억을 위해 도움이 되므로 그러한 약어법도 사용할 수 있다. 예를 들어, "철수가 영희에게 프로포즈를 했다"를 '**철**'로, "영희는 철수의 프로포즈를 받아들였다"를 '**영**'으로 표기해도 된다. 요컨대 표기법은 그 사용자에게 있어 가장 간편하고 유용하면 충분하다.

원자 명제들이 결합하면 복잡한 명제가 생겨나게 되는데, 그것을 복합 명제(compound proposition) 또는 분자 명제(molecular poposition)라고 한다. 원자들이 모여서 분자(복합물질)를 구성하듯이, 원자 명제들이 결합되어 복합 명제들을 만든다. 예를 들어, 강원대학교는 로스쿨을 신청했을 때 "만일 강원대학교가 2007년 하반기에 로스쿨에 선정된다면, 강원대학교는 2009학년도에 신입생을 선발할 것이다"와 같은 문장은 복합 명제에 해당된다. 강원대학교가 2007년 하반기에 로스쿨에 선정된다를 '**선**'으로, 강원대학교는 2009학년도에 신입생을 선발할 것이다를 '**신**'으로 표기하면 **선→신**이 된다. 여기서의 →는 조건과 결과를 결합하는 조건언이라는 결합사이다.

원자 명제들을 결합해 주는 말들을 결합사(connectives)라 한다. 문법에서는 접속사라고 번역되고 있다. 문법의 접속사에 속하는 것들이 많이 있지만, 논리학에서는 실제의 접속사들을 단순화시켜 아래와 같은 다섯 개로 분류하여 사용한다. 부정은 문법에서 접속사가 아니지만, 논리학에서는 결합사로 취급된다. 또한 우리말에서는 독립된 접속사만이 있는 것이 아니라, 접속을 하는 기능의 조사 또는 어미가 있다. p이고 q다, p거나 q다, p이므로 q다, p일 때 q다 등과 같이 다양한 조사나 어미가 있으므로, 그러한 것들을 앞으로 소개하는 다섯 가지의 논리적 결합사들 중 어느 것에 해당하는지 여러분들은 잘 환원시켜야 한다.

  (1) 부정(negation)
  (2) 연언(conjunction), 이에 대해서는 연접, 순접 등의 번역어도 있음
  (3) 선언(選言, disjunction), 이에 대해서는 이접 등의 번역어도 있음
  (4) 조건언(conditional), 이에 대해서는 조건, 조건문 등의 번역어도 있음
  (5) 양조건언(bi-conditional), 이에 대해서는 동치 등의 번역어도 있음

결합사들의 의미와 용법을 설명하기 위해서는 위에서 말한 바 있는 문장의 특성은 참/거짓을 갖는다는 것이었다. 이제 참/거짓의 값 매김을 통하여 결합사들의 의미와 용도를 이해

해 보자. 우리는 참/거짓을 이용하여 복합 명제가 참인 특성을 갖는 것인지 아닌지를 결정짓게 된다. 이런 점에서, 이것을 진리 함수라고 하며, 참/거짓을 배정하여 만든 표를 진리표 또는 진리함수표라고 한다.

1-4-3. 부정(negation)

부정이란 원자 명제든 복합 명제든 진리치 면에서 그것의 반대를 의미한다. 부정을 나타내는 기호는 ~(틸드 또는 웨이브라고 읽거나 not이라고 읽는다)이다. 원자 명제 "내 휴대 전화기는 액체로 만들어져 있다"가 참이 아니라면, 니라면, 부정로 만들 "내 휴대 전화기는 액체로 만들어져 있지 않다"는 사실이다(참이다)라고 말해질 수 있다. 즉 처음 명제를 휴라고 나타내면 ~휴가 사실이다 (참이다)라고 말해질 수 있다.

부정은 다음과 같이 p→f로 정의된다. 이 기호 p→f의 의미는 p가 참이라면, 어떠한 상황 하에서도 항상 거짓인 값이 나온다는 것이다. 여기서의 f는 항상 거짓임을 나타내는 기호이다.

참을 T로, 거짓을 F로 표기하면 부정의 진리표는 다음과 같다.

p	p→f	~p
T	T F F	F T
F	F T F	T F

진리치는 명제 밑에, 그리고 복합 명제 자체를 의미하는 결합사 밑에 표기한다. →는 조건과 결과를 연결하는 조건언이라는 결합사이다. 조건을 앞으로는 조건언의 앞에 있는 것이라는 의미에서 전건(antecedent)라고 이름붙이며, 결과는 조건언의 뒤에 있는 것이라는 의미에서 후건(consequent)라고 이름붙인다.

위 표에서 p가 참인 경우는 두 번째 행인데, f는 진리치가 항상 F여서 조건언(→)에 대해서 전건이 T이고 후건이 F인 경우에 p→f의 진리치는 F이다. 그래서 p가 T일 때, ~p는 F이다. 또한 전건이 F이고 후건이 T인 경우에 p→f의 진리치는 T이다. 그래서 p가 F일 때, ~p는 T이다.

우리는 아직 배우지 않은 조건언(→)을 사용하여 p의 부정을 정의했다. 조건언에 대한 진리치 규정을 알지두 못하면서 사용하는 것이기 때문에, 이러한 방식은 정의의 기법상 퇴행적 정의라고 한다. 하지만 퇴행적 정의가 지금 본 것처럼, 불가피하게 사용하는 경우도 있음을 기억해 두기 바란다.

법원에 가면, 재판 공고를 보게 되는데, 친자부존재(親子不存在) 소송건이라는 재판 공고를 볼 수 있다. 친자부존재라는 말뜻은 무엇일까? 가령, 어떤 자식 갑에 대해서 을이라고 하는 사람이 생물학적으로 갑의 아버지가 아님을 의미하는 말이다. 풀어 말하면, "갑은 을의 친자가 아니다)라는 소송이다. 우리는 이 표현을 갑은 을의 친자가 아니라고 술어를 부정하는 방식으로도 사용한다. 우리의 삶에서 부정이나 부재에 관한 정보도 상당히 유익한 것들이 많이 있다. 예를 들어, "서울발 부산행 10시 정각 KTX는 없다" 라는 말은 "서울발 부산행 10시 정각 KTX는 있다"는 것은 사실이 아니라는 것이며 이러한 부재의 사실은 여행객이 알고 있다면 그는 자신의 시간을 효율적으로 활용할 수 있을 것이다. 따라서 부재정보를 나타내는 부정 표현을 잘 활용해야 할 필요성을 다시 강조해도 지나치지 않을 것이다.

1-4-4. 연언(conjunction)

연언은 두 명제를 "그리고"로 연결하는 것이다. 문법적으로 "그러나"와 같은 경우도 연언에 해당한다. 예를 들어, 철수는 학생이며 영수는 학생이다, 철수는 고등학생이지만 영수는 유치원생이다도 모두 연언으로 연결된 것이다. 연언을 기호로 나타내면 p∧q로 나타낸다. 쉽게 p and q라고 읽는다(대부분의 책에서는 ∧ 기호를 쓰는데, 이것을 브릿지라고 읽는다. 어떤 학자들은 &를 사용하기도 한다). 우리말은 접속 조사가 사용되므로, p이고 q, p이면서 q, p이지만 q 등과 같은 것을 모두 연언으로 처리해야 한다.

연언을 구성하는 각각의 명제를 연언지(conjunct)라고 한다. 연언은 두 연언지가 다 참일 때만 참이며 하나라도 거짓이면 연언은 거짓이다. 연언의 진리표는 아래에서 선언의 진리표와 함께 제시한다.

1-4-5. 선언(disjunction)

선언은 두 명제를 "또는(or)"으로 연결하는 것이다. 철수가 학생이거나 영수가 학생이다, 철수는 고등학생이다 또는 영수는 유치원생이다와 같은 것이 선언의 예이다. or를 다른 책에서는 ∨ 기호로 나타낸다. 이것을 쐐기라고 읽거나 or라고 읽으면 된다.

선언의 구성 명제를 선언지라고 한다. 선언의 진리치는 두 명제 중 하나만이라고 참이면 참이고, 선언지 둘 다 거짓일 때만 거짓이라는 것이다.

연언과 선언에 대한 진리 함수 정의를 다음과 같은 표로 정리할 수 있다.

p	q	p∧q	p∨q	~(p∧q)	~(p∨q)
T	T	T T T	T T T	F T	F T
T	F	T F F	T T F	T F	F T
F	T	F F T	F T T	T F	F T
F	F	F F F	F F F	T F	T F

연언은 두 연언지가 모두 참일 때만 참이고 나머지 경우는 거짓이다. 선언은 두 선언지가 모두 거짓일 때만 거짓이고 나머지 경우는 참이다. 이러한 진리 함수를 통해서 우리는 연언은 연언지의 하나만이라도 그것이 거짓이면 거짓이라고 결정하기가 쉬우며, 선언은 선언지의 하나만이도 그것이 참이면 참이라고 결정하기가 쉽다.

한량 논리에서 사용되는 "모든 X는 f이다"라는 말의 의미를 생각해 보자. 그것은 $X=\{x_1, x_2, \cdots, x_i\}$라 할 때, 그 말은 $fx_1 \wedge fx_2 \wedge \cdots \wedge fx_i$ 와 같다. 즉 x_1은 f이다 그리고 x_2는 f이다 그리고 … 그리고 x_i는 f이다. 이것에 볼 수 있듯이, 모든 X는 f이다라는 형식의 명제를 전칭 명제 또는 보편 명제라 하는데, 해당 원소 모두가 f라는 속성을 갖고 있다는 의미에서 연언으로 연결시켜서 이해한다.

"약간의 X는 f이다"라는 말의 의미를 생각해 보자. 그것은 $X=\{x_1, x_2, \cdots, x_i\}$라 할 때, 그 말은 $fx_1 \vee fx_2 \vee \cdots \vee fx_i$ 와 같다. 즉 x_1은 f이거나 x_2는 f이거나 … x_i는 f이다와 같다. 쉬운 말로 해서, f인 성질을 갖고 있는 X의 원소가 적어도 하나 있다는 의미이므로, 선언으로 연결시켜 이해한다. 이러한 형식의 문장을 특칭 명제라 한다.

지금까지 살펴본 부정, 연언, 선언에 대한 의미 규정을 다시 요약하자.

부정: 어떤 명제의 진리치가 참이면 부정된 명제는 거짓이고, 그것의 진리치가 거짓이면 부정된 명제는 참이다.
연언: 연언지 두 개 모두 참일 때만 참이다.
선언: 선언지 두 개 모두 거짓일 때만 거짓이다.

선언에 대해서는 선언지 두 개가 모두 거짓일 때만 거짓이라는, 바꿔 말하면 선언지 두 개 중 적어도 하나라도 참이라면 참이라는 해석을 일반적으로 받아들이며 이러한 경우를 포괄적 선언(inclusive disjunction)이라고 한다. 예를 들어, 한국병원의 병원장은 외과 전문의이거나 시인이다는 한국병원의 병원장은 외과 전문의이면서 동시에 시인이기도 할 때도 참이다.

포괄적 선언과 다른 선언이 있는데, 그것을 배타적 선언(exclusive disjunction)이라고 한다. 배타적 선언은 선언지 두 개가 동시에 참이 되는 경우를 받아들이지 않고 해석하는 것을 말한다. 예를 들어, 한국의 대법원장은 남자 아니면 여자이다를 생각해 보자. 이 말의 의미는 한국의 대법원장이 남자이면서 동시에 여자인 경우가 있다면 우리가 받아들이고 있는 가정이나 상식에 맞지 않는다. 이럴 경우라면 그 명제를 거짓이라고 해석하는 것이다. 배타적 선언의 경우는 소위 배중률을 거부하는 사고 방식이다. 갑은 남자이거나 여자이다는 통상 갑은 남자이다 아니면 여자이다로, 둘 중의 어느 하나만을 인정한다. 하지만 생물학적으로 기형은 있을 수 있으므로 갑은 남자이면서 여자인 양성적 존재일 수도 있고, 갑은 남자가 아니면서 여자도 아닌 무성적 존재일 수도 있다. 자연 세계에서는 꿩이면서 닭인 잡종 새나 배이면서 사과인 잡종 과일과 같은 제삼의 존재가 출현하는 경우도 있다. 이럴 경우 새로운 용어를 도입할 필요성이 있는데, 위 2.1.3절을 참고하기 바란다.

배타적 선언은 이름하여 흑백 논리, 이분법적 사고에 해당하는 것이므로, 정보가 분명히 제한적으로 명료화되어 있으면 유용한 사고 방법으로 활용할 수 있다. 하지만 그렇지 않고 제삼, 제사의 가능성이 있다면, 이분법적으로 획일화하는 사고의 위험성에 빠져 들게 된다. 이러한 문제를 해결하려는 논리학은 다치 논리라고 하며, 다치 논리는 우리의 언어생활에서 발생하는 까다로움(fussiness)의 문제를 해결하기 위해서 퍼지 로직(fuzzy logic)과 연결되어 발전되어 가고 있으며 이것은 근본적으로 확률론적 사고의 일종임을 참고하기 바란다.

1-4-6. 조건언(conditional)

일상생활이나 과학적 탐구에서나 가장 많이 사용되는 언어 표현 중의 하나가 다름 아닌 조건문이다. 조건문이란 문법에서 사용하는 용어인데, 여기서는 조건언(conditionals)이라고 하겠다. 조건언의 형식은 앞에 조건을 제시하고 뒤에 결과를 붙이는 것이다. 다음과 같은 예문이 이에 해당한다.

만일 내가 변호사가 된다면, 그러면 나는 너와 결혼할 것이다.
만일 개똥이가 범인이라면, 그는 그 사건 현장에 다시 나타날 것이다.
이 물질에 나트륨이 들었다면, 노란 불꽃이 날 것이다.
내가 네 지갑을 훔쳐갔다면 개자식이다.

조건언은 영어를 빌려 표현하면 "if p, then q"로 나타난다. 이것을 일반적으로 화살표를 써서 p→q라고 기호로 나타낸다. 이미 말한 적이 있지만, 이것에서 p를 전건이라 하고, q를 후건이라 한다. 이것은 어떤 의미일까? 어떻게 정의를 할까?

다음과 같은 약속 상황을 하나 생각해 보자. 철수의 아버지는 아들에게 등 안마를 해달라고 부탁했다. 그 때 안마를 해주면 용돈을 1000원 주겠다고 했다. 철수는 아버지에게 자신의 팔이 아플 정도로 아버지에게 안마를 해주었고 아버지는 피곤이 풀렸다고 아주 좋아했다. 철수는 아버지에게 1000원 주세요라고 요구했다. 그런데 아버지는 아들이 아버지 안마해 주는 것은 의무이지 어디 그 대가를 달라고 하느냐면서 호통을 쳤다. 철수는 아버지는 거짓말쟁이라고 곰곰이 생각하더니 결론을 내렸다. 과연 철수는 왜 아버지가 거짓말했다고 하는 것일까?

그것은 다름 아닌 아버지의 약속이 조건으로 작용하였기 때문이다. 철수는 속으로 다음과 같이 추론하였던 것이다.

아버지에게 안마를 해 드린다면 아버지는 용돈 1000원을 내게 주실 것이다.

이 말은 다음과 같은 말이다. 아버지에게 안마를 해 드렸는데 아버지가 용돈 1000원을 내게 주시지 않는다면 그것은 거짓이다. 철수는 바로 이런 상황이 발생했음을 알고 있는 것이다. 이것에 드 모르강 법칙을 적용하면 아버지에게 안마를 해 드리지 않았거나 아버지는 용돈 1000원을 내게 주시지 않을 것은 아니다, 다시 이중 부정은 긍정과 같으니까, 아버지에게 안마를 해 드리지 않았거나 아버지는 용돈 1000원을 내게 주실 것이다.

여러분은 지금까지 우리말로 된 문장들의 변형을 읽어 왔다. 그러나 앞에 있는 것은 언어 사용법상 그다지 거부감이 없지만, 드 모르강 법칙을 적용해서 얻어낸 동치 문장은 의미 이해가 잘 되지 않을 것이다. 이것은 일상언어 용법으로 자주 사용되지 않기 때문이다. 하지만 자유를 달라 아니면 죽음을 달라와 같이 배타적인 선언의 경우는 이해가 잘 될 것이다. 이 표현을 역의 방향으로 조건언으로 바꾸면 자유를 주지 않는다면 죽음을 달라이다. 선언은 교환을 해도 논리적으로 동치가 유지되므로, 죽음을 주지 않는다면 자유를 달라가 된다.

일상언어로 이상과 같이 고찰하였으니, 이제 기호로 정리하여 조건언에 대한 명확한 이해를 해두자.

조건언의 정의를 기호로 나타내어 동치 변형하면 다음과 같다.

p→q ≡ ~(p∧~q) ≡ ~p∨~~q ≡ ~p∨q

이것을 진리함수표로 그리면 다음과 같다.

p	q	p→q	~(p∧~q)	~p∨q
T	T	T	TTFFT	FTTT
T	F	F	FFFTF	FTFF
F	T	T	TFFFT	TFTT
F	F	T	TFFTF	TFTF

조건언에 대해서는 다음과 같이 암기하라.

조건언: 전건이 참이면서 후건이 거짓일 때만 거짓이다. (즉 TF일 때만 F이다.)

위에서 살펴본 바와 같이 조건언에서 전건의 값이 거짓이기만 하면 조건언 자체는 참인 값을 갖는다. 이것은 우리의 직관에 다소 어긋나는 것으로 느껴진다. 거짓말만 하면, 어떤 말이든지, 즉 후건이 참이든 거짓이든 관계없이, 그것이 조건언의 후건 자리에 올 수 있다는 것이다. 이것을 실질 함축의 역설(paradox of material implication)이라고 한다. 하지만 역설적으로 생각될 뿐, 전혀 문제가 되는 것이 아니다. 모순을 받아들이는 세계나 그런 상황에서, 어떤 말이든 다 인정될 수밖에 없다. 이것은 거짓말을 하게 되면, 정합성을 유지하기 위해서 더 거짓말을 하게 되는 것과 유사하다. 거짓 세계(즉 오류의 시스템)에서는 어떤 명제라도 그 속에서 정합적일 수 있다. 하지만 우리는 거짓 세계에서 사는 것이 아니라, 아주 특별한 현실 세계에서 산다. 현실 세계에서 언어생활을 하는 것이니, 현실 세계의 언어 용법에 익숙해 있어야만 한다.

조건언은 위에서 보인 예문들에서 볼 수 있듯이 일상생활에서의 약속이나 과학적 탐구에서 인과 관계에 있는 사건들에 대해서나 아니면 현실, 실제 세계에서는 그렇지 않은데 가정된 세계에서라면 그럴 것이다라고 생각할 때 사용된다. 후자의 조건문 용법을 우리는 반사실적 조건문(counter-factual conditionals)이라고 부른다. "내가 네 지갑을 훔쳐가지도 않았는데, 왜 자꾸 나를 도둑놈으로 모냐?"라는 취지에서 "네 지갑을 훔쳐갔다면 내가 개자식이다."라는 표현을 한다. 이 말은 절대 네 지갑 훔치지 않았다는 결백 주장이다. 지갑을 훔쳐간 상황은 사실이 아니다. 사실에 반대되는 상황을 가정해서 우리는 그렇게 말할 뿐이다. 그런 점에서 과학 법칙도 마찬가지다. 지금 여기 나트륨이 들어 있는 물질이 있기 때문에 진술하는 말이 아니다. 만일 그러그러한 물질이 있어서 그러그러한 실험 상황에 있게 된다면 저러저러한 결과가 발생할 것이라는 의미이다. 그러므로 일반적으로 과학 법칙, 또는 보편 진술로 된 법칙 문장은 해당 사물의 성향을 나타내는 것으로 이해하여 반사실적 조건문으로 번역한다. 이처럼 조건문이 반사실적으로 사용되는 경우가 있음을 여러분은 명심해 두기 바란다.

또한 여기서 주목해 두어야 할 것, 꼭 잊지 말고 있어야 할 것은 다음이다. 모든 논증은 어느 것이거나 조건언 형식으로 되어 있다. 논증은 전제로부터 결론으로의 이행이다. 이것은 전제가 참이라면 결론도 참일 것이라는 시각에서 형식화되는 것이다. 요컨대, 전제→결론이다. 즉 전제는 결론을 함축한다는 것이다. 바꿔 말해서, 결론은 전제에 함축되어 있다는 것이다. 이것은 연역추리의 경우에 기본적으로 가정되어 있는 것이다. 나중에 자세히 설명하겠지만, 연역추리는 전제가 참일 때 그 결론도 참이라고 규정된 진리 보존적인 추리이기 때문이다. 논증 또는 추리의 개념 자체에 대해서는 3. 추리론에서 자세히 다룬다.

1-4-7. 양조건언(bi-conditional)

양조건언은 조건이 양방향 모두 성립한다는 것으로 두 명제의 값이 참이면 참으로 같고, 거짓이면 거짓으로 같을 때, 그 복합 명제는 참이라는 것이다. 두 명제의 값이 서로 다르면, 즉 하나는 참이고 하나는 거짓일 때는 거짓이다. 그래서 두 명제의 값이 서로 같다고 하는 의미에서 동치(equivalence)라고도 한다.

양조건언 기호는 ≡(triple bar, 또는 동치라고 읽는다) 또는 ↔(양방향 화살표 또는 동치라고 읽는다)이다. 조건언의 정의와 드 모르강 법칙을 적용한 변형, 그리고 배분법칙을 적용한 결과는 다음과 같다.

p↔q ≡ (p→q)∧(q→p) ≡ (~p∨q)∧(~q∨p) ≡ (p∧q)∨(~p∧~q)

이것을 진리함수표로 그리면 다음과 같다.

p	q	p↔q	(p→q)∧(q→p)	(p∧q)∨(~p∧~q)	?
T	T	T	T T T	T T F	F
T	F	F	F F T	F F F	T
F	T	F	T F F	F F F	T
F	F	T	T T T	F T T	F

위의 진리표의 값을 잘 살펴보길 바란다. 위의 진리표에서 볼 수 있듯이, 동치란 두 명제 모두, 즉 전건과 후건 모두 참일 때와 거짓일 때 참이며, 양자의 진리치가 서로 다를 때 거짓이다. TT 또는 FF로 같은 값을 갖는다는 의미에서 동치(同値)라고 이름을 준 것이다.

지금까지 결합사에 대해 진리함수표를 이용하여 설명해 왔다. 진리함수란 원자 명에의 진리값을 인풋(input)하면 결합사가 함수 기능을 수행하여 복합명제의 진리치를 참 또는 거짓으로 아웃풋(output)하는 것을 의미하여 붙여진 이름이다.

위의 진리함수표의 맨 오른쪽 칸의 '?'에는 들어갈 복합 명제가 어떤 것일까를 생각해 보자. 이 진리 함수의 정의역은 p와 q의 값이 왼쪽 첫째 칸과 둘째 칸의 값과 같이 주어져 있을 때, 그 진리 함수의 치역으로 위에서 아래쪽 방향으로 진리치가 FTTF로 나타나 있다. 이것은 동치와 반대의 값이다. 그러므로 이것을 우리는 비동치라고 부를 수 있다. 이 비동치의 값은 이미 위에서 배타적 선언을 살펴보았을 때 그것과 같은 값을 보이고 있다. 그렇다. 배타적 선언은 비동치이다. 즉 포괄적 선언에서 두 선언지의 값이 참으로 같다고 하는 것을 인정하지 않는 것이 배타적 선언인 것이다.

다시 양조건언으로 돌아오자. 여러분은 양소선언의 의미를 잘 이해해 두지 않으면 논리적인 문제들을 풀 때 난관에 부딪치게 될 것이다. 양조건언은 일상적으로 빈번히 사용된다고 깨닫고 있는 사람들이 그리 많지 않은 논리적 결합사다. 부정이나 연언이나 선언이나 조건언은 일상적인 언어생활에서는 사람들이 큰 거리낌 없이 사용하고 있다. 하지만 양조건에 대해서는 직관적인 이해를 못하는 사람들이 있다.

이제 예를 들어 가면서 설명해 보자. 어떤 사람이 세종대왕이라면 그는 한글을 창제한 임금이다. 그런데 어떤 사람이 한글을 창제한 임금이라면 그는 세종대왕이다. 이처럼 전건과 후건을 바꾸어 말하는 것을 역(逆)이라고 한다. 주어진 조건언이 참이고 그 역도 참일 때, 우리는 양조건언의 표현으로 다음과 같이 말을 한다. 어떤 사람이 세종대왕이라면 그리고 그러한 경우에는 그는 한글을 창제한 임금이다. 영어 표현으로는 if p then q and only if p then q의 형식으로 나타난다. 양조건언은 간단히 ≡ 앞의 예는 다음과 같이 말해도 같은 의미이다. 어떤 사람이 세종대왕이 아니라면 그는 한글을 창제한 임금이 아니다. 또한 이렇게 말해도 참이다. 즉 어떤 사람이 한글을 창제한 임금이 아니라면 그는 세종대왕이 아니다.

 한 명제의 값이 참이고 다른 명제의 값이 참일 때, 양조건언은 참이다라고 말하는 것에는 그다지 이의가 없다. 그런데 한 명제의 값이 거짓이고 다른 명제의 값도 거짓일 때 왜 양조건언의 진리치는 거짓이 아니라 참이라고 할까? 자못 이해가 되지 않을 수도 있다. 그 까닭은 양조건언의 의미를 정확히 알지 못하고 있기 때문이다.

 동치는 개념의 정의를 하는 데도 사용될 수 있다. 짝수란 무엇인가? 짝수의 정의를 해보자. 짝수는 2의 배수이다. 이것을 풀어 쓰면, 어떤 수가 짝수라면 그것은 2의 배수이며 어떤 수가 2의 배수라면 그것은 짝수이다와 같은 말이다.

 동치는 또한 필요충분조건과 같다. 여기서 if p then q에 대해서 보충 설명을 하면서 시작하자. p→q가 성립할 때, p는 q가 되기 위한 충분조건이라고 말하고 이 때 q는 p가 되기 위한 필요조건이라고 한다. 어떤 수 x가 자연수라면 그것은 유리수이다를 생각해 보자. 그 수 x가 자연수라는 것은 그 수가 유리수가 되기에 충분하다. 또한 그 수 x가 유리수라는 것은 그 수가 자연수가 되기 위해서는 갖지 않으면 안 될 성질, 즉 조건이다. 양조건언이 성립하는 경우에는 충분조건이면서 동시에 필요조건이 되어서, 우리는 그것을 필요충분조건이라고 한다. 짝수는 2의 배수이다라면 명제를 놓고 생각해 보자. 어떤 수가 짝수라는 것은 그것이 2의 배수가 되기에 충분하며 그 때 그 수가 2의 배수라는 것은 그것이 짝수이기 위한 필요조건이다. 또한 동시에 주어진 명제는 그 역도 성립하므로 어떤 수가 2의 배수라는 것은 그것이 짝수가 되기 위한 충분조건이면서 그 수가 짝수라는 것은 그것이 2의 배수가 되기 위해 필요하다. 이것을 함께 묶어 필요충분조건이라고 한다.

 참고로, 위에서 보았던 only if p then q에 대해서 보충 설명해 둔다. 이 표현은 p인 경우에만 q라는 말이다. "누구나 미인이라면 모델이 될 수 있다."와 "누구나 미인인 경우에만 모델이 될 수 있다."의 차이를 생각해 보라. 후자의 표현은 어떤 사람이 모델이라면 그 사람은 미인이라는 의미이다. "예쁜 사람만 내 팔짱을 껴."라는 말에는 내 팔짱을 끼기 위한 충분조건이 아니라 필요조건으로서 예쁜 사람이어야 한다는 것을 의미한다. 이처럼 ◇◇한 경우에만 ◆◆다라는 표현은 ◆◆라면 ◇◇다와 같고 주어진 위치의 조건언의 역과 같다. only if p then q를 기호로 요약하면 다음과 같다. 그것은 p→q가 아니라, q→p이다. 이것은 p→q의 역이다. 이 용법을 꼭 명심하여 착오를 범하지 않기를 바란다.

1-4-8. 결합사를 이해하기 위한 예제들

이 절에서는 결합사를 이해하기 위해 네 개의 추리 문제를 다룬다. 아직 추리 규칙 전체를 다루지 않았기 때문에 이해하기 어려울 수도 있지만 적용된 추리 규칙이 오른 쪽에 적혀 있으므로 참고하기 바란다.

[문제] 다음 진술들로부터 병구가 모임에서 탈퇴하지 않는다면, 논리적으로 연역될 수 있는 것은 어느 것인가?

> 만일 애라가 우리 모임에 가입한다면, 병구가 모임에서 탈퇴를 할 것이다. 만일 병구가 모임에서 탈퇴한다면, 철수나 동순이가 예림이의 가입을 요구할 것이다. 만일 예림이가 철수나 동순에 의해 모임 가입을 요구받고 병구가 모임에서 탈퇴한다면, 예림은 제안을 받아들일 것이다. 만일 예림이가 철수나 동순에 의해 모임 가입을 요구받았고 병구가 모임에서 탈퇴하지 않는다면 예림은 그 제안을 받아들이지 않을 것이다.

① 동순은 철수 둘 다 예림이의 모임 가입을 요구한다.
② 철수는 예림에게 모임 가입을 요구한다.
③ 동순은 예림에게 모임 가입을 요구한다.
④ 애라는 모임에 가입하지 않는다.
⑤ 예림은 모임에서 탈퇴한다.

이것은 연역추리에서 결론을 묻는 문제이다. 이 문제의 논리 구조를 기호화하면 다음과 같다. 원자명제에 대해서는 이름을 약어로 나타내었다.

1. 애라(애라가 우리 모임에 가입한다)→병구(병구가 모임에서 탈퇴한다)
2. 병구→철동예림(철수나 동순이가 예림이에게 가입을 요구한다)
3. (철동예림∧병구)→예림(예림이가 모임 가입 요구를 받아들인다)
4. (철동예림∧~병구)→~예림
5. ~병구
6. ~애라

이 문제에서는 발문에 단서 조건을 붙이고 있음에 주목해야 한다. 그것은 병구가 모임에서 탈퇴하지 않는다는 것이다. 병구가 모임에서 탈퇴하지 않으면 우리는 첫 번째 전제의 후건이 부정되어 있음을 알게 되므로, 그 조건문의 전건이 부정된다는 것을 안다. 그것은 애라가 우리 모임에 가입한다는 것이 아니다. 그러므로 ④가 정답이다. 다른 선택지들 어느 것도 병구가 모임에 탈퇴하지 않는다고 해서 연역되지 않는다.

문제 다음 진술들로부터 참임에 틀림없는 결론은?

> 만일 국가 경제가 성장하고 있다면, 물가가 오르고 실업이 감소한다. 그러나 투자가 증가하는 경우에만 실업이 감소한다. 불행히도, 최근 정부 연구는 투자가 증가하고 있지 않음을 보여준다.

① 국가 경제는 성장하고 있다.   ② 국가 경제는 성장하고 있지 않다.
③ 실업이 증가하고 있다.   ④ 투자가 증가하고 있다.   ⑤ 물가가 오르고 있다.

이 문제에서는 주어진 전제로부터 결론을 추리하여 답을 정해야 한다.

만일 국가 경제가 성장하고 있다면(약어 경제 성장), 물가가 오르(물가 인상)고 실업이 감소한다(실업 감소). 그러나 투자가 증가하는(투자 증가) 경우에만 실업이 감소한다(실업 감소). 불행히도, 최근 정부 연구는 투자가 증가하고(투자 증가) 있지 않음을 보여준다.

아래와 같이 간략히 기호로 정리한 후 추리를 해보라.

1. 경제 성장 → (물가 상승 ∧ 실업 감소)
2. 실업 감소 → 투자 증가
3. ~투자 증가 / ∴ ~경제 성장
4. ~실업 감소   2, 3 후건부정식
5. ~물가 상승 ∨ ~실업 감소   4 부가
6. (~물가 상승 ∨ ~실업 감소) → ~경제 성장   1의 대우
7. ~경제 성장   5, 6 전건긍정식

제시문에서 "◇◇인 경우에만 ◆◆"라는 용법이 사용되고 있는데 이것은 경우에만의 앞에 있는 말(◇◇)이 결과이고 경우에만 뒤에 나오는 말(◆◆)이 조건이다. 그래서 일련의 후건 부정을 하면, ② 국가 경제가 성장하고 있지 않다는 것이 논리적인 귀결이다. 즉 만일 투자가 증가하고 있지 않다면, 실업은 줄어들고 있을 수가 없다. 실업은 늘어나고 있거나 변하지 않고 있음에 틀림없다. 왜냐하면 실업이 감소하지 않는다면 국가 경제는 성장하고 있는 것이 아니기 때문이다. 물가와 관련해서, 국가 경제가 성장하고 있다면 물가가 오른다. 하지만, 국가 경제가 약해지고 있거나 변하지 않고 있다면, 물가는 하락한다고 가정할 수는 없다. 물가는 여전히 상승할 수도 하락할 수도 불변적일 수도 있다.

선택지들을 살펴보면, 참이어야만 하는 유일한 선택지는 국가 경제가 성장하고 있지 않다는 것이다. ① 국가 경제가 성장하고 있다는 것은 참일 수 없다. ③ 실업은 증가할 수도 있지만, 그것 역시 불변적일 수도 있다. 물음에서 진술된 사실들은 특히 ④ 투자가 증가하고 있다는 것과 모순이다. 마지막으로 위에서 살펴보았던 것과 같이, 물가의 상태에 대한 명확한

결론은 나올 수 없다. ⑤ 물가는 오르고 있을 수도, 하락하고 있을 수도, 변하지 않고 있을 수도 있다.

> 문제 다음 진술들로부터 도출되는 참임에 틀림없는 것은 어느 것인가?

> 새 휴가 정책이 시간제 종업원에게 인기가 없다면, 회사는 그것을 수정해야 한다. 새 휴가 정책이 월급제 종업원에게 인기가 없다면, 회사는 새 정책을 수립해야 한다. 새 휴가 정책이 시간제 종업원에게 인기가 없다면, 그것은 월급제 종업원에게는 인기가 있을 것이며 반대로도 그렇다.

① 새 휴가 정책이 시간제 종업원에게 인기가 있다면 회사는 새 정책을 수립해야 한다.
② 회사는 새 휴가 정책이 시간제 종업원에게 아니면 월급제 종업원에게 더 인기가 있도록 노력해야 한다.
③ 회사가 새 휴가 정책을 수정해야 한다면 그 정책이 월급제 종업원들로부터 인기가 줄어들어서는 안 된다.
④ 휴가 정책 수정으로 그 정책이 시간제 종업원에게서 인기가 줄어들지 않는다면 회사는 그것을 수정해야 한다.
⑤ 휴가 정책이 월급제 종업원들에게 인기가 있다면, 회사는 새 정책을 수립해야 한다.

논증에 들어 있는 "반대로도 그렇다"라는 표현의 용법(의미)을 정확하게 파악해야 답을 찾을 수 있다. 그 말은 새 휴가 계획이 시간제 종업원에게 인기가 없다(약어로, ~휴시)면 그것은 월급제 종업원에게는 인기가 있을 것이(휴월)며 그것이 시간제 종업원에게 인기가 있다(휴시)면 그것은 월급제 종업원에게 인기가 없을 것임(~휴월)을 의미한다. 이것을 반영해서 증거를 아래와 같이 기호화하고 추리할 수 있다.

새 휴가 정책이 시간제 종업원에게 인기가 없다(약어로, ~휴시)면, 회사는 그것을 수정해야 한다(수). 새 휴가 정책이 월급제 종업원에게 인기가 없다(~휴월)면, 회사는 새 정책을 수립해야 한다(새). 새 휴가 정책이 시간제 종업원에게 인기가 없다(~휴시)면, 그것은 월급제 종업원에게는 인기가 있을 것이(휴월)며 반대로도 그렇다(휴시면 ~휴월).

1. ~휴시→수
2. ~휴월→새
3. (~휴시→휴월)∧(휴시→~휴월)
4. 휴시→~휴월　　　　3 단순화
5. 휴시→새　　　　　4, 2 가언삼단논법

정답은 ① 휴가 정책이 시간제 종업원에게 인기가 있다면 회사는 새 정책을 수립해야 한다는 것이다. 사실들의 진술로부터 알 수 있는 것은 새 정책이 시간제 종업원에게서 인기가 없다면 그것은 월급제 종업원에게서 인기가 있을 것이며 반대로도 그렇다는 것이다. 그러므로 휴가 정책이 시간제 종업원에게서 인기가 있다면 그것이 월급제 종업원에게서는 인기가 없을 것임을 우리는 안다. 그리고 새 휴가 정책이 월급제 종업원에게서 인기가 없다면 회사는 새 정책을 선정해야 한다.

마지막으로 미국 LSAT에서 출제되는 논리 퍼즐 형식의 문제 하나를 풀어보자. LSAT의 논리 퍼즐은 시나리오, 조건, 발문의 형식으로 되어 있지만 여기서는 발문, 시나리오, 조건의 순서로 제시하겠다.

> 문제 | 아래의 시나리오와 조건들로부터 추리할 때 연구 통제 집단이 될 수 있는 것은 어느 것인가?

> D대 의학연구소는 의학 실험을 위해 사람들의 통제 집단을 선정하고 있다. 이 연구에 자격이 있는 기혼 부부 다섯 커플이 있다. 홍현기부부, 이기종부부, 마영달부부, 오호성부부, 및 박영환부부가 그들이다. 다음의 제한 조건이 부과된다.
> 1. 만일 박영환부부의 어느 누구도 선정되지 않는다면, 오호성씨와 오호성부인이 선정되어야만 한다.
> 2. 이기종부인이 선정되지 않는 한 박영환씨도 선정되지 못한다.
> 3. 마영달씨가 선정되면, 오호성부인도 박영환부인도 선정되지 못한다.
> 4. 적어도 홍현기부부 중 한 명은 선정되어야만 한다.

① 홍현기부인, 마영달씨, 마영달부인, 오호성씨, 박영환씨
② 홍현기부인, 이기종씨, 마영달부인, 오호성씨, 오호성부인
③ 홍현기씨, 이기종씨, 이기종부인, 마영달부인, 오호성부인
④ 홍현기씨, 이기종부인, 마영달씨, 박영환씨, 박영환부인
⑤ 이기종씨, 이기종부인, 마영달씨, 오호성부인, 박영환씨

제시된 조건을 이름의 첫글자를 따서 논리적 관계를 결합사를 이용하여 기호화하고 동치 변형한 결과를 적으면 다음과 같다.

1. (~박씨∧~박부)→(오씨∧오부) ≡ (박씨∨박부)∨(오씨∧오부)
2. ~이부→~박씨 ≡ 박씨→이부 ≡ 이부∨~박씨

3. 마씨→(~오부∧~박부) ≡ (오부 ∨ 박부)→~마씨
　　　　　 ≡ ~마씨 ∨ (~오부∧~박부)
4. 홍씨 ∨ 홍부

한편 우리는 위 전제로부터 도출되는 파생조건을 끌어낼 수 있다. (이 부분에 대한 학습은 3. 추리론에서 상세하게 다루어진다.)

5. (~오씨 ∨ ~오부)→(박씨 ∨ 박부)　　1 대우와 드 모르강법칙
6. ~오부→(박씨 ∨ 박부)　　　　　　5 실질함축동치변형과 배분법칙, 단순화
7. ~오부→(~박부→박씨)　　　　　　6 교환법칙과 조건으로 동치변형
8. (~오부∧~박부)→박씨　　　　　　7 이출
9. 마씨→박씨　　　　　　　　　　　3, 8 가언삼단논법
10. 박씨→이부　　　　　　　　　　2 대우
11. 마씨→이부　　　　　　　　　　9, 10 가언삼단논법
12. (마씨→박씨)∧(마씨→이부)　　　9, 11 연언화
13. 마씨→(박씨∧이부)　　　　　　12 실질함축동치변형, 배분법칙, 실질함축동치변형

1, 2, 3, 4, 13번의 명제를 가지고서 선택지에 답을 골라보자. 특히 조건언으로 되어 있음에 주의하자. 조건언의 해당 명제가 충분조건자리에 있는데, 후건의 결과가 발생하고 있지 않다면, 즉 전건이 참이면서 후건이 거짓인 경우가 조건을 거짓이 되게 하므로 그러한 경우는 발생하면 안 되므로 바로 제거하라.

① 홍현기부인, 마영달씨, 마영달부인, 오호성씨, 박영환씨　▶ 마씨가 있으면, 박씨와 이부가 있어야 하는데, 이부가 없어서 위반. 또는 조건2를 적용해서 이부가 없으면, 박씨도 없어야 하는데, 박씨가 있어서 위반.

② 홍현기부인, 이기종씨, 마영달부인, 오호성씨, 오호성부인　▶ 정답. 조건위반 없음.

③ 홍현기씨, 이기종씨, 이기종부인, 마영달부인, 오호성부인　▶ 조건3 마씨가 없으면, ~오부∧~박부인데, 오부가 있어서 위반

④ 홍현기씨, 이기종부인, 마영달씨, 박영환씨, 박영환부인　▶ 조건3 마씨가 있으면, ~오부∧~박부인데, 박부가 있어서 위반

⑤ 이기종씨, 이기종부인, 마영달씨, 오호성부인, 박영환씨　▶ 조건3 마씨가 있으면, ~오부∧~박부인데, 오부가 있어서 위반

2. 논리학의 구성부분

2-1. 기호학의 세 분야: 구문론, 의미론, 화용론

이 장에서는 언어와 논리와 관련된 철학적인 문제를 다룬다. 언어를 포함하여 무엇인가를 나타내기 위해 사용되는 물리적 존재자를 기호라고 한다. 기호는 시각 형태의 것일 수도 있고, 청각 형태의 것일 수도 있다. 시각 형태의 것으로는 문자(letter)나 도상(icon)이 있으며 청각 형태의 것으로는 음성, 신호음 등이 있다. 특히 문자는 디지털 형태의 기호이며 도상은 아날로그 형태의 기호이다. 디지털 형태의 기호는 조합에서 우수성이 있으며, 아날로그 형태의 기호는 전체적 인식에 용이함이 있다.

기호와 관련된 연구는 세 부분으로 구성되어 있다. 구문론, 의미론, 및 화용론. Morris(1938)에 따르면, 구문론은 기호와 기호와의 관계에 관련되어 있고, 의미론은 기호와 지시체와의 관계에 관련되어 있으며, 화용론은 기호와 사용자와의 관계에 관련되어 있다. 예를 들어, "♦♦의 주어이다"는 명사구와 동사 간의 구문론적 관계이다. "♦♦을 지시한다"는 단어와 그 단어가 이름하고 있는 사물 간의 의미론적 관계이다. "♦♦라고 주장한다"는 화자와 선언문 간의 화용론적 관계이다. 화용론은 말의 사용 이론이라는 의미에서 조어된 것인데, 통상적으로는 또는 좁은 의미에서는 말과 그에 관련된 행위가 연구되어 화행론(theory of speech acts)으로 표현된다. 이 책에서는 넓은 의미에서는 화용론, 좁은 의미에서는 화행론을 맥락에 따라 사용하겠다.

기호로 된 문장은 논리학에서 명제라고 부르며, 논리학의 중심 과제는 명제와 명제의 관계를 연구하는 것이다. 따라서 명제가 구성되는 구문론에 대한 부분이 있으며, 명제가 담고 있는 내용이 무엇인지에 관해 연구하는 의미론이 있다. 또한 논리학에서는 명제와 명제의 관계를 추리론이라 부르는 분야에서 연구한다. 논리학의 구성 부분은 구문론, 의미론, 및 추리론이지만, 기호학의 구성 부분은 구문론, 의미론, 및 화용론이어서 논리학과 기호학은 상호 관련성이 깊으면서도 차이점이 발생한다. 하지만 논리학을 포함은 더 큰 개념인 철학이라고 부르는 영역에 기호학도 포함되는 것으로 보게 된다면, 철학은 궁극적으로 의미에 대한 탐구라고 규정될 수 있다.

기호학의 관련 개념들을 이해함으로써 논리학을 더 잘 이해하고자 하는 목적에서 아래에서 기호학의 하위 부분들에 대해 더 살펴보겠다.

2-2. 구문론

구문론의 일차적인 부분은 문장의 생성 이론이다. 고전 논리학에서 정언 명제는 주어와 술어를 계사(즉 be 동사)로 연결하여 구성되므로 구문론에 의한 것이다. 또한 정언삼단논법에서 대전제의 대명사와 소전제의 소명사는 중명사에 의해 연결되어 주어와 술어가 연결되어 새로운 명제를 결론으로 도출하는데, 이것 또한 구문론에 속하는 변형 이론이다. 오늘날 문법 이론에서는 NP(noun phrase, 명사구)와 VP(verb phrase, 동사구)의 두 자리에 기호가 대입되어 문장이 만들어지는 것으로 설명된다.

위에서 다루어 온 명제의 결합사는 단어와 단어의 결합 차원에서의 구문론은 아니지만, 명제와 명제가 결합되어 복합 명제를 구성하는 차원에서 구문론의 영역이다. 이처럼 기호와 기호의 관계에 대한 연구는 논리 체계 구성의 일차 단계로서 결합이나 변형의 규칙을 연구한다. 기호간의 결합에 관한 규칙을 생성 규칙 또는 구성 규칙이라 하며 기호로부터 새로운 기호로의 변형을 변형 규칙 또는 추리 규칙이라고 한다. 전통적으로 그러한 규칙을 문법(grammar)이라고 불렀다.

따라서 한 언어 문화권 안에서는 일정하게 말하는 방식이 전제되어 있다. 정해진 방식의 규칙을 따르지 않고 말하게 되면 다른 언어 사용자는 올바르게 인식하지 못한다. 공통된 규칙, 즉 문법에 따라 말을 하게 될 때, 즉 기호를 사용하게 될 때 말의 의미(즉 기호의 의미)를 이해하게 되고 의사소통의 장(즉 사용자들 사이에서 기호의 실제적 사용)이 열리게 된다. 간략하게 전문 용어로 말하면, 공통의 구문론이 전제되어 있을 때 의미론과 화용론이 유효해진다.

기호에 대한 연구를 기호학(semiotics)이라고 한다. 위에서 말한 기호학의 세 분야에 대해, 연구하는 학문이 별도로 있어 왔다. 구문론은 언어학에서, 의미론은 철학에서, 그리고 화용론은 심리학에서 연구되어 왔다. 구문론은 앞으로 다룰 논리 체계에서 각기 설명될 것이므로, 의미론과 화용론에 대해서 좀 더 살펴보자.

2-3. 의미론

의미론은 단어와 문장의 의미에 대한 연구이다. 의미론은 논리학과 연관된 철학의 핵심 분야이다. 인간에게 있어서 모든 기호는 결국 그것이 어떤 의미를 갖는가의 문제이다. 아리스토텔레스로부터 진리 대응설이 제시되어 왔으며 오늘날에는 그것은 진리 조건적 의미론으로 체계화되었다. 진리 조건적 의미론은 명제가 의사 소통을 위해 사용되었을 수 있는 상황에서 추상화된 것이다. 한 명제의 의미를 안다는 것은 그것이 참일 수 있는 사태(즉 그것의 진리 조건)을 안다는 것과 같으므로, 명제의 진리 조건에 대한 논의에 초점이 맞추어져 있다.

예를 들어 "눈은 하얗다"는 명제를 가지고서 설명해 보자. 그 명제의 의미를 안다는 것은 눈이 하얗다는 모든 사태(또는 있을 수 있는 세계, 이를 가능 세계라 한다)에서 "눈은 하얗다"는 명제가 참임을 안다는 것이다. 이러한 관점에서 따르면, 명제를 이해하기 위해서는 그것이 참인지 거짓인지를 아는 것만 필요한 것이 아니라, 어떤 조건 하에서 그것이 참일 수 있는지를 알아야 한다는 것이 된다. 명제가 의미가 있다는 것을 결정하기 위해서는 실재 세계(real world)라고 부르는 사태에서 그 명제에 들어 있는 말, 즉 예의 명제에서 '눈'이라고 불리는 사물에 대한 지식 내용이 있어야 하고, 그 지시된 사물이 '하얗다'고 불리는 사물들에 속하는 것인지를 확인할 필요가 있다. 의미를 확인하기 위해서 대상물을 찾아 보고 판단하는 등의 여러 가지 심리학적인 과정이 포함되어 있는데, 이를 이름하여 경험적 검증이라고 한다. 실제로 검증이 이루어지지 않더라도, 원리적으로는 명제의 인식적 의미를 확인하기 위한 검증 가능성의 원리(principle of verifiability)라고 부르거나 약화된 의미에서 확증 가능성의 원리(principle of confirmability)라고 부른다.

하지만 의미를 조건의 검증 또는 확인으로만 동일시하는 견해는 명제가 성립하는 상황에 대해서 적용된 외연적 의미론(extensional semantics)이다. 즉 명제가 참인 명제들의 집합에 속하는지를 결정짓는 의미에서 성립된 의미론이다. 이에 대해서는 명제 태도(propositional attitude)로 반론이 제기되어 왔다. 명제 태도란 "철수는 눈은 하얗다고 믿는다"라는 문장에서 명제에 대해서 믿음과 같은 주체의 태도가 결합된 문장을 말한다. 이러한 명제 태도에서는 목적절의 명제에 대한 진리 조건만으로는 의미가 결정되지 않는다. 명제 태도에는 진리 조건으로의 환원과는 다른, 화자의 의도와 같은 화용론적 요인들이 중요한 역할을 하고 있다. 이러한 의미론은 내포적 의미론(intentional semantics)라고 불리는데, 의미론과 화용론이 별개로 성립되며 후자는 심리와 관련되어 있으므로 언어 심리학에서 연구된다.

의미론에 기초하여 체계화된 연구는 전통적으로 논리학의 연구 영역이 3. 추리론 장에서 상세하게 다룰 것이므로 여기서는 화용론을 추가적으로 다룬다.

2-4. 화용론

2-4-1. 화용론의 기초 이해

화용론은 기본적으로 기호와 그 사용자의 관계를 연구한다. 바로 위에서 화자 또는 주체는 명제에 대한 어떤 태도를 가지고 있음을 보였다. 명제 태도는 주체가 명제에 대한 어떠한 심리적 태도나 의도를 가지고 있다는 것을 의미하는데, 그것은 기호가 실제로 주체와의 어떤 관련성 속에서 사용되고 있다는 것이다. 이를 이해(understanding) 또는 파악(comprehension)이라는 용어를 채용하여 이해론 또는 파악론이라 부르기도 한다.

의미의 이해 이론은 구문론적 구성 요소와 의미론적 구성 요소뿐만 아니라 화용론적 구성 요소를 포함하고 있다. 자연 언어로 발화된 말을 형식 의미론적으로 분석할 때라도, 실제로 말해진 문장은 화자가 그것을 말함으로써 표현하고자 의도했던 명제와 구분되어야 하고, 동일한 문장이 사이한 사용의 맥락에서 상이한 명제를 나타낼 수 있다. 예를 들어, "그녀는 여기 있어"는 어떤 경우에 "영희는 2010년 5월 1일 12시 정각에 용문산 은행나무 아래 있다"는 것을 표현하기 위해 사용된 것일 수도 있으며, 다른 경우에는 다른 시점 다른 장소에서 누군가 다른 사람에 관한 상이한 명제를 표현하기 위해 사용되는 말일 수도 있다. 형식 의미론은 문장의 진리 조건과 관련되어 있지만, 문장 그 자체와 관련되어 있는 것은 아니다.

하지만 "그녀는 여기 있어"는 우리가 그 사용 맥락을 알지 못한다면 그것의 진리 조건을 알지 못하고 있더라도 무의미한 것은 아니다. 우리말을 알고 있는 사람은 "그녀는 여기 있어"가 표현하는 명제를 만들기 위해서 어떤 사용 맥락에서 어떻게 해석해야 하는지를 알고 있다. 그러므로 두 종류의 의미가 구별될 수 있는데, 그것은 내용과 특성이라고 한다. "그녀는 여기 있어"의 특성을 안다는 것은 어떤 사용 맥락에서 그것의 내용을 결정하기 위한 규칙을 안다는 것이다. 맥락은 문장을 명제로 사상하는 함수로서 간주될 수 있다. 즉 명제는 가능 세계를 진리치로 사영하는 함수로 간주될 수 있다.

의미론은 단어와 문장의 의미를 탐구하는 것인 반면, 화용론은 단어와 문장을 포함하는 기호의 사용을 연구하는 것이다. 이러한 연구는 차악하기 어렵고 잡다한 주제이다. 그것은 화자가 발화의 명제적 내용을 넘어서서 전달하는 모든 것, 예를 들어 화자의 사회적 신분과 교육 수준에 관한 정보 등을 포함하는 것으로 간주될 수 있다. 하지만 협의의 정의는 화용론을 명제 내용을 결정하기에 필수적인 맥락의 측면에 대한 연구에 한정된다. 예로, "그녀는 여기 있어"라고 말하는 사람은 남자라고 결정할 수 있는 맥락이 있을 수도 있겠지만, 그 정보는 그 진술의 명제 내용과는 아무런 관련이 없을 수도 있다. 따라서 협의의 화용론 정의

하에서 제외될 수도 있다. 하지만 발화의 시점에서 화자의 위치는 내용을 결정하기 위해서 알지 않으면 안 되는 것이며, 화자의 위치는 협의의 정의 하에서도 포함되어 있다.

여기서는 협의의 정의 하에서 화용론을 좀 더 다루어 가겠다. 즉 화용론에 대한 논의에서 화자가 표현하고자 하는 의도하는 명제의 결정에 직접적인 관계가 없는 사용 맥락은 무시한다. 또한 단일 단어와 단일 문장의 의미론과 화용론에 한정해서 설명을 계속할 것이다. 왜냐하면 서사(narrative)와 같은 긴 이야기도 화용론적 맥락을 고찰하면 그 이야기의 의미를 더 잘 해석할 수 있을 것인데, 이야기 자체가 길이가 길어서 지면이 허락하지 않기 때문이다.

발화는 화자의 일차적인 의도가 알려지지 않는 한 완전히 이해되지 못한다고 주장이 있다. 또한 이러한 목표는 성취 불가능하므로 이해 이론은 청자가 연역할 수 있는 명제를 발화의 처리과정의 결과만을 결정하는 것이 목표인 입장도 있다. 화용론에 대한 목표가 이처럼 서로 다르기 때문에 서로 다른 명칭을 붙이는 것이 편리하다. 첫째 입장은 파악이다. 이것은 화자의 의도를 포함하는 이해이다. 둘째 입장은 해석(interpretation)이다. 이것은 발화를 의도와는 무관하게 그것에 의해 표현 가능한 명제를 결정하는 것이다. 예를 들어, "비가 오고 있다"라고 발화할 때, 화자의 의도는 누군가가 창문을 닫게 하려는 것일 수도 있다. 그러므로 발화의 파악은 화자가 특정 요구를 하고 있다는 재인을 포함할 것이다. 만일 청자가 화자는 그 문장을 다른 목적, 아마도 소풍 취소를 통지하기 위해서 사용했다고 잘못 결론을 내린다면, 이때 청자는 화자의 의도를 파악하지 못한 채 그 문장을 해석한 것이 된다. 일반적으로 말해서 파악은 해석보다 더 어렵다. 문장의 발화에 대해서 파악이든 해석이든 어떤 것이 적절한 의미가 있게 되면 우리는 이해에 대해 말하고 있는 것이다.

2-4-2. 언어 사용(language use)

언어 연구가들은 언어의 주된 사용은 정보 전달이라고 가정해 왔다. 이 가정은 교과서(text)의 기능과 관련되어 있다. 텍스트는 단일한 완결적인 서적만을 의미하는 것이 아니라, 한 주제를 간략히 표현한 짧은 글도 의미한다. 길든 짧든 텍스트는 진술된 내용, 즉 정보를 전달하는 목적으로 작성되어 있다. 여기서는 좀 긴 글을 담화(discourse)라고 부르겠다. 텍스트나 담화에 의해 전달된 정보의 진리는 의미의 문제에 있어 결정적인 중요성을 갖는다. 이러한 태도는 진리에 근거되어 있는 의미론의 철학 이론에서뿐만 아니라 문장 검증 과제에 대한 어떤 관점을 사용하는 언어 파악의 심리학 연구에서도 나타난다. 즉 주어진 문장이 참인지 거짓인지를 결정하는 데 걸리는 시간은 그것을 이해하는 데 포함된 정신적 과정의 복잡성에 대한 측정이라고 가정되어 연구된다.

언어는 주로 참인 정보를 전달하기 위해 사용된다는 협의의 이러한 관점은

Wittgenstein(1953)에 의해 제시되었는데, 그는 언어가 처해진 다양한 사용을 강조했다. 그는 전기의 이상언어론에서 벗어나 후기 사상에서는 사용이 의미라고 주장하였다. Austin(1962)은 Wittgenstein의 이러한 후기 사상을 수행문에 대한 이론에서 발전시켰으며 이것은 Searle(1969)로 발전되었고, 인공지능이 연구되는 오늘날 더욱 심도 있는 논의가 되어 오고 있다. 이 분야의 연구는 언어와 행위에 초점이 맞추어져 있어서, 언어행위이론(言語行爲理論, speech act)이라고도 한다. 이 학파는 '언어란 무엇인가' 보다는 '언어는 무엇을 하는가'에 초점을 맞춘 언어학의 한 유파를 가리키는 용어이다.

일반적인 논리학 교재에서 언화 행위론이 포함되어 있지 않지만, 언어가 사용되는 다양한 맥락에서 그 의미를 가능한 한 정확히 포착하려는 시도를 우리는 하지 않을 수 없기 때문에 이 책에서는 화용론을 소개한다. 실제로 화용론은 말이 실제로 대화 상황에서 어떻게 사용되고 있는가를 중점적으로 연구하므로 심리학, 특히 언어심리학에서 연구된다. 하지만 언어심리학은 역시 논리학에 근거하여 연구되고 있으므로 여기서 소개하는 것은 전혀 이상한 일이 아니다.

〈수행문〉

이 이론은 하나의 고립된 문장을 분석하는 데 그 문장이 말해진 환경이나 그 말의 문맥상 위치를 전혀 고려하지 않던 전통적 경향의 철학자들에 대한 반발로서 창시되었다. Austin은 논리적 강박관념이라고 말한 표준문장은 어떤 상황을 서술하거나 어떤 사실을 단정하기 때문에 그것은 참이거나 거짓 중의 하나로 판단되어야 하는 진술이라고 가정하는 전통적 철학자들의 이론에 반기를 든 것이다.

Austin은 사태를 기술하고 참인지 거짓인지로 판단될 수 있는 진술을 고정문(constatives)이라고 명명했다. 그는 수행문(performatives)를 이에 대비하였다. 수행문은 발화됨에 의해서 무엇인가를 성취하는 진술이다. Austin에게 있어서 수행문을 발화하는 것은 무엇인가를 행하는 것이다. 무엇인가를 행하는 것은 참도 거짓도 아니다. 예를 들어 "문을 닫아라"는 요구행위를 수행하기 위해 사용될 수 있다. 그것은 효과적이거나 비효과적인 것을 요구하는 것이며, 참도 거짓도 아니다.

수행문은 명시적인 것이거나 암시적인 것일 수도 있다. "내일 비온다에 난 만원 건다"와 "이로써 주례는 여러 하객들 앞에서 신랑 김철수군과 신부 이영희양이 부부가 되었음을 선언합니다"는 적절한 사회적 상황에서 책임 있는 사람에 의해 발화되는 명시적인 수행문의 예이다. 그러한 발화를 함으로써 어떤 행위(즉 내기나 성혼 선언)를 하는데, 그 행위를 수행하는 화자의 의도는 명시적이다. "이 안은 엄청나게 더워"와 같은 진술은 누군가가 창문을 열도록 하기 위한 간접적인 요구로서 의도된 것일 때는 물론 행위를 수행하는 것이지만, 그것을 수행하는 화자의 의도는 암묵적이며 청자에 의해 추리된다.

그러므로 언화 행위의 기술은 Searle(1969)에서 네 가지 구성 요소로 정리된다.
(1) 발화 행위 자체: 발화를 발생시키는 음성적 행동
(2) 발화의 어법(locution): 발화의 문자적 의미
(3) 발화의 문자외적 의미(illocution): 화자에 의해 의도된 의미
(4) 발화의 효과적 의미(perlocution): 발화의 청자에 대한 효과

예를 들어, "이 안은 엄청나게 더워"라고 말하는 것은 (1)의 발화 행위이다. 그것의 문자적 의미는 그것이 말해지고 있는 공의 온도는 발화의 시점에서 어떤 표준치 이상이라는 취지로 선언문의 형식을 가지고 있다. 만일 화자의 의도가 그때 거기에서의 온도에 관한 정보를 전달하는 것이라면, 그 발화의 어법과 문자외적 의미는 우연히 일치한다. 하지만 어떤 맥락에서는 화자는 이러한 어법에 따른 문자적 의미를 요구를 하기 위한 문자외적 힘을 갖고 있는 것으로 간주하여 사용할 수도 있다. 화자는 그 진술이 청자가 아마도 에어콘을 틀도록 하는 요구로서 간주되기를 의도했을 수 있다. 만일 청자가 그때 에어콘을 틀었다면, 그 발화는 의도된 수행적 의미의 효과를 가지게 될 것이며, 문자외적 의미와 효과적 의미는 그때 일치할 것이다.

발화를 파악하기 위해서 그것이 어떤 조건 하에서 참인지 거짓인지만을 아는 것으로 충분하지 않다. 발화를 사용함에 있어 화자의 의도를 알지 않으면 안 된다. 비록 화자에게 어떤 의도를 귀속시키는 것이 정상적이며 직선적인 것일지라도 그 과정이 잘못되지 않은 것은 아니다. 아마도 실패한 많은 의사소통은 언어적 상호 작용에서의 그 어떤 오류의 원인보다도 의도 파악을 잘못한 데서 기인할 것이다.

문자외적 의미들의 다양한 분류가 제시되어 왔다. Searle(1969)에 의하면 언어는 다섯 가지의 일반적인을 방법으로 사용된다. 우리는 "사람들에게 사물이 어떻게 있는지(서술문), 우리가 사람들로 하여금 무엇을 하게 하려 하는지(지시문), 우리 자신이 무엇을 행하는 데 관여되어 있는지(관여문), 우리의 감정과 태도를 표현하는지(표현문), 그리고 발화를 통해서 세계에서의 변화를 초래하는지(선언문)"를 말한다. 이와 같은 문장의 분류는 우리가 위의 언어의 기능에서 제시한 분류와는 다소 다르다. 학자마다 분류의 임의성이 있기 때문에 언어 사용을 명확히 분류하여 연구를 한다는 것은 용이한 일이 아니다. 하지만 일반적으로 언어 사용의 이론에 대해 핵심적인 두 가지 물음이 있다. 그것은 "청자들은 주어진 의도를 어떻게 표현하는가를 어떻게 결정하는가"가 하나이며 "청자들은 화자의 의도가 무엇인지를 어떻게 발견하는가"가 또 하나의 물음이다.

<언화 행위론>

청자가 창문을 닫아줄 것을 요구하는 화자는 그렇게 할 다양한 방법이 있다. 예를 들어, 화자는 직접 "문을 닫아요"라고 말함으로써, 아니면 "안으로 비가 들어오네요"라고 말함으로써 요구할 수 있다. 하지만 그 선택이 어떤 것이든 간에, 이러한 언화 행위의 적절한 수행은 어떤 조건을 전제하고 있다. 예를 들어, 문이 열려 있어야만 하고, 우리말을 이해하며 창문을 닫을 청자가 있어야 한다. 만일 간접적인 방법이 채택되면, 그 요구는 청자가 정확하게 화자의 의도를 추리하지 못하는 한 효과가 없을 것이다. "안으로 비가 들어오네요"는 사실을 진술하는 서술문일뿐만 아니라 화가 나 있음을 나타내는 표현문일 수도 있고, 행위를 간접적 요구하는 지시문이라고 해석될 수 있다. 실로 청자가 직접적인 방법이 채택될 때 화자의 의도를 어떻게 인식하는가는 그리 분명하지 않다. 왜냐하면 "문을 닫아요"는 행위에 대한 요구뿐만 아니라 비난으로도 의도될 수 있기 때문이다. 또는 이전에 약정된 바의 비밀 신호로서 의도될 수 있을 것이기 때문이다.

언화 행위론은 화자가 특정 맥락에서 특정 의도를 표현하기 위해 발화를 어떻게 선택하는지를 지배하는 규칙, 청자도 또한 특정 의도를 특정 맥락에 있는 화자에게 귀속시키기 위해 사용하는 규칙을 밝혀내는 이론이다. 따라서 언화 행위의 규칙은 잘 형성된 언화 행위를 언화 행위를 지배하는 조건을 명확하게 드러내는 것이어야 한다. 언화 행위의 본성을 알려주는 가장 단순한 방법은 예를 통해 고찰해 보는 것이다. 여기서의 언화 행위는 간접 요구가 아니라 화자의 약속과 그 약속에 대한 수행에 관련된 것으로, 종종 적절성(felicity)의 조건이라고 불리는 그러한 조건에 대해 Searle은 다음과 같은 것을 말한다.

1. 화자는 청자가 있을 때 문장을 발화한다.
2. 명제는 그러한 발화에서 표현된다.
3. 발화는 화자에 의해 미래의 행위를 단언하는 것으로 간주된다.
4. 청자는 화자가 이러한 행위를 취하지 않는 것보다는 취한다는 것과 화자가 이것은 그러하다고 믿는다는 것을 선호할 것이다. (만일 화자의 의도가 함축된 의도와는 반대라면 그것은 약속이 아니라 위협일 것이다.)
5. 하자도 청자도 약속된 행위는 이러한 약속이 없었다면 정상적으로 취해졌으리라고 기대하지 않을 것이다. 바꿔 말해서 발화 행위에 따른 특정 행위가 청자에 의해 취해졌다면 사전에 약속이 있었을 것이다. 예를 들어 계속 숨을 쉬겠다와 같은 약속은 그러한 약속으로서의 적절성을 갖지 못한다.
6. 화자는 약속된 행위를 수행할 것을 진지하게 의도한다.
7. 약속함으로써 화자는 약속된 행위를 완수할 의무를 진다.

8. 화자는 청자에게 화자가 그러한 약속을 하고 있다는 것을 알려주려고 의도한다.

만일 이러한 적절성 조건이 충족된다면, 잘 형성된 약속이 만들어지는 것이다.

언화 행위론은 언어를 성공적으로 사용하기 위해서 언어학적 지식 이상의 것이 요구된다는 것을 가정하고 있다. 화자와 청자 모두 사회적 언어의 담화를 지배하는 비교적 복잡한 규칙을 알고서 따를 수 있지 않으면 안 된다. 화자와 청자는 발화의 적절한 형식을 선택하고 간접적인 언화 행위를 정확하게 해석하는 개념적이며 인간 상호적인 지식에 접근할 수 있어야 한다. 그러한 가정이 만일 사실이라면 언어 심리학에 있어서는 상당히 중요한 역할을 할 것이다. 특히 이러한 가정은 약속의 발화 행위와는 달리 간접 요구의 발화 행위에서 중요하다.

<협조 원리>

화자와 청자의 협조가 강조되는 화용론적 분석은 Grice(1975)에서 볼 수 있다. Grice는 언어 능력과 맥락적 지식은 언어 이해의 필요조건이긴 하지만 충분조건은 아님을 알고 있었다. 이해는 물론 모든 참가자들에 의해 묵시적으로 받아들여지고 있는 일반적인 의사소통의 원리에 의존한다.

대화에서 청자와 화자는 발화를 교환하는데, 그러한 발화는 서로 관계가 전혀 없는 무작위적 집합을 구성하지 않는다. 참가자들에게는 어떤 점에서든지 무엇을 말할 것인지를 결정함에 있어 허용되어 있지만 존중되지 않으면 안 되는 제한 사항도 있다. 대화는 연속적인 구성 보조물을 조직화하는 목적 내지 방향을 가지고 있다. 참가자들은 암묵적으로 그 목적을 성취하는 데 또는 그 방향으로 나아가는 데 협조하도록 동의하고 있다. 그렇지 않다면 그들은 대화에 참가할 필요가 없을 것이다.

Grice는 대화의 참가자들은 "협조 원리"를 준수해야 한다고 제안했다. 이 원리는 사람들은 대화의 목적을 더 심화시키기에 요구되는 것을 행할 것이라는 것이다. 즉 "당신이 참가하고 있는 대화 교환의 목적 또는 방향에 따라 발생하는 단계에서 요구되는 그와 같은 대화에 기여하라." Grice에 따르면, 이것은 다음과 같은 "대화의 준칙"에 의해 성취된다.

1. 양의 준칙: (현재의 교환 목적을 위해) 구성보조물을 요구되는 양만큼 정보적인 것이 되게 하라. 구성보조물을 요구되는 양 이상으로 정보적인 것이 되게 하지 말라.
2. 질의 준칙: 구성보조물을 참인 것이 되도록 애쓰라. 거짓이라 믿는 것을 말하지 말라. 적절한 증거를 가지고 있지 못한 것에 대해서는 말하지 말라.
3. 관계의 준칙: 적절해야 한다.
4. 태도의 준칙: 명료해야 한다. 모호한 표현을 피하라. 애매함을 피하라. 간결하게 하라 (불필요한 장황한 어구는 피하라). 질서정연하게 하라.

Grice의 준칙은 대화에서 실제로 발생하는 것을 처방하는 것도 아니며 기술하는 것도 아니다. 오히려 그것은 청자가 지니고 있을 수 있는 가정, 화자의 발화에 대한 어떤 해석이 유의미해지도록 해주는 가정을 표현하고 있다. 만일 누군가가 대화 중에 그 준칙을 어기는 것 같다면, 암묵적인 대화 계약은 화자가 중단하기를 바랄 것이기 때문에 파기되거나 청자가 왜 그 준칙을 위반했는가를 이해하고 있기를 기대하게 된다.

예를 들어 영희가 철수에게 "내가 어젯밤에 쓰레기 치웠어"라고 말한다 하자. 철수가 이미 그 사실을 알고 있고, 영희가 그가 그것을 알고 있다는 것을 알고 있다면, 영희는 정보적인 것이 되어야 한다는 준칙을 위반한 것이다. 영희가 대화를 깨고 있는 것 같지는 않으므로, 철수는 그녀가 말한 것 이상의 무엇인가를 의미한다고 결론을 내린다. 그 위반 때문에 부가적인 해석을 해볼 궁리를 하게 되고, 철수는 영희의 말에 숨겨진 메시지로 그녀가 오늘밤 쓰레기는 철수가 처리해 주기를 기대하고 있다고 결론을 내린다.

이 예에서, "내가 어젯밤에 쓰레기 치웠어"는 "오늘밤은 네가 쓰레기를 치워"를 함축하거나 시사하거나 의미한다고 말해질 수 있을 것이다. 그러나 함축한다는 말은 너무 강한 논리적 의미를 가지며, 시사한다는 말은 너무 약하며, 의미한다는 말은 다른 내용을 너무 많이 가지고 있다. Grice는 이러한 종류의 관계를 포섭하기 위해서 내포하다(implicate)와 내포(implicature)라는 단어를 사용한다. Grice의 대화상의 내포 개념은 이전에 의미론적 문제처럼 보였던 것에 대해 화용론적 해결책을 제공해 준다.

언화 행위론의 몇몇 개념을 협조 원리와 결합함으로써 발화를 파악함에 있어 포함되었을 수도 있는 단계를 개괄해 볼 수 있다. 학생 A가 "오늘밤 영화 구경 가자"라고 말하고, 학생 B가 "난 내일 아침 시험이 있어"라고 대답하는 경우를 생각해 보자. A는 B의 대답을 어떻게 이해하는가? A는 다음과 같은 것을 알고 있거나 가정하여야 한다.

1. B는 "난 내일 아침 시험이 있어"란 말로 A의 제안에 응답하고 있다.
2. B는 협조히며 그리므로 B가 말한 것은 적절하다.
3. 제안에 대한 응답은 수용이거나 거부이다.
4. B의 진술의 문자적 또는 대화적 내용은 미래 사건에 관한 주장이다. 보통 그것은 수용도 거부도 아니다.
5. 만일 위의 가정 1, 2, 3, 4가 옳다면, 일차적인 문자외적 의미(즉 화자의 의미)는 문자적 의미와 구별된다.
6. 시험은 공부하는 것이 요구된다.
7. 공부하는 것과 영화를 보러 가는 것은 각각 시간이 든다.
8. 공부하는 것과 영화를 보러 가는 것은 양립할 수 없다.
9. 제안을 받아들이는 것은 그러한 수요에 따른 행위를 하겠다는 것을 가정한다.

10. B의 진술은 B가 진정으로 A의 제안을 받아들일 수 없었다는 것을 내포한다.
11. 그러므로 B의 응답은 A의 제안을 거부하는 것이다.

이 추론 과정에서 A는 세계에 관한 지식뿐만 아니라 우리말과 대화 관행에 관한 지식을 B가 가지고 있을 것을 기대한다.

이러한 기술은 언어 파악의 연속적, 다단계적 모델을 가정하고 있다. 사람들이 실제로 이러한 설명에 의해 함축된 연속적인 단계들을 잘 겪어내는가 못하는가는 언어 이해의 실험적 탐구에 대한 중요한 물음을 제기한다. 이러한 물음은 관계된 여러 영역에서 발생한다. 그러한 영역에는 간접 요구, 관용어, 은유, 및 반어가 포함된다. 실로 그 물음은 말 그대로 의도되지 않은 모든 언어에서 제시될 수 있다.

⟨간접적 언화 행위⟩

문장과 명제 간의 구분은 정보처리의 연속적인 단계를 수반할 수도 수반하지 않을 수도 있으나, 일반적으로 문자적 의미와 문자외적 의미가 구별될 때 그에 관해 여러 단계로 파악되어야 한다. 직접적인 문장 의미가 우선 구성된다. 만일 그 의미가 화자의 의도된 의미로서 받아들여질 수 없는 것이라면, 대안적인 의미가 뒤이은 단계에서 구성된다.

간접적 언화 행위를 해석하는 정보처리 모델은 다음과 같이 제안될 수 있다. 첫째, 청자는 문장의 문자적 해석을 도출하고 표상한다. 둘째, 그때 청자는 이러한 해석을 그럴 듯한 것인지 아닌지를 알아보기 위해서 그 맥락에 대립된 시험을 해본다. 하지만 만일 어떤 분명한 사실에 모순이 되거나 아니면 대화 규칙을 위반하기 때문에 맥락에 들어맞지 않는다면 의도된 해석으로서는 거부된다. 셋째, 그러한 거부의 경우에 문자적 해석은 대화의 적절성 규칙과 결합되고 이것은 연역에 의해 적합한 해석된 의미가 되게 된다.

이러한 정보처리의 결과는 다음과 같은 의미를 갖게 된다. (1) 직접적 의미는 항상 무조건적으로 구성된다. (2) 간접적 의미는 선택적으로 구성된다, 즉 만일 직접적 의미가 요점이 있는 것이라면 간접적 의미는 지각되지 않는다. (3) 간접적 의미는 직접적 의미가 구성되어 시험된 다음에만 구성되기 때문에 일반적으로 자각하기에 더 많은 시간이 든다.

(1)은 지시 사항이 있을 때 쉽게 확인된다. "원을 파란색으로 칠하세요"라는 지시 다음에 파란 원이 나오면 "네. 그렇게 하지요"라는 반응이 나오며, 파란 원이 나오지 않으면 "아닌데"라고 의문을 갖게 된다. 이와 같은 반응을 보이는 이유는 지시가 있을 때 청자는 그 지시를 승인하는 경향성이 강하기 때문이다. 또한 "원을 파란색으로 칠하지 마세요"라는 지시가 있은 후 파란 원이 나오면 위와는 반대의 반응을 보인다. 한편 지시하지 않고서 "원을 파란색으로 칠해야만 합니까"라는 물음을 하게 되면, 그 문장의 직접적인 의미는 긍정이고 간접

적인 의미는 부정인데, 이에 대해서 청자는 부정문과 같은 유형의 잠재적인 응답을 보인다. 이런 결과를 보이는 이유는 청자에게 있어서 문자적 의미보다 의도된 의미가 더 잘 유념화 되고 표상되기 때문이다.

간접적 요구는 직접적 요구보다 의도 파악과 행위 수행에 더 많은 시간이 걸리는데, 그것은 문장의 길이나 사용된 표현의 친숙 여부에 기인될 수도 있다. 이런 이유로 위의 (3)이 항상 옳은 것은 아니다. 사람들은 직접적 지시만큼이나 간접적 요구의 발화에 대해서도 거의 시간차가 없는 반응을 보인다. 이런 이유로 "사람들은 발화의 문자적 해석을 일차적으로 분석하지 않고서도 간접적 요구를 직접적으로 파악한다"고 말할 수 있다.

이렇게 말하는 것이 정확하다면, 간접적 요구에 대한 문자적 해석은 그럴 듯한 맥락에서는 무시되는 것으로 보인다. 상인이 "오늘밤 몇시에 문을 닫는지 말씀해 주실 수 있으시지요"또는 "오늘밤 몇시에 문을 닫는지 말씀해 주시는 것이 거북하십니까"라는 전화를 받았다 하자. 그 두 개의 문장의 문자적 의미는 다를지라도, 간접적 의미는 동일하다. 만일 간접적 요구의 문자적 의미가 무시된다면, 둘 다 같은 응답을 끌어낼 것이다. 하지만 전자의 말에는 후자의 말보다 상인들의 응답률이 높다는 것이 실험 보고이다. 왜냐하면 전자는 친절함이 들어 있는 반면에 후자는 그렇지 않아서 후자에 대한 응답으로 불친절한 반응이 높기 때문이다.

이상의 언어 행위에 대한 3단계의 요점을 정리하면 다음과 같다. (1) 간접 요구는 최소한의 맥락에서도 이해될 수 있다. (2) 간접 요구는 그럴 듯한 맥락에 놓여 있을 때 직접 요구만큼 신속하게 이해될 수 있다. (3) 직접적 해석과 간접적 해석 둘 다 기록되며, 각각은 청자가 얼마나 중요하다고 판단하는가에 의해서 응답된다.

우리말에서는 화자의 사회적 신분도 간접적으로 전제되어 있다. 예를 들어 어른은 아이에 대해서 반말을 하지만, 아이는 어른에 대해서 존댓말을 사용해야 한다. 이것은 화용론에서 실제의 발화에는 문자적 정보 이외에도 많은 정보가 전제되어 있음을 말해주는 것이다. 특히, 사람들은 고의적으로 언어생활에서의 예의를 지켜줄 것은 기대하고 있다. '아 다르고 어 다르다'는 우리말 속담은 화용론의 중요성을 극도로 보여주고 있는 것이므로, 여러분은 화용론적 이해에 많은 관심을 가져주길 바란다.

<수사 언어>

간접 요구는 p라고 말하면서 q를 의미한 방법 중의 하나이다. 만일 청자가 간접 요구의 문자적 의미와 의도된 의미 둘다를 정상적으로 확인해낼 수 있다면, 비지시적인 언어, 즉 수사적 언어나 묘사적 언어에 대해서도 문자적 의미와 의도된 의미를 확인해낼 수 있다.

⟨반어(irony)⟩

반어는 지시적인 방식으로 사용된 언어가 아니라, 묘사적으로 사용된 언어이다. 청자는 어떤 사람이 그가 말한 것의 반대를 의미한다고 어떻게 결정할 수 있는가? p는 어떻게 not p를 내포할 수 있는가? 대화에서 발생하는 내포 개념이 이것에 적용될 수 있다.

영희가 "정치는 너무 복잡해서 여자들이 이해하지 못해"라고 말하자 자칭 여권신장론자인 철수는 그녀의 말을 문자적 의미 그대로 믿지 않는다. 영희가 거짓말을 하고 있는가? 그렇지는 않다. 영희는 자신이 말한 그대로 철수가 믿고 있지 않다는 것을 안다고 깨닫고 있어서 영희는 철수를 속이려 하고 있는 것은 아니다. 그녀는 진실해야 한다는 대화 준칙을 무시했다. 그러므로 철수는 영희가 발화한 문장에 의해서 표현된 명제 이외의 다른 어떤 명제를 의사소통하고자 한다는 것을 추리한다. 관계된 명제는 영희가 말한 것의 모순 명제이다. 그러므로 철수는 영희가 실제로 표현한 명제에 대해 이와 같은 모순 명제의 내포로 대치한다.

청자의 사고 과정을 이렇게 가정적으로 재구성을 옳게 할 수 있다면, 청자는 일차적으로 문자적 의미를 접수하며 그것이 적합하지 않다는 것을 알게 된 후 문자적 해석에 대해 수사적 해석을 구성하여 발화의 의미를 대체한다. 대화시 진실해야만 하다는 준칙을 위반하는 것은 반어적 해석을 위해 필요조건도 충분조건도 아니다. 많은 거짓 문장들은 반어적이지 않으며 폭우를 맞은 사람이 "비가 오고 있는 것 같네"라는 말을 심술궂은 어조로 했을 때 그것은 거짓이지 않은 채로 반어적이다.

반어를 설명하기 위해서 언어의 문자적 사용과 수사적 사용 간의 구별보다는 사용과 언급 간의 구별을 이용하는 것이 효과적이다. 예를 들어, "좌회전하기 전 신호를 켜라"는 말은 초보자에게 도로 주행 교습시 사용될 수 있으나, ""좌회전하기 전 신호를 켜라"는 도로 주행 규칙에 들어 있다"에서는 단지 언급되어 있다. 사용과 언급의 구별은 의미론적으로 중요하다. 왜냐하면 언급된 표현의 진리치는 그것을 언급하고 있는 명제의 진리치와는 무관하기 때문이다. ""그는 한국의 수도는 세종시다"라고 말했다"는 언급된 문장이 분명히 거짓일지라도 참일 수 있다. 즉 그가 실제로 그렇게 말했다는 것은 언어 사용 자체로서 사실인 것이다.

반어는 사용이라기보다는 메아리같은 언급의 예로 간주될 수 있다. 위에서 든 "정치는 너무 복잡해서 여자들이 이해하지 못해"라는 예에서 영희는 많은 남자들(아마도 철수)에 의해 규범적으로 받아들여지고 있는 오로지 남자들만이 정치를 이해할 수 있다는 통념 또는 편견을 언급하고 있는 것과 같다. 영희가 그러한 규범을 되풀이해서 말할 때, 그녀는 물론 그렇지 않았다면 명제 형식으로는 포착하기 힘든 방법으로 자신의 의견을 표현할 것이다. 그러므로 철수가 깨닫는 점은 영희의 진술이 진실성의 준칙을 위반한다는 것이 아니라, 그것이 언급의 실례이며 또한 경멸의 표현이라는 것이다. 이렇게 이해하면 청자가 문자적 명제에 대해 대체해야만 하는 수사적 명제는 없다. 오히려 청자에게는 어떤 익숙한 명제(그 진리치는 무관하다)가 메아리처럼 상기되며 그것에 대한 태도가 표현된다. 이렇게 이해하면 반어는 표현 언화 행위이지 주장 언화 행위는 아니다.

　다시 한 번 이해하기 쉬운 예를 들어 보자. 동네 축구를 하고 있는 철수는 자기의 정해진 위치를 무시하고 공격에 가담하여 골인을 넣었다. 그때 철수는 "잘 했지"라고 말했다. 잠시 후 게임이 속행되었고 철수는 자기편 골대 앞에서 상대방 선수의 슛을 거둬내지 못하고 헛발질을 하여 실점을 하게 되었다. 이때 같은 편의 정수는 이전에 철수가 한 말을 다음과 같이 어조를 바꾸어 말한다. "잘 했지(어)?" 정수의 말은 철수의 말을 언급하고 있다. 그것은 이전에 네가 말한 "잘 했지"는 참이 아니다와 같다. 우리말은 어미의 변화가 발생하여 문자 그대로의 언급이 되지 않을 수 있음에 주의해야 한다.

　반어를 사용과 언급 간의 구별을 이용하여 설명하는 것은 관습적 내포의 화행론적 개념과 결합된 것이다. 이것은 배타적인 화행론적 설명보다는 이점이 많다. 언급된 명제에 대해 대치되어야 할 어떤 것도 필요하지 않으므로, 화자가 거짓 명제를 왜 발화하는지의 이유를 쉽게 이해할 수 있다. 반어적 진술이 더 넓은 의미에서 문자적으로 거짓이지 않은 사례도 많이 있으며 사용과 언급에 의해 잘 설명된다. 또한 반어와 변곡어(parody) 간의 유사점도 쉽게 설명된다. 반어적 어조는 메아리처럼 언급된 명제에 대한 화자의 태도를 표현하는 것으로 보인다. 반어는 성공이 관습적 규범이고 불완전한 세계에서는 규범을 반어적으로 언급하는 것이 항상 가능하기 때문에 반대칭적이다("아주 영리하다"는 "아주 어리석다"를 표현할 수 있지만 반대로는 안 된다). 반어는 종종 특정 피해자를 노리고 있는데, 메아리되고 있는 발화 또는 의견의 실재적이든 가상이든 간에 창시자가 자연스럽게 공격받는 표적이 된다.

〈숙 어〉

　숙어 표현은 애매하다. 예를 들어, "밥숟가락을 놓다"는 말은 "밥숟가락"과 "놓다"가 연결되어 있는데, 각 단어의 문자적 의미에서 구성되는 문자적 의미와, "죽다"를 의미하는 문자외적 의미, 즉 숙어로서의 의미를 갖는다. 숙어로서의 의미는 구성 단어의 문자적 의미만으로는 추리될 수 없다. 청자는 화자가 어느 해석을 의도했는지 어떻게 결정할 수 있는가?

　숙어에 대해서, 문자적 분석이 불합리하거나 부적합할 때에만 청자는 특별한 의미 목록을 참조한다. 청자는 숙어가 갖는 의미 목록 중에서 발화 상황의 맥락에서 가장 적절한 것을 참조하는 방식으로 이해한다. 숙어의 의미 목록은 의미론적 정보 목록이다. 두 개 이상의 단어로 구성된 표현에 대해서 청자가 일차적으로 문자적 의미를 관련지어 보았을 때 적절한 이해에 도달하지 않으면 그것은 숙어로서 사용되고 있는 것으로 보아 청자는 그 숙어의 의미(즉 문자외적 의미)를 연관지어야 한다. 보통 문자적 양식은 숙어적 양식보다 먼저 적용되지만, 그 순서는 특수한 상황에 따라 변할 수 있다.

하지만 우리가 숙어에 대해 특별한 기억을 저장하고 있다는 것은 너무 지나친 견해다. 사람의 학습이나 경험의 풍부성에 따라 숙어의 이해도는 차이가 난다. 숙어의 의미는 일차적으로 추리된다기보다는 단어들의 의미가 학습되는 정도로 학습되는 것이므로 숙어의 이해도는 개개인의 학습 경험에 따라 달라진다. 만일 한 숙어가 부분들의 합성 함수에 의해 의미되지 않는 표현이라면, 그러한 숙어는 단일 단어를 학습하는 것과 같은 방식으로 학습되어야 한다. 모든 숙어는 애매한(다의적) 것이지만 단일 단어는 애매함이 숙어보다는 정도에 있어서 덜하다.

숙어는 두 개의 단어 결합부터 수 개의 단어 결합의 형태를 보일 수도 있다. 우리말에서는 특히 한자로 된 4자 성어가 많으며, 속담도 속담에 담겨 있는 문자외적 의미를 화자가 청자에게 전달하기 위해서 사용되므로 속담도 숙어에 속하는 것으로 볼 수 있다. 예를 들어, 침소봉대(針小棒大)는 자그마한 일을 크게 과장한다는 의미의 한자숙어이며, "세살버릇 여든 간다"는 속담은 어린 시절에 형성된 습관은 늙어죽을 때까지 변하지 않는다는 의미의 속담이다. 이와 같은 한자성어나 속담이 숙어로서 사용될 때, 청자는 화자의 문자외적 의미를 통한 의도 전달을 제대로 파악할 필요가 있다.

〈은 유〉

은유도 숙어처럼 애매할 수 있지만 문자외적 의미를 전달하는 유용한 수단임에 틀림없다. 문자적으로 해석해서 말하면, 은유는 거짓이거나 무의미하지만, 수사적으로 해석해서 말하면 은유는 상사점이나 유사점을 표현한다. 예를 들어 "남자는 다 애야"라는 표현의 문자적 해석은 범주 오류에 속한다. 그렇지만 "남자는 다 애 같애"는 수사적 표현으로서 남자는 어떤 면에서는 애와 닮은 구석이 있다는 것이다. 은유는 청자나 독자에게 은유의 취지(즉 예에서 남자)를 은유의 매개물(즉 예에서 애)와 비교하게 된다. 이러한 설명은 은유의 비유 이론으로 알려져 왔다. A는 B와 같다는 형식으로 된 것을 직유라고 하는데, 은유법은 직유법에서 사용하던 고리들을 생략한 모양새이다. 그래서 은유법은 A는 B다의 형태로 나타난다. 다음과 같은 은유의 예를 참고하라. 인간은 기계다, 강은 옥색 비단이다, 산은 진한 쑥물이다, 하늘은 쪽물이다, 은행잎들은 노랑나비들의 시체이다, 눈송이는 함박꽃이다 등. 은유는 직유처럼 막 바로 비교하는 방식이 아니어서, 즉 연결고리를 생략하고 있기 때문에 깨끗하고 산뜻한 느낌을 준다. 그런 만큼 은유법은 좀 거만해 보이고 쌀쌀해 보여서 은유가 담고 있는 의미를 확정짓기가 무척 어렵다.

　은유는 유추에 의해서 만들어지는 것으로도 이해할 수 있다. 예를 들어 "독수리는 새 중에서 사자이다"는 독수리가 새에 대한 관계는 사자가 포유류에 대한 관계와 같은 것으로 유추에 의해 이해할 수 있다. 유추적 은유는 암묵적 유추가 타당한 범위까지는 이해 가능하다. 그것은 결국 유추의 항 중 유사성 관계에 의존한다. 유추는 두 수준의 유사성 관계를 포함한다. 이 예에서 독수리가 다른 새에 대한 관계에서 하나의 유사성이, 그리고 사자가 다른 포유류에 대한 관계에서 하나의 유사성이 있다. 이 두 유사성은 공통 영역의 유사성이다. 이 공통 영역의 유사성에 의해 유추가 행해진다. 어떤 개념도 유추적 은유 속에서 연결될 수 있지만, 그 연결은 오로지 취지와 매개물이 유사한 위치를 점유하는 경우에만 파악 가능할 것이다. 오로지 그 영역들이 상호간에 합당하게 독립되어 있을 경우에만 흥미로운 유추가 되어 은유로 표현될 것이다.

　은유가 은유로서 좋은 것이라고 평가되기에는 취지와 매개물이 직선적으로 관계되어 있어야 한다. 애매하거나 무의미한 은유가 되어서는 안 된다. 은유가 진부하지 않기 위해서는 아주 분명하게 밀접하게 연관되어 있어야만 한다. 그러한 은유가 아닐 때 청자는 인식의 어려움을 겪게 된다.

　청자는 한 발화가 어떻게 은유적으로 의도된다는 것을 아는가? 사람들은 일차적으로 문자적 의미를 끌어내고, 만일 그것이 "결점이 있는" 것이라면 대안적인 수사적 해석을 추구한다는 견해가 있다. 이 견해는 간접적 언화 행위, 숙어, 및 반어와 관련된 두 가지의 심리학적 가정이 들어 있다. 첫째, 은유는 비교할 말한 문자적 문장보다도 이해하기에 많은 시간과 노력이 요구된다. 둘째, 수사적 의미는 문자적 해석이 그럴 듯해 보이는 맥락에서는 무시될 수 있다. 첫째 가정에 대해서 문맥이 최소한으로 제시되어 있을 때 더욱 시간이 많이 걸리는 것은 흔히 발생한다. 왜냐하면 해석을 가능하게 하는 정보가 제약되어 있기 때문에 다양한 가능성 속에서 해석하기 때문이다. 그렇지만 이해를 위한 적절한 문맥이 충분히 제시되어 있으면 은유는 문자적 문장과 동등하게 빠르게 이해되며, 간접 요구가 그러한 상황에서 이해되는 속도와 같은 속도로 이해된다. 둘째 가정은 오히려 문자적 해석이 은유의 참된 이해를 방해하는 경우가 발생하는 경우에 수사적 의미가 무시되지 못한다는 비판을 받는다. 예로 "몇몇 노동일은 감옥이다"는 말 그대로 참이 아니며 노동의 고통이 감옥생활의 고통만큼 심대하다는 것으로 쉽게 이해되지만, 그 은유의 의미가 무시되지 않고 계속되는 사유에 영향을 미치게 되는 경우도 있다.

　시에서 사용되는 은유는 종종 신선하고 충격적이지만, 일상적 대화에서의 많은 은유적 표현들은 관행적 매개물에 의한 변형으로 간주될 수 있다. 예를 들어 "논쟁은 전쟁이다," "시간은 돈이다," "시작이 반이다," "지나침은 아니함만 못하다(과유불급(過猶不及))" 등은 숙어와 같은 지위의 은유이다. 이러한 은유는 언어를 획득하는 과정에서 무비판적으로 선택되어 조직화된다. 이러한 사고 습관에 깊이 젖어 있게 되면, 은유적 표현의 수사적 의미가 무시되는 경향이 있게 되지만, 은유를 창시하는 자가 관련된 여러 특성들을 고려해서 만든 것이라면 그만큼 수사적 의미를 무시하기 어렵게 된다. 예를 들어 "인생은 여행이다" "여행은 이야기다"와 같은 은유에서 그 은유의 창시자는 모두 "시작-경로-종착"의 특성을 이용하여 은유를 만들었다 하자. 그 은유의 창시자는 이야기(narrative)에 대해서 물리학의 운동 개념 체계를 이론화하듯이 담론 이론 체계를 이론화하는 것이 목표였다면 청자는 그러한 은유를 단순하고 진부한 것으로 치부하여 무시할 수 없을 것이다.

 은유는 모호하고 오도적인 것이라고 비판하는 입장이 있을 수도 있지만, 은유는 중요하고 신선한 생각을 표현하기 위해 이용 가능한 유일 수단이라는 긍정적인 입장이 있다. 적절한 은유는 문자적 언어가 전달하기 어려운 메시지를 전달하기 위해 수사적으로 사용될 수 있다. 사람들은 단순 명제 내용 이상의 것을 전달하려고 의도하거나 요구될 때 은유를 사용한다. 화자는 상당한 양의 정보를 짧은 발언으로 대체하려 하며, 익숙하지 않은 개념을 익숙한 개념에 의해 기술하여 전달 효율을 높이려고 은유를 사용하기도 한다. 화자가 은유의 두 대상이 우연적 속성을 활용해서 은유 표현을 사용하는 것이 아니라, 두 대상의 본질적 속성을 활용해서 은유 표현을 하는 것이라면, 사물의 복잡한 관계를 더 잘 드러내서 이해하거나 이해시키기 위해서 은유가 사용되는 것이라고 말할 수 있다. 원자를 청자에게 이해시키려는 물리학자가 "원자는 미시적인 태양계이다"라는 은유를 사용한다고 하자. 이것은 원자-태양계 유추에서 중요한 것은 바로 중심부와 그 중심부 주위를 선회하는 다양한 입자들(행성들) 간의 관계이다. 이러한 관계는 우연적인 것이 아니라 양 사물의 본질적 특성이다. 물론 그 유추가 정보적인 것이 되기 위해서 원자의 중심부가 태양처럼 뜨겁고 밝아야 할 필요는 없다.

제 3 장 연역 논리

1. 연역추리과 귀납 논증의 구별

2. 고전 논리

3. 명제 논리

4. 한량 논리

5. 관계 논리

6. 양상 논리

7. 오류론

1. 연역추리와 귀납 논증의 구별

1-1. 연역추리와 귀납추리의 정의적 특성

전제로부터 결론을 끌어내는 것을 일반적으로 추리(inference)라고 한다. 이때의 의미는 참인 전제로부터 참인 결론으로 이행하는 것을 말한다. 이때 나타나는 특성은 전제가 가지고 있는 참인 특성이 결론에서도 보존된다는 것으로 이것을 진리 보존적(truth-preserving)이라고 한다. 이러한 진리 보존적인 추리를 전통적으로 연역(deduction)이라고 불러왔다. 연역이란 주어져 있는 것에서 그 부분을 뽑아낸다는 의미이다. 따라서 이러한 연역추리에서는 전제의 참을 긍정하면서 결론이 거짓이라고 하게 되면 모순이 발생하게 되는데, 이러한 증명법이 귀류법이다.

한편 전제가 참일지라도 결론이 참이면 좋지만 참이 아닐 수도 있는 추리가 있다. 이러한 추리의 본성은 결론의 내용이 전제의 내용을 벗어나 확장된다는 것이다. 이러한 추리의 특성을 확장적(ampliative)이라고 하는데, 이것을 전통적으로 귀납(induction)이라고 하였다. 이러한 확장 추리는 경험을 통해 수집한 참인 진술들로부터 인식적 간격을 뛰어넘는 추리를 하고 있다는 것이다. 확장 추리를 연속적으로 진행할 때는 오류가 발생하지 않는 한 지식을 확장해 나가는 셈이 되지만 오류가 발생하는 즉시 더 이상 옳은 것은 아니므로 옳은 것이 되도록 시정을 할 필요가 있다. 이런 점에서 오류를 스스로 시정해 나가는 추리라고도 하는데, 이를 자기 시정적(self-corrective)이라고 한다. 과학에서는 인간의 지식의 오류 가능성을 인정하고 있으며, 시간이 경과함에 따라서 오류로 발생하는 것은 제거한다. 전반적으로 과학적 탐구에서 과학자는 지식의 확장을 추구하면서 동시에 오류 제거를 위해 노력한다.

이처럼 귀납추리는 본성상 오류 가능한 추리이지만, 추리하는 사람은 가능한 한 오류를 발생하지 않으려고 결론이 전제로부터 그럴 듯하게(plausibly) 추리되도록 만들려고 한다. 이런 점에서 결론을 어떤 이유들로부터 합리화하려는 특성이 생겨나는데, 이런 점에서 사용되는 용어가 추론(reasoning)이다. 추론은 전제에 제시된 하나의 이유나 이유들로부터 그에 부합하는 결론으로의 이행이다. 일상적 추론이나 과학적 추론에서 사람들이 행하는 추론은 실제로 불완전한 정보에 근거되어 있는 경우가 다반사다. 이러한 특성 때문에 일상적인 실제적인 추론이나 과학적 추론은 연역적이라기보다는 귀납적이다.

일상적인 실제적인 추론에서는 자기의 주장을 전개하기 위하여 전제에 그것을 지지하는 이유들을 제시한다. 이런 관점에서 결론(즉 주장)을 세우는 것을 논증(argument)라고 한다. 논증에서의 이유들은 결론으로서의 주장을 지지해 주는 역할을 하는데, 거의 항상 논리적 비약이 발생한다. 이런 점에서 실제적인 추론은 귀납적 논증의 특성을 지닌다. 특히 일상적 추론은 귀납적(즉 비형식적 또는 비연역적) 방식으로 제시되므로 그때 발생하는 오류들을 지적하고 비판함으로써 논리적 정교화를 시도한다. 이때 사용하는 용어가 비판적 사고이다. 비판적 사고에서는 논증에서 발생하는 주장에 대해 잘못을 지적하는 반박이나 더 강력한 것이 되도록 강화를 하게 된다.

논증이 활용되어 출제되는 문제 유형으로는 (1) 논증에 무엇인가가 결여되어 있는 귀납 논증에 대해서는 논증을 타당하게 만들 어떤 추가적인 이유를 묻는 문제 유형도 있고 지지하는 사례를 더 보충해서 강화하는 문제 유형도 있다. 이와는 달리 (2) 비판적인 시각에서는 논증의 주장에 대한 반론이나 반박을 묻는 문제 유형이 있게 되는데, 전제를 인정하면서 결론이 상반된다고 지적하면 반증이라고 하고, 결론을 인정하더라도 이유가 다르다는 관점에서 비판하면 약화라고 한다.

과학적 탐구에서는 관찰되는 현상이나 징후를 근거로 하여 그 원인을 추정하는데, 이때 사용되는 추론은 후건을 긍정해서 전건을 긍정하는 결론을 끌어내는 방식이다. 하지만 원인을 잘못 추정하는 경우가 생기므로 후건 부정에 의한 전건 긍정의 추론 양식은 흔히 귀추법(abduction)이라고 하는데, 연역의 특성을 갖고 있지 못하며 귀납의 특성을 갖고 있다. 사회과학이나 자연과학에서 통계적 추론이 주로 사용되는데, 그러한 추론도 역시 수집된 자료로부터 확인이 되지 않은 전체 집단에 대한 정보를 결론으로 주장하는 것이다. 그러한 과정에 논리적 비약이 있을 수 있으며 오류가 발생할 수 있다. 이런 점에서 통계적 추리라는 용어보다 통계적 추론(statistical reasoning)이라는 용어가 주로 사용된다.

논증이라는 용어 대신에 시험에서 논증이라는 용어가 사용되는 것을 볼 수 있다. 논증이나 논증은 아마도 argument에 대한 번역 용어의 차이라고 일견 이해되므로 양자의 두드러진 차이는 없다. 우리가 주장을 세우려는 작업에서 목적을 설정하고 전략적 절차를 수립하여 전개하려는 관점에서는 논증이나 논증보다 상위 개념에 해당하는 입론(立論, argumentation)이라는 용어를 사용한다. 시험에서는 입론이라는 용어는 거의 나오지 않으며 추리, 추론, 유추(일반적으로 추론에 속하는 하나의 사고 방식), 논증, 논증이라는 용어가 의미상의 차이가 거의 없이 사용되고 있다.

다음 문제는 2005년 견습직원 언어논리 기출 문제로 추리 방법에 관해 묻는 문제이다.

문제 다음 중 논리적 추리의 방법이 다른 하나는?
① 많은 수의 A가 다양한 조건에서 관찰되었고, 그리고 관찰된 A가 모두 예외 없이 B라는 성질을 가지고 있으면, '모든' A는 B라는 성질을 가진다.
② 이 코르크 마개는 나무이고 그것은 물 위에 뜬다. 육면체로 된 이 물체는 나무이고 그것은 물 위에 뜬다. 그러므로 나무로 된 모든 물체는 물 위에 뜬다.
③ 소금암 광산으로부터 얻은 소금이나, 바닷물로부터 얻은 소금이나, 그 소금(NaCl) 안의 염소(Cl) 질량을 조사하니 60.66%였다. 따라서 모든 소금에는 염소의 질량이 60.66% 존재한다.
④ 케플러는 화성의 상대적 위치를 관찰하여 화성의 궤도를 알아내려 하였다. 그래서 그는 우선 화성의 궤도가 타원이라고 가정하고 이 가설 아래서 화성의 위치를 수학적으로 계산한 뒤, 계산 결과를 이미 있던 관찰 자료에 맞추어 보았다. 다행하게도 관찰 자료와 수학적으로 계산한 위치는 서로 잘 맞아떨어졌다.
⑤ 멘델은 완두콩의 대립형질교배 실험 결과 잡종 2세대에서 다음과 같은 결과를 얻었다. 첫 번째 실험에서 둥근 것(5,474개) 대 주름진 것(1,850개) = 2.96:1, 두 번째 실험에서는 초록색(428개) 대 노란색(152개) = 2.82:1이라는 결과를 얻었고, 그것으로부터 제2세대에서는 우성형질과 열성형질의 비율이 약 3:1이라는 결론을 얻었다.

위에서 연역추리와 귀납추리에 대해 간략히 설명하였다. 선택지 다섯 개 중 네 개는 추리 방법상 공통적이며 하나는 그렇지 않다는 전제하에 출제되었다. 따라서 선택지의 논증을 일차적으로 형식적으로 도식화하여야 추리 방법을 규정할 수 있다.
① 많은 수의 A가 다양한 조건에서 관찰되었고, 그리고 관찰된 A가 모두 예외 없이 B라는 성질을 가지고 있으면, '모든' A는 B라는 성질을 가진다: A 집단에 속한 일부(많은 수의 A)에 대한 관찰을 통해 모든 A에 대한 판단('B 성질을 갖는다')을 내렸으므로 이것은 귀납적 보편 일반화이다.
② 이 코르크 마개는 나무이고 그것은 물 위에 뜬다. 육면체로 된 이 물체는 나무이고 그것은 물 위에 뜬다. 그러므로 나무로 된 모든 물체는 물 위에 뜬다: 나무로 된 물체라는 집단에 속한 일부(코르크 마개, 육면체 물체)에 대한 관찰을 통해 모든 나무로 된 물체에 대해 결론('물 위에 뜬다')을 내렸으므로 이것은 귀납적 보편 일반화이다.
③ 소금암 광산으로부터 얻은 소금이나, 바닷물로부터 얻은 소금이나, 그 소금(NaCl) 안의 염소(Cl) 질량을 조사하니 60.66%였다. 따라서 모든 소금에는 염소의 질량이 60.66% 존재한

다: 소금 집단에 속한 일부(광산의 소금, 바닷물의 소금)에 대한 관찰을 통해 모든 소금에 대한 판단('염소의 질량이 60.66% 존재한다')을 내렸으므로 귀납적 보편 일반화 추론이다.

④ 케플러는 화성의 상대적 위치를 관찰하여 화성의 궤도를 알아내려 하였다. 그래서 그는 우선 화성의 궤도가 타원이라고 가정하고 이 가설 아래서 화성의 위치를 수학적으로 계산한 뒤, 계산 결과를 이미 있던 관찰 자료에 맞추어 보았다. 다행하게도 관찰 자료와 수학적으로 계산한 위치는 서로 잘 맞아떨어졌다: 이것이 정답이다. 가설('화성의 궤도는 타원형일 것이다')을 세우고 관찰을 통해 이 가설을 검증(또는 주로 사용되는 용어는 확증)하는 과정을 거쳤는데 이런 절차는 과학적 이론 정립에서 전형적으로 쓰이는 것으로 가설 상정논법 또는 귀추법(abduction)이라고 부른 것이다. 가설 상정논법은 추리 형식면에서는 조건문에 대해서 그 후건을 긍정하여 전건을 결론으로 끌어내는 형식이다. 이것은 실제의 과학 탐구에서 많이 사용되는 정답이다. 물론 이 선택지의 표현에는 화성의 궤도가 타원이라는 가설로부터 수학적으로 계산된 관찰 자료가 연역될 것임을 생각하고 있는 부분에 대해서는 예화라는 연역적 사고방식이 들어있다. 여기에 굳이 들어 있는 추리가 있다면 그것은 가설로부터 관찰 사실의 연역이다. 형식적으로 진술하자면, 화성 궤도가 타원이라면 관찰 자료와 수학적으로 계산한 위치는 잘 맞아떨어질 것이다. 화성 궤도가 타원이다. 그래서 관찰 자료와 수학적으로 계산된 위치는 서로 잘 맞아떨어졌다. 하지만 이러한 이해보다는 귀납적인 가설 확증 추리로 규정하는 것이 일반적이다. 구체적으로 말하면, 화성 타원 궤도설이 옳다면 이러저러한 관찰 값을 갖는다. 이러저러한 관찰 값이 계산되었고 측정되었다. 따라서 화성 타원 궤도설은 옳다. 어떤 방식으로 분석을 하든지 이 선택지는 다른 네 개의 선택지의 추리 방법과 다르다.

⑤ 멘델은 완두콩의 대립형질교배 실험 결과 잡종 2세대에서 다음과 같은 결과를 얻었다. 첫 번째 실험에서 둥근 것(5,474개) 대 주름진 것(1,850개) = 2.96:1, 두 번째 실험에서는 초록색(428개) 대 노란색(152개) = 2.82:1이라는 결과를 얻었고, 그것으로부터 제2세대에서는 우성형질과 열성형질의 비율이 약 3:1이라는 결론을 얻었다: 완두콩에 대한 첫 번째 실험에서 둥근 것 대 주름진 것 =2.96:1이라는 관찰 자료와, 제2세대 집단에서 초록색 대 노란색 = 2.82:1이라는 관찰 자료, 이 두 개를 가지고서 제2세대에서 우성형질과 열성형질의 발현 비율은 3:1이라는 일반화된 결론을 주장하고 있으므로, 이것은 귀납적 (통계적) 일반화의 추리 형식이다.

이상과 같은 분석을 통해서 ①, ②, ③, ⑤는 귀납적 보편일반화라는 추리 형식에 속하는 것이며, ④는 귀납적인 측면에서 가설 상정논법 또는 연역적인 측면에서 예화(즉 대소 관계에 의한 직접 추리)에 속하는 것으로 분류할 수 있다. 따라서 예외적인 하나로 드러나는 ④가 정답이다.

1-2. 논증/추리/주장의 구조

지금까지 설명한 연역추리든 귀납 논증이든 가장 단순한 기본 구조는 다음과 같이 형식화된다.

```
전제
─────────
그러므로 결론
```

우리는 실제의 추리 또는 논증에서 전제를 가리켜 주는 표식들을 볼 수 있다. 그러한 표식들에는 '◆◆이므로', '◆◆ 때문에', '◆◆일 때', '왜냐하면 ◆◆' 등이 있으며, 결론을 가리켜 주는 표식들로는 '그러므로 ◇◇', '따라서 ◇◇', '그래서 ◇◇', '그러니 ◇◇', '결과적으로 ◇◇', '◆◆하므로◇◇' 등이 있다. 여기서 ◆◆의 자리에 들어 가는 것은 전제이며 ◇◇자리에 들어 가는 것은 결론이다.

가장 단순한 추리 또는 논증의 구조는 하나의 전제 문장에서 하나의 결론 문장으로 구성된 것이다. 예를 들어 보자.

세상은 영원하다.
그러므로 세상은 영원하다.

이러한 형식의 추리는 전제와 결론이 똑같은 동일한 것으로서 내용의 비약이 발생하지 않는다. 흔히 이러한 형식은 동일률을 적용했다고 말하거나 동어반복(tautology)라고 한다. 이와 같은 동어반복은 시험에서 자주 사용되지는 않는다. 왜냐하면 너무나 뻔한(진부한) 논리적 진리이기 때문이다.

실질적으로 시험에서 활용되는 논증은 가장 단순한 경우로서 전제가 두 문장으로 되어 있고 결론이 한 문장으로 되어 있는 것이다. 전제 두 단의 문장과 결론 한 단의 문장으로 된 논증, 합해서 삼단으로 구성된 논법이 추리 또는 논증의 기초가 되는데, 이를 삼단논법(syllogism)이라고 한다.

고전 논리학에서 삼단논법의 첫 번째 전제를 대전제라고 하며 두 번째 전제를 소전제라고 한다. 그리고 세 번째 나오는 문장이 결론이다.

대전제
소전제
———————
그러므로 결론

　전제 두 개 중 어떤 하나가 생략되거나 결론이 생략된 경우를 약식 추리라고 한다. 시험 문제에서 암묵적인 전제를 찾으라고 요구하는 것은 전제가 생략된 약식 추리이기 때문이며, 옳은 것을 추론하라고 요구하는 문제는 결론을 만들어 완전한 추리가 되도록 하라는 것과 같다.

1-3. 약식 추리(논증)

　다음의 광고 카피를 보자.

　그 여자는 프로다. 그러므로 그 여자는 아름답다.

　전제는 한 문장, 결론도 한 문장으로 되어 있다. 전제와 결론에 두 번 들어 있는 것은 '그 여자'로 이것은 보충을 필요로 하지 않는다. 보충되어야 할 것은 전제에 남아 있는 단어와 결론에 남아 있는 단어를 연결하는 것이다. 그것은 다름 아닌 "프로는 아름답다."이다.
　한 동네 건달이 새로 포장마차를 연 사장 아주머니를 찾아와서 다음과 같이 말했다. "장사하는 사람들은 세금을 내야 한다던데. 낼 이 시간에 다시 올께요. 아줌마~." 이 동네 건달이 한 말의 결론은 무엇일까? 그것은 다음과 같은 약식 추리여서 전제와 결론을 보충하면 다음과 같다.

발언된 전제:　　　　장사하는 사람은 세금을 내야 한다.
보충된 상황 전제:　아주머니는 지금 장사하는 사람이다.
생략된 결론:　　　　그러므로 아주머니는 내게 세금(즉 돈)을 내야 한다.

　세무 공무원도 아닌 동네 건달이 "아줌마는 돈 내야 돼"라고 명시적으로 결론을 내어 발언을 하면 그 자리에서 협박범으로 판단될 것이다. 물론 결론을 그 자리에서 제시하지 않았다 하더라도 누구라도 추리 능력이 있는 사람이라면 끌어낼 수 있는 분명한 결론이 생략된 것이므로 협박범으로 판단될 것이다.
　지금까지 살펴본 논증의 구조를 잘 이해했다면 시험에 출제되는 문제의 형식이 어떤 것들이 있을 수 있는지를 예상할 수 있다. 첫째 가장 많이 출제되는 것으로, 추리 영역과 논증 영역 모두에서 결론을 묻는 문제 유형이 있다. 둘째 빈번하지는 않지만 추리 영역에서 결론이 도출되기 위한 전제를 보충하는 문제가 있으며 논증 영역에서는 근거나 이유를 보충하거나 암묵적 전제를 묻는 문제 유형이 있다.

다음의 문제는 2009년 행정고등고시 언어논리 영역에서 출제된 것이다. 이 문제는 제시된 결론의 이유(즉 생략된 전제)를 만들어 넣으라는 것이다. 즉 약식논증에서 전제를 보충하는 문제 유형에 해당한다.

문제 다음 글에 나타난 논증을 타당하게 만들기 위해 빈칸에 들어가야 할 것은?

> 한 존재가 가질 수 있는 욕망과 그 존재가 가졌다고 할 수 있는 권리 사이에는 모종의 개념적 관계가 있는 것 같다. 권리는 침해될 수 있는 것이며, 어떤 것에 대한 개인의 권리를 침해하는 것은 그것과 관련된 욕망을 좌절시키는 것이다. 예를 들어서 당신이 차를 가지고 있다고 가정해 보자. 그럴 때 나는 우선 그것을 당신으로부터 빼앗지 말아야 한다는 의무를 가진다. 그러나 그 의무는 무조건적인 것이 아니다. 이는 부분적으로 당신이 그것과 관련된 욕망을 가지고 있는지 여부에 달려 있다. 만약 당신이 차를 빼앗기든지 말든지 관여치 않는다면, 내가 당신의 차를 빼앗는다고 해서 당신의 권리를 침해하는 것은 아닐 수 있다.
>
> 물론 권리와 욕망 간의 관계를 정확히 설명하는 것은 어렵다. 이는 졸고 있는 경우나 일시적으로 의식을 잃은 경우와 경우나특수한 상황 때문인데, 그러한 상황에서도 졸고 있는 사람이나 의식을 잃은 사람에게 권리가 없다고 말하는 것은 옳지 않을 것이다. 그러나 이와 경우나권리의 소유가 실제적이 욕망 자체와 연결되지는 않는다고 하더라도, 권리를 소유하려면 이떤 방식으로든 관련된 욕망을 가지는 능력이 있어야 한다. 어떤 권리를 소유할 수 있으려면 최소한 그 권리와 관련된 욕망을 가질 수 있어야 한다는 것이다.
>
> 이러한 관점을 생명에 대한 권리라는 경우에 적용해 보자. 생명에 대한 권리는 개별적인 존재의 생존을 지속시킬 권리이고, 이를 소유하는 데 관련되는 욕망은 개별존재로서 생존을 지속시키고자 하는 욕망이다. 따라서 자신을 일정한 시기에 걸쳐 존재하는 개별존재로서 파악할 수 있는 존재만이 생명에 대한 권리를 가질 수 있다. 왜냐하면,
>
>

① 생명에 대한 권리를 가질 수 있는 존재만이 개별존재로서 생존을 지속시키고자 하는 욕망을 가질 수 있기 때문이다.
② 자신을 일정한 시기에 걸쳐 존재하는 개별존재로서 파악할 수 있는 존재는 다른 존재자의 생명을 빼앗지 말아야 한다는 의무를 지니기 때문이다.
③ 자신을 일정한 시기에 걸쳐 존재하는 개별존재로서 파악할 수 있는 존재만이 개별존재로서 생존을 지속시키고자 하는 욕망을 가질 수 있기 때문이다.
④ 개별존재로서 생존을 지속시키고자 하는 욕망을 가질 수 있는 존재만이 자신을 일정한 시기에 걸쳐 존재하는 개별존재로서 파악할 수 있기 때문이다.
⑤ 자신을 일정한 시기에 걸쳐 존재하는 개별존재로서 파악할 수 있는 존재는 어떤 실제적인 욕망을 가지지 않는다고 하여도 욕망을 가질 수 있는 능력이 있다고 파악되기 때문이다.

논증의 기본 도식은 다음과 같다.
A는 B다.
B는 C다.
따라서 A는 C다.

이 도식을 활용하면 먼저 전제와 결론에 공통적으로 들어 있는 구(즉 A)를 확인하여 소거한다. 그러면 소거되지 않은 구가 있게 되는데, 전제에 있는 구(즉 B)는 결론에 있는 구(즉 C)이다로 문장을 만들어서 보충하면 된다. 특히 여기서 ◇◇만이 ◆◆다라는 문장은 ◆◆는 (모두) ◇◇다와 동치임을 활용하여야 한다.

마지막 문단의 논증을 정리하면 다음과 같다.
<u>생명에 대한 권리</u>는 개별적인 존재의 생존을 지속시킬 권리이고, 이를 소유하는 데 관련되는 욕망은 개별존재로서 생존을 지속시키고자 하는 욕망이다.
⟨보충 전제⟩
따라서 자신을 일정한 시기에 걸쳐 존재하는 개별존재로서 파악할 수 있는 존재만이 <u>생명에 대한 권리</u>를 가질 수 있다. = <u>생명에 대한 권리</u>를 가질 수 있는 존재는 자신을 일정한 시기에 걸쳐 존재하는 개별존재로서 파악할 수 있는 존재여야 한다.

<u>생명에 대한 권리</u>를 소거하면 전제에서 "개별존재로서 생존을 지속시키고자 하는 욕망"이 남고, 결론에서 "자신을 일정한 시기에 걸쳐 존재하는 개별존재로서 파악할 수 있는 존재"가 남는다. 이 두 구를 연결시키면 다음과 같다.

개별존재로서 생존을 지속시키고자 하는 욕망(을 가질수 있는 존재)은 자신을 일정한 시기에 걸쳐 존재하는 개별존재로서 파악할 수 있다(는 존재이다)가 된다.

이 문장을 환위하면(즉 주어와 술어의 자리를 교환하면) 다음과 같다.

자신을 일정한 시기에 걸쳐 존재하는 개별존재로서 파악할 수 있는 존재만(이 부분을 유의해야 한다)이 생존을 지속시키고자 하는 욕망을 가질 수 있다(욕망을 가진 존재이다).

이상에서 살펴본 바와 같이 정답은 ③이다.

1-4. 연쇄 추리(논증)

지금까지 2단 논증이든 3단 논증이든, 완전한 경우라면 3단 논증이 되는 약식 논증이든 하나의 논증을 살펴보았다. 그러나 실제의 논증은 긴 글로 되어 있으므로, 그것을 분석해 보면 두 개 또는 그 이상의 논증이 결합되어 있다. 이렇게 긴 글의 논증을 우리는 논술이라고 보통 부른다. 하나의 주제에 대해서도 우리는 여러 개의 논증으로 구성된 글을 쓴다. 이렇게 여러 개의 논증으로 구성된 논증을 연쇄 논증이라 한다.

영어의 알파벳으로 구성된 단일 삼단논법들을 연결하여 연쇄 논증을 형식적으로 만들어 보자.

1. A는 B다.
2. B는 C다.
3. 그러므로 A는 C다.
4. C는 D다.
5. 그러므로 A는 D다.
6. D는 E다.
7. 그러므로 A는 E다.
 .
 .
 .
48. Y는 Z다.
49. 그러므로 A는 Z다.

1번과 2번이 결합하여 3번의 결론이 나온다. 이것이 단일한 기본 논증이다. 이 단일 논증의 결론인 3번을 전제로 삼아서 4번 전제를 결합시켜 5번 결론을 끌어낸다. 이것이 연쇄 논증의 두 번째 논증이다. 이와 같은 방식으로 연쇄 논증을 전개하면 모두 24개의 논증이 결합된다.

위의 형식에서 보듯이, 결론이 논증의 끝에 나오면 미괄식이라고 부른다. 결론이 먼저 제시되고 전제에 해당하는 이유를 붙이면 두괄식 구조의 글이 된다. 결론이 처음이나 끝에 있지 않으면 중간에 있게 되는데, 이를 중괄식 구조라고 하며, 긴 글의 논술에 있어서 앞과 끝에 두 번 나오면 양괄식이라고 한다.

한편 연쇄 논증의 구성에 대해 위계적 개념 체계에 대한 분석을 할 수 있다. 개념 체계 중 최상위의 개념들이 연결된 진술(즉 전제)에서 출발하여 하위 개념들이 연결된 진술(즉 결론)으로 옮겨가는 방식도 있고, 반대로 하위 개념들을 연결한 진술에서 출발하여 상위 개념이 연결된 방식으로 옮겨가는 방식도 있다. 이때 같은 수준에서의 개념들이 연결된 진술들이 사용될 수도 있다. 구체적인 예는 아래의 기출 문제를 참고하라.

실제의 추리논증 문제에서 제시문은 거의 A4 반 페이지에서 한 페이지의 긴 분량이다. 간단한 여러 개의 논증들이 연쇄로 나와 있다. 연쇄를 이루고 있는 추리 또는 논증을 연쇄 추리 또는 연쇄 논증이라고 한다. 긴 글의 논술도 짧은 추리 또는 논증이 여러 개 연결된 연쇄 추리이다. 따라서 여러분은 지금까지 설명한 긴 연쇄 추리 또는 논증도 간단한 논증들로 분해할 수 있는 능력이 있어야 한다.

다음 문제는 2009학년도 법학적성 기출문제이다. 논증의 구조를 도해로 나타낼 수 있다.

[문제] 다음 논증의 구조를 가장 잘 표현한 것은? (단, 기호 "는 글쓴이가 위 진술을 바로 아래 진술을 주장하는 근거로 사용하고 있다는 것을 의미하며, 기호 '+'는 앞뒤의 진술들이 합쳐짐으로써 그 진술들이 지지하는 진술에 대한 근거를 구성한다는 것을 의미한다.)

ⓐ인구는, 제한되지 않으면, 기하급수적으로 증가한다. ⓑ식량은 기껏해야 산술급수적으로 증가한다. ⓒ인구의 증가율과 식량의 증산율의 차이를 피할 수 없다. ⓓ사람이 사는 데 식량이 필요하다는 것은 자연의 법칙이다. ⓔ따라서 우리는 어떻게 해서든지 인구의 증가율과 식량의 증산율을 같게 해야 한다. ⓕ결과적으로 인구는 식량 부족 때문에 지속적으로 강력하게 제한될 수밖에 없다. ⓖ인구가 제한될 수밖에 없다면 이것은 대부분의 사람들에게 심각한 위협이 될 수밖에 없다. ⓗ많은 사람들에게 심각한 위협이 있는 사회는 모든 구성원이 편안하고 행복하게 사는 완전한 사회가 아니다. ⓘ그러므로 모든 구성원이 편안하고 행복하게 사는 완전한 사회란 있을 수 없다.

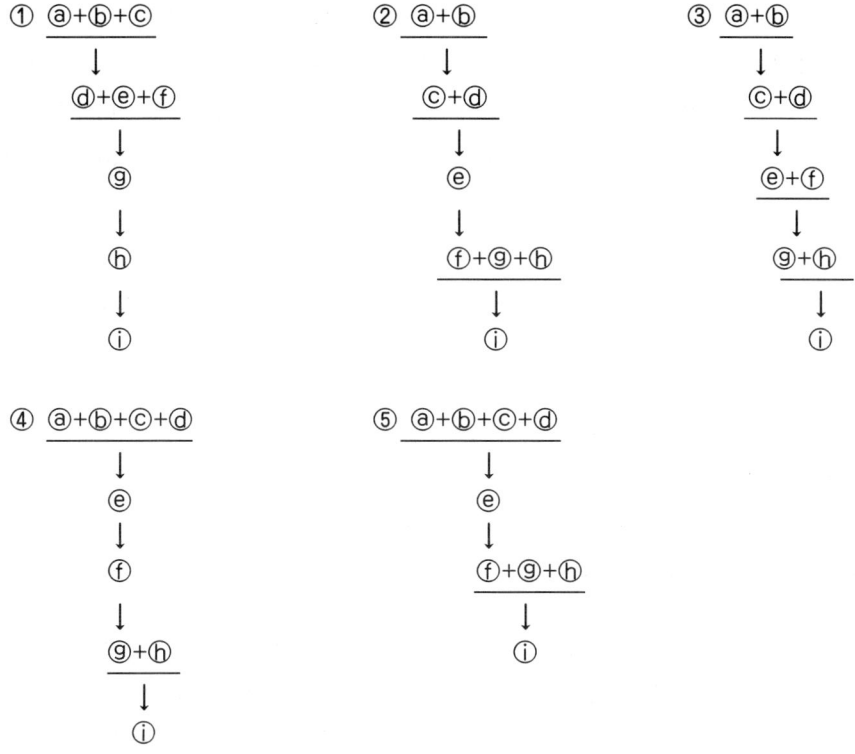

결론을 나타내는 연결어에 주목하여 글의 구조를 밝히자. 명시적으로 나와 있는 것은 ⓔ 따라서, ⓕ결과적으로, 및 ⓘ그러므로이다. 또한 명시적으로 나와 있지 않은 경우는 보충하여 글의 구조를 명료히 해야 한다. 위 도해에서 전제를 결합하는 '+'는 논리 결합사 '∧'에 해당한다.

　ⓐ 인구에 관한 진술 ∧ ⓑ 식량에 관한 진술
　∴ ⓒ 인구와 식량의 관계에 관한 진술 ∧ ⓓ 생존과 식량의 필연 법칙
　∴ ⓔ 인구 증가와 식량 증가의 동비율 유지
　∴ ⓕ 식량부족과 인구 제한 (ⓕ는 ⓔ로부터 함축된 의미) ∧ ⓖ 인구 증가의 위협성 ∧ ⓗ 인구 위협의 불행한 사회
　∴ ⓘ 완전한 사회란 없다.

이러한 분석을 도해로 가장 잘 나타낸 것은 ②로 이것이 정답이다.
위의 분석에 따르면 논증은 모두 네 개로 구성되어 있다. ∴(그러므로)는 논증의 결론을

나타내는 부호라고 할 수 있으므로 이 ∴의 개수가 연쇄 논증을 구성하는 논증의 개수이다. 도해에서는 밑줄의 개수로 논증의 개수를 파악할 수 있다. 왜냐하면 밑줄 다음에 결론이 나오기 때문이다. 그런데 ②에서 밑줄은 세 개이다. 그래서 여러분은 논증이 세 개로 구성된 것이라고 오해할 수 있다. 이 도해에서는 ⓔ 밑에 밑줄이 생략되어 있는 것뿐이다. ⓔ에 다른 전제가 연결이 되지 않았기에 바로 ⓔ로부터 ⓕ로 결론 이행을 하고 있음을 유의해야 한다.

다음 문제는 2010학년도 법학적성 기출문제이다. 이 문제를 통해 논증의 구조를 살펴보자.

[문제] 다음 논증에 대한 분석으로 옳지 않은 것은?

> ⓐ 행복한 사람에게는 친구가 필요하지 않다는 주장이 있다. ⓑ 그는 이미 좋은 것들을 가지고 있으며 자족적인 만큼 그 어떤 것도 추가적으로 필요하지 않다. ⓒ 친구는 본인 스스로 할 수 없는 것을 제공해 주는 사람이니 말이다. 그런데 ⓓ 신이 행복한 사람에게 모든 좋은 것을 다 나눠주면서 친구를 주지 않는다는 것은 이상한 일이다. ⓔ 친구가 하는 일이 서로 잘 해주는 것이면서 서로의 선행을 받아주는 것이라면, 또 선행을 베푸는 것이 좋은 사람, 탁월한 사람이 하는 일이라면, 그런 사람은 자신의 선행을 잘 받아줄 사람을 필요로 하게 될 것이다. 그렇다면 ⓕ 행복한 사람에게 친구가 필요하지 않다는 것이 주장하는 바는 무엇인가? ⓖ 대중은 자신에게 이로운 사람을 친구로 간주한다. ⓗ 행복한 사람은 좋은 것들을 가지고 있기 때문에 자신에게 이로운 친구를 필요로 하지 않는다. ⓘ 그러한 친구를 필요로 하지 않기에 친구를 필요로 하지 않는 것처럼 보이는 것이다.

① 이 논증은 ⓐ의 '주장'을 반박하는 부분과 ⓐ의 '주장'을 사람들이 받아들이는 이유를 설명하는 부분으로 되어 있다.
② 행복한 사람에게 이로운 친구는 없어도 되지만 자신의 선행을 받아줄 친구는 필요하다는 점에서 ⓐ의 '주장'이 부정된다.
③ ⓑ와 ⓒ가 결합하여 ⓐ의 '주장'을 뒷받침한다.
④ ⓔ는 ⓓ를 뒷받침한다.
⑤ ⓖ와 ⓗ가 결합하여 ⓐ의 '주장'을 반박하는 근거가 된다.

제시된 논증을 잘못 분석한 것을 골라야 하는데, 이를 위해서 논증 구조 분석 능력이 요구된다.

제시된 논증의 ⓐ에 대해 ⓑ와 ⓒ는 부연 설명을 하고 있다. ⓓ는 ⓐ를 부정한다. 이러한 부정 논증을 ⓔ로 부연하면서 상충되는 점을 지적한다. 그런 후 ⓐ의 진정한 의미를 묻는 ⓕ를 제기한다. ⓕ에 대해 ⓖ의 반대 사례에 대한 진술과 ⓗ로 논증이 구성된다. 이러한 논증을 통해 ⓘ는 ⓐ의 의미를 명료히 하는 결론적 진술로 볼 수 있다.

제시된 논증은 독립된 연쇄 논증 두 개로 된 것으로 다음과 같이 구조화할 수 있다. {[(ⓑ∧ⓒ)→ⓐ]∧ⓔ}→ⓓ(이렇게 하나의 연쇄 논증) ⓕ 앞의 '그렇다면' 부터 또 하나의 연쇄 논증이 있다. 즉 [(ⓖ∧ⓗ)→ⓕ]→ⓘ(=ⓐ). 이 두 개의 연쇄 논증을 연결한 것이 전체 논증이다. 즉 {{[(ⓑ∧ⓒ)→ⓐ]∧ⓔ}→ⓓ}∧[(ⓖ∧ⓗ)→ⓕ]→ⓘ(=ⓐ). 따라서 이 논증은 단일 결론을 최종적으로 주장하고자 만들어진 논증은 아니며, 특정 주장에 대해 설명의 목적으로 쓴 글로 이해할 수 있는데, 굳이 최종 주장이 무엇이냐고 묻는다면, 그것은 ⓘ로서 ⓐ의 의미에 대한 명료화이다. 이런 점에서 다른 중간 부분을 모두 생략한다면 이것은 ⓐ→ⓘ라는 하나의 전제로부터 하나의 결론을 끌어내는 형식의 복잡화에 지나지 않은 것으로 분석될 수 있다.

① 이 논증은 ⓐ의 '주장'을 반박하는 부분과 ⓐ의 '주장'을 사람들이 받아들이는 이유를 설명하는 부분으로 되어 있다: 이것은 ⓐ의 '주장'을 반박하는 부분, 즉 ⓓ와 그 부속 문장과 ⓐ의 '주장'을 사람들이 받아들이는 이유를 설명하는 부분, 즉 ⓑ와 ⓒ, 및 ⓕ에 대한 ⓗ와 ⓘ로 구성되어 있으므로 이것은 옳다.
② 행복한 사람에게 이로운 친구는 없어도 되지만 자신의 선행을 받아줄 친구는 필요하다는 점에서 ⓐ의 '주장'이 부정된다: 행복한 사람에게는 모든 것이 충분하게 다 주어져 있으므로 이로움을 주는 친구는 없어도 되지만, 선행을 받을 친구는 필요하다는 ⓕ, ⓗ, ⓘ로 행복한 사람에게는 선행을 받아 줄 친구가 필요하다는 주장을 개진하고 있으므로 이것은 옳다.
③ ⓑ와 ⓒ가 결합하여 ⓐ의 '주장'을 뒷받침한다: ⓐ에 대해서는 도치 형식으로 그 이유에 해당하는 ⓑ와 ⓒ가 제시되어 있으므로 이것은 옳다.
④ ⓔ는 ⓓ를 뒷받침한다: ⓓ에 대해서 ⓔ로 석명하고 있으므로(즉 ⓔ이 때문에 ⓓ라고 주장할 수 있기 때문에) 이것은 옳다.
⑤ ⓖ와 ⓗ가 결합하여 ⓐ의 '주장'을 반박하는 근거가 된다: 이것이 정답이다. ⓖ는 ⓕ를 입증하기 위해 행복한 사람과 반대되는 대중이라는 반대 사례이며 ⓗ는 ⓘ와 함께 의문문으로 제시된 ⓕ의 긍정 진술인 그 논증의 결론을 위한 전제이다. 또한 ⓗ는 ⓐ에 대해 입증 근거가 되는 것이지 반박 근거가 되는 것은 아니다.

다음은 2006년 입법고시 언어논리 기출 문제이다.

[문제] <보기>의 네 문장 ㉠~㉣을 다음 글에서의 '의미 관계' 전개 과정(A-B-C-D)에 맞추어 배열한 조합으로 가장 적절한 것은?

> 일반적인 텍스트의 의미 관계는 상위적, 하위적, 등위적 전개 과정을 통해 형성된다. 상위적 전개 과정은 화제(topic)가 전환되면서 의미의 위계 구조를 구성하고 확장하는 방식이며, 하위적 전개 과생은 의미 구조의 깊이(depth) 확장과 관련 되어 있다. 또 등위적 전개 과정은 의미 구조의 폭(length) 확장과 관련된다. 텍스트가 주로 하위적 전개 과정을 보여 준다면 이는 흔히 말하는 '깊이가 있는' 글일 가능성이 높다. 이에 비해 텍스트가 주로 등위적 전개 과정을 보여 준다면 사실의 단순 나열로 인해 폭은 넓으나 깊이는 없는 글이 될 가능성이 높다. 아래 그림에 나타난 텍스트는 ① 등위적 전개 과정에서 ② 하위적 전개 과정으로 연결되다가 다시 ③ 등위적 과정으로 흘러가는 구조이다.
>
> A → B
>   ↓
> C → D

─── <보 기> ───

㉠ 삶의 활력소가 된다는 것은 지친 일상에 악센트를 주고 리듬을 만들어 준다는 것을 의미한다.
㉡ 여름은 휴가의 계절이다.
㉢ 그러나 사실 진정한 삶의 활력소는 노동으로 흘린 땀에서 나오는 것이 아닐까?
㉣ 휴가는 삶의 활력소이다.

① ㉠-㉣-㉡-㉢
② ㉡-㉣-㉠-㉢
③ ㉡-㉠-㉣-㉢
④ ㉢-㉣-㉡-㉠
⑤ ㉢-㉡-㉣-㉠

제시문에서는 텍스트 의미 관계의 상위적, 하위적, 등위적 전개 과정을 설명하고 있다. 이러한 설명에 해당하는 적절한 예를 〈보기〉의 예문을 가지고서 구성해야 한다. 제시문은 '텍스트 의미 관계'의 세 가지 전개 과정의 특징을 설명하고 있다. 첫째, 상위적 전개 과정은 화제의 전환으로 의미의 위계 구조를 구성하고 확장하는 방식이다. 둘째, 하위적 전개 과정은 의미 구조의 깊이와 관련된다. 셋째, 등위적 전개 과정은 의미 구조의 폭 확장과 관련된다. 이들 세 가지 전개 과정의 특징을 〈보기〉에 나와 있는 '휴가'와 '삶의 활력소'라는 두 개념에 대해 적용해 보자.

㉠은 '삶의 활력소'의 의미를 심화시키고 있는 진술이다. 이 진술은 ㉣에서 제시된 진술의 의미 깊이를 확장한 것이라 할 수 있다. 따라서 ㉣과 ㉠은 의미 관계의 하위적 전개 과정의 특징을 보여 준다. 한편, ㉡의 진술과 ㉣의 진술은 '휴가'라는 의미 단위로 연결되면서 '여름'의 의미를 확장하고 있지만, 각각 '여름'과 '휴가'에 대한 사실을 나타낼 뿐이다. 따라서 ㉡과 ㉣은 의미 구조의 폭 확장과 관련해서 등위적 전개 과정의 특징의미를 준다. 또한 ㉢은 ㉠을 매개로 하여 ㉣과 연결되면서 '삶의 활력소'의 의미를 확장시키고 있다. 그러나 ㉢은 ㉠에서 심화된 '삶의 활력소'의 의미를 더 심화시키는 전개를 보이는 것이 아니라 '삶의 활력소'가 갖는 또 다른 의미를 서술하고 있으므로, ㉠에 대하여 등위적 전개 과정을 보여주는 의미 관계를 맺고 있다. 따라서 ㉠, ㉡, ㉢, ㉣의 의미 관계의 전개 과정상의 특징을 제시문의 A, B, C, D가 맺고 있는 의미 관계의 전개 구조에 대응시키면 ㉡-㉣-㉠-㉢의 순서가 된다. 즉 "㉡ 여름은 휴가의 계절이다. ㉣ 휴가는 삶의 활력소이다. ㉠ 삶의 활력소가 된다는 것은 지친 일상에 악센트를 주고 리듬을 만들어 준다는 것을 의미한다. ㉢ 그러나 사실 진정한 삶의 활력소는 노동으로 흘린 땀에서 나오는 것이 아닐까?" 개념은 연속적으로 이어지는 것이 사고에 도움이 되므로, "여름은 휴가의 계절이고 휴가는 삶의 활력소이다. 삶의 활력소는 지친 일상의 리듬 회복이지만 진정한 활력소는 노동의 땀에서 나오는 것이다"가 가장 자연스럽다.

1-5. 형식의 타당성과 내용의 건전성

추리 또는 논증의 기본 구조는 모두 "전제라면 결론이다"로 환원된다. 즉 전제는 결론을 함축한다는 것이다. 함축이라는 말의 뜻은 진리 보존적이라는 용어의 설명과 맥락이 같다. 즉 참인 전제는 참인 결론을 함축한다는 것으로, 전제가 참이라면 결론도 참이라는 것이다. 전제가 참이라고 가정될 때 참인 결론이 도출된다면 그 논증은 타당하다고 하다. 이러한 타당성은 형식면에서 규정되는 것이다.

어떤 논증이 타당하면 그 전제가 참이면서 그 결론이 거짓일 수는 없지만, 어떤 논증이 타당하냐다는 말이 곧 그 구성 명제들의 참이나 거짓을 언급하고 있는 것은 아니다. 타당성이란 전제와 결론 사이에 존재할 수 있고 존재하지 않을 수도 있는 관계이다. 참이란 명제의 특성이므로 부당한 논증일지라도 모두 참인 명제들로 구성될 수 있고, 타당한 논증일지라도 거짓 전제나 거짓 결론 아니면 그 둘 다를 포함할 수 있다. 다음과 같은 예들을 살펴보자.

만일 이순신이 『난중일기』를 썼다면, 이순신은 수필가이다.
이순신은 수필가이다.
그러므로 이순신은 『난중일기』를 썼다.

이 논증은 후건 부정식으로 타당하지 않다. 하지만 각 명제 모두가 참이며, 전제도 참이고 결론도 참이다.

『난중일기』는 시나리오이며 그것은 우수한 작품이다.
그러므로 『난중일기』는 시나리오이다.

이 논증은 단순화 규칙이 적용되어 결론을 도출한 타당한 논증이다. 하지만 전제도 거짓이며 결론도 거짓이다.

심형래의 모든 시나리오는 뮤지컬이다.
『오페라의 유령』은 심형래의 시나리오이다.
그러므로 『오페라의 유령』은 뮤지컬이다.

이 논증은 전제의 두 명제 모두 거짓 명제이며 따라서 전제 자체가 거짓이므로 결론이 참이든 거짓이든 타당한 논증이다. 여기서의 결론은 참이다. 즉 이 논증은 거짓인 전제와 참인 결론으로 구성된 타당한 논증이다.

이순신이 『난중일기』를 썼다면, 이순신은 한글과 한자를 알고 있었다.
이순신은 『난중일기』를 썼다.
그러므로 이순신은 한글과 한자를 알고 있었다.

이 논증은 전건 긍정식으로 타당한 형식이다. 전제의 각 명제가 참이며, 전제 전체가 참이다. 또한 결론도 참이다.

지금까지 살펴본 것처럼, 논증의 타당성은 형식에 대해서 판별한 것이지, 전제나 결론을 구성하고 있는 명제에 대한 진위판별이 아님을 명심해 두자. 전제나 결론을 참인 것으로 받아들일지의 문제는 건전성의 문제이다.

1-5-1. 형식의 타당성 판별을 위한 약식진리표 작성법

바로 위에서 말한 전건 긍정식을 기호로 나타내면 다음과 같다.

p→q
p / ∴ q   실제로 / ∴는 →과 같다.

이렇게 쓰는 방식은 세로 쓰기이다. 첫째 단과 둘째 단 사이는 '그리고'로 연결된 것인데, 일상언어에서 생략하듯이 생략된 것이다. 즉 세로 쓰기에서 ∧의 결합사는 생략된다. 이것을 가로로 쓰면 생략된 '그리고'에 해당하는 기호 '∧'를 써서 다음과 같이 표현된다.

[(p→q) ∧ p]→q

만일 위의 가로 쓰기 논증식에서 ∧가 생략되어 없다면 이 식은 불완전한 식이 된다. 전문 용어로 말하면 정식(well-formed formula)이 되지 못한다. 정식이 아닌 것에 대해서는 명제 변형, 즉 추리를 할 수 없다. 추리를 하기 위해서는 필요한 결합사를 반드시 채워 넣어야 한다.

이 논증이 타당한지 아닌지를 판단하는 간단한 방법은 약식진리표를 사용하는 방식이다. 약식진리표를 사용하는 기본 개념은 귀류법이다. [(p→q)∧p]→q를 예로 들어 약식진리표 작성 절차를 소개한다. 편리한 만큼 정확히 사용하여야 하며 이를 위해서는 논리적 결합사를 어떻게 진리함수로 처리하는가를 알고 있어야 한다. 진리함수는 고등학교 수학 10학년 가의 집합과 명제에서 학습한 내용이며 이미 1-4절에서 다루었으므로 기억을 떠올리기를 바란다.

1. 전체의 논증이 거짓이므로 타당하지 않다고 값을 매기라. 여기서 T는 참을, F는 거짓을 나타낸다.
   [(p→q) ∧ p]→q
              F
2. 이 값이 성립하는 경우는 전제가 T이고 결론이 F일 때뿐이다.
   [(p→q) ∧ p]→q
          T   F F
3. 전제는 ∧로 연결되어 있는데, 그 값이 T가 되는 경우는 두 연언지 모두 T일 때이다.
   [(p→q) ∧ p]→q
        T T T F F

4. 논증 속에서 p→q의 값만 정해지지 않았으므로 이미 p는 T, q는 F로 값매김이 되어 있으므로 그 값을 p, q 아래 적는다.

   [(p→q) ∧ p]→q
    T T F T T F F

5. 마지막으로 p에 T, q에 F로 값매김이 된 값을 p→q의 → 밑에 적는다. 그 값은 전건이 T이고 후건이 F일 때 F이다.

   [(p→q) ∧ p]→q
    T T F T T F F
      F

6. 우리는 이 논증이 타당하지 않다고 가정하여 p→q의 값이 T이면서 동시에 F가 된다는 모순에 봉착하게 되었다. 따라서 이 논증은 거짓이라고, 부당하다고 가정할 수 없는 것이므로 타당한 추리임을 밝힐 수 있다.

1-5-2. 간단한 자연 연역

추리 규칙을 적용하여 결론을 끌어내는 방식을 자연 연역이라고 한다. 아래에서 명제 논리를 다룰 때 추리 규칙을 설명하겠지만 그 원리에 해당하는 가장 간단한 자연 연역을 설명하기로 한다. 전제가 참이라고 가정될 때, 자연 연역에 의해 도출되는 결론은 참이라고 간주되며, 그 논증 자체는 타당한 것으로 판별된다.

Schagrin, Rapaport, & Dipert(1985), pp.154-158에 나와 있는 스타와 슬래쉬로 구성되어 있는 게임을 살펴보자.

<단순한 형식 체계: 스타와 슬래쉬로 구성된 게임>

우선 네 개의 게임 도구들로 수행될 수 있는 게임을 생각해 보자. 이용할 수 있는 기호로는 두 개의 문자 'A'와 'B', 스타(☆), 그리고 슬래쉬(/)이다. 여기서의 /는 ( )와 같은 것임을 유의하라. 즉

A B ☆ /

이 기호들은 여러 가지 방식으로 조합되거나 함께 묶일 수 있다. 우리는 원하는 만큼 이 기호들을 복사해서 사용할 수 있다. 다음과 같은 것을 예로 만들 수 있다.

AB☆/

///☆AA

/A☆B/

이것들은 위의 기호들의 문자열이다. 게임을 만들기 위해서, 이 문자열의 일부는 "승" 문자열일 것이고 다른 일부는 "패" 문자열일 것이다. 가능한 한 많은 승 문자열을 구성하는 게임이 있을 수도 있다. 주어진 문자열이 승 문자열인지 패 문자열인지를 결정하는 방식의 게임도 있을 수 있다. 예를 들어 상대편이 당신이 다음과 같은 문자열이 승 문자열인지 아닌지를 결정하도록 시험할 수도 있다.

S //////A☆B/☆A/☆A/☆B/☆B//

물론 어떤 게임에서와 같이 규칙이 있어야 할 것이며, 어느 문자열이 승 문자열이고 어느 문자열이 패 문자열인지를 규정하는 규칙이 필요할 것이다. 구성 게임과 결정 게임 모두에 대해서, 다음과 같은 세 개의 규칙이 있다.

1. 기호 A 자체는 승 문자열이다.

2. 기호 B 자체는 승 문자열이다.

3. 만일 S_1과 S_2가 승 문자열이라면, /S_1☆S_2/은 승 문자열이다. 즉 새로운 승 문자열을 만들기 위해서, 우리는 ☆ 기호를 사용하여 하나의 승 문자열과 다른 승 문자열을 결합하

며 한 쌍의 슬래쉬 사이에 있는 결과를 괄호친다.
 규칙 1에서 3을 적용하는 것에서 결과되는 문자열 이외의 어떤 것도 승 문자열이 아니다.
 이 규칙이 잘 작동되는지를 보기 위해서, 먼저 구성 게임을 해보자. 처음 두 규칙을 적용해 보자.
문자열
A
그리고 문자열
B
 이것은 승 문자열이다. 그것은 규칙 1과 2에 의해 주어진 것이다. 이제 우리는 두 개의 승 문자열을 갖고 있으므로, 규칙 3을 적용할 수 있다. 규칙 3에 따르면, S1과 S2에 각각 'A'와 'B'를 대체할 수 있다. 그러면 다음을 얻는다.
 /A☆B/
 이것은 승 문자열이다. 이번에는 S1에는 'B'를 S2에는 'A'로 각각 대체하여 규칙 3을 적용하면 다음을 얻는다.
 /B☆A/
 이것은 승 문자열이다. 우리는 이제 네 개의 승 문자열을 얻는다. 우리는 더 많은 승 문자열을 생성하기 위해서 규칙 3을 계속 적용할 수 있다. 예를 들어, S1에 'A'를 S2에 '/A☆B/'를 놓을 수 있다. 그러면 다음을 얻는다.
 /A☆/B☆A//
 이것은 승 문자열이다. 그러나 다음은 승 문자열이 아니다.
 /A☆/B☆A/
 한 문자열이 규칙 1, 2, 및 3에 의해 생성 가능하지 않다면 그것은 패 문자열이다.
 /A☆/B☆A/가 패 문자열임을 어떻게 증명할 수 있는가? 불행히도, 그 규칙들로부터 그것을 생성하려는 것은 충분하지 않다. 실패하게 된다. 왜냐하면 더 길고, 더 복잡한 문자열에서는 항상 실패에 대한 두 개의 가능한 이유가 있기 때문이다. 즉 실제로 그 문자열이 패 문자열이든가 아니면 그것이 정말로 승 문자열이지만 우리가 그것을 생성하기 위해 충분히 노력하지 않아서이다.
 /A☆/B☆A/가 패 문자열임을 보이기 위해서, 모든 승 문자열은 단지 기호 'A' 또는 'B'만으로 구성되거나 아니면 다음과 같은 구조를 가지고 있음을 유의하자.
 1. 첫째와 마지막 기호는 슬래쉬이다.
 2. 만일 첫번째와 마지막 기호를 제거한다면, 두 개의 문자열 사이에 ☆가 있을 것이다.
 그러면 우리가 생각하고 다루고 있는 문자열은 이 두 조건 중 두번째 것을 충족시키지 못한다. 그것이 실패하는 것을 보기 위해서, 바깥쪽 슬래쉬를 제거하면 다음이 남는다.

A☆/B☆A

이것은 두 개의 승 문자열을 ☆로 결합함으로써 형성된 문자열이 아니다. 첫번째 ☆의 오른쪽에 있는 문자열은 다음과 같다.

/B☆A

이것은 첫번째 조건을 위반한다. 그리고 두번째 스타의 왼쪽에 있는 문자열은 다음과 같다.

A☆/B

이것도 첫번째 조건을 위반한다. 그 문자열을 분석할 다른 방법은 더 없으므로, 그것은 패 문자열임에 틀림없다. 즉 그것을 어떤 방식으로 분석하든 간에 ☆에 의해 결합된 두 개의 승 문자열로 구성되게 하는 방법은 전혀 없다.

〈형식 체계〉

스타와 슬래쉬로 구성된 게임은 가장 단순한 형식 체계의 기본 구성 요소들을 보여준다. 형식 체계란 다음과 같은 세 개의 특성으로 구성된다.

1. 무엇이 정식(well-formed) 문자열을 구성하는가를 규정하는 규칙과 더불어, 문자열이 형성될 수 있는 기호의 집합. (이 게임에서 'A', 'B', ☆, 및 /. 이 기호로 된 문자열인 한 어떠한 문자열도 정식으로 간주된다.)
2. 제시된 "승" 문자열의 집합. 이 집합은 공리 집합이라고 한다. (이 게임에서 공리는 규칙 1과 2에 의해 제시되었다.)
3. 새로운 승 문자열을 구성하기 위한 방법의 집합. 이 집합은 추리 규칙의 집합이라 한다. (이 게임에서 이 의미에서 단 하나의 규칙, 즉 규칙 3이 있었다.)

그러면 승 문자열은 정식 문자열이라고 이해된다. 그래서 승 문자열은 공리의 예가 되거나 어떤 규칙의 적용에 의해서 이전의 승 문자열로부터 나온다.

수학과 논리학에서 승 문자열에 대한 더 일반적인 명칭은 정리(theorem)이다. 이 게임에, 다음은 정리이다.

/A☆B/

그것은 규칙 1, 규칙 2, 및 규칙 3의 적용에서 나온 승 문자열로 간주될 수 있다.

형식 연역 체계는 스타와 슬래쉬로 구성된 게임과 유사해 보일 것이다. 그것에는 정식 문자열이 있으며, 새로운 승 문자열을 생성하기 위한 규칙이 있다. 그리고 그 규칙들에서 발생하는 것 이외에는 어떠한 승 문자열도 없다. 그러나 어떠한 공리도 없다. 즉 자동적으로 승자가 되는 어떠한 문자열도 주어져 있지 않다. 이와 같은 공리가 없는 연역 체계는 자연 연역 체계(natural deduction system)라 한다.

<자연 연역 체계>

스타와 슬래쉬로 구성된 이 게임은 형식 체계의 좋은 예이다. 이것에는 승 문자열을 생성하기 위한 엄밀한 규칙이 있다. 그 규칙을 사용하여 도출을 구성하는 절차도 있다. 그러나 그것은 형식 연역 절차는 아니다. 형식 연역 체계에는 두 개의 추가 특성이 있다. 첫째, 형식 연역 체계의 모든 문자열은 문장이다. 둘째, 우리가 다른 문장으로부터 어떤 문장을 도출하는 규칙은 임의적인 것이 아니다. 적절한 추리 규칙을 사용하여 우리는 이전의 문장으로부터 논리적으로 도출되는 문장들만을 끌어내야 한다. 부언하건대, 형식적인 자연 연역 체계에는 공리가 없다.

연역 체계에 있는 규칙이 갖고 있어야 하는 특성은 진리 보존적이라는 특성이다. 진리 보존적 규칙은 참인 문장으로부터 거짓인 문장으로 우리를 이끌지 않는다. 진리 보존적이라는 특성은 논리학의 중심 관심사이다. 이것은 타당성 개념에 의해 완벽하게 포착된 개념이기도 하다. 좋은 논증이란 우선적으로 진리 보존적인 논증이다. 만일 전제 모두가 참이라면, 그 결론도 역시 참이 아닐 수 없다.

형식 연역 체계의 모든 규칙은 진리 보존적이어야 한다. 참인 문장에서 시작해서 추리 규칙을 사용함으로써 거짓인 결론으로 이행한다는 것은 결코 참일 수 없다. 거짓인 문장에서 참인 문장으로 우리를 이끌 수 있는 규칙에는 아무런 잘못도 없다는 것을 유의하라. 마찬가지로 우리는 진흙을 금으로 만드는 것에 행복해할지라도 금을 진흙으로 만드는 기계에는 눈살을 찌푸릴 것이다.

지금까지 다루어 온 스타와 슬래쉬로 구성된 게임에서 제시한 추리 방법(또는 새로운 문장 생성 방법)은 결론을 도출하는 일련의 단계(즉 추리)이다. 그 단계 모두는 형식 체계의 규칙에 따라서 타당한 것이다. 여기서 제시된 규칙들은 구성 방식으로서의 증명 이론에서 활용된다. 간단한 예를 들면 다음과 같다. 전제

  A
  (B→C)

로부터 이 전제를 사용하는 연역의 자연스러운 출발은 다음과 같다.

1. A : 전제
2. (B→C) : 전제
3. (A∧(B→C)) : 규칙 1과 2를 적용하여 ∧ 도입

1-5-3. 논증의 건전성

논리적 타당성을 묻는 문제에 대한 해법은 이와 같은 약식진리표에 의한 방법을 사용할 수 있다. 이를 위해서는 기본적인 결합사의 진리함수를 이해하고 암기해야 한다. 아래에서 결합사와 추리 규칙, 동치 규칙이 제시되어 있으니 철저한 학습을 바란다. 추리가 형식적으로 타당하다고 해서 항상 유의미하게 사용되는 것은 아니다. 실제로 우리는 그러한 논리 형식에 참인 진술들을 채워 넣으며 사용한다. 비유적으로 말하자면, 논리 형식이라는 그릇에 알찬 내용물이 담겨 있어야 한다. 타당한 추리 형식에 부패한 내용물이 담겨 있을 때는 좋지 않다. 우리가 받아들일 수 있는 진술들을 가지고서 논증이 구성되었을 때 그 논증은 좋다고 말하는데, 이를 건전하다고도 말한다. 이처럼 논증의 전제를 받아들일 만한 것으로부터 그 결론을 끌어내는 건전성의 요건을 지켜야 한다. 건전성의 요건을 위배하는 논증일수록 반박을 많이 받게 될 것임은 분명하다.

다음과 같은 예를 살펴보자.

어떤 채소장사 아주머니가 젊은 채식주의자인 여성 고객이 배추를 고르고 있을 때 다음과 같이 말했다. "배추벌레가 있으면 싱싱한 거예요."

채소장사 아주머니의 진술도 일종의 논증으로 변환하면 약식 논증임을 알 수 있다. 다음과 같이 형식화된다.

말해진 전제: 배추벌레가 있으면 (이 배추는) 싱싱하다.
생략된 전제: (이 배추에) 배추벌레가 있다.
생략된 결론: 그러니 이 배추는 싱싱하다.

이 논증은 형식적으로 분석해 보면 타당한 전건긍정식이다. 문제는 채소장사 아주머니가 말한 배추벌레가 있으면 싱싱하다는 것을 과연 참이라고 받아들일 수 있는가에 있다. 배추벌레가 있다는 것이 그 배추가 싱싱하다는 것에 대한 충분조건이 되는가? 그렇지 않다. 배추장사 아주머니는 인과적으로 적절하지 않은 진술을 마치 진실인 양 전제로 발언하고 있는 것이다. 이것은 건전성의 요건을 위반한다.

우리는 추리 또는 논증이 형식적으로 타당하고 내용적으로 건전할 것을 요구한다. 수험생 여러분은 이러한 두 요건이 위반되는지 않는지를 살펴 논증에 대한 형식적 비판과 내용적 비판을 제대로 해야 한다.

건전성의 문제는 전제의 수용 가능성(acceptability)의 문제이다. 즉 참이어서 받아들일 수 있는 전제로부터 결론을 끌어내고 있는가의 문제이다. 이를 단계적으로 표현하면 다음과 같다.

1. 만일 전제가 참이라면 결론도 그에 따라 필연적으로 참이 되는가?
2. 전제는 사실적으로 참인가?

우리는 논리적 형식에 있어서 타당한 논증 중 건전한 논증이 들어 있음을 안다. 즉 건전한 논증이 되기 위해서는 형식적 타당성을 가지고 있지 않으면 안 된다. 형식적 타당성이 있는 것만으로는 건전한 논증이 되는 것은 아니다. 그러므로 논증을 평가할 때 타당성을 검토하고 타당성을 갖춘 논증에 대해서는 건전성이 있는 논증인지를 판단해야 한다. 타당성과 건전성을 갖고 있지 않은 논증은 오류가 있는 논증이다. 오류가 없는 논증이어야 설득력이 있는 논증이 된다.

마지막으로 논리적 사고에서 자주 사용되는 모순에 대해 살펴보자. 연역추리는 위에서 진리 보존적이라고 했다. 이를 모순(矛盾, contradiction)의 고사와 대비해서 철저히 이해하자. 한 무기장사꾼이 창을 팔 때는 "이 창은 모든 방패를 다 뚫어요."라고 말하고 방패를 팔 때에는 "이 방패는 모든 창을 다 막아내요."라고 말했다. 그의 말은 상반된 두 개의 진술을 하고 있는 것이어서 영어의 모순에 해당하는 contradiction에서 볼 수 있듯이 상반되게(contra) 말함(diction)에 해당한다. 창을 팔 때 하는 말의 의미는 "이 방패는 저 창에 의해 뚫린다."는 것이다. 방패를 팔 때 하는 말의 의미는 "이 방패는 저 창에 의해 뚫리지 않는다."는 것이다. 이 두 문장을 전제로 삼으면 다음과 같다.

이 방패는 저 창에 의해 뚫린다.
이 방패는 저 창에 의해 뚫리지 않는다.
―――――――――――――――――――――――
그러므로

이 논증의 결론에는 첫 번째 진술을 놓아도 무방하고 두 번째 진술을 놓아도 무방하다. 왜냐하면 전제가 참이라면 각각의 원자 명제도 참일 것이기 때문이다. 그러나 실제로 그 두 전제는 현실 세계에서 존재할 수 없다. 모순은 이런 점에서 현실적인 존재 불가능성을 의미하는 말이다. 이러한 존재 불가능한 것을 전제로 삼으면 결론에서 무엇이든지 추론할 수 있다. 왜냐하면 전제가 모순이어서 거짓인 값을 갖고 있으면 결론이 참이어도 전체 논증은 참, 결론이 거짓이어도 전체 논증은 참이 되기 때문이다. 즉 진리함수에 의해 전제→결론의 값은 전제가 F이면 그 전체의 값은 결론의 진리값에 관계없이 T이기 때문이다.

모순이 함의하는 바는 거짓을 전제로 삼으면 어떠한 주장이든지 할 수 있다는 것이다. 즉 거짓 전제 자체가 모순이며, 추리 형식상 모순을 전제로 삼으면 어떠한 결론이 오든 논증 전체는 정합적이다. 이처럼 어떤 논리 체계가 형식적 타당성만을 추구한다면 모순과 같은 거짓 전제로부터 출발시키면 된다. 하지만 이와 반대로 우리는 세계에 관한 진리를 획득하고자 하는 목적에서 논리 체계를 구성하려 한다. 그래서 우리에게 인식적 의미가 있는, 즉 경험 내용을 담아 전달해 주는 논증을 구성하려 하며 그때의 논증이 실제로 정합적일 것을 요구한다. 인식적 의미, 경험적 의미를 표현하는 문장들로 구성된 정합적인 논증에서는 전제에 모순이 없는, 즉 전제에 거짓이 없어야 한다.

따라서 시험 문제에서 "전제에서 제시된 정보가 사실이라면" 등의 단서가 붙는 것을 자주 볼 수 있다. 이럴 때는 그렇게 가정하라고 출제자가 요구하고 있는 것이므로 여러분은 정합적인 추론을 해야 한다. 정합적인 추론을 묻는 질문으로는 "--에 부합하는 것은?" "--에서 추론할 수 있는 것은?" 등이다.

위에서 다룬 내용을 가지고서 다음 문제를 풀어보자.

| 문제 | 다음 논증에서 들어 있는 오류와 같은 오류를 범하고 있는 것은?

> 똑똑한 사람은 모두 근시다. 나는 아주 근시다. 그러므로 나는 천재임에 틀림없다.

① 나는 머리가 나쁜 게 틀림없다. 왜냐하면 똑똑한 사람들은 모두 근시인데 나는 시력이 아주 좋기 때문이다.
② 닭들은 모두 부리가 있다. 이 새도 부리가 있다. 따라서 이 새는 닭임에 틀림없다.
③ 모든 돼지들은 다리가 네 개다. 그러나 이 거미는 다리가 여덟 개다. 따라서 이 거미의 크기가 돼지의 두 배임에 틀림없다.
④ 존은 아주 행복하다. 키가 큰 사람들은 모두 행복하기 때문에 존도 아주 키가 클 것임에 틀림없다.
⑤ 모든 천재들은 심한 근시다. 나는 천재이기 때문에 나는 심한 근시임에 틀림없다.

고전논리학에서 더 자세하게 다룰 것이지만, 제시문의 논증은 논리적 형식면에서 중명사부주연의 오류와 내용면에서 건전성을 갖고 있지 않다. 이 두 측면을 이해하고 선택지에 대해서 동일한 오류가 들어 있는 것을 고르면 된다.

첫째, 제시된 논증은 형식적으로 정언삼단논법인데 중명사 부주연의 오류를 범하고 있다. 중명사란 대명사(대전제에 들어 있는 명사, 즉 똑똑한 사람)와 소명사(소전제에 들어 있는 명사, 즉 나)를 연결해 주고 결론에서는 나타나지 않는 명사(즉 논증에서는 근시)를 가리킨다. 타당한 정언삼단논법이 되려면 중명사는 전체가 가리켜지고 있는 경우(이를 주연이라고 한다)가 최소한 한번은 있어야 한다. 그런데 대전제(첫 번째 있는 전제)에서 근시의 집합은 전체 근시 중 똑똑한 사람들에 대해서 말하고 소전제(두 번째에 있는 전제)에서 근시 전체 원소 중 나 한 사람만을 가리키고 있다. 그런데 중명사인 근시의 집합은 그 전체에 대해서 말하고 있는 경우가 없기 때문에, 즉 대전제와 소전제에서 모두 주연되어 있지 않기에, '나'와 '똑똑한 사람'의 관계에 대해서 중매 역할을 제대로 하지 못한다.

둘째, 제시된 논증의 대전제(즉 첫 번째 전제)를 사실이라고 받아들일 수 없는 문제가 있다. 똑똑한 사람이면 모두 근시인가에 대해서 당연히 의문을 갖게 된다. 참인 전제로 논증이 되어 있지 않다면 형식적으로 타당할지라도 건전하지 않다는 오류를 범하게 된다. 전제가 내용상 참일 때 우리는 논증의 결론을 받아들일 수 있다. 이러한 건전성은 전제의 수용 가능성, 즉 전제가 사실적으로 참이어야 한다는 것에 의거한다.

① 나는 머리가 나쁜 게 틀림없다. 왜냐하면 똑똑한 사람들은 모두 근시인데 나는 시력이 아주 좋기 때문이다: 이것은 형식적으로 타당한 논증이다. 물론 똑똑한 사람들은 모두 근시라는 전제는 사실이 아닐 수 있으므로 건전성이 문제가 된다. 논증은 두괄식 형태로 되어 있으므로 대전제, 소전제, 결론의 순서로 변형시키면 타당한 형식임을 알 수 있다.

② 닭들은 모두 부리가 있다. 이 새도 부리가 있다. 따라서 이 새는 닭임에 틀림없다: 이것은 형식적으로 제시된 논증과 동일한 중명사부주연의 오류를 범하고 있다. 하지만 전제 두 개 모두 사실이므로 건전성의 문제는 발생하지 않는다. 따라서 제시된 논증과 형식적 오류는 같지만 건전성의 문제는 가지고 있지 않기 때문에 답이 아니다.

③ 모든 돼지들은 다리가 네 개다. 그러나 이 거미는 다리가 여덟 개다. 따라서 이 거미의 크기가 돼지의 두 배임에 틀림없다: 다리가 여덟 개다는 다리가 네 개가 아니다로 변형시킬 수 있다. 하지만 다리의 개수가 몸의 크기와 비례하는 것은 아니므로 범주 오류를 범한 논증이다.

④ 존은 아주 행복하다. 키가 큰 사람들은 모두 행복하기 때문에 존도 아주 키가 클 것임에 틀림없다: 이것이 정답이다. 이 논증은 키가 큰 사람들은 모두 행복하다는 것을 전제로 보내면 정형화된 정언삼단논법으로 변형된다. "존은 아주 행복하다. 키가 큰 사람들은 모두 행복하다. 그러므로 존도 아주 키가 클 것임에 틀림없다." 이 논증은 행복하다는 중명사가 전체를 한 번도 가리키고 있지 않으므로 중명사 부주연의 오류를 범하고 있다. 또한 키가 크

다고 모두 행복하다는 것은 반드시 사실은 아니므로 건전성의 문제를 가지고 있다. 이것이 제시문의 논증과 동일한 오류를 갖고 있는 논증이다. 참고로 여기에 적용된 이출 원리(principle of import)는 p→(q→r)는 (p∧q)→r와 동치를 나타내는 원리이다.

⑤ 모든 천재들은 심한 근시다. 나는 천재이기 때문에 나는 심한 근시임에 틀림없다: "모든 천재들은 심한 근시다. 나는 천재이다. 그러므로 나는 심한 근시임에 틀림없다."로 정형화된다. 이것은 타당한 삼단논법이며 건전성의 문제를 갖고 있다. 즉 천재가 모두 근시라는 것은 사실이 아니다.

지금까지 연역추리와 귀납추리를 논증/추리와 관련해서 설명하였다. 논증의 타당성을 검증하는 방법, 자연 연역적 방법, 약식 추리, 및 연쇄식 등은 이어지는 절들에서 다루어지는 여러 가지 연역 논리 체계들에서 더 상세하게 설명될 것이다.

2. 고전 논리

아리스토텔레스가 체계화시킨 논리학을 고전 논리(학)이라고 한다. 아리스토텔레스는 다치 논리에 대한 시사점을 던지는 내용도 있으나 기본적으로 참과 거짓 두 개의 진리치에 기초하여 2치논리 체계를 구성하였다. 또한 아리스토텔레스는 개념을 표상하는 명사(term, 名辭)를 기본 단위로 삼아 명사들이 주어와 술어로 결합하여 정언 명제를 만들고 정언 명제 간의 변형이나 정언 명제들이 삼단논법을 구성하여 새 명제를 결론으로 끌어내는 추리에 관한 연구를 정리하였다. 그러한 연구의 핵심은 명사이므로 그의 논리학을 term-by-term 논리학이라고 규정하기도 한다.

한편 아리스토텔레스의 진리관은 하이데거가 강조하는 비은폐성이 진리라고 보는 측면도 들어 있으나, 관념이 표상한 바 그대로가 실재 세계에 존재한다면 참이라고 본 진리 대응설도 있다. 이 진리 대응설에 입각하여 사물을 구성한다거나 현상을 파악한다고 말할 수 있다. 이와 관련된 사유의 기본 원리부터 살펴보자.

2-1. 사고의 기본 원리

우리는 세계에 있는 사물들을 표현하면서 살아간다. 과학적 탐구라는 것도 사람들의 인식을 바탕으로 하는데, 언어적 표현을 하지 않고서는 나타낼 수 없다. 나타내는 것을 표상 또는 현전(representation; 어원은 re는 다시, pre는 앞, sent는 보내다)이라 한다. 그래야 사물에 대한 인식을 구성할 수도 있고 전달 가능성도 생긴다. 아리스토텔레스는 사물의 구성 이론으로서 표상을 연구하였다. 표상을 하기 위해서는 사고자의 정신이 있어야 하며, 나타내지는 사물이 있어야 하고, 나타내는 수단인 기호 즉 언어가 있어야 한다. 어쨌거나 우리는 사물에 대해서 기호를 사용하여 표현하는 관점에서 원리를 찾아내서 기초를 세워야 한다. (인간의 지식 확장은 결국 표상에 의거하므로 서양의 근대 계몽주의에서 절정을 이룬다. 계몽주의는 지식의 독재화, 자연의 파괴, 인류의 위기 등을 초래하게 되어, 현대 포스트모더니즘 철학은 표상 작용에 의한 존재 규정을 거부한다. 특히 실존주의는 존재는 본질에 앞선다고 주장함으로서 존재에 대한 동일한 규정을 거부한다. 이런 점에서 동일률도 거부한다. 그렇게 되면 사회 유지의 핵심인 consensus를 확보할 수 없다. 그렇다면 자격을 논하는 시험도 사실상 불가능하다. 그렇지만 우리는 그러한 입장이 있다는 정도만 이해해 두고 고전적인 사고 체계로 돌아가자.)

아리스토텔레스는 표상을 연구하여 가장 기초적인 원리로 동일률(rule of identity, 同一

律)을 꼽는다. 실제로 있는 것을 실체라고 한다. 그 실체에 이름을 부여하고 그것의 속성을 결합하여 우리는 진술한다. 그러한 진술 중 가장 단순한 것은 "A는 A다"라고 말하는 것이다. 어떤 사물이 있어서 그것이 A라 불린다면 그것은 뭐냐? 그것은 A다. 즉 A는 A이다(=A는 A와 동일하다). 지적 자각의 출발점은 다름 아닌 A는 A다.

2-1-1. 동일률(rule of identity, 同一律)

동일률은 동일한 사유 과정 중에서 사고는 반드시 확정성을 가져야 하며, 사고 자체의 동일성을 가져야 한다는 사유 원리이다. 즉, 앞에서 한 번 사용한 개념이나 판단은 뒤에서 사용할 때도 동일하게 그 뜻으로 써야 한다는 법칙이다. 동일률은 〈A는 A이다〉 또는 〈A=A〉와 같은 공식으로 나타낼 수가 있다. 모든 것은 그 자체와 동일하다는 것이다. 완전한 의미에서 진위를 결정할 수 있는 문장은 모두 주어와 술어의 연결로 되어 있다. 그래서 하나의 명사(term, 수학적 용어로는 항이라고도 한다)을 가지고서 주어 자리와 술어 자리에 그대로 집어넣으면 내용의 변화, 특히 확장이 발생하지 않기 때문에 참인 명제가 된다. "*은 @다"가 가장 기초적인 문장 형식이다. 여기서 *에 A를 넣고 @에 A를 대입하면 A는 A다가 된다. 예로 "나는 나다", "너는 너다", "진리는 진리다", "꿈은 꿈이다", "10은 10이다" 등과 같은 것이 모두 동일성에 대한 진술이다. 이러한 기본 형식은 내용의 확장이 없기 때문에 항상 참이라고 말해진다. 이러한 동일률이 가장 기초적인 항진 명제(tautology)가 되는 것이다.

동일성은 주어 자리에 오는 존재의 특성을 표현하는 개념이다. "인간은 자유로운 존재다"를 예로 들어 생각해 보자. 인간 = 자유로운 존재와 같이 인간의 특성을 나타내서 확립해 준다. 다만 우리 한국어에서는 영어와 같은 서양어와는 달리 양의 일치를 분명히 나타내지 않고 사용된다. 인간은 자유로운 존재들 중 한 부류일 뿐이다. "우정규는 교수다"라는 문장에서 우정규의 정체성(동일성)은 술어에 표현되어 있는 바의 교수다. 그러나 우정규=교수는 사실 수적 일치를 보이지 않는다. 영어로 말했다면 "우정규 is a 교수"로 표현될 것이다. 왜냐하면 우정규는 수적으로는 하나이고 교수들 집합 중 한 원소일 뿐이기 때문이다. "한 명의 교수는 한 명의 교수다"에서 앞 자리에 한 명의 교수 = 우정규이어서 주어 자리에 대입된 것으로 이해하면 된다.

우리말에서는 우리말의 용법을 따르면 된다. 영어에서는 영어의 용법을 따라야 문법을 어기지 않았다고 할 것이다. 어쨌거나 영어로는 is a가 나타나는데, 이것을 붙여서 isa라고 하며 그러한 문장을 isa sentence라고 한다. 논리적으로 문제를 푸는 데 있어서는 수에 대해서도 명확히 파악해야 할 때가 있으니 유의해야 한다.

위에서 항진 명제란 용어가 나와 있는데, 그것은 항상 참인 값을 갖는 논리 형식으로 중언 부언과 같은 경우에 해당하는 것이다. "이미 A가 참이라고 했다. 그러니 A다", "A이고 A이고 … A다"(이것은 연언 명제라 한다)거나 "A거나 A거나 … A"(이것은 선언 명제라 한다)와 같이 중언부언은 참이다. 이런 방식이다. 어떤 것(논리적으로 개념상 존재를 나타내는 것)이 A라면 그것은 A다. 이것에 들어 있는 논리 결합사는 "~라면 ~다"인데, 이것을 조건언(conditional)이라고 한다. 표현을 간략하게 줄이면 "A라면 A인"(조건언 대신 가언이라는 표현도 사용된다) 것이다.

수학은 전형적으로 동일성 개념에 입각해서 수립된다. 기본적으로 수학은 등식 또는 부등식의 형식으로 되어 있다. 등식은 주어의 항과 술어의 항이 같다(즉 동일하다)는 것이고 부등식은 주어의 항과 술어의 항이 같지 않다(즉 동일하지 않다)는 것이다. 예를 들어 2=1+1이고, 2≠1 등이다. 그래서 1≠1은 거짓이다.

동일률은 어떤 개념과 그것이 아닌 다른 개념을 구분하는 기본 원리이다. 만일 "갑"이라는 사람이 본질적으로 "갑"이 아니라고 한다면 "갑"이 아닌 다른 사람과 구분할 수가 없게 되니 논리적 판단의 기본이 흔들리게 된다. 다시 말하면 동일률은 모든 개념은 그 자체와 동일하여 그 자체가 아닌 다른 개념과 스스로 구분되는 독자성을 가진다는 것이다. "사람은 사람이다"와 같은 표현이 동일률의 예가 되는데 이 때 "사람"은 어느 경우나 본질적으로는 동일함을 나타낸다. 같은 사람이라도 나이가 듦에 따라 또는 상황에 따라 다른 모습이나 생각을 할 수가 있다. 그러나 여기서 말하는 사람은 그런 가변적인 속성을 떠나서 본래 지니고 있는 본질적 속성을 기준으로 말하는 것이다.

참고로 이러한 동일성(심리학적으로 정체성이라는 용어를 사용한다)에 대한 반론은 다음과 같은 것이다. 즉 세계는 변화하기 때문에 매순간마다 동일한 것은 없다. 헤라클레이토스는 "같은 강물에 두 번 발을 담근다는 것은 불가능하다. 왜냐하면 새로운 물이 계속 흘러 들어오기 때문이다"라고 말함으로써 동일률을 비판했다. 그래서 이런 이야기도 만들어졌다. 헤라클레이토스가 한 친구에게 돈을 빌려 주었는데, 그 친구는 돈을 갚지 않았다. 헤라클레이토스가 그 친구에게 돈을 갚으라고 말하자 그는 "나는 당신의 돈을 빌린 바로 그 사람이 아닙니다"라고 주장했다. 그리고 나서 그 친구는 어떠한 사람도 매순간마다 동일하지 않다고 진술하는 헤라클레이토스의 변화의 철학을 언급하면서 자신의 주장을 지지했다. 하지만 사회 생활을 영위하게 하기 위해서 우리 사회는 거래 질서를 유지하기 위해서 시간이 흐르더라도 변하지 않는 정체성에 기초하고 있음을 유의해야 한다.

2-1-2. 무모순율(rule of non-contradiction, 無矛盾律)

나는 난데, 내가 내가 아니라면 어떻게 될까? 내가 나의 정체성을 완전히 잃어버려서 내가 아닌 것이 되었다면 어떻게 될까? 그런 것이 불가능할까? 사실 불가능한 것은 아니며, 자연 세계는 변화의 세계이기 때문에 많이 발생한다고 보아야 한다. 변화의 시간이 충분한 경우에는 더욱 인정하지 않을 수 없다. 어떤 사회주의 체제 국가가 백여 년이 지난 지금 사회주의 국가라 할 수 없을 정도로 완전히 바뀌었다면 이에 대해서 어떻게 말하는 것이 좋을까? 변화가 되었는데도, 지금도 옛날과 같다고 할 것인가? 아닐 것이다. 변화를 인정하지 않으면 안 될 경우가 많다.

여기서는 변화를 인정하지 않는 경우에 대한 이야기이다. 변화할 시간을 주지 않을 때 이야기다. 변화를 할 시간이 없어서, 변화를 인정하지 않기 때문에, 나는 내가 아니라고 말할 수 없게 된다. "나는 내가 아니다"는 분명히 모순이다. 내가 나이면서 내가 아닌 것은 없다. 그래 그러한 모순은 있을 수 없으니, 반대로 생각해야지, 부정해야지. 이런 생각에서 나온 원리가 무모순율이다. 무모순율이란 모순을 말하는 것은 안 된다는 것이다. non-contradiction의 어원은 "non 없음, contra 반대, dict 말하다"이다. 즉 반대로 말하기 없기다. 이를 고사성어로 모순(矛盾)이라 표현한다.

무모순율을 모순율이라고 표현하고 있는 책들이 있다. 무모순율은 모순율보다 글자 한자가 더 많아서 글자 수를 줄이는 일본식 표현 방식을 따라서 모순율이라는 용어를 사용한다. 엄밀한 의미에서 무모순율이라고 해야 하지만 관용적으로 모순율이라는 용어를 사용해 왔다. 마치 비확률(probability)을 확실성(certainty)를 나타내듯이, 부적합성의 오류를 적합성의 오류라고 표현하듯이, 일본식 한자 용법을 차용해 온 것이다.

무모순율을 구체적으로 표현해 보면 다음과 같이 된다. 어떤 사유 대상에 대하여 동일한 시간과 관계 하에서 두 가지 모순되는 판단은 가질 수 없다는 것으로 "A는 A가 아닌 것과 같지 않다"라고 하는 것이다. 더 쉽게 말하면, "A는 'A가 아닌 것'이 아니다". 즉 이중 부정은 긍정이라는 사유 원리를 받아들이면 무모순율은 "A는 A다"의 동일률과 같다. 이것을 부정을 나타내는 표현법을 말하는 것이 무모순율이다. "갑"이라는 사람은 "갑"이 아닌 사람과 같을 수 없다는 말이다. 따라서 이 무모순율은 동일률을 더 확대하여 말하는 것이라고 할 수가 있다. "갑은 갑이다"라는 동일률은 동시에 "갑은 갑이 아닌 것과는 같지 않다"는 것을 의미하기 때문이다. 무모순율적 표현이 사용되는 이유는 기본적으로 이치논리 체계에서 허용되는 이중 부정은 긍정과 같다는 법칙이며 우리가 언어를 사용하는 관습상 강조 또는 진부한 반복을 피하기 위해서 술어의 성질을 바꾸어 표현한다는 것이다.

무모순율은 "그가 정직하다"라고 하면서 동시에 "그가 정직하지 않다"고 말하여서는 안

된다는 것을 강조한 것이다. 그가 정직하다고 말하는 것은 정직 이외의 모든 경우를 거부하고 있기 때문이다. 이런 경우에 우리는 두 판단 사이에는 모순이 된다고 말하는데 무모순율은 이런 모순 관계를 배제하는 원리이다. 무모순율은 시간이나 공간에 따라 성립 조건이 달라질 수 있다. "철수는 정직하였으나 지금은 정직하지 않다"라고 하는 말이나 "철수는 집에서는 얌전하나 밖에서는 얌전하지 않다"는 말은 무방하다. 물론 위와 같은 경우에 시간이나 공간적 차이를 무시하였을 때에는 무모순율에 해당된다. 이처럼 무모순율은 시간적 공간적 관계에 따라 그 성립조건이 달라지는 것이다. 이런 점에서 무모순율은 시간적 공간적 관계를 초월하는 동일률과는 성격이 다르다.

지금까지 살펴온 무모순율은 모든 부정 판단이나 추론의 기초가 되는 원리이다. 동일률이 긍정적 사고의 기초가 된 것과는 달리 무모순율은 부정적 생각을 위한 기초가 되는 것이다.

2-1-3. 배중률(principle of excluded middle, 排中律)

배중률은 가운데 있는 제삼자를 받아들이지 않는다는 원리이다. 그것은 동일 대상은 동일한 시간과 관계 하에서 어떤 성격을 띠고 있거나 띠고 있지 않은 경우가 있을 뿐 결코 제삼의 성격을 띨 수 없다고 확정하는 원리이다. 배중률은 "A는 B이든가 B가 아니든가이다"와 같이 공식화할 수 있는 원리이다. 이 원리는 어떤 사물이 갑이거나 갑이 아닌 을이거나 두 가지 중의 하나이지 이것도 저것도 아닌 중간적 판단은 인정될 수 없다는 원리이다. 곧 긍정적인 판단을 선택하면 반드시 그 부정적 판단은 버려야 하고 부정적인 판단을 선택하면 긍정적인 판단은 버려야 하는 것이지, 양쪽 다 선택하여서는 안 된다는 것이다.

배중률은 "그는 착하다"라고 하면서 동시에 "그는 착하지 않다"라고 할 수 없다는 것이다. 이를 어기면 "착하면서도 착하지 않은 그"라는 중간 존재를 인정하여야 되는 모순이 생긴다. 이런 점에서 배중률은 무모순율 더 확대한 것이라 할 수가 있다. 배중률은 다만 부정과 긍정의 대립 관계에서 그 한 가지를 선택하여야 한다는 것이다. 그런 부정과 긍정의 관계가 아닌 여러 사항 가운데 한 가지를 선택하는 경우에는 배중률이 적용되지 않을 수 있다. 이런 배중률은 특히 긍정과 부정의 대립 관계에 있는 개념이 사용된 선언적 판단의 기본을 이룬다.

우리가 사는 세계에는 기형으로 분류되는 개체나 교잡으로 인한 새로운 제삼의 잡종이 출현하는 경우도 있다. 예를 들어, 인간에게 있어서는 전통적으로 남성 아니면 여성이지만, 남성기도 있고 여성기도 있는 제삼의 기형적인 존재가 있다. 또한 간혹 보도되는 꿩과 닭의 교잡종이 출현하는데, 상체는 꿩이고 하체는 닭으로 된 교잡종이 출현한다. 식물에서도 이러한 경우가 있다. 배과수원과 사과과수원이 인접한 곳에서는 사과나무에 사과이면서 배가 달린 특이한 사례도 있다. 우리는 제삼의 존재에는 새로운 이름을 붙여줄 필요가 있다. 이러한 제삼의 존재가 출현하게 되면 배중률을 적용할 수 없게 된다.

따라서 배중률은 이치(참과 거짓) 논리 체계 내에서만 성립하는 것이다. 현대의 다치 논리로 오게 되면 또한 사물의 변화를 인정해서 그 내용을 체계화하려는 논리 체계화하려는 퍼지 논리로 오게 되면, 명제의 진리값은 참과 거짓만 있는 것도 아니다. 한 사물과 그 정반대의 사물만으로 분류되는 것도 아니다. 흑과 백의 색만이 있는 세상에서 살고 있지 않기 때문에, 제삼의 색, 제사의 색 등이 있는 것처럼 진리에 대해서도 전혀 진리가 아닌 값(0으로 나타내자)에서 완전히 진리인 값(1로 나타내자) 사이에 무한히 많은 실수가 있는 것처럼, 진리값도 무한하다. 이러한 사상이 있음을 참고로 해두자. 이처럼 진리값을 표현하는 것이 참과 거짓 외에 제삼, 제사, …, 무한의 값으로 구성되는 전형적인 체계가 확률 논리이다.

2-2. 고전 논리의 구문론과 의미론

2-2-1. 양과 질

완전한 문장은 주어와 술어가 결합되어 있다. 즉 주어나 술어 중 어느 하나라도 없다면 완전한 문장이 되지 못한다. 완전한 문장에서 논리적으로 검토하는 사항은 주어에 있어서는 양이며 술어에 있어서는 질이다.

양이란 주어의 집합에 대해서 그 집합 자체인 전체를 가리키는 경우와 일부를 가리키는 두 개의 경우로 나뉜다. 즉 주어의 양에 대해서는 전체와 부분으로 나눈다. 전체를 나타내는 말로는 "모든"을 사용한다. 부정문에 경우에는 "어느(any)"이라는 한정어를 사용한다. 부분을 나타내는 말로는 "약간"을 사용한다. 전체 중 하나는 "약간"에 포함시킨다. 물론 하나로만 되어 있는 실체는 하나 즉 전체이다. 고유명사라고 불리는 것이 이에 해당하는데, 이 경우는 하나를 전체로 간주해도 무방하다.

질이란 술어의 상태가 긍정으로 되어 있거나 부정으로 되어 있음을 가리키는 것이다. 따라서 긍정과 부정의 두 가지가 있다. 가령 "예쁘다"라는 긍정 술어가 선택되었다면 "예쁘지 않다"는 부정 술어가 있을 수 있다.

양과 질을 고려하면 네 개의 기본 문장이 만들어진다. 이것을 정언 명제의 네 형식이라고 한다.

2-2-2. 정언 명제의 네 가지 형식

<정언 명제의 구문론>

양은 주어에 속하는 사물들에 대해서 그 사물들 전체인지 부분인지로 나누어 전체와 부분의 두 가지 범주를 적용한다.

질은 술어에 대해서 주어의 내용과 일치하면 긍정으로 그러하다(is)로, 주어와 술어가 일치하지 않으면 그렇지 않다(is not)로 구분한다. 즉 질의 범주는 긍정과 부정 두 가지이다.

주어의 양과 술어의 질을 고려하면 2×2=4로 네 가지 형식의 명제(문장)가 만들어지는데, 이것을 정언 명제의 네 가지 형식이라고 한다. 주어를 S로 술어를 P로 나타내고 S와 P를 연결해 주는 것을 계사(즉 be 동사)라 하는데, 이다(is)를 사용한다.

(1) 양은 전체, 질은 긍정: 이를 전칭 긍정 명제, 줄여서 A라고 한다.
(2) 양은 전체, 질은 부정: 이를 전칭 부정 명제, 줄여서 E라고 한다.
(3) 양은 부분, 질은 긍정: 이를 특칭 긍정 명제, 줄여서 I라고 한다.
(4) 양은 부분, 질은 부정: 이를 특칭 부정 명제, 줄여서 O라고 한다.

(이것은 Affirm(긍정하다)에서 첫 번째 A를 전칭명제에, 두 번째 I를 특칭 명제에 붙여준 것이고, Nego(부정하다)에서 첫 번째 E를 전칭명제에, 두 번째 O를 특칭 명제에 붙여준 것이다.)

네 가지 정언 명제에 대한 문장 표현, 벤다이어그램, 및 한량 논리 표현은 다음과 같다. 한량 논리 표현에 대해서는 한량 논리 편에서 상세하게 설명할 것이지만 정언 명제에 대한 철저한 이해를 위해서 여기에 함께 표기한다.

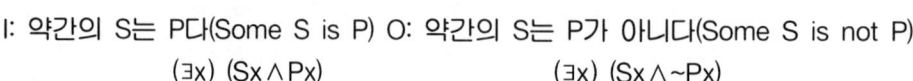

A: 모든 S는 P다(All S is P)   E: 어느 S도 P가 아니다(Any S is not P)
    (x) (Sx→Px)   (x) (Sx→~Px)

I: 약간의 S는 P다(Some S is P) O: 약간의 S는 P가 아니다(Some S is not P)
    (∃x) (Sx∧Px)   (∃x) (Sx∧~Px)

벤다이어그램에서 빗금친 부분은 원소가 없다는 것(즉 공집합)을 의미하며, ×는 원소가 적어도 하나나 그 이상 있다는 것을 의미한다.

〈정언 명제의 의미론〉

네 정언 명제 각각이 의미하는 것이 무엇인지를 살펴보자.

A: "모든 S는 P다"는 것의 의미는 S가 아니면서 P인 것은 없다는 의미이며, S가 있다면 모두 P 속에 포함되어 있다는 것으로서 S는 P의 진부분집합이다. 그래서 $S \cap P = S$이며 $S \subset P$이어서, S는 P에 대한 충분 집합이고 P는 S에 대해서 필요(필연) 집합이다. 이때 $P = (S와 \ S^c)$이다. 그리고 이러한 관계 때문에 $P^c \subset S^c$이 성립하여 $S \rightarrow P$에 대해서 $\sim P \rightarrow \sim S$라는 대우가 성립한다.

예를 들어, 모든 자연수는 유리수라고 할 때, 자연수의 집합은 이미 자연수와 유리수와의 교집합인데 자연수의 집합은 유리수 집합에 포함된다. 그때 유리수 집합은 자연수 집합과 자연수의 여집합의 합집합이다. 이때 자연수이면 그것이 유리수가 되기에 충분하게 되면, 유리수 집합은 이미 자연수 집합 또는 비자연수 집합의 합집합이어서, 자연수 집합에 속하는 원소는 필연적으로 유리수 집합에 속하게 된다. 나아가서 어떤 수가 유리수가 아니라면 그것은 자연수가 아니라는 대우도 성립한다.

E: "어느 S도 P가 아니다. 이것은 S이면서 P인 것은 하나도 없다는 의미이다. 즉 $(S \cap P) = \phi$이며 $S \subset P^c$이며 $(S \rightarrow \sim P)$와 같으며 이에 대한 대우는 $(P \rightarrow \sim S)$이다. 예를 들어, 어느 플라스틱도 구리가 아니다라면 플라스틱이면서 구리인 것은 없다는 것이다. 플라스틱은 모두 비구리(구리의 여집합)에 속한다는 것이다. 마찬가지로 이것의 대우는 어느 구리도 플라스틱이 아닌 것이어서 "어떤 것이 구리라면 그것은 플라스틱이 아니다"와 같다.

A와 E는 주어의 양이 전체에 대한 것이다. 아리스토텔레스는 일물일어설을 주장하였는데, 그 이론에 의하면 어떤 말이든 공집합일 수 없으며 언어란 사물이 먼저 있고 그에 대해 붙여준 이름이다. 따라서 사물이 없다면 언어가 없다. 즉 아리스토텔레스의 일물일어설에는 공집합이 배제된다. 주어가 공집합인 경우를 연구한 사람은 부울(G. Boole)이다. 주어가 공집합이 아니어도 주어가 공집합이어도 전칭 명제 A와 E는 성립하며 그것들의 의미는 달라지지 않는다. 왜냐하면 S가 공집합이 아니라면 그 집합의 원소 모두가 P 집합에 속하며, S의 집합이 공집합이라면 공집합은 어느 집합이든지 그 집합의 부분집합이라고 정의해 놓고 있기 때문이다.

예를 들어 "모든 둥근 삼각형은 노랗다"와 "어느 둥근 삼각형도 노랗지 않다"를 가지고서 설명해 보자. 둥근 삼각형에는 원소가 없다, 즉 그것은 공집합이다. 노란 것에는 원소가 있다. 노란 크레파스, 노란 개나리 등이 그것의 집합이다. 따라서 이 두 명제의 주어는 공집합이며 그것은 술어 '노란 것들'의 집합에 진부분집합이다. 따라서 그 명제들은 참이며 의미가 있다.

주어가 공집합인 경우가 있을 수도 있는 A와 E와는 달리, 특칭 긍정 명제 I와 특칭 부정 명제 O는 존재하는 사물에 대해서 진술하는 것이어서, 주어가 이미 공집합이 아님이 함축되어 있다. 이미 S에 속하는 어떤 것이 적어도 하나거나 그 이상 있다는 것이 전제되어 있으며, 그렇게 무엇인가 있다는 것은 특별한 일이다. 즉 무엇인가가 구체적으로 있는 것은 특별한 존재이다. I와 O에 대해서 좀 더 자세히 살펴보자.

I: 약간의 S는 P이다. 이것은 S이면서 P인 것이 적어도 하나거나 그 이상 있다는 것이다. S 모두가 P라고 진술하는 표현은 아니다. "약간의 여자는 단발머리다"라는 것은 단발머리여자가 적어도 하나거나 그 이상은 있다는 것이며 모든 여자가 단발머리이지 않을 때도 진술된다. 또한 모든 여자가 단발머리인 경우라면 그 진술의 예우라면는 것이다. I는 S와 P리다"라는에 원소가 적어도 하나거나 그 이상 있음을 의미진술하 진술되는 명제이다.

O: 약간의 S는 P가 아니다. 이것은 S이지만 P가 아닌 것이 적어도 하나거나 그 이상 있다는 것이다. 이것은 어느 S도 P가 아니라는 것과는 다르다. 예를 들어 "약간의 여자는 단발머리가 아니다"는 단발머리가 아닌 여자가 적어도 하나거나 그 이상 있다는 뜻이다. 또한 어느 여자도 단발머리가 아니라고 한다면 그 진술에 대해 참인 예가 될 것이지만, 그 표현 자체가 어느 여자도 단발머리가 아니다라는 것과 같은 것이 아님을 명심하라. O는 S와 P의 여집합 영역에 원소가 적어도 하나거니 그 이상 있음을 의미한다.

2-2-3. 주연과 부주연

네 개의 정언 명제는 각각 주어 S와 술어 P가 연결되어 만들어진다. 이 명제들에서 주어와 술어에 대해서 가리켜지고(다른 말로, 지시되고) 있는 양에 유의해야 한다. 지시되고 있는 양에 대해 바르게 이해해 두는 것은 명제들에 대한 의미를 분명하게 이해하는 것일 뿐만 아니라 추리를 하는 데 있어 오류를 피하고 타당한 명제를 끌어내기 위한 지침을 얻게 해준다.

주어와 술어의 양 전체를 가리킬 때를 주연되어 있다(distributed)고 하며 그렇지 않은 경우를 부주연(non-distributed)되어 있다고 정의한다. 그러면 네 개의 정언 명제의 주어와 술어에 대한 주연/부주연 여부는 다음과 같다.

A: 모든 S는 P다라는 명제에서 S의 양에 대해 "모든"이라고 S의 전체를 가리키고 있으므로 S는 주연되어 있다. 그때 P에 있어서 지시되고 있는 부분은 그것의 진부분집합인 S만큼이어서, P는 일부만이 지시되고 있다. 즉 S가 아니면서 P인 부분은 지시되고 있지 않으므로

P는 부주연이다.

E: 어느 S도 P가 아니다라는 명제에서 "어느 S도"가 의미하는 것은 S의 모든 것 낱낱이다. 따라서 그것은 S의 집합 전체를 가리키게 되며 주연되어 있다. "P가 아니다"도 긍정인 원소가 없음을 밝히기 위해서 P 집합의 전체 원소가 지시된다. 따라서 P는 주연되어 있다. 부정 술어가 주연되어 있다는 것은 그 술어의 원소 모두가 S가 아니라는 결백을 밝히기 위해서 지시되고 있다는 것과 같은 의미이다.

I: 약간의 S는 P다에서 S의 약간, 즉 일부를 지시하고 있으므로 그것은 부주연이다. P에 대해서도 S인 것만큼을 지시하고 있으므로 그것은 부주연이다.

O: 약간의 S는 P가 아니다에서 S는 그것의 약간(즉 일부)을 지시하므로 부주연이며 "P가 아니다"에서 P는 결백을 밝히기 위해서 원소 전체가 지시되므로 그것은 주연되어 있다.

이상을 정리하면 다음과 같다. 전칭 주어는 주연되어 있으며 부정 술어도 주연되어 있다. 특칭 주어와 긍정 술어는 부주연되어 있다. 이를 US and Not P로 외우면 쉽다. US란 전칭 주어(Universal Subject)의 머릿글자이며 Not P는 부정 술어를 가리킨다.

	S	P
A	주연	부주연
E	주연	주연
I	부주연	부주연
O	부주연	주연

아리스토텔레스와 부울의 명제 해석은 추리를 적용할 때 차이를 발생시킨다. 왜냐하면 주어가 공집합이 아닌 경우와 주어가 공집합인 경우, 그 주어가 중명사로서 역할을 하는 경우라면, 은 주어가 공집합일 수도 있다는 가능성을 열어놓고 있다는 점에 대해서 유의를 해야 한다. 실제로 논증과 관련해서 존재가 함축되지 않으면 타당한 주장이라고 간주될 수 없는 경우도 발생한다.

2-3. 고전 논리의 추리론

2-3-1. 대당관계에 의한 직접추리

직접추리는 하나의 전제에서 새로운 판단을 결론으로 직접 이끌어 내는 추리를 말한다. 그러므로 직접추리는 두 명제 사이에서 이루어지는 추리이다. 직접추리에는 대당관계에 의한 직접추리와 명제 변형에 의한 직접추리 두 종류가 있다. 먼저 대당관계에 의한 직접추리부터 살펴보도록 한다.

위에서 정언 명제의 네 형식을 벤다이어그램으로 의미를 해석해 보았다. 그때 그 네 개의 명제는 정사각형의 네 꼭지점에 배치된 모양이었다. 그 사각형에서 우리는 서로 마주하는 관계를 살펴볼 수 있다. 서로 마주보는 관계를 대당(對當, opposition)관계라 한다. 이 대당 관계는 반대대당, 대소대당, 및 모순대당으로 구분된다.

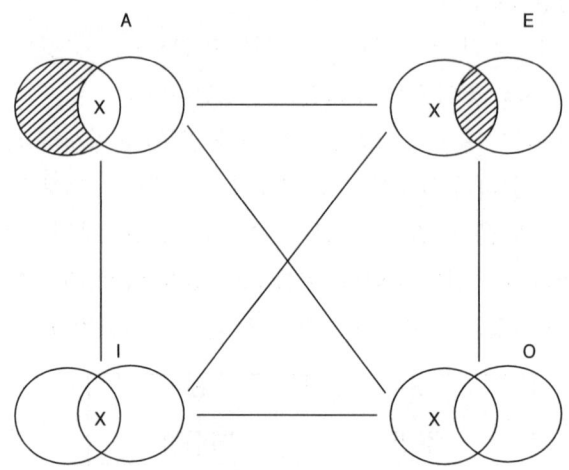

2-3-1-1. 반대대당과 소반대대당

<반대대당>

술어가 긍정과 부정으로 나타난 관계를 반대대당(contraries)이라고 한다. 이러한 반대대당은 A와 E에서도 보이고 I와 O에서도 보이는데, 전자를 일반적으로 반대대당이라고 하며 후자를 작은 쪽의 반대대당이라는 의미에서 소반대대당이라고 한다.

1) A와 E 중 한 명제가 참이면 다른 한 명제는 반드시 거짓이다.

   A: 모든 실존주의자는 철학자이다.   참
∴ E: 어느 실존주의자도 철학자가 아니다. 거짓

   E: 어느 인간도 기계가 아니다.   참
∴ A: 모든 인간은 기계이다.   거짓

2) A와 E 중 한 명제가 거짓이면 다른 한 명제는 진위불명이다.

  A: 모든 사람은 군인이다.   거짓
  E: 어느 사람도 군인이 아니다.   거짓

  A: 모든 까치는 까마귀이다.   거짓
  E: 어느 까치도 까마귀가 아니다. 참

  E: 어느 사람도 경찰이 아니다.   거짓
  A: 모든 사람은 경찰이다.   거짓

  E: 어느 독수리도 조류가 아니다. 거짓
  A: 모든 독수리는 조류이다.   참

반대대당 관계에 있는 A와 E는 다 같이 거짓일 수 있으나 다 같이 참일 수 없다.

<소반대대당>

소반대대당(subcontraries)은 명제의 양은 같고 질은 다른 특칭긍정 명제(I명제)와 특칭부정 명제(O명제) 사이의 대당관계이다.

1) I와 O 중 한 명제가 참이면 다른 명제는 진위불명이다.

  I: 약간의 사람은 거짓말장이다.   참
  O: 약간의 사람은 거짓말쟁이가 아니다. 참

  I: 약간의 나비는 곤충이다.   참
  O: 약간의 나비는 곤충이 아니다. 거짓

  O: 약간의 사람은 군인이 아니다.   참
  I: 약간의 사람은 군인이다.   참

  O: 약간의 거북이는 토끼가 아니다. 참
  I: 약간의 거북이는 토끼이다.   거짓

2) I와 O 중 한 명제가 거짓이면 다른 한 명제는 반드시 참이다.

   I : 약간의 여고생은 남자이다.   거짓
   O: 약간의 여고생은 남자가 아니다. 참

   O: 약간의 철학자는 교수가 아니다. 거짓
   I : 약간의 철학자는 교수이다.   참

소반대대당관계에 있는 I와 O는 다같이 참일 수 있으나 다같이 거짓일 수는 없다.

2-3-1-2. 대소대당

대소대당은 A와 I, 그리고 E와 O의 대당관계로 구분된다. 이들의 관계는 네 가지로 나누어서 살펴볼 수 있다. (1) 전칭명제가 참인 경우 특칭 명제의 진리치 구하기, (2) 전칭명제가 거짓인 경우 특칭 명제의 진리치 구하기, (3) 특칭 명제가 참인 경우 참인 경우 전칭명제의 진리치 구하기, 및 (4) 특칭 명제가 거짓인 경우 전칭명제의 진리치 구하기.

<대소대당>

(1)과 (2)는 대명제(즉 보편 명제)로부터 소명제(즉 특칭 명제)로의 진리치를 구하는 문제이다.

1) 전칭명제가 참인 경우 특칭 명제는 반드시 참이다.

전체에 대해 언급하는 전칭명제가 참이라면 부분에 대해 언급하는 특칭 명제는 당연히 참이어야 한다. 이것은 편유편무의 법칙(遍有遍無의 法則)에 기초한다. 이 법칙은 전체에 대해 참인 것은 그 부분에 대해서도 참이라는 내용이다.

   A: 모든 식물은 생물이다.   참
 ∴ I : 약간의 식물은 생물이다.   참

   E: 어느 식물도 동물이 아니다.   참
 ∴O: 약간의 식물은 동물이 아니다. 참

2) 전칭명제가 거짓인 경우 특칭 명제는 진위불명이다.

전체가 거짓이면 그 부분은 거짓일 수도 있고 참일 수도 있다. 즉, 전체가 거짓이라고 해서 그 부분도 거짓인 것은 아니다. 따라서 전칭명제가 거짓이면 특칭 명제는 진위불명이다.

   A: 모든 사람은 과학자이다.   거짓
   I: 약간의 사람은 과학자이다.   진위불명

   E: 어느 사람도 화가가 아니다.   거짓
   O: 약간의 사람은 화가가 아니다. 진위불명

<소대대당>

위의 (3)과 (4)는 소명제(즉 특칭 명제)로부터 대명제(즉 보편 명제)의 진리치를 구하는 문제이다.

3) 특칭 명제가 참인 경우 전칭명제는 진위불명이다.

특칭 명제가 참인 경우 전칭명제는 참인 경우도 있고 거짓인 경우도 있으므로 참·거짓 여부를 결정적으로 말할 수 없다. 일부분이 참이더라도 다른 부분들의 진리치를 아직 알지 못하므로 전체의 진리치를 알 수 없는 것이다.

   I : 약간의 사람은 동물이다.   참
  ∴A : 모든 사람은 동물이다.   참

   O : 약간의 사람은 식물이 아니다. 참
  ∴E : 어느 사람도 식물이 아니다.   참

이것은 귀납적 일반화가 성립한 경우이다. 하지만 다음의 경우는 성립하지 않는다. 따라서 이 두 경우를 통틀어, 특칭 명제로부터 전칭 명제로의 추리는 귀납적 비약의 오류가 발생하여 진위 불명의 경우에 해당한다.

   I: 약간의 사람은 군인이다.   참
  ∴A: 모든 사람은 군인이다.   거짓

   O: 약간의 사람은 군인이 아니다. 참
  ∴E: 어느 사람도 군인이 아니다.   거짓

이것은 귀납적 일반화가 성립하지 않는 경우로서 전혀 타당하지 않은 추리이다.

4) 특칭 명제가 거짓인 경우 전칭명제는 반드시 거짓이다.
부분에 대해 거짓인 것은 전체에 대해서도 거짓이다. 일부분이 거짓이면 다른 부분의 진리치가 무엇이든지 전체는 거짓이라는 것이다. 즉 특칭 명제가 거짓인 경우, 전칭 명제는 거짓이다.

　　I : 약간의 까마귀는 까치이다.　　　　　거짓
　　A : 모든 까마귀는 까치이다.　　　　　　거짓

　　O : 약간의 사람은 거짓말쟁이가 아니다.　거짓
　　E : 어느 사람도 거짓말쟁이가 아니다.　　거짓

이상에서 살펴본 바와 같이 대소 관계(역방향의 소대관계를 포함)는 보편 명제가 참일 때는 항상 성립하며 보편 명제가 거짓일 때는 진위 불명이다. 또한 특칭 명제가 참일 경우에는 보편 명제가 참일 수도 있고 거짓일 수도 있어서 진위 불명이며, 특칭 명제가 거짓일 경우에는 보편 명제는 거짓이다.

2-3-1-3. 모순대당

모순대당(contradictories)은 명제의 양과 질이 모두 다른 A와 O, 및 E와 I의 대당관계를 말한다. 모순대당은 대당사각형에서 서로 대각선으로 관계되는 명제들 사이의 관계이다. 모순대당관계에 있는 두 명제는 한 명제가 참이면 다른 한 명제는 반드시 거짓이고 한 명제가 거짓이면 다른 한 명제는 반드시 참이다. 달리 말하면 모순대당관계에 있는 두 명제는 같이 참일 수도 없고 같이 거짓일 수도 없다.

　　　A : 모든 고래는 포유동물이다.　　　　　참
∴　O : 약간의 고래는 포유동물이 아니다.　　거짓

　　　E : 어느 사람도 로봇이 아니다　　　　　참
∴　I : 약간의 사람은 로봇이다.　　　　　　　거짓

　　　O : 약간의 까치는 새가 아니다.　　　　　거짓
∴　A : 모든 까치는 새이다.　　　　　　　　　참

　　　I : 약간의 사람은 성인이다.　　　　　　거짓
∴　E : 어느 사람도 성인이 아니다.　　　　　참

모순관계에 있는 명제를 명제 논리로 표현하여 정리하면 다음과 같다. A→~O ≡ O→~A, E→~I ≡ I→~E.

이상에서 살펴본 대당관계 네 가지는 아무런 제한 없이 적용될 수 있는가? 그렇지 않다. 가령 A가 참일 경우 O의 진리치를 구해보자. A와 O는 모순대당이므로 A가 참이라면 O는 거짓이다. 그러나 다음과 같은 방식으로 O의 진리치를 구해 보자.

주어진 명제   A : 모든 S는 P이다.   참

모순대당   O : 약간의 S는 P가 아니다.   거짓
주어진 명제   A : 모든 S는 P이다.)   참
반대대당   E : 어느 S도 P가 아니다.   거짓

모순대당   I : 약간의 S는 P이다.   참
소반대대당 O : 약간의 S는 P가 아니다.   진위불명

	A	E	I	O
A:참	참	거짓	참	거짓
E:참	거짓	참	거짓	참
I:참	진위불명	거짓	참	진위불명
O:참	거짓	진위불명	진위불명	참

A로부터 모순대당에 의해 O의 진리치를 구할 경우와 A로부터 반대대당, 모순대당, 소반대대당을 거쳐 O의 진리치를 구할 경우는 다른 결과는 다르다.
물본 I를 근거로 E의 진리치를 구할 경우에도 동일한 현상이 발생한다.

주어진 명제   I : 약간의 S는 P이다.   거짓
모순대당   E : 어느 S도 P가 아니다.   참

주어진 명제   I : 약간의 S는 P이다.   거짓
소반대대당 O : 약간의 S는 P가 아니다.   참

모순대당   A : 모든 S는 P이다.   거짓
반대대당   E : 어느 S도 P가 아니다.   진위불명

	A	E	I	O
A:거짓	거짓	진위불명	진위불명	참
E:거짓	진위불명	거짓	참	진위불명
I:거짓	거짓	참	거짓	참
O:거짓	참	거짓	참	거짓

이러한 현상이 생기는 이유는 반대대당과 소반대대당의 성질 때문이다. 반대대당은 A와 E가 둘 다 거짓일 수 있고, 소반대대당은 I와 O가 둘 다 참일 수 있다. 결국 반대대당과 소반대대당을 각각 혹은 함께 두 번 이상 적용하면 항상 진위불명이 된다. 그러므로 대당관계에 의한 직접추리에서 반대대당이나 소반대대당을 두 번 이상 적용하거나 두 가지를 함께 적용하지 말아야 한다.

2-3-2. 명제 변형에 의한 직접추리

명제 변형에 의한 직접추리는 주어진 명제의 형식을 바꾸어 동일한 의미를 갖는 새로운 명제를 이끌어내는 추리이다. 명제 변형에 의한 직접추리에는 환위법, 환질법, 환질환위법 등이 있다.

2-3-2-1. 환위법

환위법(conversion)은 명제의 질은 그대로 둔 채 명제의 주어와 술어의 위치를 바꾸어 새로운 명제를 이끌어내는 직접추리이다. 전제의 주어는 결론의 술어가 되고 전제의 술어는 결론의 주어가 되도록 추리한다.

 A: 모든 S는 P다를 환위하면 모든 P는 S다가 된다. 이것은 S와 P가 상등일 경우는 참이 되지만 일반적으로 환위된 명제는 거짓이 된다. 따라서 약간의 S는 P다로 환위하게 되는데, 이를 제한 환위라고 한다. 이때 강조하기 위해서 약간의 S만이 P다로 표현한다. 구체적인 예를 들어, A: 모든 금은 도체이다를 단순하게 환위하면 A: 모든 도체는 금이다가 되어 환위된 명제는 거짓이 된다. 주어진 명제를 제한 환위하면 I: 약간의 도체는 금이다가 되며 강조하기 위해 I:도체만이 금이다가 된다.

A를 단순 환위하면 오류가 되는 이유는 부주연인 술어 P가 주어가 되면서 모든 P로 표현되는데, 모든 P는 주연되어 있다. 따라서 원래 부주연이었던 P가 주연되게 되어 오류가 된다. 즉 부분을 지시하던 술어가 전체를 지시하는 주어가 된다면, 양의 비약이 발생하게 된

다. 이러한 경우를 부주연 명사의 부당 주연의 오류라고 한다. 이러한 부당 주연의 오류를 피하기 위해서 제한 환위를 하게 된다. 제한 환위를 하게 되면 부주연 P는 약간의 P 또는 P만(즉 ~P는 제외하고)을 지시하는 부주연 주어가 되므로 오류가 발생하지 않는다.

E와 I는 단순 환위가 가능하다.

E : 어느 S도 P가 아니다. /∴ E: 어느 P도 S가 아니다.
예 : 어느 인간도 로봇이 아니다. /∴ 어느 로봇도 인간이 아니다.

I : 약간의 S는 P이다 /∴ I: 약간의 P는 S이다.
예 : 약간의 사람은 시인이다. /∴ 약간의 시인은 사람이다.

E와 I가 환위되는 이유는 정언 명제의 벤다이어그램에서 볼 수 있듯이 대칭적이기 때문이다. 대칭적일 때는 항의 교환이 가능하다. 즉 주어는 술어로, 술어는 주어로의 교환이 성립한다. 이렇게 환위(위치 바꾸기)는 E와 I에서 성립한다.

그러나 O명제는 환위가 불가능하다. 가령 "약간의 사람은 과학자가 아니다"를 환위하면 "약간의 과학자는 사람이 아니다"가 된다. 이 추리는 부당하다. 전제에서 부주연된 "사람"은 결론에서 주연되어서 부당주연의 오류이다. O는 정언 명제의 벤다이어그램에서 볼 수 있듯이 대칭적이지 않으므로 주어와 술어의 환위가 불가능하다. O를 환위하게 되면 부당 주연의 오류에 빠지게 되므로, O는 절대 환위하면 안 된다.

지금까지 환위 개념을 살펴보았다. 요약하면 A는 제한 환위해야 되고 E와 I는 단순 환위하고 O는 환위가 불가능하다. 이것을 도표로 나타내면 다음과 같다.

명제	환위내용	환위종류
A	모든 S는 P이다. /∴ 약간의 P는 S이다.	제한환위
E	어느 S도 P가 아니다. /∴ 어느 P도 S가 아니다	단순환위
I	약간의 S는 P이다. /∴ 약간의 P는 S이다.	단순환위
O	약간의 S는 P가 아니다. 불가능	환위불가

2-3-2-2. 환질법

환질법(obversion)은 명제의 양은 그대로 둔 채 명제의 질을 바꿈으로서 새로운 명제를 이끌어내는 직접추리이다. 환질법은 이중부정의 원리에 기초하고 있다. P 는 ~(~P)와 같다. 즉, "P이다"는 "非P가 아니다"와 같다. 한 개념의 부정의 부정은 자기 자신이다. 명제의 질을 바꾸는 것이므로 긍정 명제는 부정 명제가 되고 부정 명제는 긍정 명제가 된다. P에 대해 非P를 보개념(complementative concept) 또는 모순개념이라고 한다.

A : 모든 S는 P이다. / ∴ E: 어느 S도 非P가 아니다.
예 : 모든 고양이는 동물이다. / ∴ 어느 고양이도 非동물이 아니다.

E : 어느 S도 P가 아니다 / ∴ A: 모든 S는 非P이다.
예 : 어느 인간도 로봇이 아니다. / ∴ 모든 인간은 非로봇이다.

I : 약간의 S는 P이다. / ∴ O: 약간의 S는 非P가 아니다.
예 : 약간의 사람은 군인이다. / ∴ 약간의 사람은 非군인이 아니다.

O : 약간의 S는 P가 아니다. / ∴ I: 약간의 S는 非P이다.
예 : 약간의 운동선수는 남자가 아니다. / ∴ 간의 운동선수는 非남자이다.

이상에서 살펴본 바와 같이 환질은 어느 형식의 명제에 대해서든 성립한다. 단 환질된 명제의 형식은 질이 변화되어 있음을 주의해야 한다.

2-3-2-3. 환질환위법

환질과 환위를 여러 번 적용하여 새로운 명제를 이끌어내는 방법을 환질환위법이라고 한다. 환질환위법에는 일부환질환위법과 전환질환위법이 있다. 일부환질환위법은 주어진 명제를 한번 환질한 후 그것을 다시 환위하여 새로운 명제를 이끌어내는 직접추리이다. 전환질환위법은 주어진 명제를 환질하고 다시 환위한 후 다시 한번 환질하여 새로운 명제를 이끌어내는 직접추리이다. 전환질환위법은 이환법(contraposition, 즉 대우(對偶), 대각선으로 마주봄)이라고도 한다.

일부환질환위법: 주어진 명제 ⇒ 환질 ⇒ 환위
전환질환위법: 주어진 명제 ⇒ 환질 ⇒ 환위 ⇒ 환질

<일부환질환위법>

명 제 변형 방법	정언 명제 형식	적용 생성된 명제
명제 A	모든 S는 P이다.	모든 뻐꾸기는 동물이다.
환질	어느 S도 非P가 아니다.	어느 뻐꾸기도 非동물이 아니다.
환위	어느 非P도 S가 아니다.	어느 非동물도 뻐꾸기가 아니다.
명제 E	어느 S도 P가 아니다.	어느 인간도 로봇이 아니다.
환질	모든 S는 非P이다.	모든 인간은 非로봇이다.
환위	약간의 非P는 S이다.	약간의 非로봇은 인간이다.
명제 I	약간의 S는 P이다.	
환질	약간의 S는 非P가 아니다.	
환위	O 환위불가	
명제 O	약간의 S는 P가 아니다.	약간의 운동선수는 남자가 아니다.
환질	약간의 S는 非P이다.	약간의 운동선수는 非남자이다.
환위	약간의 非P는 S이다.	약간의 非남자는 운동선수이다.

이상에서 살펴본 것처럼 A명제, E명제, O명제에는 일부환질환위법이 적용되지만 I명제에는 일부환질환위법이 적용되지 않는다. I명제는 환질된 명제가 O가 되며 O는 환위 불가하다.

<전환질환위법(이환법)>

전환질환위법은 일부환질환위법에 환질을 한번 더 적용하는 것을 말한다.

명 제 변형 방법	정언 명제 형식	적용 생성된 명제
명제 A	모든 S는 P이다.	모든 뻐꾸기는 동물이다.
환질	어느 S도 非P가 아니다.	어느 뻐꾸기도 非동물이 아니다.
환위	어느 非P도 S가 아니다.	어느 非 동물도 뻐꾸기가 아니다.
환질	모든 非P는 非S이다.	모든 非동물은 非뻐꾸기이다.

명제 E	어느 S도 P가 아니다.	어느 인간도 로봇이 아니다.
환질	모든 S는 非P이다.	모든 인간은 非로봇이다.
환위	약간의 非P는 S이다.	약간의 非로봇은 인간이다.
환질	모든 非동물은 非뻐꾸기이다.	약간의 非로봇은 非인간이 아니다.

명제 I	약간의 S는 P이다.
환질	약간의 S는 非P가 아니다.
환위	O 환위불가

명제 O	약간의 S는 P가 아니다.	약간의 운동선수는 남자가 아니다.
환질	약간의 S는 非P이다.	약간의 운동선수는 非남자이다.
환위	약간의 非P는 S이다.	약간의 非남자는 운동선수이다.
환질	약간의 非P는 非S가 아니다.	약간의 非남자는 非운동선수가 아니다.

전환질환위법(이환법)의 결과를 살펴보면 다음과 같다. 이환법은 일반적인 수학 교재의 용어로 말하면 대우이다. 그것은 주어진 명제의 주어 대신 술어의 보개념을 넣고 주어진 명제의 술어 대신 주어의 보개념을 넣어 이끌어낸다.

명 제	이환내용	이환종류
A	모든 S는 P이다. /∴ 모든 非P는 非S이다.	타당
E	어느 S도 P가 아니다 /∴ 약간의 非P는 非S가 아니다.	제한이환
I	약간의 S는 P이다. 불가능	불가능
O	약간의 S는 P가 아니다. /∴ 약간의 非P는 非S가 아니다.	타당

2-3-3. 간접추리1: 정언삼단논법

간접추리는 두 개 이상의 전제로부터 결론을 이끌어 내는 추리를 말한다. 연역추리에서 간접추리는 삼단논법(syllogism)을 말한다. 삼단논법에는 정언삼단논법, 가언삼단논법, 선언삼단논법, 그리고 양도논법 등이 있다. 이 중에서 가장 중심이 되는 것은 정언삼단논법이다. 정언삼단논법에 대해 살펴보자.

2-3-3-1. 정언삼단논법의 격과 식

정언삼단논법은 세 개의 명제 모두가 정언명제로 이루어져 있다. 다음과 같은 경우가 정언삼단논법의 표준적인 형태이다.

모든 과학자는 지성인이다.
모든 지성인은 정직하다.
그러므로 모든 과학자는 정직하다.

이 정언삼단논법은 세 개의 명제와 세 개의 명사로 이루어져 있다. 여기서 말하는 명사란 주어와 술어를 가리킨다. 정언삼단논법은 세 개의 명제로 구성된다.

첫번째 명제를 대전제라 한다. 대전제는 대명사와 중명사로 연결되어 있다. 두번째 명제를 소전제라 한다. 소전제는 소명사와 중명사로 연결되어 있다. 여기서 말하는 중명사란 대전제와 소전제 모두 들어 있어서 소명사와 대명사를 연결하는 명사를 말한다. 정언삼단논법이 가능한 이유는 이와 같은 중명사가 매개 역할을 하기 때문이다. 바꿔 말해서 중명사가 없이는 어떠한 결론도 끌어낼 수 없다. 표준화된 정언삼단논법의 형식을 살펴보자.

모든 M은 P이다.
모든 S는 M이다.
그러므로 모든 S는 P이다.

<격>

대전제의 대명사와 중명사, 그리고 소전제의 소명사와 중명사의 위치에 따라 다음과 같은 네 개의 모양이 만들어진다. 이와 같이 명사들의 배치에 따라 형성된 것을 식이라 한다.

	1격	2격	3격	4격
대전제	M P	P M	M P	P M
소전제	S M	S M	M S	M S
결 론	S P	S P	S P	S P

격의 이름은 중명사의 위치를 기준으로 하여 두 개 모두 술어 자리에 있을 때를 2격, 두 개 모두 주어 자리에 있을 때를 3격이라 하고, 대전제에서 주어 자리 그리고 소전제에서 술어

자리에 있을 때를 1격이라 하면, 대전제에서 술어 자리 그리고 소전제에서 주어 자리에 있을 때를 4격이라 한다. 이것을 암기하는 방법은 앞으로 나란히 한 후 45도 각도로 두 팔을 들어 올리는 방향(╲╱)에 중명사가 놓여 있음을 상상하는 것이다.

<식>

정언삼단논법의 식은 세 명제가 어떤 정언 명제로 구성되는가의 조합을 식이라 한다.
다음의 예를 살펴보자.

모든 생물은 죽는다.
모든 개는 생물이다.
그러므로 모든 개는 죽는다.

이 삼단논법의 대전제는 A이고, 소전제도 A이며 결론도 A이다. 중명사는 대전제에서 주어에 그리고 소전제에서는 술어에 놓여 있으므로 이 삼단논법은 1격의 AAA식이다.
정언 명제는 4종이 있어서 각각이 삼단논법의 대전제, 소전제, 결론에 놓일 수 있다. 그러므로 모두 4×4×4 = 64종의 식이 가능하며 격의 4종을 고려하면 256개의 식이 가능하다. 하지만 256종 모두가 타당한 것은 아니다. 형식적으로 256종의 식이 있을 수 있지만 논리적으로 타당한 것은 아리스토텔레스의 해석에 따르면 24종으로 한정된다. 왜 그럴까? 논리적으로 타당성을 인정받게 해주는 규칙이 있기 때문이다.
먼저 정언삼단논법인지 아닌지를 판정하는 기준을 살펴보자. 정언삼단논법에는 중명사가 반드시 있어야 한다고 했다. 중명사가 없으면 정언삼단논법의 자격을 갖지 못한다. 그것은 중명사가 실제로는 같은 것이 아니므로 네 개 명사로 구성된 삼단논법이 된다. 이를 네 개 명사의 오류라고 한다. 다음과 같은 예를 참고하라.

모든 생명은 죽는다.
신은 생명이다.
그러므로 신은 죽는다.

결론을 받아들이지 않으려는 사람은 중명사로 보이는 생명이 진정한 중명사가 아니라고 지적할 것이다. 죽는 것은 유한한 생명이므로 모든 (유한한) 생명은 죽는다는 것으로 표현되어야 하고 신은 (영원한) 생명이다라고 표현되어야 할 것이라고 지적할 것이다. 그렇게 되면 중명사로 보이는 것이 실제로 중명사가 아님이 드러난다. 정언삼단논법을 통해서 역설로 보이는 논증은 실제로 4개 명사의 오류를 범한 것이 주종을 이룬다.

모든 살인자는 처형되어야 한다.
모든 사형집행인은 살인자다.
그러므로 모든 사형집행인은 처형되어야 한다.

아마도 위 삼단논법이 오류에 빠진 것이 아니라면 이 세상에는 오로지 한 사람, 즉 최후의 사형집행인만이 살아남을 것이다.

정언삼단논법이 3개의 개념으로 이루어지더라도 매개념이 애매하게 사용되면 4 개의 개념이 되는 셈이다. 가령 다음의 경우가 그렇다.

개는 흔히 볼 수 있는 동물이다.
진돗개는 개다.
그러므로 진돗개는 흔히 볼 수 있는 동물이다.

대전제의 개는 개 일반을 가리키는 반면에 소전제의 개는 개의 한 품종이라는 의미이다. 그러므로 이 삼단논법에는 사실상 4 개의 개념이 등장하는 셈이다.

2-3-3-2. 정언삼단논법의 타당성 판별 규칙

정언삼단논법으로서 타당하다고 판별되는 규칙은 다음과 같이 셋으로 정리할 수 있다.

① **중명사는 적어도 한번 주연되어야 한다.**

이 규칙은 중명사는 매개 역할을 하는 것으로 전체를 가리키는 경우가 두번 중 최소한 한번은 있어야 매개 역할을 할 수 있게 된다는 것을 의미한다. 중명사가 한 번이라고 주연되지 않게 되면 소명사와 대명사는 연결되지 못한다. 예를 들어 보자.

모든 남자는 사람이다.
모든 여자는 사람이다.
그러므로 모든 여자는 남자이다.

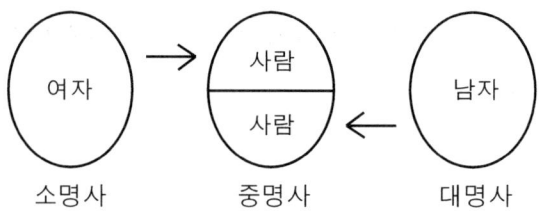

이 도형에서 보는 것처럼 사람이 두 번 모두 부주연되었다. 모든 남자는 사람이고, 모든 여자는 사람이지만 중명사에 의해 연결되지 않는다. 위 논증은 2격의 AAA식으로 타당하지 않다.

중명사 적어도 한 번 주연되면 소명사와 대명사가 연결된다. 위의 예를 조금 바꿔서 중명사를 한 번 주연시키면 타당한 논증이 된다.

모든 동물은 죽는다.
어느 인형도 죽지 않는다.
그러므로 어느 인형도 동물이 아니다.

이 논증에서 죽는다는 것이 중명사이다. 소전제에 죽지 않는다로 주연되어 있다. 그러므로 소명사와 대명사의 연결이 가능해 결론이 도출될 수 있다.

두 번 주연되는 것은 결론을 도출하는데 방해를 주지 않는다.

모든 동물은 죽는다.
어느 돼지저금통도 동물이 아니다.
그러므로 어느 돼지저금통도 죽지 않는다.

이 논증에서 중명사는 동물이다. 대전제에서는 모든 동물로 주연되어 있고, 소전제에서는 동물이 아니다로 주연되어 있어서, 중명사는 두 번 주연되어 있다. 따라서 두 번 주연되어 있는 경우에는 타당한 결론이 도출될 수 있다.

② 종결 명사는 짝수번 주연되어야 한다. 단 홀수번 주연되는 경우, 전제에서 주연되고 결론에서 부주연되는 것은 무방하다.

종결 명사란 결론에 나오는 명사로 소명사와 대명사를 가리킨다. 짝수번 주연된다는 것은 두 번 나오니까, 두 번 다 주연되어 있거나 두 번 다 부주연되어 있어야 한다는 것을 의미한다. 단 예외로 전제에서 주연되어 있고 결론에서 부주연된 경우는 타당한 것으로 처리된다. 왜냐하면 전제에서 해당 명사의 전체에 관한 정보가 제시되었고 결론에서는 그 일부에 대한 것을 결론으로 주장하는 것이 되므로 논리적 비약이 발생하지 않는 것이기 때문이다. 실제로 이것은 대소관계가 적용되는 것과 같다.

예를 들어 살펴보자.

어느 영리추구자도 도덕군자는 아니다.
모든 부동산 투기꾼은 영리추구자다.
그러므로 어느 부동산 투기꾼도 도덕군자는 아니다.

이 논증에서 종결 명사 중 소명사인 부동산 투기꾼은 전칭 명제의 주어로서 두 번(짝수 번) 주연되어 있고 대명사는 '도덕군자가 아니다'로 두 번 주연되어 있다. 따라서 이 논증은 타당하다.

어느 춘천여고학생도 군인이 아니다.
약간의 군인은 용감하다.
그러므로 약간의 용감한 사람은 춘천여고생이 아니다.

이 논증은 4격의 EIO식이다. 소명사 용감하다는 소전제에서 부주연이고 결론에서도 부주연이므로 이 규칙을 지키고 있으며 춘천여고생은 대전제에서 전칭으로 그리고 결론에서 부정 술어로 주연되고 있으므로 짝수번 주연되어 있어 이 규칙을 지킴으로 이 논증은 타당한 논증이다.

한편 다음의 논증을 분석해 보자.

약간의 군인은 용감하다.
어느 춘천여고학생도 군인이 아니다.
그러므로 어느 춘천여고생도 용감하지 않다.

이 논증은 중명사가 군인이 아니다로 한 번 주연되어 있으므로 중명사에서는 오류가 발생되지 않는다. 종결 명사 중 소명사 춘천여고생은 짝수번 주연되어서 규칙을지킨다. 그런데 대명사 용감하다는 결론에서 주연되어 있고 전제에서는 긍정 술어로 부주연되어 있어서 주연의 개수가 한번(즉 홀수)이며 예외에 해당하는 것도 아니어서 오류를 범하고 있다. 이러한 오류를 대명사 부당 주연의 오류라고 한다.

③ 부정 결론의 수는 부정 전제의 수와 같아야 한다.

이것이 의미하는 바는 결론이 긍정이면 전제 두 개 모두 긍정이어야 하고, 결론이 부정이면 전제 중 하나만이 부정이어야 한다는 것이다. 이를 다시 해석하면, 전제 중 부정이 둘이 있으면 안 되고(이를 양부정전제의 오류라고 한다), 전제가 둘 다 긍정이면 부정 결론을 끌어낼 수 없으며(만일 부정 결론을 끌어낸다면 부당 부정의 오류라고 한다), 전제 중 하나가 부정이면 결론은 부정이어야 한다.

예를 들어 살펴보자.

약간의 남자는 군인이다.
약간의 여자는 군인이 아니다.
그러므로 약간의 여자는 남자가 아니다.

이 논증에서 중명사 군인은 '군인이 아니다'로 한 번 주연되어 있으며, 약간의 여자는 동일하게 나타나 두 번 부주연되어 있다. 결론은 전제 중 소전제가 부정이므로 부정으로 도출되어야 하며, 따라서 굳이 결론을 끌어낸자면 '남자가 아니다'로 해야 한다. 하지만 남자는 전제에서 부주연되어 있으므로 결론에서 주연시키게 되면 대명사 부당 주연의 오류를 범하게 된다. 따라서 이 논증의 전제에서는 어떠한 결론도 끌어낼 수 없다. 이 논증은 양특칭전제의 오류를 기본적으로 범하고 있기도 하다.

어느 글래머도 작지 않다.
모든 글래머는 아름답다.
그러므로 약간의 아름다운 사람은 작지 않다.

이 논증의 대전제는 부정이다. 따라서 결론은 부정이어야 한다. 그리고 소명사는 '아름답다' (즉 아름다운 사람)으로 부주연되어 있다. 따라서 결론에서도 부주연된 표현으로, 즉 약간의 아름다운 것(사람)으로 표현해야 타당하다. 중명사는 두 번 주연되어 있으므로 첫번째 규칙도 지켜졌으므로 이 논증은 타당하다. 하지만 전제가 다음과 같이 되어 있다면 소명사와 대명사는 연결될 수 없어서 그 결론은 오류이다.

모든 글래머는 아름답다.
어느 글래머도 작지 않다.
그러므로 약간의 작지 않은 것은 아름답지 않다.

이 논증에서 결론은 세번째 규칙을 준수한다. 또한 중명사도 첫번째 규칙을 준수한다. 또한 약간의 작지 않은 것은 주연된 '작지 않다'에서 부주연된 표현으로 되어 있으므로 문제가 생기지 않는다. 하지만 결론에서 '아름답지 않다'는 주연된 명사인데, 이것은 대전제에서 '아름답다'로 부주연되어 있는 것으로부터 타당하게 도출되지 않는다. 아마도 우리는 이 논중의 두 전제로부터 자신의 경험에 의해 약간의 작은 것은 아름답다거나 약간의 작은 것은 아름답지 않다거나를 끌어낼 수 있다고 생각할 것이다. 하지만 부정 전제가 있으므로 약간의 작은 것은 아름답다는 것을 끌어내지 못한다. 왜냐하면 우리는 사유 작용에서 부당 긍정을 하지 않도록 되어 있기 때문이다.

양부정전제로 되어 있는 논증을 다음의 예를 통해서 고찰해 보자.

어느 두꺼비도 포유동물이 아니다.
어느 독수리도 포유동물이 아니다.
그러므로 어느 독수리도 두꺼비가 아니다.

이것은 결론이 부정 결론 1개인데 전제는 부정 전제 2개로 수의 일치를 보이지 않으므로 세번째 규칙을 위반한다. 위 논증의 결론은 사실적으로 참이지만 다음은 그렇지 않다.

어느 동물도 식물이 아니다.
어느 호랑이도 식물이 아니다.
그러므로 어느 호랑이도 동물이 아니다.

이 논증은 세번째 규칙을 위반하면 결론은 사실적으로도 거짓이다. 양부정전제에서는 중명사가 두 번 주연되어 있더라도 부정으로 주연되어 있기 때문에 특정한 정보를 매개해 주지 못한다. 또한 중명사가 두 번 부정 술어로 주연되어 있지 않은 경우라 하더라도, 양부정전제로부터 끌어낸 어떠한 결론도 두번째 규칙을 위반하게 된다. 요컨대 전제 두 개가 부정으로 되어 있으면 어떠한 결론도 끌어낼 수 없어 양부정전제의 오류를 범하게 된다.

이상에서 정언삼단논법의 규칙 여섯 가지에 대해 살펴보았다. 256종류의 정언삼단논법 가운데 여섯 가지 규칙을 지키는 형식은 24 종류뿐이다. 24 종류의 타당한 형식은 다음과 같다.

격	타당한 형식들
1격	AAA, AAI, EAE, EAO, AII. EIO
2격	EAE, EAO, AEE, AEO, EIO, AOO
3격	AAI, AII, IAI, EAO, OAO, EIO
4격	AAI, AEE, AEO, IAI, EAO, EIO

2-3-3-3. 정언삼단논법과 벤다이어그램

정언삼단논법의 타당성 여부를 검토할 경우 이상에서 살펴본 규칙 이외에 벤다이어그램으로 검토할 수 있다. 벤다이어그램은 직관적 명확성 때문에 정언삼단논법을 검토하는데 편리하다.

이미 4 가지 정언명제를 벤다이어그램으로 그리는 방법을 설명하였다. 그러나 정언삼단논법은 3개의 개념으로 되어 있어서 원을 3개 그려야 한다. 벤다이어그램을 그리는 방식은 다음과 같다. 첫째, 삼단논법을 형식화한다. 구체적인 일상언어로 구성되어 있는 삼단논법은 소명사 S. 대명사 P, 중명사 M으로 형식화한다. 그리고 세 개의 원을 겹쳐서 그린다. 둘째, 세 개의 원 위에 두 개의 전제를 나타낸다. 대전제는 P와 M의 관계로 나타내고, 소전제는 S와 M의 관계로 나타낸다. 셋째, 두 전제를 나타낸 벤다이어그램에 들어 있는 정보가 결론으로서 읽혀지는지를 검토한다. 벤다이어그램에서 표기된 정보가 결론의 명제의 내용을 지시하면 그 논증은 타당한 것이고 그렇지 않으면 부당하다. 벤다이어그램에서 빗금친 부분은 원소가 없음을 나타내며, ×는 적어도 하나거나 그 이상의 원소가 있음을 나타낸다. 예를 들어 보자.

예1)

모든 어류는 알을 낳는다.　　　　　　모든 P는 M이다.
어느 고래도 알을 낳지 않는다.　⇒　어느 S도 M이 아니다.
∴ 어느 고래도 어류가 아니다.　　　∴ 어느 S도 P가 아니다.

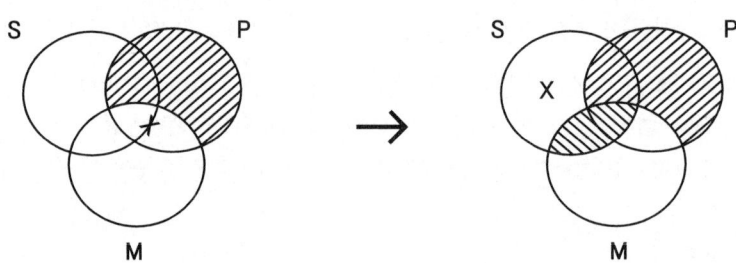

전제의 두 정보가 왼쪽의 벤다이어그램으로 나타내졌다. 왼쪽 그림에서 S∩P=φ이다. 이것은 어느 S도 P가 아니다를 가리킨다. 따라서 어느 고래도 어류가 아니다라는 예1)의 논증은 타당하다.

예 2)

모든 논리학자는 수학자이다.　　　　모든 P는 M이다.
약간의 철학자는 수학자가 아니다.　⇒　약간의 S는 M이 아니다.
∴약간의 철학자는 논리학자가 아니다.　∴약간의 S는 P가 아니다.

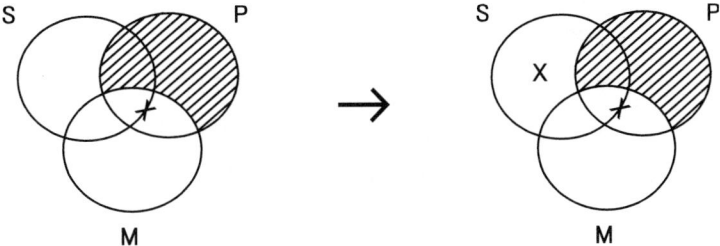

오른쪽 그림에서 $S \cap P^c \neq \varphi$임을 볼 수 있다. 이것은 약간의 S는 P가 아니라는 정보이다. 따라서 이 논증의 결론은 타당하다.

(예3)

모든 개는 동물이다.   모든 M은 P이다.
어느 고양이도 개가 아니다. ⇒ 어느 S도 M이 아니다.
∴어느 고양이도 동물이 아니다.   ∴ S도 P가 아니다.

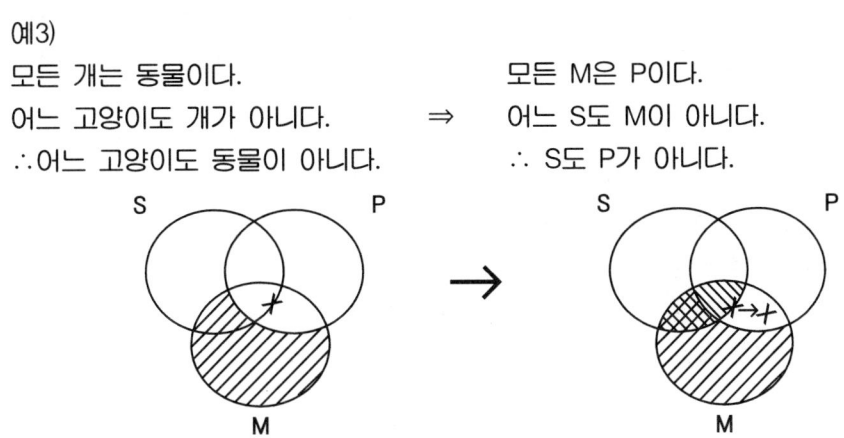

위의 오른쪽 다이어그램에서 어느 고양이도 동물이 아니다라는 정보를 읽어낼 수 없다. 읽어낼 수 있는 것은 "약간의 P는 S가 아니다" 뿐이다. 즉 약간의 동물은 고양이가 아니다는 읽을 수 있다. 하지만 이것은 이 논증의 결론이 아니다. 그것이 읽혀지려면 다음과 같이 되어 있어야 한다. 즉 $S \cap P \cap M^c$인 곳에 빗금이 쳐 있어야 하고 그때 S와 P의 경계선상에 있는 ×(즉 원소 있음)가 $S \cap P$인 곳에는 원소가 없으므로 $S \cap P^c$인 곳에 원소가 있음으로 표기되어야 한다.

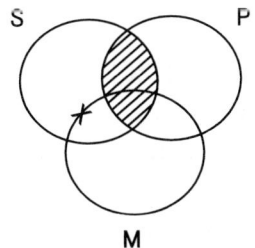

따라서 예3)의 논증은 부당하다. 정언삼단논법의 규칙으로 살펴보아도 예 3)의 논증은 부당하다. 예3)의 논증은 첫번째 규칙을 지킨다. 즉 중명사는 두 번 주연되어 있다. 종결 명사 중 소명사 고양이는 짝수 번(2번) 주연되어 있으므로 규칙을 지킨다. 대명사 동물은 전제에서 부주연되어 있고 결론에서 주연되어 있으므로 규칙을 위반한다. 따라서 이 논증은 대명사 부당주연의 오류를 범하고 있다. 물론 세번째 규칙은 지키고 있다.

이상에서 다루어온 정언삼단논법이 적용된 기출문제 하나를 풀어보자. 이것은 2006년 견습직원 언어논리에 출제된 것이다.

[문제] 한국대학교 생물학과 학생을 대상으로 교양 과목 수강 내역을 조사하였더니, 심리학을 수강한 학생 중 몇 명은 한국사를 수강하였고, 경제학을 수강한 학생은 모두 정치학을 수강하였다. 그리고 경제학을 수강하지 많은 학생은 아무도 한국사를 수강하지 않은 것으로 나타났다. 이 경우 반드시 참인 것은?

① 경제학을 수강한 모든 학생은 심리학을 수강하였다.
② 한국사를 수강한 모든 학생은 심리학을 수강하였다.
③ 심리학을 수강한 학생 중 몇 명은 정치학을 수강하였다.
④ 한국사를 수강한 학생은 아무도 정치학을 수강하지 않았다.
⑤ 심리학을 수강하지 않은 학생 중 몇 명은 경제학을 수강하였다.

주어의 양이 '모든' 과 '몇 명' (즉 약간)이 사용된 정언 명제로 정보가 제시된 문제로부터 결론을 이끌어내는 문제이다. 정언 명제에 대한 추리는 직접 추리(대당 관계와 환질 개념과 환위 개념을 사용한 명제 변형), 및 정언삼단논법의 규칙들을 적용하면 된다.

질문 부분에 들어 있는 정보들을 전제로 삼아 결론을 추론해 보고 이것을 선택지의 내용과 비교해 보면 된다. 그런데 질문의 정보들이 복잡하게 연결되어 있으므로 직관적으로 어떤 결론이 추론될 수 있는지 알기 힘들다.

(1) 자연 연역적 추리에 의한 방법

1. 약간의 심리학 수강생은 한국사 수강생이다.
2. 모든 경제학 수강생은 정치학 수강생이다.
3. 경제학 수강하지 않은 사람은 어느 누구도 한국사 수강생이 아니다.
4. 모든 한국사 수강생은 경제학 수강생이다.   3 대우(전환질환위, 이환)
5. 약간의 심리학 수강생은 경제학 수강생이다.   1, 4 정언삼단논법(4격 IAI)

6. 약간의 경제학 수강생은 심리학 수강생이다.　　　5 환위

　　6으로부터 경제학을 수강한 모든 학생이 심리학을 수강하였다고 말하는 것 ①은 귀납적 비약에 해당하여 진위판단 불가이다.

7. 약간의 한국사 수강생은 심리학 수강생이다.　　　1 환위

　　7로부터 한국사를 수강한 모든 학생은 심리학을 수강하였다는 ②도 ①과 마찬가지로 귀납적 비약에 해당하여 진위판단 불가이다.

8. 약간의 심리학 수강생은 정치학 수강생이다.　　　4, 7(3격 AII)

　　8은 선택지 ③과 같은 말이다. 이것이 전제로부터 도출되는 참인 것이다.

9. 모든 한국사 수강생은 정치학 수강생이다.　　　2, 4(1격 AAA)

　　9로부터 ④ 한국사를 수강한 학생은 아무도 정치학을 수강하지 않았다는 것은 A가 참이면 E는 참이 아니라는 직접 추리로 거짓임을 알 수 있다.

10. 약간의 심리학 수강생은 경제학 수강생이다.　　　1, 4(4격 IAI)

　　10으로부터 ⑤ 심리학을 수강하지 않은 학생 중 몇 명은 경제학을 수강하였다는 알 수 없다. 왜냐하면 10을 환위하면 약간의 경제학 수강생은 심리학 수강생이고, 약간의 경제학 수강생은 심리학 수강생이 아니다는 ⑤와 소반대 관계에 있는 명제로서 진위 판단 불가하기 때문이다.

벤다이어그램에 의한 방법

명제가 의미하는 것을 포함 개념을 이용하여 벤다이어그램을 그린다. 해당 원소가 해당 구역의 이쪽이든 저쪽이든 있을 수 있으므로 선 위에 표기한다.

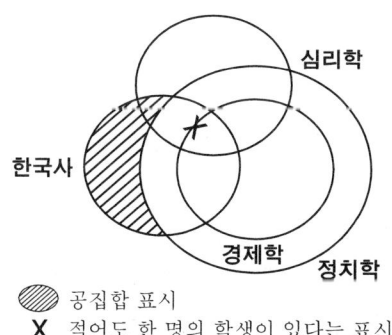

🟦　공집합 표시
X　적어도 한 명의 학생이 있다는 표시

이 그림에 비추어 보면 보기 중에서 반드시 참인 것은 ③밖에 없음을 확인할 수 있다.

2-3-4. 간접추리2 : 약식삼단논법과 연쇄식

우리는 이제까지 A, E, I, O를 중심으로 정언삼단논법을 검토하였다. 그러나 A, E, I, O명제가 모든 일상언어를 포괄하는 유일한 형식은 아니다. A, E, I, O는 일종의 표준형식이라고 할 수 있다. 우리가 일상생활에서 사용하는 말과 글은 그런 표준형식으로만 되어있는 것은 아니다. 실제로 3개 이상의 개념을 가진 논증도 있고 여러 개의 전제를 가진 논증도 있다. 그렇다면 일상생활의 비표준형식의 명제들은 표준형식으로 바꿀 필요가 있다.

그리고 일상적인 대화나 토론에서는 삼단논법의 전제나 결론의 일부가 생략되는 경우가 많다. 물론 이것은 물론 무턱대고 생략되는 것이 아니고 그것이 생략되더라도 추론의 의미 전달에 지장이 없을 경우에 한정된다. 더 나아가 생략된 삼단논법을 연결하여 결론을 이끌어내는 경우도 많다. 아래에서는 일상언어를 표준형식으로 바꾸는 일과 약식삼단논법과 연쇄식에 대해 살펴본다.

<일상언어의 형식화>

애매하고 모호하고 불분명한 일상언어를 모두 명확하게 형식화 할 수는 없다. 그러나 다음과 같은 몇 가지 사항을 고려하여 애매모호함을 제거하려는 노력은 중요하고도 필요하다.

첫째, 세 개 이상의 개념을 가진 경우이다. 다음 논증은 4 개의 개념이 나오지만 비슷한 두 개념을 동의어로 바꾸어 사용할 수 있다.

모든 젊은 사람들은 정열이 있다.
모든 진보주의자들은 젊은 사람들이다.
그러므로 약간의 자유 개혁가들은 정열이 있다.

이 논증에는 네 개의 명사가 있는데 "자유 개혁가"를 "진보주의자"라는 동의어로 바꿈으로써 개념을 세 개로 만들 수 있다.

둘째, 단칭 명제의 경우이다. 주어가 어떤 한 개체를 지시하는 고유명사이거나 확정적 서술구일 경우에는 지시하는 대상의 전체가 곧 그 개체이므로 전체 긍정이나 전체 부정 명제로 고쳐주어야 한다. 이것은 어떤 집합을 말하는 것이 아니라 어떤 집합에 속하는 특정 개인이나 대상을 말한다. 이 경우 개인이나 특정 대상을 하나의 집합으로 보고 그 구성원이 하나밖에 없는 단위 집합으로 간주한다. 일반적으로 단칭 명제는 전칭 명제로 간주된다. "소크라테스는 철학자이다", "고래는 포유동물이다" 등이 그런 예이다. 다음 논증은 1격의 AAA식이다. 즉 "소크라테스는 사람이다"는 전칭명제로 간주한다.

모든 사람들은 죽는다.
소크라테스는 사람이다.
그러므로 소크라테스는 죽는다.

셋째, 명제는 개념과 개념을 연결하는 형식을 취한다. 그래서 두 개의 개념을 연결하는데 "이다"라는 계사를 사용한다. 그러나 일상적 표현은 "놀다", "먹는다"와 같은 동사로 되어 있는 경우가 많다. 그런 표현을 "이다"를 사용하는 표준형으로 바꾸어야 하는데 그러기 위해서는 동사를 명사형으로 바꾸어야 한다. 가령 "그는 빨리 뛴다"는 "그는 빨리 뛰는 자이다"라고 바꾸어야 하고 "그는 요리를 잘한다"는 "그는 좋은 요리사이다"와 같은 형으로 바꾸어야 한다.

넷째, 표준형식은 "모든", "약간"이라는 한량 어구(限量 語句)를 사용하는데 일상어에서는 반드시 그렇지는 않다. "아이들마다 텔레토비 인형을 좋아한다"라고 할 경우 "아이들마다"는 "모든 아이들"을 의미한다. "이번 여름은 피서지마다 초만원을 이루었다"는 "이번 여름의 모든 피서지는 초만원을 이루었던 곳이다"라는 형식의 명제가 된다.

다섯째, 일상어에서 흔히 나오는 "대부분", "상당히 많은", "거의 모든" 등은 전칭에 가깝지만 전칭이 아니므로 특칭으로 간주해야 한다. 명제의 양을 전체와 부분으로만 나누기 때문에 전체에 관한 것이 아닌 것은 모두 부분에 관한 것으로 표현해야 한다. "대부분의 젊은 이들은 현실부정적이다"에서 대부분은 전체가 아니라는 뜻이므로 이런 경우는 모두 "약간"으로 이해해야 한다. 전체 중에서 단 한 사람에 대한 긍정도 부분긍정으로 간주해야 하며, 한 사람을 제외한 다른 모든 사람에 대한 긍정도 부분긍정으로 간주해야 한다. "약간"은 "적어도 하나거나 그 이상"을 의미하므로 "하나"도 "약간"에 포함시켜야 한다.

여섯째, 우리말은 양에 대한 표현을 흔히 생략하거나 복수를 단수로 표현하는 경우가 많다. 예를 들어 선생님이 학생 앞에서 모든 학생을 지칭하며 말 할 때에도 "학생들은 기본에 충실해야 한다"고 말한다. 또 분필들이 필요할 경우에도 "분필 좀 가져오라"고 단수로 표현한다. 정확하게 표현하려면 "모든", "약간"이라는 한량사를 사용하여야 한다.

일곱째, 동일한 말이라도 맥락에 따라 여러 가지 의미를 가질 수 있다. 우리말의 "만"이라는 말이 그런 경우 이다. 기령 "마음이 깨끗한 사람만 하나님을 볼 수 있다"라는 명제는 우선 "하나님을 볼 수 있는 모든 사람은 마음이 깨끗한 사람이다"라는 명제와 "마음이 깨끗한 모든 사람은 하나님을 볼 수 있는 사람이다"라는 명제가 될 수 있다. 마음이 깨끗하다는 사실은 하나님을 볼 수 있게 하는 필요충분조건이라고 할 수 있다. 따라서 위 명제는 다음과 같이 해석할 수 있다. "마음이 깨끗한 모든 사람 그리고 그런 사람만이 하나님을 볼 수 있다." 여기서 "만"은 영어의 if and only if의 의미이다.

그러나 다음 경우는 다르다. "낚시에 미친 사람은 낚시만 좋아한다"라는 말은 낚시에 미친 사람이 좋아하는 것에 관한 긍정이므로 "낚시에 미친 사람이 좋아하는 모든 것은 낚시이다"라는 의미이다. 다음 경우도 다르다. "소수의 사람만이 세금혜택을 받았다"는 명제에서 "만"은 "소수"를 강조하는 의미이므로 세금혜택을 받은 사람들은 전체 중에서 소수에 지나지 않고 나머지 대부분은 세금혜택을 받지 못한 사람들이라는 것을 의미한다.

〈약식삼단논법〉

논증 일반을 소개하는 곳에서 약식추리를 설명한 바 있다. 약식추리에 대해 좀더 자세히 살펴보기로 하자. 약식삼단논법(enthymeme)은 그 구성 명제인 대전제, 소전제, 또는 결론 명제 가운데 일부가 생략되는 논증이다. 곧 약식삼단논법에서도 각 구성 명제가 본래 갖추어져 있으나 표면에 드러나지 않을 뿐이다. 왜냐하면 그런 생략에도 불구하고 논리적인 의미 전달에는 별 지장이 없기 때문이다.

실제 말과 글에서는 대전제, 소전제, 결론이 모두 갖추어진 경우는 오히려 드물다. 특히 일상 대화나 연설에서는 그 가운데 일부가 생략되는 것이 보통이다. 그렇게 함으로써 표현이 간결하고 강조나 여운을 남기는 효과가 드러나는 수도 있기 때문이다. 약식삼단논법은 다음의 세 경우로 나누어 볼 수가 있다.

첫째, 대전제가 생략된 경우 -- 제 1 급 약식삼단논법
둘째, 소전제가 생략된 경우 -- 제 2 급 약식삼단논법
셋째, 결론이 생략된 경우   -- 제 3 급 약식삼단논법

1) 대전제가 생략된 경우

(1) (모든 사람은 죽는다.)   (대전제)
    그도 사람이니까   (소전제)
    (그도) 죽었지요   (결론)

이 경우에 "모든 사람은 죽는다"라는 대전제가 생략되었다. 그것은 누구나 이미 알고 있는 명제이기 때문이다. 다음의 보기들도 대전제가 생략되어 있다. 예를 하나 더 들어 보자.

(2) (모든 젊은이는 정열이 있다.) (대전제)
    나도 젊은이다.   (소전제)
    그러므로 나도 정열이 있다.   (결론)

2) 소전제가 생략된 경우

(3) 국민은 나라를 지킬 의무가 있다.　　　　(대전제)
　　(나도 국민이다)　　　　　　　　　　　(소전제)
　　그러므로 나도 나라를 지킬 의무가 있다.　(결론)

이 예에서는 소전제 "나도 국민이다"가 생략되어 있다. 그것이 쉽게 이해될 수 있기 때문이다. 다음 예도 소전제가 생략되어 있다.

(4) 사춘기의 여성은 누군가를 좋아한다. (대전제)
　　(경애는 사춘기의 여성이다.)　　　　(소전제)
　　그러므로 경애는 누군가를 좋아한다.　(결론)

3) 결론이 생략된 경우

(5) 사람은 모두 예의를 지켜야 한다.　　　(대전제)
　　민수도 사람이다.　　　　　　　　　　(소전제)
　　(그러므로 민수도 예의를 지켜야 한다)　(결론)

위 예는 "그러므로 민수도 예의를 지켜야 한다"라는 결론이 생략되었다. 이 생략된 결론은 암시되고 있다. 다음 예도 결론이 생략된 경우이다.

(6) 남을 해치는 자은 벌을 받게 마련이다.　　(대전제)
　　그 아이들은 남을 크게 해쳤다.　　　　　(소전제)
　　(그러므로 그 아이들은 벌을 받게 마련이다.) (결론)

<연쇄식>

연쇄식(sorties)은 하나의 추리과정이 여러 개의 삼단논법으로 이어지는 논증이다. 하나의 삼단논법에서 얻은 결론을 다음 삼단논법의 전제로 삼아 또 하나의 전제를 제시하면서 새로운 결론을 이끌어 내고, 그 결론을 전제로 삼아 또 하나의 삼단논법을 만들어가는 논증을 말한다.

1) 아리스토텔레스 연쇄식

이것은 아리스토텔레스가 처음으로 확립한 형식으로서 한 전제의 술어를 다음 전제의 주어로 삼아 순차적으로 나아가 최초의 전제의 주어를 결론의 주어로 삼는 논증이다.

```
A - B    모든 학생들은 적극적이다.
B - C    모든 적극적인 사람들은 사교적이다.
C - D    모든 사교적인 사람들은 원만하다.
D - E    모든 원만한 사람들은 성공할 수 있다.
─────
∴ A - E  ∴모든 학생들은 성공할 수 있다.
```

이것을 분석하여 생략된 부분을 보충하면 다음과 같이 3 개의 삼단논법이 연결되어 있음을 알 수 있다.

```
┌  B - C
│  A - B
│  ─────
└ ∴A - C  …… 생략
┌  C - D
│  A - C  …… 생략
│  ─────
└ ∴A - D  …… 생략
┌  D - E
│  A - D  …… 생략
│  ─────
└ ∴A - E
```

아리스토텔레스 연쇄식은 다음 두 개의 규칙을 지켜야 타당한 논증이 될 수 있다.

첫째, 최초의 전제만 특칭 명제일 수 있다. 만일 최초의 전제 이외의 어느 전제가 특칭 명제이면 연쇄식 중의 어떤 삼단논법에 있어서 매개념(즉 중명사)이 한편에서는 특칭판단의 주개념이 되고 다른 한편에서는 긍정 판단의 술어가 되어 매개념 부주연의 오류를 범하게 된다. 따라서 최초의 전제 이외의 전제가 특칭 명제이어서는 안 된다.

둘째, 최후의 전제만 부정 명제일 수 있다. 만일 최후의 전제 이외의 어느 전제가 부정 명제이면 연쇄식 중 어떤 삼단논법에서 대명사 부당주연의 오류를 범하게 된다. 따라서 최후의 전제 이외의 전제가 부정 명제이어서는 안 된다.

2) 고클레니우스(Goclenius) 연쇄식

이것은 고클레티우스가 1598년 처음으로 확립한 형식으로서 한 전제의 주어를 다음 전제의 술어로 삼아 점차적으로 나아가 최후의 전제의 주어를 결론의 주어로 삼는 논증이다.

```
        D - E     모든 원만한 사람들은 성공할 수 있다.
        C - D     모든 사교적인 사람들은 원만하다.
        B - C     모든 적극적인 사람들은 사교적이다.
        A - B     모든 학생들은 적극적이다.
        ─────
      ∴ A - E   ∴ 모든 학생들은 성공할 수 있다.

 ┌  D - E
 │  C - D
 │  ─────
 └ ∴ C - E  …… 생략
 ┌  C - E  …… 생략
 │  B - C
 │  ─────
 └ ∴ B - E  …… 생략
 ┌  B - E  …… 생략
 │  A - B
 │  ─────
 └ ∴ A - E
```

고클레니우스 연쇄식은 다음 두 개의 규칙을 지켜야 타당한 논증이 될 수 있다.

첫째, 최초의 전제만 부정 명제일 수 있다. 만일 최초 이외의 전제, 가령 두 번째 전제를 부정 명제라고 하면 첫 번째 전제와 두 번째 전제의 결론은 부정 명제가 된다. 그럴 경우 전제에서 부주연된 대명사는 결론에서 주연되어 대명사 부당 주연의 오류를 범한다. 따라서 최초의 전제만 부정 명제일 수 있다.

둘째, 최후의 전제만 특칭 명제일 수 있다. 만일 최초의 전제를 특칭 명제라고 하면 두 번째 전제와 결합하여 중명사 부주연의 오류가 된다. 따라서 두 번째 전제를 부정 명제로 바꿀 수밖에 없다. 그러면 첫 번째 전제와 두 번째 전제의 결론은 부정 명제가 된다. 그럴 경우 전제에서 부주연된 대명사가 결론에서 주연되어 대명사 부당주연의 오류가 된다. 따라서 최후의 전제만 특칭 명제일 수 있다.

많은 논증들은 표준적인 형식을 갖추고 있지 않다. 이런 경우 표준적인 형식으로 번역하여 타당성을 진단할 수 있다. 다음 논증을 살펴보자.

예)
악덕 상인들은 그들의 상품을 팔기 위해 무엇이든 한다. 그러므로 악덕 상인들은 종종 거짓말을 하는데 그 이유는 진실을 말하는 것이 종종 상품을 팔기 위한 최선의 방법이 아니기 때문이다.

번역)
모든 악덕 상인들은 그들의 상품을 가장 잘 팔기 위해 무엇이든 노력하는 사람들이다. 그들의 상품을 가장 잘 팔기 위해 무엇이든 노력하는 사람들은 종종 거짓말을 하는 사람이다.
그러므로 모든 악덕 상인들은 종종 거짓말을 하는 사람들이다.

위 논증은 1격의 AAA로서 타당하다.

2-3-5. 간접추리3 : 가언, 선언 삼단논법, 양도논법

<가언 삼단논법>

가언삼단논법은 가언 명제로 이루어진 삼단논법이다. 가언 명제는 "만일 ~이라면 …이다"라는 형식의 명제이며 조건언 명제라고도 말한다. 이미 조건언에 대해서는 앞에서 설명한 바 있으므로 삼단논법만 설명한다. 가언삼단논법에는 반가언 삼단논법(半假言 三段論法)과 전가언 삼단논법(全假言 三段論法)이 있다.

1) 반가언 삼단논법

반가언 삼단논법은 대전제만이 가언적 명제이고 소전제와 결론은 정언명제로 이루어져 있다. 반가언 삼단논법에는 두 가지 규칙이 있다. 전건긍정식과 후건부정식이다. 반가언삼단논법은 혼합가언삼단논법이라고도 말한다.

첫째, 전건긍정식

비가 오면 강물이 많아진다.	A이면 B이다.
비가 왔다.	A이다.
그러므로 강물이 많아졌다.	∴ B이다.

이와 같이 소전제가 대전제의 전건을 긍정하고 결론이 대전제의 후건을 긍정하는 형식은 타당하다. 이 형식은 구성적 가언삼단논법 또는 긍정논법(Modus Ponens)이라고 한다.

둘째, 후건부정식

지하철이 고장나면 창호는 지각한다.	A이면 B이다.
창호는 지각하지 않았다.	B가 아니다.
그러므로 지하철은 고장나지 않았다.	∴ A가 아니다.

이와 같이 소전제가 대전제의 후건을 부정하고 결론이 대전제의 전건을 부정하는 형식은 타당하다. 이 형식은 파괴적 가언삼단논법 또는 부정논법(Modus Tollens)이라고 한다.

전건긍정식을 위반하면 전건부정의 오류이고 후건부정식을 위반하면 후건긍정의 오류이다.

셋째, 전건부정의 오류

경식이는 몸이 아프면 병원에 간다.	A이면 B이다.
경식이는 몸이 아프지 않았다.	A가 아니다.
그러므로 경식이는 병원에 가지 않았다.	∴ B가 아니다.

이 논증은 부당하다. 경식이는 몸이 아프면 병원에 가지만 경식이가 병원에 가는 이유는 몸이 아파서만은 아닐 것이다. 따라서 경식이가 몸이 아프지 않았더라도 병원에 갈 다른 이유가 있을 수 있다. 따라서 위 논증은 전건부정의 오류이다.

넷째, 후건긍정의 오류

비가 오면 땅이 젖는다.   A이면 B이다.
땅이 젖었다.   B이다.
그러므로 비가 왔다.   ∴ A이다.

이 논증은 부당하다. 땅이 젖은 이유가 반드시 비가 온 때문이라고 볼 수는 없다. 누가 물을 뿌렸든가 등의 다른 이유가 있을 수 있다. 따라서 위 논증은 후건긍정의 오류이다.

2) 전가언삼단논법

전가언적 삼단 논법은 전제와 결론이 모두 가언적 명제로 이루어져 있다.

교육열이 향상하면 문화가 발달한다.
민중이 자각하면 교육열이 향상한다.
그러므로 민중이 자각하면 문화가 발달한다.

위에서 보듯이 전가언삼단논법은 앞에서 말한 정언삼단논법과 같은 구성이다. 이를 비교하면 다음과 같다.

전가언 삼단 논법	정언 삼단 논법
교육열이 향상하면 문화가 발달한다	중명사 - 대명사
민중이 자각하면 교육열이 향상한다	소명사 - 중명사
그러므로 민중이 자각하면 문화가 발달한다	소명사 - 대명사

전가언삼단논법에서 대전제의 전건은 정언삼단논법의 중명사에 대응하고 그 후건은 대명사에 대응한다. 전가언삼단논법 소전제의 전건은 정언삼단논법의 소명사에 대응하고, 그 후건은 중명사에 해당한다. 결론에서는 전건이 소명사, 후건이 대명사에 해당함을 알 수 있다.

<선언삼단논법>

선언삼단논법은 선언 명제를 기초로 한 삼단논법이다. 선언에 대해서도 이미 설명한 바 있다. 선언 명제는 선언지가 2 개인 경우와 3 개인 경우가 있다. 대부분의 선언 삼단논법은 선언 명제를 대전제로 하고 그 선언지 중의 어느 하나를 긍정하거나 부정하는 정언 명제를 소전제로 하여 결론을 이끌어낸다. 선언 명제의 각 선언지는 서로 배타적인 관계에 있으므로 한쪽을 긍정하면 필연적으로 다른 쪽이 부정되고, 한쪽을 부정하면 필연적으로 다른 쪽이 긍정된다. 따라서 선언삼단논법은 긍정부정식과 부정긍정식의 두 가지가 있다. 가장 중요한 것은 선언명제의 선언지가 서로 배타적이어서 모순관계에 있어야 한다는 것이다. 선언지가 배타적이지 않으면 선언삼단논법이 부당하게 된다.

1) 긍정부정식

A는 B이든가 C이다.
A는 B이다.
그러므로 A는 C가 아니다.

그 진돗개는 수컷이든가 암컷이다.
그 진돗개는 수컷이다.
그러므로 그 진돗개는 암컷이 아니다.

2) 부정긍정식

A는 B이든가 C이다.
A는 B가 아니다.
그러므로 A는 C이다.

그 증인의 증언은 참이든가 거짓이다.
그 증인의 증언은 참이 아니다.
그러므로 그 증인의 증언은 거짓이다.

그러나 다음 예를 살펴보자.

김씨가 도와주든가 이씨가 도와줄 것이다.
김씨가 도와주었다.
그러므로 이씨는 도와주지 않을 것이다.

위 선언삼단논법은 부당하다. 선언지가 배타적이지 않기 때문이다. 두 선언지는 함께 참일 수도 있다. 김씨가 도와주더라도 이씨도 같이 도와줄 수 있다. 따라서 타당한 선언삼단논법에서 두 선언지는 배타적이어야 하며 모순관계에 있어야 한다.

⟨양도논법⟩

양도논법(dilemma)은 선언 명제와 가언 명제로 구성된 삼단논법이어서 가언·선언삼단논법이라고도 불린다. Dilemma는 di(two)와 lemma(assumption)의 합성어이며 이중의 가정이라는 뜻이다. 양도논법은 대전제가 두 개의 가언 명제로 연결되어 있으며, 소전제는 대전제의 두 전건을 선언적으로 긍정하거나 또는 후건을 선언적으로 부정하거나 하여 결론을 이끌어내는 삼단논법이다.

가령 어린이에게 엄마가 좋으냐 아빠가 좋으냐고 질문하면 그 어린이는 그 질문에 대해 대답하기 곤란해 한다. 엄마가 좋다고 하면 아빠가 싫어할 것이고 아빠가 좋다고 하면 엄마가 싫어할 것이라서 어느 경우이든 자신에게 불리하다. 즉 딜레마에 빠지는 것이다. 이것을 표현하면 다음과 같다.

엄마가 좋다면 아빠가 싫어하고 아빠가 좋다면 엄마가 싫어한다.
엄마가 좋거나 아빠가 좋다.
그러므로 아빠가 싫어하거나 엄마가 싫어한다.

양도논법은 소전제가 선언 명제이므로 선언지를 가지는데 이 선언지를 특히 "뿔"이라고 한다. 양도논법은 선언지가 2 개이지만 선언지가 3 개이면 삼도논법(trilemma), 선언지가 4 개이면 사도논법(tetralemma), 선언지가 5 개 이상인 것을 다도논법(polylemma)이라고 한다. 그러나 실제로 많이 사용되는 것은 양도논법이다.

양도논법은 그 결론이 정언명제이냐 선언명제이냐에 따라 단순한 것과 복잡한 것으로 구분되며, 소전제가 긍정적인가 부정적인가에 따라 구성적인 것과 파괴적인 것으로 구분된다. 이것을 종합하면 네 가지 형식이 가능하다.

1) 단순구성적 양도논법

A이면 B이고, C이면 B이다.
A이든가 C이든가이다.
그러므로 B이다. (이것은 B든가 B든가를 축약한 것이다.)

산을 넘어가면 길이 험하여 약속시간에 늦고 돌아가면 길이 멀어 약속시간에 늦는다.
산을 넘어가든가 돌아가든가이다.
그러므로 어쨌든 약속시간에 늦는다.

2) 단순파괴적 양도논법

A이면 B이고, A이면 C이다.
B가 아니든가 C가 아니다.
그러므로 A가 아니다.

만일 그가 모범적인 장교라면 근무에 충실할 것이며, 또한 모범적인 장교라면 복장이 단정할 것이다.
그는 근무에 충실하지 않든가 복장이 단정하지 않다.
그러므로 그는 모범적인 장교가 아니다.

3) 복잡구성적 양도논법

A이면 C이고, B이면 D이다.
A든가 B이다.
그러므로 C든가 D이다.

진지를 사수한다면 부대가 전멸할 것이고 항복하면 천추에 한을 남길 것이다.
진지를 사수하든가 항복한다.
그러므로 부대가 전멸하든가 천추에 한을 남길 것이다.

4) 복잡파괴적 양도논법

A이면 C이고, B이면 D이다.
C가 아니든가 D가 아니다.
그러므로 A가 아니든가 B가 아니다.

현명하다면 자기의 과오를 깨달을 것이요 정직하다면 자기의 과오를 인정할 것이다.
자기의 과오를 깨닫지 못하였든가 자기의 과오를 인정하지 않든가이다.
그러므로 현명하지 않든가 정직하지 않든가이다.

양도논법은 주로 부정적인 목적에서 사용되었다. 앞에서도 살펴본 것처럼 전통적으로 양도논법은 상대방이 둘 중의 하나를 선택하지 않을 수 없게 만든 다음, 상대방이 어느 쪽을 선택해도 자기에게 불리한 결론에 이르게 만드는데 사용되었다.

가령 기독교인을 궁지에 몰아넣는 다음과 같은 양도논법이 있다.

이 세상에는 악 (고통과 불행)이 있다. 이것은 신이 악을 막을 수 없거나 아니면 신이 악을 막기 원하지 않기 때문이다. 만일 신이 악을 막을 수 없다면 신은 전능할 수 없다. 만일 신이 악을 막기 원하지 않는다면 신은 자비롭지 않다. 그러므로 신은 전능하지 않거나 자비롭지 않거나이다.

상대방이 그렇게 만들지 않았더라도 우리 자신이 어느 선택을 하더라도 골치 아픈 결과에 이르게 되어 괴로운 상황에 처하는 경우가 많다. 다음 예도 그런 경우이다.

브라운씨는 그런 일이 없는데도 왠지 모르게 교통규칙 위반으로 고발되었기 때문에 법정에 출두하지 않을 수 없도록 되었다. 판사는 그가 혐의 사실에 대하여 승복할 것인지 무죄를 주장할 것인지에 대해 물었다. 이것이 브라운씨의 딜레마이다.
나는 승복하거나 무죄를 주장해야 한다. 만일 내가 승복한다면 내가 범하지 않은 위반에 대하여 5 달러의 벌금을 물어야 한다. 말일 내가 무죄를 주장한다면 어느 날 하루종일 법정에서 시간을 보내지 않으면 안 된다.
나는 내가 범하지 않은 위반에 대해서 5 달러의 벌금을 물어야 하거나 법정에서 어느날 하루종일 시간을 보내야만 한다.

양도논법은 논쟁 중에 상대방을 궁지에 몰아넣기 위해 사용되었는데 논리적으로 타당한 경우도 있고 타당하지 않은 경우도 있다. 타당하지 못한 양도논법은 옛날부터 궤변이라고 불렸다. 부당한 양도논법은 선언 명제나 가언 명제 중 적어도 어느 한쪽이 잘못된 경우가 대부분이다. 그리고 선언 명제의 오류를 지적하는 경우를 "뿔 사이로 피하기"라고 부르어도 가언 명제의 오류를 지적하는 것을 "뿔로 잡기"라고 부른다. 따라서 궤변을 피하거나 논파하는 데는 "뿔 사이로 피하는 방법"과 "뿔로 잡는 방법", 그리고 "반대딜레마로 반박하는 방법"이 있다. 뿔은 딜레마의 선택지를 말한다.

첫째, 뿔 사이로 피하는 방법

만일 어떤 학생이 공부하기를 좋아한다면 그 학생에게는 자극이 필요없을 것이다. 또 만일 그가 공부하기를 싫어한다면 어떤 자극도 필요없을 것이다. 학생은 공부하기를 좋아하든가 싫어하든가이다. 그러므로 어쨌든 자극이란 필요없는 것이다.

이 딜레마는 뿔 사이로 피해야 한다. 선언 명제의 선언지가 불완전하다. 학생들이 공부하기를 좋아하는 것과 싫어하는 것은 모순관계의 선언지가 아니다. 학생 중에는 공부에 무관

심한 태도를 갖는 학생도 있다. 이런 학생들에게는 자극이 필요하다. 뿔 사이로 피하는 방법은 딜레마의 부당성을 증명하는 것이 아니고 딜레마의 결론을 피하는 것이다.

둘째, 뿔로 잡는 방법

만일 관세제도가 물자부족을 가져오면 그것은 해로운 것이다. 만일 관세제도가 물자부족을 가져오지 않으면 쓸모없을 것이다. 관세제도는 물자부족을 가져오거나 아니면 가져오지 않을 것이다. 그러므로 관세제도는 해롭거나 쓸모없는 것이 될 것이다.

이 딜레마는 뿔로 잡아야 한다. 이 방법은 가언 명제의 전건과 후건이 필연적 관계를 갖고 있지 않다는 것을 논박하는 것이다. "관세제도가 물자부족을 가져 온다"는 전건과 "그것은 해롭다"는 후건 사이에 필연적 관계가 있는가를 따져본다. 관세장벽으로 수입이 줄어 물자부족을 가져오더라도 오히려 그것이 자극이 되어 국내생산이 늘고 고용이 늘 수 있으므로 유해하다고 단정할 수 없다는 것이다.

셋째, 반대딜레마로 반박하는 방법

프로타고라스는 기원 전 5세기 경 그리스에 살았던 철학자였다. 그는 다방면의 전문가였는데 그 중에서도 법정에서 변론하는 기술이 일품이었다. 이 프로타고라스의 제자가 되어 법률가가 되고 싶어한 에우아트르스라는 사람이 있었다. 그런데 에우아트르스는 수업료를 낼 능력이 없었다. 그래서 프로타고라스와 계약하기를 자신이 첫 번째 소송에서 이긴 경우에 수업료의 세 배를 내겠다고 약속하였다. 하지만 에우아트르스는 과정을 다 마치고도 소송을 맡을 생각을 하지 않았다. 기다리다 못한 프로타고라스는 마침내 제자인 에우아트르스에게 수업료를 요구하는 소송을 걸었다. 재판이 시작되자 프로타고라스는 다음과 같은 딜레마로 에우아트르스를 공격하였다.

"만약 에우아트르스가 재판에서 이긴다면 (계약조건에 따라) 나에게 수업료를 내야 합니다. 그리고 만약 유라투스가 이 재판에서 진다면 그는 (법정의 판결에 따라) 나에게 수업료를 내야 합니다. 에우아트르스는 재판에서 이기거나 질 것입니다. 그러므로 에우아트르스는 어쨌든 수입료를 내야 합니다."

상황은 에우아트르스에게 대단히 불리해 보였다. 그러나 에우아트르스는 스승에게서 변론술을 잘 배웠는지 다음과 같은 반대딜레마로 반박하였다.

"만약 제가 재판에서 이긴다면 저는 스승님께 (법정의 판결에 따라) 수업료를 낼 필요가 없습니다. 그리고 만약 제가 재판에서 진다면 (계약조건에 따라) 스승님께 수업료를 낼 필요가 없습니다. 저는 재판에서 이기거나 질 것입니다. 그러므로 저는 어쨌든 스승님께 수업료를 낼 필요가 없습니다."

다음의 예는 타당한 양도논법이다.

레이건은 미국 대통령에 취임하자마자 세계 초강대국의 권위를 다시 한 번 세우고자 몇 가지 계획을 세웠다. 그 중의 하나가 사회주의의 종주국인 소련의 군사력을 압도적으로 내리누르기 위한 스타워스(Star Wars) 계획이었다.

만약 미국과 러시아 사이에 핵전쟁이 벌어진다면 현재까지의 대응방법은 러시아에서 발사한 핵 미사일이 자기 나라로 날아오는 동안에 지상에서 미사일을 발사하여 격추시키는 것이다. 그러나 이 방법으로는 미사일을 100% 격추시킬 수 없기 때문에, 절반정도는 이미 미국의 하늘 위로 날아온 상태에서 격추시켜야 한다. 그러므로 얼마간의 미사일은 미국에 떨어질 수밖에 없다. 따라서 실제 핵 전쟁이 벌어진다면 어느 나라가 더 우세하다고 말할 수 없으며, 서로 망할 수밖에 없다.

그런데 레이건이 새롭게 추진하고자 했던 스타워즈 계획이란 하늘에 인공위성을 띄워서 러시아에서 미사일을 발사하는 순간에 레이저와 같은 무기를 이용하여 핵 미사일을 격추시키는 방법이다. 이렇게 된다면 러시아의 핵 미사일을 격추시키는 방법이다. 이렇게 된다면 러시아의 핵 미사일을 공중으로 날아 보지도 못하고 오히려 러시아에 떨어지게 되는 것이다. 물론 이 계획에는 막대한 돈이 들어가지만 성공한다면 군사력에서 러시아를 압도적으로 내리누를 수 있는 길이다.

그러나 이 계획이 발표되자 미국의 양식 있는 학자들과 언론은 이 계획에 반대하고 나섰다. 이 때 사용된 논리가 바로 양도논법이었다. 결국 레이건 대통령은 이 양도논법을 논리적으로 반박하지 못하여 스타워스 계획을 취소하였다고 한다. 학자들이 레이건의 스타워스 계획에 반대한 논리는 다음과 같은 양도논법이었다.

스타워스 계획은 성공하든가 성공하지 못할 것이다. 만약 스타워스 계획이 성공한다면 러시아도 이에 대응하여 스타워스와 비슷한 무기를 만들 것이므로 미국의 군사력은 러시아보다 우위를 차지할 수 없을 것이다. 만약 스타워스 계획이 성공하지 못한다면 그것은 엄청난 경제력의 낭비가 될 것이다. 그러므로 스타워스 계획은 미국의 군사력이 러시아보다 우위를 차지할 수 없게 하든가 엄청난 경제력을 낭비하게 될 것이다.

3. 명제 논리

명제 논리에 대한 기초는 이미 앞에서 설명하였다. 여기서는 진리표 작성 방법부터 다루어 나가기로 한다.

3-1. 진리표 방법

3-1-1. 작성요령

명제 변항을 포함하는 분자 명제(즉 복합 명제)는 확정된 진리치를 갖지 않는다. 왜냐하면 명제 변항은 고정된 값이 아니라 변동하는 값을 갖기 때문이다. 모든 분자 명제는 그 안에 포함된 명제 변항들에 진리치가 할당되고 결합사의 정의에 의해 진리치가 결정된다. 따라서 분자 명제는 원자 명제의 진리 함수(truth-function)이다. 이 경우 분자 명제의 진리치를 알기 위해서는 진리표를 작성해야 한다. 진리표는 진리 함수적 명제의 참과 거짓 여부를 보여주는 표일 뿐만 아니라 명제 계산의 기초가 된다. 이렇게 명제 변항의 진리치에 따라 명제 전체의 진리치를 결정하는 것을 진리치 분석이라고 한다.

먼저 진리표 작성하는 방법부터 살펴보자.

진리표의 가로줄을 행이라 하고 세로줄을 열이라고 한다. ①②는 행이고 ⓐⓑ는 열이다.

	p	q	p∨q	p∧q	(p∨q)→(p∧q)
①	T	T	T	T	T
②	F	T	T	F	F
	T	F	T	F	F
	F	F	F	F	T
	ⓐ	ⓑ			

행의 상단에는 먼저 원자 명제를 적고 간단한 분자 명제부터 복잡한 분자 명제 순으로 적어가면서 맨 우측에는 가장 복잡한 분자 명제를 적는다. 왼쪽의 원자 명제(즉 명제 변항)에 대한 진리치 할당은 원자 명제의 수에 따라 결정되며 진리표의 행수도 결정된다. 원자 명제의 수가 n이라면 행수는 2^n 개다. 원자명제가 3개이면 2^3=8 개다. 가령 명제 변항이 1개이면 2^1 = 2 개이다. 명제 변항이 한 개인 경우는 부정의 결합사에 대해서 설명할 때 보았다. 위의 진리표는 명제 변항이 2개이므로 행수는 4개이다.

명제변항의 수에 따라 행수가 결정되면 진리치는 다음과 같이 할당한다.

첫째, 제 1열은 T와 F를 한번씩 반복해서 할당한다.
둘째, 제 2열은 T와 F를 두번씩 반복해서 할당한다.
셋째, 제 3열은 T와 F를 네번씩 반복해서 할당한다.
넷째, 제 4열은 T와 F를 여덟번씩 반복해서 할당한다.

가령 (p∧~q)→(p∨r)의 진리표를 작성해 보자. 명제 변항이 3 개이므로 행수는 8개이다. (p∧~q)→(p∨r)는 먼저 (p∧~q)의 진리표를 작성한 다음 (p∨r)의 진리표를 작성한다. 최종적으로 (p∧~q)→(p∨r)의 진리표를 작성한다. 진리치를 최종적으로 할당하는 결합사는 주결합사라고 한다. (p∧~q)→(p∨r)에서 주결합사는 →이다. 이렇게 작성된 진리표는 다음과 같다.

p	q	r	~q	p∧~q	p∨r	(p∧~q)→(p∨r)
T	T	T	F	F	T	T
F	T	T	F	F	T	T
T	F	T	T	T	T	T
F	T	T	T	F	T	T
T	T	F	F	F	T	T
F	T	F	F	F	F	T
T	F	F	T	T	T	T
F	F	F	T	F	F	T

3-1-2. 타당성 유무에 의한 명제 형식 분류

분자 명제는 그것을 구성하는 명제 변항이나 원자 명제의 진리치 할당에 따라 진리치가 결정된다. 분자 명제가 갖는 진리치는 참과 거짓 둘 뿐이다. 분자 명제의 진리치에 따라 분자 명제를 세 가지 종류로 구분한다. 항진 명제와 항위 명제와 개연 명제가 그것이다.

1) 항진 명제

항진 명제는 가능한 모든 조건 하에서 분자 명제의 진리치가 참이 되는 명제이다. 다음의 경우는 항진 명제이다.

p	q	p→q	(p→q)∧p	[(p→q)∧p]→q
T	T	T	T	T
F	T	T	F	T
T	F	F	F	T
F	F	T	F	T

2) 항위 명제

항위 명제는 가능한 모든 조건 하에서 분자 명제의 진리치가 거짓이 되는 명제이며 모순 명제라고도 한다. 다음은 항위 명제의 예이다.

p	q	~q	p→~q	p∧q	(p→~q)∧(p∧q)
T	T	F	F	T	F
F	T	F	T	F	F
T	F	T	T	F	F
F	F	T	T	F	F

3) 개연 명제

개연 명제는 분자 명제의 진리치에 적어도 하나의 참과 하나의 거짓이 포함되어 있는 명제이며 일부 진명제라고도 한다. 다음은 개연 명제의 예이다.

p	q	p∨q	p→q	(p∨q)≡(p→q)
T	T	T	T	T
F	T	T	T	T
T	F	T	F	F
F	F	F	T	F

3-1-3. 진리표 방법에 의한 논증의 타당성 검토 방법

우리가 추리하거나 논증할 때 타당하게 추리하고 논증하려고 노력해야 하지만 이미 진행된 추리와 논증에 대해 타당한가 여부를 검토할 필요가 있고 검토할 수 있어야 한다. 진리표 방법은 논증의 타당성 검토에 사용된다. 논증의 타당성 검토 방법에는 여러 가지가 있는데 진리표 방법은 그 중 하나이다. 논증의 타당성 검토에는 조건 명제가 사용된다. 조건의 논리적 결합은 논증의 전제와 결론이 조건언의 전건과 후건으로 결합된 것이다. 모든 논증은 조건 명제로 변환될 수 있으며 조건 명제의 진리표를 분석하면 항진 명제이거나 항위 명제이거나 개연 명제이다.

한편 논증은 전제가 참이며 동시에 그 결론이 거짓일 수 없을 때 타당하다. 구체적인 논증의 타당성을 검토할 때 그 논증을 기호화해야 한다. 그런데 논증을 기호화하면 기호화된 논증은 논증 형식이 된다. 구체적인 논증의 타당성은 형식화해서 검토하는 것이다. 어떤 논증 형식은 그 명제 변항에 대해 어떤 진리치를 할당하든 그 전제가 참이면서 그 결론이 거짓인 경우가 전혀 없는 형식이라면 그 형식은 타당하다. 이 때 진리표가 사용되는데 논증 형식은 조건 명제로 바뀌어서 항진 명제, 항위 명제, 개연 명제 중의 하나가 된다.

그런데 타당한 논증은 전제가 참이고 결론이 거짓이 되는 경우이다. 이것은 조건 명제의 전건이 참이고 후건이 거짓인 경우가 없다는 의미이다. 전건이 참이고 후건이 거짓인 경우 조건언은 거짓이다. 조건언이 거짓인 경우가 없다는 것은 조건언이 항진 명제이라는 것이다. 그러나 부당한 논증은 전제가 참이고 결론이 거짓인 경우이다. 이것은 조건 명제의 전건이 참이고 후건이 거짓인 경우가 있다는 의미이다. 전건이 참이고 후건이 거짓인 경우 조건언은 거짓이다. 조건언이 거짓인 경우가 있다는 것은 조건언이 항위 명제거나 개연 명제라는 것이다.

이것을 정리하면 다음과 같다.

첫째, 논증을 기호화한다.

둘째, 전제들의 연언을 전건으로 하고 결론을 후건으로 하는 조건언으로 하는 조건 명제를 만든다.

셋째, 이 조건 명제가 항진 명제라면 그 논증은 타당하지만 항위 명제거나 개연명제이면 그 논증은 부당하다.

예를 들어 보자.

예1)
기온이 영하로 떨어지면 수은주가 내려간다.
기온이 영하로 떨어졌다.
그러므로 수은주가 내려갔다.

위 논증은 구체적인 논증이지만 형식화하여 타당성을 검토해보자. 위 논증을 기호화하면 다음과 같다. 명제 변항으로 영어 알파벳 소문자를 사용해 왔으나, 의미를 생각한다는 측면에서 문장의 대표글자를 따서 표기하도록 한다. 또한 전제를 구성하는 문장들은 '그리고'로 연결된 것이므로, 전제들은 '∧'로 연결하여야 한다.

기온이 영하로 떨어진다: 기
수은주가 내려간다: 수
기→수
기
─────
∴ 수

다음으로 기호화된 예1)을 조건언으로 바꿔서 진리표 분석을 해본다.

기	수	기→수	(기→수)∧기	{(기→수)∧기}→수
T	T	T	T	T
F	T	T	F	T
T	F	F	F	T
F	F	T	F	T

[{(기→수)∧기}→수]은 항진 명제 형식이다. 예1)은 전제가 거짓이고 결론이 참인 경우가 없다. 따라서 예1)은 타당한 논증이다. 물론 예1)은 전건긍정식이라서 타당한 논증이다. 이와 같이 항진 명제식으로 밝혀진 것 중 핵심적인 것을 추리 규칙이라 한다. 추리 규칙은 아래에서 정리하겠다.

예2)
현재 영국 국왕은 여성이든가 남성이다.
현재 영국 국왕은 여성이다
그러므로 현재 영국 국왕은 남성이 아니다.

예2)를 기호화하여 진리표를 분석해 보자. 다음과 같은 약어로 나타내자.
현재 영국 국왕은 여성이다: 여
현재 영국 국왕은 남성이다: 남

남∨여
여
─────
∴ ~남

남	여~	남	남∨여	(남∨여)∧여	{(남∨여)∧여}→~남
T	T	F	T	T	F
F	T	T	T	T	T
T	F	F	T	F	T
F	F	T	F	F	T

[{(남∨여)∧여}→~남]은 개연 명제 형식이다. 따라서 예2)는 부당한 논증이다. 하지만 타당한 논증이다. 현재 영국 국왕은 남자이면서 동시에 여자인 경우, 즉 위 진리표의 첫번째 행은 성립할 수 없는 것으로 처리하면 나머지 세 행에서 모두 T가 발생하므로 배타적 선언의 경우에는 타당하다고 제한적으로 인정한다.

예3)
내가 논리학 공부한다면 나는 좋은 점수를 맞는다.
내가 논리학 공부를 하지 않는다면 나는 즐겁게 보낸다.
그러므로 내가 좋은 점수를 맞거나 즐겁게 보낸다.

예3)를 기호화하면 다음과 같다. 원자 명제의 대표글자를 따서 다음과 같이 약어화한다.
내가 논리학 공부한다: 논
나는 좋은 점수를 맞는다: 점
나는 즐겁게 보낸다: 즐

논→점
~논→즐
─────
∴ 점∨즐

이 논증을 진리표를 작성하여 분석해 보자. 아래의 진리표는 두 전제와 결론을 각각 표시하고 나중에 한꺼번에 표시하는 위에서의 방식으로 하지 않고 전제와 결론을 한꺼번에 표시하고 진리표를 분석하였다. 한꺼번에 표시한 전제와 결론에서 진리표를 표시하는 순서는 맨 아래 행에 표시한 것처럼 두 개의 전제와 결론을 표시한 다음 두 전제의 연언을 표시하고,

마지막으로 두 연언과 결론의 조건언 결합사에 최종적으로 표시한다. 그러므로 ⑤로 표시한 조건언은 논증을 나타내는 주결합사이다.

논	점	즐	~논	{(논→점)∧(~논→즐)}→(점∨즐)				
T	T	T	F	T	T	T	T	T
F	T	T	T	T	T	T	T	T
T	F	T	F	F	F	T	T	T
F	F	T	T	T	T	T	T	T
T	T	F	F	T	T	T	T	T
F	T	F	T	T	F	F	T	T
T	F	F	F	F	F	T	T	F
F	F	F	T	T	F	F	T	F
기호화 순서 표시				①	③	②	⑤	④

위의 진리표 분석에서 알 수 있는 것처럼 [{(논→점)∧(~논→즐)}→(점∨즐)]은 항진 명제형식이므로 예3)은 타당한 논증이다.

예4)
만일 수입이 늘고 지출이 줄면 적자를 면할 것이다.
수입이 늘었다.
그러므로 적자를 면할 것이다.

예4)를 기호화하여 진리표를 분석해 보자. 다음과 같이 약어화하자.
수입이 늘다: 수
지출이 준다: 지
적자를 면할 것이다: 적
수입이 늘었다.
 (수∧지)→적
 수
 ─────
 ∴ 적

수	지	적	[{(수∧지)→적)}∧수]→적
T	T	T	T　TT　TTTT
F	T	T	F　TT　FFTT
T	F	T	F　TT　TTTT
F	F	T	F　TT　FFTT
T	T	F	T　FF　FTTF
F	T	F	F　TF　FFTF
T	F	F	F　TF　TTFF
F	F	F	F　TF　FFTF
기호화순서표시			①　③②　⑤④⑦⑥

위의 진리표를 분석한 결과, ⟨[{(수∧지)→적)}∧수]→적⟩은 개연 명제형식이다. 따라서 예4)는 부당한 논증이다.

이와 같은 진리표 방식은 명제 변항이 4개가 되면 진리표의 행수는 16개가 된다. 명제 변항이 5개면 진리표 행수는 32개이다. 그러므로 논증의 타당성을 검토하는 진리표 방법은 명제 변항이 많아지면 매우 복잡한 방법이며 시간이 많이 소요된다. 그러므로 실제로 논증의 타당성을 판별하는데는 효과적인 방법이 아니다. 더구나 시험문제를 푸는데 있어서는 아주 비효율적이다. 따라서 이보다 간편한 약식진리표 방법을 사용하는데, 이미 약식진리표에 의한 타당성 판별법을 설명한 바 있다. 아래에서 좀더 자세히 설명하겠다.

3-2. 약식 진리표 방법

3-2-1. 귀류법

약식 진리표 방법은 궁극적으로 귀류법(reduction to absurdity, 歸謬法)에 의거한다. 귀류법은 어떤 명제를 부정하면 모순에 빠진다는 것을 근거로 그 명제가 참임을 밝히는 우회적인 증명 방법이다. 귀류법은 긍정적인 결론을 정립하기 위해 사용되지만 흔히 상대방의 주장을 논박하기 위해 사용되기도 한다. 가령 P를 증명한다고 해보자. 먼저 非P를 전제한 다음 非P라는 전제는 모순에 이르게 됨을 보여준다. 그리고 모순을 야기한 것은 바로 非P임을 지적한다. 결국 非P가 아니므로 P라고 결론내릴 수 있다. 이와 같이 증명하는 것이 귀류법이다.

귀류법은 수학에서 매우 중요한 방법이며 물리학에서도 사용된다. 가령 $\sqrt{2}$ 가 무리수라는 것을 증명할 경우 $\sqrt{2}$ 가 무리수가 아님을 전제한 다음 그런 전제는 모순에 이르게 됨을 보여주는 것이다. 그 다음 모순에 이르게 된 이유는 바로 $\sqrt{2}$ 가 무리수라고 전제한 것임을 보여준다. 그러면 $\sqrt{2}$ 가 무리수라는 전제를 철회해야 하는데 그것은 바로 $\sqrt{2}$ 가 유리수임을 간접 증명하는 결과이다. 유리수는 두 정수의 비(比)로 표현될 수 있는 수이다.

$\sqrt{2}$ =무리수임을 귀류법으로 증명하기 위해 $\sqrt{2}$ =유리수라고 전제하자. 즉 $\sqrt{2}$ = m/n(기약분수)이라고 전제하자. 그러면 2=(m/n)^{2}가 된다. 다음으로 m^2=2n^{2}이 되고 m^{2}은 짝수이므로 m도 짝수이다. 왜냐하면 짝수×짝수일 때 짝수이기 때문이다. m은 짝수이므로 m=2a라고 하자. 그러면 처음 전제는 $\sqrt{2}$ =2a/n이 된다. 그러면 2=(2a/n)^{2}가 되므로 n^2=2a^{2}이 된다. 여기서 보듯이, n^{2}은 짝수이므로 n도 짝수이다. n이 짝수이므로 n=2b라고 하자. 그러면 처음의 전제 $\sqrt{2}$ =m/n(기약분수)는 $\sqrt{2}$ =2a/2b가 되는데 2a/2b는 기약분수가 아니므로 모순이다. 따라서 처음의 전제 $\sqrt{2}$ =m/n(기약분수)는 철회되어야 하고 $\sqrt{2}$ = 무리수라는 주장이 간접적으로 증명된다.

3-2-2. 약식 진리표 방법에 의한 논증의 타당성 검토 방법

그러면 귀류법에 의해 진리표를 분석하는 방법을 검토하자. 앞에서도 살펴보았지만 진리표 방법은 명제 변항의 수가 많아짐에 따라 매우 복잡하기 때문에 논증의 타당성 검토 방법으로서 한계가 있었다. 약식 진리표 방법은 진리표를 사용하기 때문에 진리표 방법과 유사하지만 귀류법을 사용하기 때문에 진리표 방법에 비해 간편하다. 우선 주요 목적은 논증의 타당성 검토라는 것을 염두에 두어야 한다.

첫째, 주어진 논증이 타당한지 부당한지를 알 수 없으나 일단 부당하다고 가정한다. 즉 전제가 참이고 결론이 거짓이라고 가정한다. 이것은 조건 명제 형식의 전건이 참이고 후건이 거짓이라고 가정하는 것이다. (논증이 참이라고 가정할 수 있지만 그럴 경우 조건 명제 형식에서 세 가지 경우가 있으므로 논증이 참이라는 가정하여 타당성을 판단하는 방식은 진리표 작성 방법과 같이 비효율적이다.)

둘째, 위의 가정이 이끌어내는 결과들을 검토한다. 조건언의 진리치가 거짓이라는 가정은 전건이 참이고 후건이 거짓이라는 것을 귀결한다. 전건이 참이고 후건이 거짓이라는 결과는 또 다른 결과를 이어서 가져온다. 이러한 과정에서 위의 가정은 모순을 야기하거나 모순을 야기하지 않거나 한다.

셋째, 모순을 야기한다면 위의 가정을 철회해야 한다. 위의 가정을 철회한다는 것은 주어진 논증의 전제가 참이고 결론이 거짓이라는 가정을 철회하는 것이므로 주어진 논증은 타당하다고 증명되는 것이다. 모순을 야기하지 않는다면 위의 가정은 유효하다. 위의 가정이 유효하다는 것은 주어진 논증의 전제가 참이고 결론이 거짓이 되는 경우가 있다는 것이다. 즉 주어진 논증은 부당하다.

예를 들어보자.

예1)
봄이 오면 개나리와 진달래가 핀다.
봄이 왔다.
그러므로 개나리와 진달래가 폈다.

위 논증은 구체적인 논증이지만 형식화하여 타당성을 검토해보자. 위 논증을 다음과 같은 약어를 사용하여 기호화해 보자.

봄이 온다: 봄
개나리와 진달래가 핀다: 핀

봄→핀
봄
─────
∴ 핀

다음으로 기호화된 예1)을 가로쓰기로 바꾸어 써서 약식 진리표 방법을 적용하자.

{(봄→핀)∧봄}→핀

첫째 단계에서 조건언이 거짓(F)이라고 가정한다. 둘째 단계에서는 조건언이 거짓이라는 첫째 단계의 가정에 따라 전건이 참이고 후건이 거짓이라는 진리치를 할당한다. 셋째 단계에서는 전건이 참이라면 전건을 이루는 연언지들이 참이므로 연언지에 참이라는 진리치를 각각 할당한다. 넷째 단계에서는 둘째 단계와 셋째 단계에서 얻어진 '핀'의 진리치 거짓과 '봄'의 진리치 참을 할당한다. 그런데 다섯째 단계에서 '봄'의 진리치 참과 '핀'의 진리치 거짓에 따라 '봄→핀'은 거짓이 된다. 여기서 모순이 발생한다. '봄→핀'은 전건이 참이라서 전건을 이루는 연언지 중의 하나인 '봄→핀'은 참이지만, '봄'의 진리치 참과 '핀'의 진리치 거짓에 따라 거짓이다. '봄→핀'은 동시에 참이고 거짓이어서 모순이 된다. 모순의 원인은 다른 곳에 있지 않고 첫째 단계에서 조건언이 거짓이라는 가정에 있다. 그 가정은 거짓이다. 가정이란 논증의 전제가 참이고 결론이 거짓이라는 가정이다. 그 가정이 거짓이라면 논증의 전제가 참이고 결론이 거짓이 아니라는 것이다. 따라서 그 논증은 타당하다.

위의 과정을 다음과 같이 표시하면 간편하다.

```
                    {(봄→핀) ∧ 봄}→핀
첫째단계                              F
둘째단계                    T          F
셋째단계            T         T
넷째단계          T T F       T
다섯째단계              F
모순발생              ↑
```

예2)
만일 수입이 늘고 지출이 줄면 적자를 면할 것이다.
수입이 늘었다.
그러므로 적자를 면할 것이다.

예2)를 기호화하여 약식진리표 방법으로 진리표를 분석해 보자. 위에서 사용했던 약어를 사용하여 가로쓰기를 하면 다음과 같다.

[{(수∧지)→적}∧수]→적

이것에 약식 진리표를 적용하면 아래와 같다.

```
[ { ( 수 ∧ 지 ) → 적 } ∧ 수 ] → 적
    T F  T F   T T  F  F
    ⑤ ④ ⑥ ③ ④   ② ③  ① ②
```

위의 약식진리표에서 보듯이 논증의 값으로 타당하지 않다고 F를 부여했을 때 정말로 F가 성립하였다. 따라서 이렇게 F를 가질 수 있는 논증은 실제로 F일 수 있으므로 부당한 논증이다. 바꿔 말해서 예1)과는 달리 예2)는 모순이 없다. 모순이 없다는 것은 최초의 가정이 옳다는 것이다. 즉 논증의 전제가 참이고 결론이 거짓인 경우가 있다는 것이므로 예2)는 부당하다.

위의 두 가지 예에서 알 수 있듯이 약식진리표의 결과 모순이 발생하면 주어진 논증이 타당하다는 것이고 모순이 발생하지 않으면 주어진 논증이 부당하다는 것이다.

예3)
대수학이 요구되거나 기하학이 요구된다면 모든 학생은 수학을 공부할 것이다.
대수학이 요구되고 삼각법이 요구된다.
그러므로 모든 학생은 수학을 공부할 것이다.

대수학이 요구된다: 대
기학학이 요구된다: 기
모든 학생은 수학을 공부할 것이다: 수
삼각법이 요구된다: 삼

위 논증을 가로로 쓰면 다음과 같다.

[{(대 ∨ 기)→수}∧(대 ∧ 삼)]→수

$$[\{\ (대\ \lor\ 기\ )\ \to\ 수\ \}\ \land\ (대\ \land\ 삼\ )\ ]\ \to\ 수$$
　　　 T F　　 T F T　 T T T　　 F F
　　　 ⑤ ⑥　　 ③ ⑤ ②　④ ③ ④　　 ① ②
　　　　T
　　　　↑

위의 약식진리표 분석 결과 ⑥에서 모순이 발생한다. ⑥은 ③⑤의 결과 거짓(F)이지만 '대∨기'의 선언지 중 '대'가 참(T)이므로 '대∨기'는 참(T)이다. ⑥은 동시에 참이고 거짓이므로 모순이다. 따라서 예3)은 타당한 논증이다.

(예4)
창수는 버스나 기차를 탄다. 만일 그가 버스를 타거나 자신의 차를 운전하면 그는 늦게 도착하고 첫 시간을 놓친다. 그는 늦게 도착하지 않았다. 그러므로 그는 기차를 탔다.
창수는 버스를 탄다: 버
창수는 기차를 탄다: 기
창수는 자신의 차를 운전한다: 차
창수는 늦게 도착한다: 늦
창수는 첫 시간을 놓친다: 첫

위 논증을 가로쓰기로 하면 다음과 같다.
(버 ∨ 기) ∧ {(버 ∨ 차)→늦 ∧ 첫}→기
[(버 ∨ 기) ∧ { (버 ∨ 차) → (늦 ∧ 첫) } ∧ ~ 늦] → 기
    T T F T   T F   T F F   T T F F F
    ⑥③⑤②   ⑦⑨   ③ ⑤⑧   ②③④①②
                 T
                 ↑

위의 약식 진리표의 ⑨에서 모순이 발생함을 볼 수 있다. 따라서 예4)는 타당한 논증이다. 약식 진리표 방법을 적용하여 분석하는 과정에서 중요한 것은 조건언이 모순을 발생시키느냐 발생시키지 않느냐이다. 따라서 진리치를 분석하는 과정의 순서는 조금 달라도 관계가 없다. 그 가정의 결과 모순이 발생하면 가정은 거짓이고 모순이 발생하지 않으면 그 가정은 참이다. 그러니 진리표 분석을 끝까지 진행하지 않아도 중간에 모순이 발생하면 거기서 멈추어도 된다. 모순이 발생하느냐 하지 않느냐가 중요하기 때문이다.

3-3. 진리 나무에 의한 방법
3-3-1. 진리 나무의 요령

진리나무(truth tree) 방법은 나무의 가지가 뻗어나가는 모습을 닮았으며, 약식진리표 방법보다 더 간편하고 기계적으로 타당성을 검토하는 방법이다. 진리 나무 방법도 약식 진리표 방법과 원리적으로는 같다. 약식 진리표 방법처럼 진리 나무 방법도 전제를 긍정하고 결론을 부정한 후 모순이 발생하는지 발생하지 않는지를 검토한다. 모순이 발생하면 논증은 타당하고 모순이 발생하지 않으면 논증은 부당하다.

진리 나무 방법에서는 모순이 발생하는가 여부를 나무에서 뻗은 가지별로 검토하면서 모순이 발생하면 ×를 표시하고 모순이 발생하지 않으면 ○를 표시한다. ×는 전제를 긍정하고 결론을 부정하면 모순이 발생하므로 전제를 긍정하고 결론을 부정하지 말아야 한다는 의미이다. ○는 전제를 긍정하고 결론을 부정하면 모순이 발생하지 않으므로 전제를 긍정하고 결론을 부정할 수 있다는 의미이다.

진리나무 방법은 다음과 같이 검토한다. 이러한 진리 나무 방법은 전기 회로도를 그리는 것과 유사하다.

첫째, 결론을 부정한다. 그래서 맨 처음에 쓴다. 즉 진리 나무의 맨 꼭대기에 위치시킨다. 부정한 결론과 주어진 전제 중에서 가언과 양조건언은 선언이나 연언의 형태로 바꾼다. 연언은 수직으로 가지를 쳐서 연언지를 그려 놓고 선언은 좌우로 가지를 쳐서 선언지를 그려 넣는다.

둘째, 연언으로 된 명제부터 차례로 진리나무를 그려주면서 어느 가지에서 서로 모순된 명제 변항 기호가 있으면 ×를 표시하고 ×표가 없는 가지는 진리 나무를 이어서 그려간다.

셋째, 주어진 전제와 결론을 모두 진리 나무로 그린 후 모순된 명제 변항 기호가 없다면 그 가지는 ○를 표시한다. 진리 나무의 모든 가지가 ×로 표시된다면 주어진 논증은 타당하고 어느 한 가지라도 ○표로 표시된다면 그 논증은 부당하다.

p∧q	p q	~(p∧q)	~p ~q
p∨q	p q	~(p∨q)	~p ~q
p→q	~p q	~(p→q)	p ~q
p↔q	p ~p ~q q	~(p↔q)	p ~p q ~q

기본적인 그림은 위와 같다. 그리고 논증 전체를 그림으로 나타낼 때는 가능한 단순한 나무 구조로 그리는 것이 좋다. 이를 위해서는 전제들 간의 교환 법칙이 성립하므로 간결한 모양이 되도록 그리는 것이 분석에 용이하다.

3-3-2. 진리나무에 의한 논증의 타당성 검토 방법

이제 다음 논증들의 타당성을 진리나무 방법으로 검토해 보자.

예1)
그는 휴일에 영화보러 가거나 낚시터에 간다.
그는 영화보러 가지 않았다.
그러므로 그는 낚시터에 갔다.

예1)를 아래의 약어로 나타내서 기호화하여 세로로 써보자.
그는 휴일에 영화보러 간다: 영
그는 휴일에 낚시터에 간다: 낚

영∨낚
~영
─────
∴ 낚

위 논증의 타당성을 진리 나무 방법으로 검토하자. 특히 위 논증은 선언을 포함하고 있다.

위 그림에서처럼 선언은 가지를 양쪽으로 벌려서 그린 다음 선언지를 써넣는다. 왼쪽 가지에서 '영'과 '~영'은 모순이고 오른쪽 가지에서 '낚'과 '~낚'은 모순이므로 각각 ×를 표시하였다. 결과적으로 두 가지에서 모두 모순이 발생하므로 전제가 참이고 결론이 거짓인 경우가 없다는 의미이다. 따라서 예1)은 타당한 논증이다.

예2)
서울은 한국의 수도일 뿐만 아니라 한국 최대의 도시이다.
서울은 한국의 수도가 아니다.
그러므로 서울은 한국 최대의 도시가 아니다.

위 논증을 아래와 같이 약어를 사용하여 기호화하자.
서울은 한국의 수도이다: 수
서울은 한국 최대의 도시이다: 최

　수∧최
　~수
―――――
∴　~최

　최
　~수
　수
　최
　×

위 진리 나무는 하나의 줄기만 있는데, 그 줄기에서 '~수'와 '수'가 모순이므로 이 논증은 타당하다. 이 나무 줄기에 '최'와 '최'는 비록 모순을 일으키지 않으나 나무 줄기 전체는 모순이 있어서 전기가 통하지 않는 것과 같다.

예3)
그 물질이 산성이면 이 리트머스 시험지는 빨갛게 된다.
리트머스 시험지는 빨갛게 되지 않았다.
그러므로 그 물질은 산성이 아니다.

이 예를 약어를 써서 기호화하고 진리나무를 그려보자.
그 물질이 산성이다: 산
이 리트머스 시험지는 빨갛게 된다: 빨

　산→빨
　~빨
―――――
∴　~산

진리나무 방법으로 위 논증의 타당성을 검토하자.

위의 진리나무를 검토해 보면 왼쪽의 가지에서 '~산' 과 '산' 이 모순을 일으키고 오른쪽 가지에서 '빨' 과 '~빨' 이 모순을 일으킨다. 따라서 예3)은 타당한 논증이다.

예4)
내가 만 18세 이상일 경우 그리고 오직 그 경우에만 나는 주민등록증을 발급받는다. 그러므로 내가 만 18세 이상이라면 나는 주민등록증을 발급받는다.

위 논증을 약어를 다음과 같이 사용하여 기호화하고 진리나무 방법으로 타당성을 검토해 보자.
나는 만 18세 이상이다: 18
나는 주민등록증을 발급받는다: 주

$$\frac{18 \equiv 주}{\therefore 18 \rightarrow 주}$$

```
      18
      ~주
     ∧
  18    ~18
  주    ~주
  ×     ×
```

위 논증에서 왼쪽 가지는 '주' 와 '~주' 가 모순이고 오른쪽 가지는 '~18' 과 '18' 이 모순이다. 따라서 예4)는 타당한 논증이다.

다음은 부당한 논증의 경우를 살펴보자.

예5)
이것이 한국산제품이라면 한국산제품 표시가 있을 것이다.
이것에는 한국산제품 표시가 있다.
그러므로 이것은 한국산 제품이다.

위 논증을 다음과 같이 약어를 사용하여 기호화하여 진리나무 방법으로 타당성을 검토하자.
이것은 한국산제품이다: 한
한국산제품 표시가 있을 것이다: 표

한→표
표
―――――
∴ 한

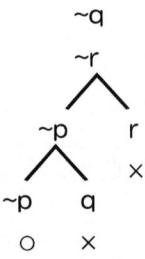

이 진리나무에서 알 수 있듯이 왼쪽 가지에서도 오른쪽 가지에서도 모순이 없다. 즉 이것은 결론이 거짓일 수 있음을 의미한다. 따라서 예 5)는 부당한 논증이다.

다음 논증형식의 타당성을 진리나무로 검토해 보자.

예6)
  p→q
  p→r
―――――
∴ q∨r

```
        ~q
        ~r
       /  \
      ~p   r
     /  \  ×
    ~p   q
     ○   ×
```

위에 그려진 진리나무에서 맨 왼쪽 줄기는 무모순이고 다른 두 줄기는 모순이므로 예6)은 부당한 논증이다.

진리 나무 방법으로 해결할 수 있는 문제를 하나 풀어보자.

문제. 여덟 종의 과일, 감, 귤, 배, 복숭아, 사과, 자두, 파인애플, 및 포도 중 다섯 가지로 과일 바구니를 만들려고 한다. 모두 몇 가지가 가능할까? 구성 품목을 제시해 보라.

조건은 다음과 같다.
1. 사과가 있으면 배가 없고 배가 없다면 사과가 있다.
2. 귤 아니면 포도 한 가지만 꼭 있어야 한다.
3. 사과나 자두 둘 다 있다면 그리고 그러한 경우에는 배는 없다.
4. 감이 없다면 사과와 포도가 있다.
5. 배나 복숭아가 있다면 귤은 없다.

첫번째 단계로 조건들을 기호화하라.
1. (사→~배)∧(~배→사) ≡ (사∧~배)∨(~사∧배)
2. (귤∧~포)∨(~귤∧포)
3. (사∧자)↔~배 ≡ (사∧자∧~배)∨(~사∧배)∨(~자∧배)
4. ~감→(사∧포) ≡ 감∨(사∧포)
5. (배∨복)→~귤 ≡ (~배∧~복)∨~귤

두번째 단계로 진리 나무 그림을 다음과 같이 그려라. 아래의 그림에서 선언에 대해서는 갈래치기 표기를 하지 않았으므로, 위에서 아래로 선을 연결하여 이해하면 된다. 또한 모순이 발생하는 줄기는 그릴 필요가 없으므로 그림에서 생략되어 있다. 또한 중첩되는 명제도 생략되어 있다.

1	사 ~배					~사 배	
2	귤 ~포	~귤 포			귤 ~포		~귤 포
3	사 자 ~배	사 자 ~배		~사 배	~자 배	~사 배	~자 배
4	감 ~배	감 ~배	사 포 ~배		감	감	감
5	~복	~복	~귤 ~복	~귤		~귤	~귤
	(1)	(2)	(3) (4)	(5)	x	(6)	(7)

셋째로 다섯 가지 과일이 조합될 수 있는 경우들을 나열하라.

8종 과일: 감, 귤, 배, 복숭아, 사과, 자두, 파인애플, 및 포도
(1) **감, 귤, 사, 자**, ~배, ~복, ~포; 이 경우에 파가 있을 경우, 즉 감, 귤, 사, 자, 파 (1개)
(2) **감, 사, 자, 포**, ~귤, ~배, ~복; 이 경우에 파가 있을 경우, 즉 감, 사, 자, 파, 포(1개)
(3) **감, 사, 자, 포**, ~귤, ~배; 이 경우에 복이나 파가 있을 경우(파는 (2)로 흡수), 즉 감, 복, 사, 자, 포(1개)
(4) **사, 자, 포**, ~귤, ~배, ~복; 이 경우에 감과 파가 있을 경우, 즉 감, 사, 자, 파, 포(이 경우 (2)로 흡수)
(5) **사, 자, 포**, ~귤, ~배; 이 경우에 사, 자, 포와 (감, 파, 복 중 두 개), 즉 감, 복, 사, 자, 포 (이것은 (3)과 중복으로 흡수) / 감, 사, 자, 파, 포 (이것은 (2)와 중복으로 흡수) / 복, 사, 자, 파, 포(1개)
(6) **감, 배, 포** ~귤, ~사; 복, 자, 파 이 경우 감, 배, 복, 자, 포 / 감, 배, 복, 파, 포 / 감, 배, 자, 파, 포 (3개)
(7) **감, 배, 포** ~귤, ~사, ~자 ; 복, 파 이 경우 감, 배, 복, 파, 포(6으로 흡수)

이상과 같이 것을 가나다 순으로 정리하면 다음과 같은 7 가지 경우가 나온다.
(감, 귤, 사, 자, 파)(1에서)
(감, 배, 복, 자, 포)(6에서)
(감, 배, 복, 파, 포)(6에서)
(감, 배, 자, 파, 포)(6에서)
(감, 복, 사, 자, 포)(3에서)
(감, 사, 자, 파, 포)(2에서)
(복, 사, 자, 파, 포)(5에서)
위에서 열거한 바와 같이 총 7가지가 있다.

이어서 논리 퍼즐을 하나 풀어보자. 논리 퍼즐 중 조건에 따라 집단을 구성하는 문제는 나무 방법을 사용하여 쉽게 풀 수 있다.

> 여섯 명의 교수들, 정규태, 강혜진, 임덕준, 남윤천, 유인상, 및 박호연 각각은 두 대학, 대한대와 민국대 중 정확히 한 대학에 있다. 다음 조건들이 충족되어야만 한다.
>
> - 정규태가 대한대에 있다면, 강혜진은 민국대에 있다.
> - 정규태가 민국대에 있다면, 유인상은 대한대에 있다.
> - 임덕준이 대한대에 있다면, 남윤천과 박호연은 둘 다 민국대에 있다.
> - 남윤천이 민국대에 있다면, 유인상도 민국대에 있다.
> - 박호연이 민국대에 있다면, 강혜진과 유인상은 둘다 대한대에 있다.

[문제 1] 다음 중 어느 것이 대한대에 있는 교수들의 완전하고 정확한 목록일 수 있는가?
① 정규태, 강혜진, 유인상
② 정규태, 남윤천, 유인상, 박호연
③ 강혜진, 임덕준, 유인상
④ 남윤천, 유인상
⑤ 남윤천, 박호연

[문제 2] 만일 박호연이 민국대에 있다면, 다음 중 어느 것이 참임에 틀림없는가?
① 정규태는 민국대에 있다.
② 강혜진은 민국대에 있다.
③ 임덕준은 대한대에 있다.
④ 남윤천은 민국대에 있다.
⑤ 유인상은 민국대에 있다.

제시된 시나리오와 조건을 약어를 사용하여 정리하면 다음과 같다.
교수 = 정, 강, 임, 남, 유, 박
대학 = 대 민
정규태는 대한대에 있다: 정
강혜진은 대한대에 있다: 강
유인상은 대한대에 있다: 유
임덕준은 대한대에 있다: 임
남윤천은 대한대에 있다: 남
박호연은 대한대에 있다: 박

170 · 제3장 연역 논리

1. 정→~강
2. ~정→유
3. 임→(~남∧~박)
4. ~남→~유
5. ~박→(강∧유)

제시문에서는 결론이 나와 있지 않다. 따라서 조건만을 가지고서 진리 나무를 그리면 다음과 같고 모순이 발생한 가지에는 X표를 하자.

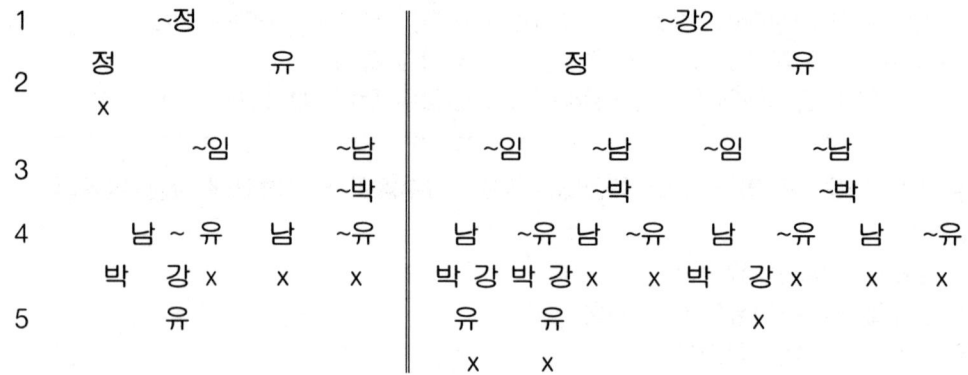

진리 나무의 가지는 왼쪽 편에서 다음과 같이 두 개가 있다.
(1) (~정)유(~임)남박
(2) (~정)유(~임)남강

오른쪽 편에서는 다음과 같이 세 개가 있다.
(3) (~강)정(~임)남박
(4) (~강)정(~임)(~유)박
(5) (~강)유(~임)남박

이상과 같이 파악된 정보를 가지고서 문제를 풀어보자.

1번에서는 대한대에 있는 교수들의 완전하고 정확한 가능성이 있는 목록을 묻고 있다.

① 정규태, 강혜진, 유인상 ▶ 정→~강≡(~정∨~강)≡~(정∧강) (조건1위반)
② 정규태, 남윤천, 유인상, 박호연 ▶ 정답. (3)과 (5)에서 가능
③ 강혜진, 임덕준, 유인상 ▶ (1), (2)에서는 유(~임)이서서 불가, (3), (4), (5)에서는 (~강)(~임)이어서 불가
④ 남윤천, 유인상 ▶ 모든 가지에서 남유일 수는 있으나 그때 (1)에서는 박, (2)에서는 강, (3)에서는 정박, (5)에서는 박 등이 더 있어야 하므로 이것은 불완전 목록
⑤ 남윤천, 박호연 ▶ 이것도 ④에서와 같이 불완전 목록

2번에서는 박호연이 민국대에 있다는 조건이 있을 때 참임에 틀림없는 것을 고르라고 요구한다. 위에서 확인한 가지에 ~박을 연결하여 답을 찾는다. 일단은 박이 있는 (1), (3), (4), (5)는 제거된다. ~박일 수 있는 것은 "(2) (~정)유(~임)남강" 뿐이다.

① 정규태는 민국대에 있다. ▶ (2)에 ~정이므로 정답이다.
② 강혜진은 민국대에 있다. ▶ (2)에 강이므로 틀렸다.
③ 임덕준은 대한대에 있다. ▶ (2)에 ~임이므로 틀렸다.
④ 남윤천은 민국대에 있다. ▶ (2)에 남이므로 틀렸다.
⑤ 유인상은 민국대에 있다. ▶ (2)에 유이므로 틀렸다.

3-4. 자연 연역 방법

제시된 전제를 가지고서 결론이 추리 규칙과 대입 규칙을 적용하여 자연스럽게 도출되는지를 확인하는 방법이 있다. 이를 이미 앞에서 다룬 바 있는 자연 연역이라 한다. 우리가 타당한 형식으로 받아들이는 추리 규칙과 동치 규칙을 살펴보자. 이러한 규칙은 너무나 자명한 것이므로 증명 또는 설명이 필요하지 않으나, 이해를 좀더 잘 할 수 있는 한에서 예문을 제시하고 다른 규칙과의 관련성이 있다면 설명하도록 한다.

3-4-1. 추리 규칙

1) 전건긍정식

$p \rightarrow q$ 열심히 공부하면 A+를 받는다.
$p \quad /\therefore q$ 열심히 공부했다. 그러므로 A+를 받았다.

2) 후건부정식

$p \rightarrow q$ 어떤 수가 2의 배수라면 그것은 짝수다.
$\sim q \quad /\therefore \sim p$ 어떤 수는 짝수가 아니다. 그러므로 그것은 2의 배수가 아니다.

전건긍정식과 후건부정식의 첫번째 전제에 대우를 적용하면 실제로 양자는 같다.

3) 선언삼단논법

(포괄적 선언)
$p \lor q \qquad p \lor q$ 그는 모자를 쓰거나 재킷을 입는다.
$\sim p /\therefore q \quad \sim q /\therefore p$ 그는 모자를 쓰지 않았다. 그러니 그는 재킷을 입었다.
(배타적 선언)
$p \lor q \qquad p \lor q$ 그는 1등이거나 꼴등이다.
$p /\therefore \sim q \quad q /\therefore \sim p$ 그는 1등이다. 그러므로 그는 꼴등이 아니다.

우리말에서 배타적 선언으로 사용되는 말은 '또는' 보다는 '아니면' 이다. A와 B가 배타적일 "A 또는 B"라고 말하기보다 "A 아니면 B"라고 말한다. 이렇게 배타성이 드러나 있지 않을 때는 일단 포괄적 선언으로 간주하여 추리하는 것이 오류가 적다.

4) 단순화

p∧q /∴ p   TV를 켰다 그리고 컴퓨터를 켰다.   그러므로 TV를 켰다.
p∧q /∴ q   TV를 켰다 그리고 컴퓨터를 켰다.   그러므로 컴퓨터를 켰다.

5) 연언화

p   TV를 켰다.
q /∴ p∧q   컴퓨터를 켰다. 그러므로 TV를 켰다 그리고 컴퓨터를 켰다.

연언화는 연언 도입이라는 이름으로도 불린다. 참인 명제는 많이 있어도 연언으로 결합된다. 단 그 중 하나의 거짓 명제라도 있으면 성립하지 않는다.

6) 가언삼단논법

p→q   성북역을 지나면 청량리역이 나온다.
q→r /∴ p→r   청량리역이 나오면 서울역이 나온다.
                 그러므로 성북역을 지나면 서울역이 나온다.

가언삼단논법은 정언삼단논법과 형식이 유사하다. 정언삼단논법도 한량 논리에서는 가언삼단논법으로 변형시켜 처리한다. 가언삼단논법은 전제가 (~p∨q)∧(~q∨r)와 동치 변형된다. 이렇게 변형된 식에서 q와 ~q가 소거된다. 이러한 소거를 통해 남는 것, 즉 ~p∨r을 결론으로 제시한다. 이러한 기법을 resolution이라 한다.

7) 부가

p /∴ p∨q   나는 왕이다. 그러므로 나는 왕이거나 너는 신하다.

부가(addition)는 연역의 본질적 특성을 가장 잘 보여주는 규칙이다. 참인 명제가 하나라도 있으면 그것에 참이든 참이 아니든 어떠한 명제라도 덧붙일 수 있다. 왜냐하면 이미 명제의 참값이 확보되어 있기 때문이다. 실제의 추론에 있어서는 복합 명제의 꼴이 선언으로 되어 있을 때, 선언지에 해당하는 원자 명제가 참이라고 제시되어 있을 때 사용한다.

8) 양도논법

(복합 구성적 양도논법)
p→q　　　　　　　결혼해도 후회.
r→s　　　　　　　결혼하지 않아도 후회.
p∨r /∴ q∨s　　　결혼하거나 않거나지.
　　　　　　　　　그러니 후회 또는 후회(동어반복단축으로 후회).

(복합 파괴적 양도논법)
p→q　　　　　　　부자되려면 로또 사.
r→s　　　　　　　부자되려면 주식투자해.
~q∨~s /∴ ~p∨~r　로또를 사지 않거나 주식투지 안 하지.
　　　　　　　　　그러니 부자 안 되지. (동어반복축약)

위에서 살펴본 추리 규칙 중에서 양도논법이 외견상 가장 복잡해 보인다. 실제로 출제된 문제들 중 양도논법이 활용된 문제가 많다. 아래의 문제는 2010학년도 법학적성시험 기출문제이다.

[문제] 다음 논증에서 결론을 도출하기 위하여 추가해야 할 것은?

> 공리주의가 정당화될 수 있는 도덕이론이라면 어떤 선험적 원리로부터 도출되거나 도덕적 직관에 어긋나지 않아야 한다. 공리주의가 선험적 원리로부터 도출된다면 공리주의는 경험적 주장이 아니어야 한다. 또한 도덕적 직관에 어긋나지 않는다면 정의감에 반하면서 최선의 결과를 낳는 행위가 없어야 한다. 하지만 정의감에 반하면서 최선의 결과를 낳는 행위들이 있다. 그러므로 공리주의는 도덕이론으로 정당화될 수 없다.

① 도덕적 직관에 어긋나면서 최선의 결과를 낳는 행위들이 있다.
② 정당화될 수 있는 도덕이론은 선험적 원리로부터 도출된다.
③ 공리주의는 선험적 원리로부터 도출된다.
④ 공리주의는 도덕적 직관에 어긋난다.
⑤ 공리주의는 경험적 주장이다.

양도논법에 의한 논증에서 생략되어 있는 전제를 보충하는 문제이다.
제시된 논증을 다음과 같이 형식화한다.

1. 공리주의는 정당화될 수 있는 도덕이론이다(p) → [어떤 선험적 원리로부터 도출된다 (q) ∨ 도덕적 직관에 어긋나지 않아야 한다(r)]
2. 공리주의가 선험적 원리로부터 도출된다(q) → 공리주의는 경험적 주장이 아니어야 한다(s).
3. 또한 도덕적 직관에 어긋나지 않는다면(r) → 정의감에 반하면서 최선의 결과를 낳는 행위가 없어야 한다(t).
4. 하지만 정의감에 반하면서 최선의 결과를 낳는 행위들이 있다(~t).
5. 또한 [보충전제] <u>공리주의는 경험적 주장이다(~s).</u>

그러므로 공리주의는 도덕이론으로 정당화될 수 없다.

결론 "공리주의는 도덕이론으로 정당화될 수 없다"는 것은 첫 번째 전제의 전건이 부정된 것이다. 이것이 도출되려면 "어떤 선험적 원리로부터 도출된다(q) ∨ 도덕적 직관에 어긋나지 않아야 한다"이 부정되어야 한다. 그것은 "어떤 선험적 원리로부터 도출되지 않으며 도덕적 직관에 어긋난다"는 것이다. 이 명제는 3과 4에 의해 (즉 후건부정식으로) "도덕적 직관에 어긋난다"는 것이 도출되고 <u>공리주의는 경험적 주장이다</u>가 보충되어 2와 5에 의해 (즉 후건부정식으로) 도출되게 된다.

이상에서 살펴본 바와 같이 정답은 ⑤이다.

3-4-2. 동치 규칙

동치 규칙은 복합 명제를 같은 값의 다른 표현으로 변환하는 규칙이다. 이전에 있던 식을 다른 식으로 대치하는 것을 의미하기 때문에 대치 규칙 또는 대입 규칙이라고 부르기도 한다.

9) 이중 부정

p ≡ ~~p   나는 공주다. 나는 공주가 아닌 것이 아니다.

이중부정은 고전논리학의 명제 변형에서 다룬 환질 개념과 동일한다.

10) 드 모르강 법칙

~(p∧q) ≡ ~p∨~q

순애를 사랑하면서 미자를 사랑하는 것은 아니다. ≡ 순애를 사랑하지 않거나 미자를 사랑하지 않는다.

~(p∨q) ≡ ~p∧~q
순애를 사랑하거나 미자를 사랑하는 것은 아니다. ≡ 순애를 사랑하지도 않고 미자를 사랑하지도 않는다.

"기차에 뛰어 타고 뛰어 내리지 맙시다"는 표현은 "기차에 뛰어 타거나 뛰어 내리지 맙시다"와는 다르다. 엄밀한 의미에서 후자의 표현이 위험을 경고하는 적절한 표현이다.

11) 교환 법칙

(p∨q) ≡ (q∨p)   옷을 입거나 이를 닦는다. ≡ 이를 닦거나 옷을 입는다.
(p∧q) ≡ (q∧p)   옷을 입고 이를 닦는다. ≡ 이를 닦고 옷을 입는다.
(자연언어는 사건의 선후가 포함되어 있으므로 교환이 불가능한 경우도 있다. 문을 열고 들어간다 ≠ 들어가고 문을 연다.)

12) 결합 법칙

[p∨(q∨r)] ≡ [(p∨q)∨r]
순애를 사랑하거나 (미자를 사랑하거나 순자를 사랑한다). ≡ (순애를 사랑하거나 미자를 사랑하거나) 순자를 사랑한다.

[p∧(q∧r)] ≡ [(p∧q)∧r]
홍길동을 읽고 (장길산을 읽고 춘향전을 읽는다). ≡ (홍길동을 읽고 장길산을 읽고) 춘향전을 읽는다.

13) 배분 법칙

[p∧(q∨r)] ≡ [(p∧q)∨(p∧r)]
사과가 있고 (오징어나 땅콩이 있다) ≡ (사과와 오징어가 있다) 또는 (사과와 땅콩이 있다)

[p∨(q∧r)] ≡ [(p∨q)∧(p∨r)]

사과가 있거나 (오징어와 땅콩이 있다) ≡ (사과나 오징어가 있다) 그리고 (사과나 땅콩이 있다)

14) 대우

(p→q) ≡ (~q→~p)   어떤 수가 자연수라면 그것은 실수다. ≡ 어떤 수가 실수가 아니라면 그것은 자연수가 아니다.

논리적 추리에 있어서 가장 많이 사용하는 규칙이다. 고전논리학에서 직접 추리 방법 중 전환질환위(여환법)이 이것과 같다.

15) 실질 함축

(p→q) ≡ ~p∨q   사랑하면 구속인거야. ≡ 사랑하지 않거나 구속인거야.

실질함축의 동치는 위와 같이 정리되는데, 자연언어로 적용하면 의미가 적절하게 신속하게 와 닿지 않는 단점이 있다. 하지만 논리적으로 정보 처리를 하는 데 있어서는 선언 표현이 유용하게 사용된다. 왜냐하면 선언지 중 하나만이라도 참이면 복합 명제는 참이 되기 때문이다.

16) 이출 원리

[(p∧q)→r] ≡ [p→(q→r)]
난 널 사랑하고 넌 날 사랑한다면 우리 결혼하자.
≡ 난 널 사랑해. 그러니 네가 날 사랑한다면 우리 결혼하자.

새 조건을 제시하는 형식으로 많이 활용된다. 수리 논리학에서는 이것을 연역 정리(deduction theorem)라고 한다.

17) 동어반복(tautology)

p ≡ (p∧p)   널 사랑해. ≡ 널 사랑하고 널 사랑해.
p ≡ (p∨p)   날 미워하지. ≡ 날 미워하거나 날 미워하지.

18) 양조건언 동치

(p↔q) ≡ [(p→q)∧(q→p)]
(p↔q) ≡ [(p∧q)∨(~p∧~q)]
승인받은 것이라면 그리고 그러한 경우에 판매가능하다.
≡ 승인받았다면 판매가능하고 판매가능하다면 승인받은 것이다.
≡ (승인받았고 판매가능한 것이다) 또는 (승인받지 않았고 판매가능하지 않은 것이다).

기타 특별한 명칭은 없지만 추리에서 자주 나타나는 꼴은 다음과 같은 것이다.

19) 선언배분법칙

(p∨q)→r ≡ (p→q)∧(q→r)   이길로 가거나 저길로 가면 서울간다
         ≡ 이길로 가면 서울가고 저길로 가도 서울간다.

20) 공통조건에 의한 후건연언화

(p→q)∧(p→r) ≡ p→(q∧r)   학교가면 도서관가고 학교가면 강의실간다.
            ≡ 학교가면 (도서관가고 강의실간다).

위에서 학습한 추리 규칙과 동치 규칙을 적용하여 자연 연역 방법으로 다음 문제를 풀어보자.

[문제] 다음 진술들로부터 결론으로서 연역될 수 있는 것은?

(1) 약간의 미들필더가 움직이고 있고 모든 수비수가 후방 지역에 있을 때는 언제나 공격중인 모든 선수들은 득점을 시도하고 있다.
(2) 약간의 미들필더가 움직이고 있지만, 공격 중인 약간의 선수들은 득점을 시도하고 있지 않다.

① 약간의 미들필더들은 움직이고 있지 않다.
② 약간의 수비수들은 후방 지역에 있지 않다.
③ 공격 중인 약간의 선수들은 득점을 시도하고 있다.
④ 어느 수비수도 후방 지역에 있지 않다.
⑤ 모든 수비수들은 후방 지역에 있다.

전제로부터 결론을 추리하는 문제이다. 다음과 같은 추리 단계를 밟아가자.

1. 약간의 미들필더가 움직이고 있고 모든 수비수가 후방 지역에 있을 때는 언제나 공격중인 모든 선수들은 득점을 시도하고 있다.   전제
2. 약간의 미들필더가 움직이고 있지만, 공격 중인 약간의 선수들은 득점을 시도하고 있지 않다.   전제
3. 공격 중인 약간의 선수들은 득점을 시도하고 있지 않다.   2 단순화
4. 약간의 미들필더가 움직이고 있고 모든 수비수가 후방 지역에 있는 것은 아니다.   3, 1 후건부정
5. 어느 미들필더도 움직이지 않고 있거나 약간의 수비수가 후방 지역에 있지는 않다.   4 드 모르강
6. 약간의 미들필더가 움직이고 있다.   2 단순화
   (5의 앞 선언지의 부정)
7. 약간의 수비수가 후방 지역에 있지 않다.   6, 5 선언삼단논법

모든 수비수가 후방 지역에 있다는 진술은 사실들의 진술들이 주어져 있을 때 정확한 것이 못 된다. 약간의 미들필더들이 움직이고 있다는 진술은 약간의 미들필더들이 모든 미들필더들을 의미할 수도 있을 가능성을 배제하지는 않는다. 그러므로 약간의 미들필더들은 움직이고 있지 않다는 선택지는 반드시 참인 것은 아니다. 마찬가지로, 공격 중인 약간의 선수 4들은 득점을 시도하고 있지 않다는 사실은 그 역, 즉 공격 중인 약간의 선수들은 득점을 시도하고 있다는 것을 필연적으로 의미하지 않는다. 따라서 이 선택지도 제거될 수 있으며, 어느 수비수도 후방에 있지 않다고 정당하게 추리되지 못한다. 이상에서 살펴본 바와 같이 정답은 ②이다.

3-5. 자연 연역 방법 적용 실습

이제 구체적인 논증을 대입규칙과 추리규칙에 의해 타당성을 증명해보자.

예1)
김군은 논리학을 잘 하든가 수학을 잘 할 것이다.
그런데 그는 우등생이지만 수학을 잘하지 못한다.
그러므로 그는 사리판단이 정확하지 않든가 논리학을 잘 할 것이다.

다음과 같이 약어를 사용하여 기호화하고 자연 연역을 해보자.
김군은 논리학을 잘 한다: 논
김군은 수학을 잘 할 것이다: 수
김군은 우등생이다: 우
김군은 사리판단이 정확하다: 사
1. 논∨수   전제
2. 우∧~수   전제   /∴ ~사∨논
3. ~수   2 단순화
4. 논   3, 1 선언삼단논법
5. 논∨~사   4 부가
6. ~사∨논   5 교환

위의 풀이과정에서 1, 2는 전제이며 마지막 전제 오른쪽의 사선 옆에는 결론을 적어놓는다. 3~6은 결론을 도출하는 과정이며, 각 행의 오른쪽에 사용된 전제의 번호와 적용된 규칙을 적는다.

예2)
만일 어떤 사람이 좋은 교육을 받고 기술을 습득했다면 그는 실패하지 않을 것이다.
어떤 사람이 기술을 습득하였고 실패하였다.
그러므로 그는 좋은 교육을 받지 않았다.

아래와 같이 약어화하여 기호로 바꾸어보자.
어떤 사람이 좋은 교육을 받는다: 교
어떤 사람이 기술을 습득한다: 기
어떤 사람이 실패한다: 실

1. (교∧기)→~실	전제
2. 기∧실	전제 /∴ ~교
3. 실	2 단순화
4. ~(교∧기)	3, 1 후건부정
5. ~교∨~기	4 드 모르강
6. 기	2 단순화
7. ~교	6, 5 선언삼단논법

예3)
김씨가 도망한다면 그는 결백하여 감옥에서 석방된다는 것은 거짓이다.
만일 그가 소지품을 조사하도록 한다면 그는 결백하다.
만일 그가 결백하다면 감옥에서 석방된다.
그는 소지품을 조사하도록 할 것이다.
그러므로 그는 도망하지 않을 것이다.

다음과 같이 약어로 기호화하여 추리하자.
김씨는 도망한다: 도
김씨는 결백하다: 결
김씨는 감옥에서 석방된다: 석
김씨는 소지품을 조사하도록 한다: 소

1. 도→~(결∧석)	전제
2. 소→결	전제
3. 결→석	전제
4. 소	전제 /∴ ~도
5. 결	4, 2 전건긍정
6. 석	5, 3 전건긍정
7. 결∧석	5, 6 연언화
8. ~도	7, 1 후건부정

예4)
만일 북한 주민들이 자유를 누리고 있다면 종교적 자유도 누릴 것이다.
만일 북한주민들이 종교적 자유를 누리고 있다면 교회나 사찰은 파괴되지 않았을 것이다.
그러나 북한의 교회와 사찰은 파괴되어 버렸다.

따라서 북한 주민들은 자유를 누리고 있지 않다.

다음과 같이 약어를 사용하여 기호화한 후 추리한다.
북한 주민들이 자유를 누리고 있다:　　　자
북한 주민들은 종교적 자유도 누릴 것이다: 종
교회나 사찰은 파괴되었을 것이다:　　　파

1. 자→종　　　　전제
2. 종→~파　　　 전제
3. 파　　　　　　전제　/∴ ~자
4. ~종　　　　　3, 2 후건부정
5. ~자　　　　　4, 1 후건부정

예5)
만일 그 승용차가 고속도로에서 시속 100km 이상 달리고 있었다든가 그 승용차가 중앙선을 넘어섰다면, 그 운전기사는 교통법규를 어긴 것이다. 그 자동차가 중앙선을 넘지 않았다면 그 기사는 추월하지 못하였다. 그 기사는 교통법규를 어기지 않았다. 그러므로 그 기사는 추월하지 않았다.

다음과 같이 약어를 사용하여 기호화한 후 추리하자.
그 승용차가 고속도로에서 시속 100km 이상 달리고 있었다: 시
그 승용차가 중앙선을 넘어섰다: 중
그 운전기사는 교통법규를 어겼다: 교
그 기사는 추월하였다: 추

1. (시∨중)→교　　전제
2. ~중→~추　　　전제
3. ~교　　　　　　전제　/∴ ~추
4. ~(시∨중)　　　3, 1 후건부정
5. ~시∧~중　　　4 드 모르강
6. ~중　　　　　　5 단순화
7. ~추　　　　　　6, 2 전건긍정

자연 연역은 주어진 전제를 추리 규칙과 동치 규칙을 적용하여 변형할 수 있는 한에서만 유용하다. 전제와 결합되어 있는 결론이 전제로부터 도출 가능하지 않은 경우에는 이 방법

으로 결론을 도출해 내기란 쉽지 않다. 이러한 경우에는 약식 진리표나 진리 나무에 의해 타당성 판별을 하는 것이 더 유용하다.

3-6. 조건적 증명

위에서 이출 원리 또는 연역 정리를 살펴보았다. 우리가 자연 연역을 전개할 때 결론이 조건언으로 되어 있는 경우에는 그 조건을 참이라고 가정하여 추리를 전개할 수 있다. 이를 조건적 증명(conditional proof)이라 한다. 조건적 증명을 사용하면 좀더 간결하게 증명할 수 있다. 결론이 조건언인 경우 전건을 전제로 올려서 논증을 증명할 수 있는데, 여기서 전건에서 전제로 올라가는 명제를 가정된 전제(assumed premise: AP)라고 한다. 여기서는 가정이라고 표기하도록 하겠다.

예1)
만일 민수가 저녁을 산다면 준호가 팁을 지불하고 만일 민수가 저녁을 사지 않는다면 그들은 집으로 돌아갈 것이다. 그런데 만일 그들이 집으로 돌아간다면 민수가 준호에게 화를 낼 것이다. 따라서 만일 준호가 팁을 지불하지 않는다면 민수가 준호에게 화를 낼 것이다.

다음과 약어를 사용하여 기호화하여 증명해 보자.
민수가 저녁을 산다: 민
준호가 팁을 지불한다: 준
그들은 집으로 돌아갈 것이다: 집
민수가 준호에게 화를 낼 것이다: 화

1. (민→준)∧(~민→집)   전제
2. 집→화   전제 /∴ ~준→화
3. ~준   가정
4. 민→준   1 단순화
5. ~민   4, 3 후건부정
6. ~민→집   1 단순화
7. 집   6, 5 전건긍정
8. 화   7, 2 전건긍정
9. ~준→화   3-8 조건적 증명

결론이 가언이 아니더라도 가언으로 변형될 수 있는 논증도 조건적 증명을 사용할 수 있다.

예2)
만일 기후가 좋고 관리도 잘했다면 그 해 농사는 풍년이 되었을 것이다.
그런데 그 해 농사는 풍년이 아니었다.
그러므로 기후도 좋았고 동시에 관리도 잘했다는 것은 거짓이다.

다음과 같이 약어를 사용하여 기호화하고 증명해 보자.
기후가 좋다: 기
관리도 잘했다: 관
그 해 농사는 풍년이 되었을 것이다: 풍

1. (기∧관)→풍   전제
2. ~풍   전제   /∴ ~(기∧관)

위에서 ~(기∧관)은 ~기∨~관과 같고 ~기∨~관은 기→~관과 같다. 따라서 다음과 같이 다시 쓸 수 있다.

1. (기∧관)→풍   전제
2. ~풍   전제   /∴ 기→~관
3. 기   가정
4. ~(기∧관)   1, 2 후건부정
5. ~기∨~관   4 드 모르강
6. ~관   5, 3 선언삼단논법
7. 기→~관   3-6 조건적 증명

4. 한량 논리

한량 논리는 한량 어구가 사용된 명제를 계산하는 논리 체계이다. 한량 어구는 술어 앞에 놓여 술어 계산의 기초 역할을 한다. 이런 점에서 한량 논리는 술어 논리 (Predicate logic) 또는 술어 계산(Predicate calculus)라고 한다. 명제 논리는 단순히 명제의 구조에 의해서 타당성이 결정되었지만, 술어 논리는 술어로 표현된 명제 처리하는 논리 체계이다. 다음과 같은 논증을 예로 살펴보자.

철수는 살아 있다.
그러므로 무엇인가가 살아 있다.

축구는 공격적이고 권위적이다.
그러므로 무엇인가는 공격적이고 권위적이다.

위의 두 논증은 명제 논리로 처리될 수 없다. 전제로부터 결론을 이끌어낼 수 있는데, 그렇게 할 수 있는 논리 체계가 필요하다. 이 논증들에서는 존재 일반화를 인정하는 한량 논리에서 가능하다.

한량 논리 체계의 기본 이론부터 살펴보자.

4-1. 단칭 명제와 일반 명제

단칭 명제란 'a는 ----이다' 라는 형식을 지닌 것으로, 여기서의 a를 단칭 명사라 한다. 단칭 명사란 오직 하나의 대상에 대해서만 참이 될 수 있는 명사를 가리킨다. 고유명사, 한정 기술구, 지시적 표현 등이 모두 단칭 명사의 예이다. 삼단논법에서 '철수는 살아 있다' 와 같은 단칭 명제는 전칭 긍정 명제로 처리할 수 있었다. 즉 '철수와 같은 모든 것은 살아 있다' 는 식이었다.

이와 같은 명제를 다루는 자연스러운 방법은 '철수' 와 같은 단칭 명사를 영어 소문자 c로 바꾸고 '살아 있다' 와 같은 술어를 대문자로, 예컨대 L로 바꾸어놓는 방식이다. 그러면 '철수는 살아 있다' 는 명제를 Lc라고 기호화할 수 있다. 이 기호에서 c는 철수를 가리키며 L은 살아 있다는 술어를 가리킨다. 한량 논리에서 일반적으로 술어를 먼저 쓰고 해당 항들을 뒤에 쓴다. 앞으로 계속 살펴보게 되겠지만 술어는 단항 술어도 있지만 이항 술어, 삼항 술어 등 임의의 n항 술어도 있다. n항 술어의 경우 술어 다음에 n개의 항이 쓰이게 된다. 가장 단순한 단항 술어의 예를 좀 더 살펴보자.

한국의 현재의 대통령은 개신교도이다.
이 여성은 미혼이다.

위의 명제들은 단칭 명사로 표현될 수 있다. 한국의 현재의 대통령은 확정 기술구로서 그에 해당하는 인물은 한 사람뿐이다. 이 여성에서 '이'는 단칭 지시어로서 오로지 한 명의 사람을 가리키므로 단칭 명사이다. '개신교도이다'와 '미혼이다'는 단항 술어이다. 따라서 위 문장을 기호로 나타내면 다음과 같이 쓸 수 있다. 한국의 현재의 대통령을 k로 나타내고, 개신교도이다를 C로 나타내고, 이 여성을 g로, 미혼이다를 S로 나타내면 다음과 같이 기호화된다.

C_k
S_g

이와 같은 식으로 사용한 대문자를 술어 상항(predicate constant)라고 한다. 술어 상항은 변항이 아니며, 단순히 술어에 대한 기호일 뿐이다. 술어가 변항으로 간주되면 이차 논리(second-order)가 되며 아주 복잡해지므로 술어 계산에서는 술어 변항을 설정하지 않는다. 한편 소문자는 개체 상항(individual constant)라고 한다. 개체 상항 역시 변항이 아니며, 단순히 단칭 명사에 대한 약호일 뿐이다.

이제 필요한 또 다른 종류의 문자는 개체 변항(individual variable)이다. 개체 변항은 x, y 등의 문자를 사용하도록 한다. 개체 변항은 개체 상항이 나타나는 자리에 놓을 수 있다. 예컨대, C_x, S_y 와 같은 방식으로 사용한다. 이것은 'x는 개신교도이다', 'y는 미혼이다'와 같이 읽을 수 있다. 이와 같은 표현을 열린 명제라고 한다.

열린 명제는 다음과 같은 두 가지 방식으로 명제가 될 수 있다. 첫번째 방식은 개체 변항을 개체 상항으로 바꾸는 방식이다. C_x에서 x를 k로 바꾸면 C_k가 된다. x를 개체 상항으로 바꾸어놓을 수 있다는 것은 그것이 개체 변항임을 말해준다. 즉 개체에 대한 이름을 넣을 수 있는 자리라는 것을 나타낸다. 그래서 그것에 개체 변항이라는 이름을 붙여준 것이다.

4-2. 보편 한량과 존재 한량

C_x와 같은 열린 명제로부터 하나의 명제를 얻는 두번째 방식은 그 앞에 다음과 같은 한량 어구를 놓은 것이다. 이것은 일반 명제에 한량 어구를 다음과 같이 표현한 것이다.

모든 *x*에 대해 -----이다.
약간의 *x*에 대해 -----이다.

위의 첫번째 것을 보편 한량(univerasal quantification)이라 부르고 두번째 것을 존재 한량(existential quantification)이라 부른다. 이것들을 기호로 다음과 같이 쓴다. 이것을 기호로 간략히 다음과 같이 나타낸다.

보편 한량 기호: (*x*)
존재 한량 기호: (∃*x*)

이러한 한량 기호 다음에 술어와 개체 변항을 연결하여 쓰면 완전한 한량 표현을 기호를 쓸 수 있게 된다.
다음과 같은 고전 논리학의 정언 명제를 네 가지를 이제 기호화하고 그 의미를 덧붙여 보자.

A: 모든 S는 P다.　　　　　(*x*)(S*x*→P*x*)　　모든 *x*에 대해서 *x*가 S라면 그것은 P다
E: 어느 S도 P가 아니다.　　(*x*)(S*x*→~P*x*)　모든 *x*에 대해서 *x*가 S라면 그것은 P가 아니다
I: 약간의 S는 P다.　　　　　(∃*x*)(S*x*∧P*x*)　S이면서 P인 *x*가 적어도 하나 있다
O: 약간의 S는 P가 아니다.　(∃*x*)(S*x*∧~P*x*)　S이면서 P가 아닌 *x*가 적어도 하나 있다

지금까지 나타낸 일반 명제는 단항 한량 술어로 되어 있는 것이었다. 앞에서 술어에 항이 두 개, 세 개, 임의의 n 개가 있을 수 있다고 하였다. 항의 개수에 따라 단항 술어, 이항 술어, 삼항 술어, n 항 술어라고 한다. 아래에 사항 술어까지 예를 들어 보겠다.

　이항 술어: x는 y를 사랑한다(L_{xy}). x=y, x는 y의 형이다, x〉y
　삼항 술어: x는 y에게 z을 주었다(G_{xyz}), x+y=z, x는 y와 z 사이에 있다
　사항 술어: x는 y나 z보다 w에 더 가깝다(C_{xyzw})

이항 술어 이상에서 나타나는 것은 항들의 관계이다. 따라서 확장된 술어 논리는 관계 논리가 된다. 관계 논리는 한량 논리의 발전 형태이므로 일항 술어 논리 다음에서 더 다루기로 한다.

4-3. 보편 한량과 존재 한량의 동치 변형

우리가 다루어 온 정언 명제의 의미를 한량 표현으로 나타내면 더 이해하기 쉽다. 존재 명제는 해당 술어에 적용을 받는 그러한 개체가 적어도 하나는 있음을 의미하는 것을 위에서 살펴보았다. 보편 명제에 대해서는 모순 대당 관계를 이용하여 다음과 같이 의미를 명료히 할 수 있다.

A: 모든 S는 P다. $(x)(Sx \rightarrow Px)$ ≡ $\sim(\exists x)(Sx \wedge \sim Px)$
E: 어느 S도 P가 아니다. $(x)(Sx \rightarrow \sim Px)$ ≡ $\sim(\exists x)(Sx \wedge Px)$

위와 같이 보편 한량은 존재 한량을 사용하여 동치 변형됨을 볼 수 있다.

4-4. 한량 기호를 여타 문장에 응용하기

한량 기호를 이용하면, 정언 명제 외의 많은 명제들을 기호화할 수 있다. 예컨대 다음 문장을 기호로 나타내 보자.

예1)
여성은 미모가 있는 경우 그리고 오직 그 경우에만 선거에서 이길 수 있다.

이 명제를 기호화하면 다음과 같다. 'x는 여성이다'를 Wx, 'x는 선거에서 이긴다'를 Ix, 'x는 미모가 있다'를 Lx로 표기할 경우, 위 문장은 다음과 같이 기호화된다.

$(x)[Wx \rightarrow (Ix \equiv Lx)]$

예2)
어떤 책들은 오직 삽화가 들어 있는 경우에만 읽을 수 있다.

'x는 책이다'를 Bx로, 'x는 읽을 수 있다'를 Rx로, 'x는 삽화가 들어 있다'를 Ix로 표기할 때 예2)는 다음과 같이 기호화된다.

$(\exists x)[Bx \wedge (Rx \rightarrow Ix)]$

예3)
어떤 것이든 그것은 그것이 오직 불법적이거나 비도덕적이거나 살찌게 하는 것일 경우에만 즐거운 것일 뿐이다.

'x는 즐거운 것이다'를 P_x, 'x는 불법적이다'를 I_x, 'x는 비도덕적이다'를 M_x, 'x는 살찌게 한다'를 F_x로 표기하면 예3)은 다음과 같이 기호화된다.

$(x)[P_x \rightarrow (I_x \lor M_x \lor F_x)]$

위의 기호화된 표현에서 한량 기호가 보편 한량으로 되어 있음을 유의하라. 왜냐하면 예문에서 '어떤 것이든 그것은'은 특별한 존재를 의미하는 것이 아니라 그러그러한 모든 것을 의미하는 것이기 때문이다.

예4)
어떤 것은 오직 어떤 사람들이 신을 사랑하는 경우에만 가치 있을 뿐이다.

'x는 가치가 있다'를 V_x, 'x는 사람이다'를 P_x, 'x는 신을 사랑한다'를 G_x로 표기하면, 예4)는 다음과 같이 기호화된다.

$(\exists x)V_x \rightarrow (\exists x)(P_x \land G_x)$로 기호화할 수 있다.

예4)의 한량 기호는 존재 한량 기호이다. 그것은 가치가 있는 모든 것에 대한 진술이 아니라, 가치가 있는 특정한 것에 대해서 진술하는 문장이기 때문에 예3)의 보편 한량과는 다른 존재 한량으로 표현된 것이다.

4-5. 보편 예화와 존재 예화

일반 명제가 사용되었을 때, 그 명제에 의해 지시되는 대상이 존재한다. 이와 같은 대상의 집합을 '대상 영역'이라 한다. 어떤 대상 영역을 찾아내는 가장 편리한 방법은 한량 기호를 사용해 바꿔쓴 일반 명제에서 그 대상 영역을 찾는 것이다. 대상 영역이란 곧 그 변항이 미치는 대상들의 집합을 말한다. 그러한 대상을 택해서 개체 변항에 대입하는 것을 예화라고 한다. 보편 한량에 대해 예화하는 것을 보편 예화(universal instantiation, 줄여서 UI)라 하고 존재 한량에 대해 예화하는 것을 존재 예화(existential instantiation, 줄여서 EI)라 한다.

먼저 보편 예화부터 살펴보자.

(1) $(x)F_x$

'x'가 n개의 유한 집합에 걸쳐 있다고 하면, 모든 x가 F라고 하는 것은 곧 유한개의 x 각각이 F임을 말하는 것이다. (1)은 술어 'F'가 x 각각에 대해 참임을 긍정하는 것이다. 이제 그러한 개체 각각이 이름을 갖고 있다고 가정하고, 그 이름을 $a_1, a_2, \cdots, a_n$이라 하자. 어떤 대상 영역에서 개체들의 이름이 개체 상항이다. 이러한 개체 상항을 이용하여 (1)을 진리 함수적 복합 명제로 표현하면 다음과 같이 유한개의 연언으로 표현된다. 이렇게 보편 한량 기호에 대해서 개체 상항을 대입하여 전개하는 방식을 보편 예화라 하며, 그것은 다음과 같이 연언으로 표현된다.

$Fa_1 \wedge Fa_2 \wedge \cdots \wedge Fa_n$

"모든 사람은 약하다"라는 명제는 "$(x)(사_x \to 약_x)$"로 기호화된다. 이것에 예화를 해보자. 사람의 집합은 {a, b}라고 하자. 그러면 이 명제는 "$(사_a \to 약_a) \wedge (사_b \to 약_b)$"로 예화된다. 이와 같이 술어에 적용되는 대상들의 집합을 선택집합이라 하고, 대상이 선택되어 서술된 문장을 상태기술이라 한다. 이러한 방법은 명제가 참인지 거짓인지를 가능한 세계들의 모형에 근거하여 결정하는 방법으로 가능세계 의미론 또는 모형이론적 의미론이라 한다.

다음으로 존재 예화를 살펴보자.

(2) $(\exists x)F_x$

여기서의 존재 한량에 대해서도, (1)에서와 같은 유한개의 개체가 있다고 하자. (2)는 F인 것이 적어도 하나만 있으면 진술되는 것이므로 다음과 같이 선언으로 전개된다.

$Fa_1 \vee Fa_2 \vee \cdots \vee Fa_n$

"약간의 여성은 단발머리다"라는 명제는 "$(\exists x)(여_x \wedge 단_x)$"로 기호화된다. 이것에 여성의 집합이 {$a$, b}라고 하자. 그러면 이 명제는 "$(여_a \wedge 단_a) \vee (여_b \wedge 단_b)$"로 예화된다.

존재 예화를 할 때 제약 조건 세 가지는 다음과 같다.

제약 조건 1: 존재 예화를 적용할 때 논증의 전제 중에 나타나 있는 개체 상항을 사용해서는 안 된다.

제약 조건 2: 존재 예화를 적용할 때 이미 앞서 존재 예화를 적용함으로써 증명 내에 들어 온 개체 상항을 사용해서는 안 된다.

제약 조건 3: 존재 예화를 적용할 때 결론에 나타나는 개체 상항을 사용해서는 안 된다.

이와 같이 제시된 일상언어의 명제를 한량 기호를 사용한 명제로 변환한 다음 추론을 하기 위해서는 예화를 하게 된다. 예화를 하고 추리 규칙을 적용하여 추론한 다음에, 다음에서 살펴볼 일반화를 하여 결론을 도출시킨다.

4-6. 보편 일반화와 존재 일반화

일항 술어 논리에서 자연 연역 체계를 다루어 가자. 술어 논리에 대한 만족할 만한 규칙 체계는 두 가지 조건을 충족시켜야만 한다. 즉 그것은 건전하고 완전해야만 한다. 그 체계가 건전하다는 것은 그 규칙들을 적용함으로써 부당한 일항 술어 논증을 타당한 것으로 잘못 밝히는 일이 없어야 한다는 것을 뜻한다. 그 체계가 완전하다고 하는 것은 그 체계가 타당한 일항 술어 논증 모두를 타당한 것으로 밝히기에 충분할 만큼 강력함을 의미한다.

술어 논리에서 이러한 요건을 갖춘 규칙은 이미 위에서 살펴본 보편 예화와 존재 예화를 포함하여 추론 결과를 일반화하는 규칙 두 개, 즉 보편 일반화(universal generalization, 줄여서 UG)와 존재 일반화(existential generalization, 줄여서 EG)이다.

보편 일반화는 보편 명제에 대해 예화를 한 경우에 한해서만 허용되는 일반화이다. 즉 Fa라는 예화가 있었다면 $(x)F_x$로 보편 일반화한다.

보편 일반화를 할 때 주의해야 할 제약 조건은 다음과 같다.

보편 일반화 제약 조건 1: 보편 일반화를 적용할 때 변항으로 대체한 개체 상항은 그 어느 전제에도 나타날 수 없다.

보편 일반화 제약 조건 2: 개체 상항은 존재 예화에 의해 증명 내로 도입될 수 없다.

존재 일반화는 Fa라는 예화로부터 $(\exists x)F_x$로 일반화하는 것을 말한다.

추리 과정 중 예화를 통해 나타나는 단칭 명제에 대해서 보편 일반화를 적용할지 존재 일반화를 적용할지에 대해서 주의해야 한다. 존재 일반화는 어떠한 단칭 명제로부터 일반화하더라도 논리적 비약이 없으므로 타당성이 인정된다. 하지만 보편 일반화는 논리적 비약(다른 말로 해서 귀납적 비약)이 발생하는 경우에는 오류가 되므로, 특정 단칭 명제가 보편 예화를 통해 발생되었을 경우에만 보편 일반화가 허용된다는 점을 반드시 유의하라.

구체적인 논증 실례를 가지고서 한량 논리 체계에 따라 자연 연역을 해보자.

예1)
모든 인간은 실패자이다.
모든 실패자는 하느님에게 거부당한다.
철수는 인간이다.
그러므로 철수는 하느님에게 거부당한다.

위 논증을 기호로 변환하여 추리하면 다음과 같다.
1. $(x)(인x \to 실x)$ 전제
2. $(x)(실x \to 하x)$ 전제
3. $인_철$ 전제
4. $인_철 \to 실_철$ 1, 보편 예화
5. $실_철 \to 하_철$ 2, 보편 예화
6. $인_철 \to 하_철$ 4, 5 가언삼단논법
7. $하_철$ 5, 3 전건긍정식

예2)
모든 전쟁은 부당하다.
어떤 것들은 전쟁이다.
그러므로 어떤 것들은 부당하다.

위 논증을 기호로 변화하여 추리하면 다음과 같다.
1. $(x)(전x \to 부x)$ 전제
2. $(\exists x)전x$ 전제
3. $전_a \to 부_a$ 1, 보편 예화
4. $전_a$ 2, 존재 예화
5. $부_a$ 4, 3 전건긍정
6. $(\exists x)부x$ 5 존재 일반화

예3)
약간의 학생들은 제자이다.
모든 제자는 그의 스승을 사랑한다.
그러므로 야간의 학생들은 그의 스승을 사랑한다.
위 논증을 기호로 변화하여 추리하면 다음과 같다.
1. $(\exists x)(학x \land 제x)$ 전제
2. $(x)(제x \to 사x)$ 전제

3. 학a ∧ 제a 1, 존재 예화
4. 제a → 사a 2, 보편 예화
5. 제a 3, 단순화
6. 사a 5, 4 전건긍정
7. 학a 3, 단순화
8. 학a ∧ 사a 7, 6 연언화
9. (∃x)(학x ∧ 사x)   8, 존재 일반화

(예4)
모든 사람은 마르크스주의자거나 자본주의자이다.
어느 아랍인도 마르크스주의자가 아니다.
그러므로 모든 아랍인은 자본주의자이다.

1. (x)(마$_x$ ∨ 자$_x$)   전제
2. (x)(아$_x$ → ~마$_x$)   전제
⎡ 3. 아a 가정
⎢ 4. 아a → ~마a 2, 보편 예화
⎢ 5. ~마a 4, 3 전건긍정
⎢ 6. 마a ∨ 자a 1 보편 예화
⎣ 7. 자a 6, 5 선언삼단논법
8. 아a → 자a 3-7 조건적 증명
9. (x)(아$_x$ → 자$_x$)   8, 보편 일반화

4-7. 한량 논리에서의 진리 나무 방법

한량 논리에서는 예화를 통해서 타당성을 판별해야 하는데, 예화의 대상이 두 개, 세 개 등으로 늘어나면 예화된 전체 논증이 길어져서 진리표 작성 방법이나 약식 진리표 방법을 적용하기에 불편하다. 그나마 다행인 것은 예화의 개체를 보통 한 개나 두 개로 하게 되는데, 한 개라면 명제 논리에서와 같이 약식 진리표 방법을 사용하여 타당성을 검증할 수 있다. 두 개만 되어도 논증의 길이가 길어져 타당성 판별하는 데 주의를 기울여야 하고 시간 소요가 많이 된다. 진리표 작성 방법이나 약식 진리표 방법보다 진리 나무를 그려 타당성을 판별하는 것이 그나마 간결하고 시간 소요가 적다.

예1)
1. $(\exists x)(P_x \land Q_x)$
2. $(\exists x)(P_x \land R_x)$ / $\therefore$ $(\exists x)(Q_x \land R_x)$

진리 나무 방법을 사용하기 위해서는 결론을 부정하여 그림을 그려야 한다. 결론 $(\exists x)(Q_x \land R_x)$의 부정은 $\sim(\exists x)(Q_x \land R_x)$이다. 이것은 $(x)\sim(Q_x \land R_x)$와 동치이다. 이것에 드 모르강 법칙을 적용하면 $(x)(\sim Q_x \lor \sim R_x)$가 된다. 논증을 예화하고 결론의 부정과 연결하여 다음과 같이 세로로 쓸 수 있다.

1. $P_a \land Q_a$ 1, 존재 예화
2. $P_b \land R_b$ 2, 존재 예화
3. $(\sim Q_a \lor \sim R_a) \land (\sim Q_b \lor \sim R_b)$ 부정된 결론, 보편 예화

이와 같이 예화된 식을 가지고서 진리 나무를 그리면 다음과 같다.

P_a
Q_a
P_b
R_b
    ╱ ╲
$\sim Q_a$ $\sim R_a$
 ×   ╱╲
    $\sim Q_b$ $\sim R_b$
    ○   ×

이 진리 나무에서 두번째 가지에서는 모순이 발생하지 않기 때문에 이것은 개연 논증이며 타당하지 않다. 예1)은 고전 논리학의 분석에 따르면 양특칭 전제의 오류에 해당하는 것이다.

예2)
1. $(x)(P_x \rightarrow Q_x)$
2. $(\exists x)(P_x \wedge R_x)$ /∴ $(\exists x)(Q_x \wedge R_x)$
3. $\sim P_a \vee Q_a$ 1, 실질함축동치변형, 보편 예화
4. $P_a \wedge R_a$ 2, 존재 예화

결론 $(\exists x)(Q_x \wedge R_x)$의 부정은 $\sim(\exists x)(Q_x \wedge R_x)$이다. 이것은 $(x)\sim(Q_x \wedge R_x)$와 동치이다. 이것에 드 모르강 법칙을 적용하면 $(x)(\sim Q_x \vee \sim R_x)$가 된다. 이것을 보편 예화하면 $\sim Q_a \vee \sim R_a$가 된다. 이상을 가지고서 진리 나무를 그리면 다음과 같다.

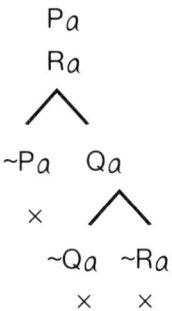

위의 진리 나무에서 보듯이 모든 가지에서 모순이 발생하므로 이 논증은 타당하다. 이 논증은 정언삼단논법으로 분석하자면 3격의 AII식으로서 타당하다.

예3)
1. $(x)(M_x \rightarrow (N_x \wedge O_x))$
2. $(\exists x)(P_x \wedge N_x)$
3. $(\exists x)(P_x \wedge \sim O_x)$ /∴ $(x)(M_x \rightarrow \sim P_x)$
4. $\sim M_a \vee (N_a \wedge O_a)$ 1, 실질함축동치변형, 보편 예화
5. $P_a \wedge N_a$ 2, 존재 예화
6. $P_b \wedge \sim O_b$ 3, 존재 예화

결론 $(x)(M_x \rightarrow \sim P_x)$을 부정하면 $\sim(x)(M_x \rightarrow \sim P_x)$가 된다. 이것은 $(\exists x)\sim(M_x \rightarrow \sim P_x)$와 동치이다. 이것을 실질함축 동치 변형을 하면 다음이 된다. $(\exists x)\sim(\sim M_x \vee \sim P_x)$. 이것에 드 모르강 법칙을 적용하면 $(\exists x)(M_x \wedge P_x)$가 된다. 이것은 제삼의 존재 명제이므로 개체 c로 예화하면 $M_c \wedge P_c$가 된다. 이상에서 예화된 것을 가지고서 진리 나무를 그리면 다음과 같다.

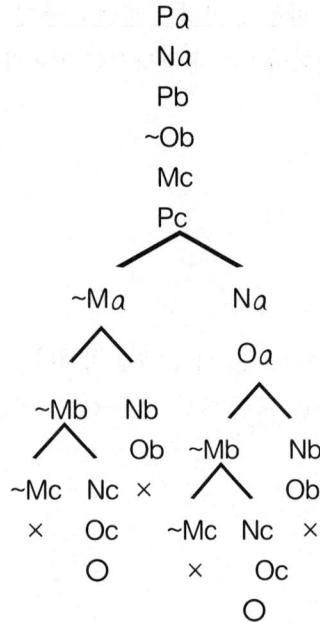

이 진리 나무에서 첫번째, 세번째, 네번째, 및 여섯번째 가지는 모순을 일으키지만, 두번째 와 다섯번째 가지는 모순을 일으키지 않는다. 따라서 이 논증은 개연 논증이며 부당하다.

5. 관계 논리

5-1. 관계 논리 개요

앞의 한량 논리에서 이항 술어, 삼항 술어 등, 일항 술어가 아닌 임의의 n 항 술어는 항들의 관계를 드러낸다고 말한 바 있다. 관계를 드러내는 명제를 관계 명제라 하는데, 이것은 둘 이상의 개체들이 갖는 특정한 상호 관계에 대하여 긍정 또는 부정을 하는 것이다. "나는 너의 형이다", "대전은 서울과 부산 사이에 있다" 등의 명제는 관계 명제이다. 관계 명제는 개체들 간의 관계만을 나타내는 것이 아니라, 개체 변항 간의 관계를 나타내는 것일 수도 있다. 이럴 때는 개체 변항을 양화함으로써 "약간의" 개체나 "모든" 개체와의 관계를 표현한다. 예를 들어, "소크라테스는 어느 아테네 사람보다도 현명했다", "갑은 을에게 어떤 부동산중개업자를 소개했다", "자신의 한계를 인식하지 못하는 사람은 누구나 아무에게서도 존경받지 못한다" 등이 관계 명제이다.

이항 이상을 나타내는 술어는 항들간의 관계를 나타내므로 우리는 관계 논리를 이용하여 명제의 의미가 같은지 다르다면 어떻게 다른지를 파악할 수 있다. 다음 두 명제를 비교해 보자.

(1) 모든 남자는 모든 여자를 사랑한다.
(2) 모든 여자는 모든 남자의 사랑을 받는다.

위의 두 명제는 각각 다음과 같이 기호화된다.
(1)′ $(x)(Mx \rightarrow (y)(Wy \rightarrow Lxy)$
(2)′ $(y)(Wy \rightarrow (x)(Mx \rightarrow Lxy)$

여기서 "Mx"는 "x는 남자이다", "Wy"는 "y는 여자이다", "Lxy"는 "x는 y를 사랑한다"이다. 한편 (2)에서의 수동 표현을 고려하여 그것은 다음과 같이 기호화할 수도 있다.

(2)″ $(x)(Wx \rightarrow (y)(My \rightarrow Lyx)$

여기서 "Wx"는 "x는 여자이다", "My"는 "y는 남자이다", "Lyx"는 "y는 x의 사랑을 받는다"이다.

위의 두 명제는 (1)′과 (2)′으로 기호화되면 서로 같은 의미를 가지고 있음을 알 수 있다. 왜냐하면 이 두 명제는 같은 기호로 되어 있으며 이 두 명제의 진리값도 같기 때문이다. 즉 남자의 원소 모두와 여자의 원소 모두를 대입하여 전개하면 동일한 상태 기술이 되며 관계 술어에서 서로 원소의 자리가 바뀌어도 성립하는 대칭 관계에 있기 때문이다. 하지만 (2)를 (2)″으로 기호화하면 (2)″은 (1)′과 같은 기호로, 즉 같은 순서의 항으로 표현되어 있지 않기 때문에 외견한 동일한 의미를 갖는 것으로 판단할 수 없다. 즉 이 경우는 Lxy와 Lyx에서 대칭 관계가 파악되지 않는다.

대칭 관계가 파악되지 않으면 같은 의미를 갖는 것이 아님을 다음의 예를 통해서 살펴보자.

(3) 모든 남자는 어떤 여자를 사랑한다.
(4) 어떤 여자는 모든 남자의 사랑을 받는다.

위의 두 명제는 다음과 같이 기호화된다.

(3)′ $(x)[(Mx \rightarrow (\exists y)(Wy \land Lxy)]$
(4)′ $(\exists y)[(Wy \rightarrow (x)(Mx \rightarrow Lxy)]$

위의 두 명제가 서로 다른 진리치를 갖는다는 것은 (3)은 참이지만 (4)는 참이 되지 않는 사례를 제시하면 된다. 간략하게 논의하기 위해서 대상 집합의 원소를 두 개로 한정하자. 그러면 남자=$\{m_1, m_2\}$, 여자=$\{w_1, w_2\}$가 있다고 하자. 이때 w_1만이 두 남자가 사랑한다고 하자. 그러면 (3)′의 전개식은 다음과 같다. 여기서 전개식이란 해당 원소를 대입하여 펼쳐놓은 세계의 상태를 의미한다. (3)′의 전개식은 (3)″이며, (4)′의 전개식은 (4)″이다.

(3)″ $\{Lm_1w_1, Lm_2w_1\}$
(4)″ $\{Lm_1w_1, Lm_2w_1\}$

이러한 경우라면 두 문장의 의미는 같은 것으로 드러난다. 왜냐하면 남자 각각, 즉 모두, 즉 m_1과 m_2가 어떤 여자, 즉 한 여자 w_1을 똑같이 사랑하고 그 때 어느 한 여자, 즉 w_1은 모든 남자의 사랑을 받는 상태이기 때문이다.

하지만 (3)의 의미는 다음과 같이 달라질 수 있다.

(3)‴ $\{Lm_1w_1, Lm_2w_2\}$

즉 m_1은 w_1을 사랑하고 m_2은 w_2을 사랑한다. 이 경우에 (4)는 참이 되지 않는다.

5-2. 관계 논리 논증의 타당성 판별

한량 논리 논증의 타당성을 판별하는데, 진리표 작성과 약식 진리표 방식은 사용하기에 불편하며 진리 나무를 그리는 방식이 그 중 제일 효과적이라고 말한 바 있다. 관계 논리 논증의 증명에 대해서도 똑같으므로 진리 나무 방법을 사용하여 논증의 타당성을 밝혀보자.

예1)
어떤 사람은 적어도 한 사람에게서 매력을 느끼는 모든 사람에게 매력을 준다.
모든 사람은 적어도 한 사람에게서 매력을 느낀다.
따라서 어떤 사람은 모든 사람에게 매력을 준다.

위 논증은 다음과 같이 기호화된다.

1. $(\exists x)(y)[((\exists z)Ayz \to Ayx]$
2. $(y)[(\exists z)Ayz]$ /∴ $(\exists x)(y)(Ayx)$
3. $(\exists x)(y)[(z)(\sim Ayz \lor Ayx]$ 1, 실질함축의 동치, 한량논리의 동치

결론 $(\exists x)(y)(Ayx)$을 부정하면 $\sim(\exists x)(y)(Ayx)$이 된다. 이것에 한량 논리의 동치를 적용하면 $(x)\sim(y)(Ayx)$가 된다. 다시 한번 한량 논리의 동치를 적용하면 $(x)(\exists y)\sim Ayx$가 된다. 전체를 일목요연하게 볼 수 있도록 결론의 부정을 4번에 쓰자.

4. $(x)(\exists y)\sim Ayx$ 결론의 부정, 결론에 한량 논리 동치 규칙 두 번 적용

그러면 2, 3, 4에 대해 예화를 하고 진리 나무를 그리면 된다. 예화를 함에 있어 한량 기호가 두 개나 세 개가 중첩되어 있으므로 존재 예화부터 하자.

5. $(y)[(z)(\sim Ayz \lor Aya)]$ 3, 존재 예화
6. $(y)Ayb$ 2, 존재 예화
7. $(x)\sim Acx$ 4, 존재 예화

개체 상항이 a, b, c로 발생했으므로, 이것들을 보편 예화에 이용한다.

8. $(z)(\sim Aaz \lor Aaa) \land (z)(\sim Abz \lor Aba) \land (z)(\sim Acz \lor Aca)$ 5, 보편 예화
9. $[(\sim Aaa \lor Aaa) \land (\sim Aba \lor Aba) \land (\sim Aca \lor Aca)] \land$
   $[(\sim Aab \lor Aaa) \land (\sim Abb \lor Aba) \land (\sim Acb \lor Aca)] \land$
   $[(\sim Aac \lor Aaa) \land (\sim Abc \lor Aba) \land (\sim Acc \lor Aca)]$ 8, 보편 예화

10. A_ab∧Abb∧Acb   6, 보편 예화
11. ~Aca∧~Acb∧~Acc   7, 보편 예화

위의 9번은 너무 길며 따라서 그대로 다 그리면 진리 나무 자체가 길어진다. 진리 나무에서 연언으로 된 명제는 한 가지로 그려지므로 그 중 어느 하나라도 모순이 있게 되면 그 가지 전체가 "×"로 닫히게 된다. 10에서 Acb와 11에서 ~Acb가 모순이 된다. 9번의 첫번째 연언지의 앞 두 연언지까지만을 취하여 그림을 간략히 생략하여 그리면 다음과 같다.

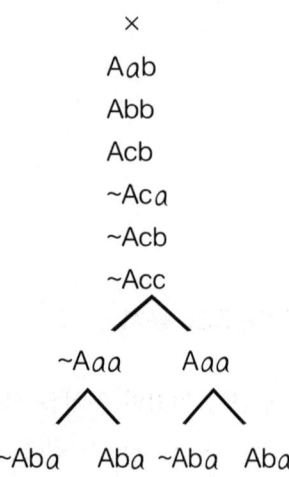

위 진리나무에서 모순을 검사한 결과를 맨 위에 표기하였다. 줄기에서 이미 모순이 있으므로 어느 가지에서도 모순이 된다. 진리 나무를 그릴 때, 이와 같이 거꾸로 선 모양으로도 그릴 수 있다.

이 예에서처럼, 일반적으로 관계 논리 논증의 진리 나무를 간략하게 그리기 위해서는 보편 예화의 단계에서 같은 종류의 관계는 같은 개체들에 의해 맺어지도록 예화해 주어야 간편해진다. 아래의 예를 통해서 확인해 보자.

예2)
1. (x)[(∃y)Ryx→(z)Rxz]   /∴ (y)(z)(Ryz→Rzy)
2. (x)[~(∃y)Ryx∨(z)Rxz]   1, 실질함축동치
3. (x)[(y)~Ryx∨(z)Rxz]   2, 한량논리동치
4. ~(y)(z)(Ryz→Rzy)   결론 부정
5. (∃y)~(z)(Ryz→Rzy)   5, 한량논리동치

6. (∃y)(∃z)~(Ryz→Rzy)   5, 한량논리동치
7. (∃y)(∃z)~(~Ryz∨Rzy)   6, 실질함축
8. (∃y)(∃z)(Ryz∧~Rzy)   7, 드 모르강

이상과 같이 명제 변형을 하여 3번과 8번만을 가지고서 예화하여 진리 나무를 그린다.
3. (x)[(y)~Ryx∨(z)Rxz]
8. (∃y)(∃z)(Ryz∧~Rzy)

먼저 8번에 y에는 a, z에는 b를 대입하여 예화하면 다음과 같다.
8′. Rab∧~Rba   8, 존재 예화
3′. (x)[~Rax∨(z)Rxz]   3, 보편 예화, 전제에서 y에 존재 한량이 있었기 때문
3″. (x)[(~Rax∨Rxa)∧(~Rax∨Rxb)]   3′, 보편 예화
3‴. [(~Raa∨Raa)∧(~Raa∨Rab)]∧[(~Rab∨Rba)∧(~Rab∨Rbb)]   3″, 보편 예화

예화를 가지고서 진리 나무를 그리면 아래와 같다. 모든 가지에서 모순이 발생하므로 이 논증은 타당하다. 참고로 진리 나무를 그릴 때 이미 줄기나 가지에서 모순이 발생하면 그 줄기나 가지는 더 이상 그릴 필요가 없다. 아래의 그림에서 선언에 대한 나무 가지 갈래는 표시하지 않았다.

```
                        Rab
                        ~Rba
         ~Raa      ~                    Raa
    Raa              Rab      ~Raa      Rab
~Rab    Rba    ~Rab    Rba   x   ~Rab    Rba
  x       x      x       x         x       x
```

(예3)
1. (x)(Rax→Sxb)
2. (∃x)Sxb→(∃y)Sby   /∴ (x)(y)(Rax→Sby)
3. (x)(~Rax∨Sxb)   1, 실질함축
4. ~(∃x)Sxb∨(∃y)Sby   2, 실질함축
5. (x)~Sxb∨(∃y)Sby   4, 한량논리동치
6. ~(x)(y)(Rax→Sby)   결론 부정
7. (∃x)(∃y)~(Rax→Sby)   6, 한량논리동치
8. (∃x)(∃y)~(~Rax∨Sby)   7, 실질함축
9. (∃x)(∃y)(Rax∧~Sby)   9, 드 모르강

10. (x)~Sxb ∨ Sbc   5, 존재 예화
11. Rad ∧ ~Sbe   9, 존재 예화
12. (~Rac ∨ Scb) ∧ (~Rad ∨ Sdb) ∧ (~Rae ∨ Seb)   3, 보편 예화
13. (~Scb ∨ Scc) ∧ (~Sdb ∨ Sdc) ∧ (~Seb ∨ Sec)   10, 보편 예화

```
                            Rad
                            ~Sbe
                ~Rac                        Scb
    ~Rad          Sdb           ~Rad          Sdb
      ×         ~Rae    Seb       ×         ~Rae    Seb
            ~Scb  Scc  ~Scb  Scc         ~Scb  Scc  ~Scb  Scc
           ~S  S ~S  S ~S  S ~S  S      ~S S ~S S ~S S ~S S
           db dc db dc~db dc db dc      db dc db dc db dc db dc
              S     S     S     S       ~S  S ~S  S ~S  S ~S  S
            × ec  × ec  × ec  × ec      eb ec eb ec eb ec eb ec
              ○     ○     ○     ○       ×  ○  ×  ○  ×  ○  ×  ○
```

위의 진리 나무에서 보듯이 진리 나무를 구성하는 명제들이 많으면 아주 복잡해서 파악하기 힘들게 된다. 이 나무 그림의 여섯째 줄부터 공간 문제로 인해 술어 상항과 개체 상항을 분리하여 써놓았음을 주의하라. 이 진리 나무에서 보면 모순을 일크키는 가지도 있고 모순을 일으키지 않는 가지도 있어서 이 논증은 개연 논증이 되며 타당하지 않다.

예4)
1. (x)(Ax→(y)(By→Rxy))
2. (∃x)(Ax ∧ (∃y)~Rxy)   /∴ (∃x)~Bx
3. (x)(~Ax ∨ (y)(By→Rxy))   1, 실질함축
4. (x)(~Ax ∨ (y)(~By ∨ Rxy))   3, 실질함축
5. ~(∃x)~Bx   결론 부정
6. (x)Bx   5, 한량논리 동치
7. Aa ∧ ~Rab   2, 존재 예화
8. Ba ∧ Bb   6, 보편 예화
9. [(~Aa ∨ (~Bb ∨ Rab)] ∧ [~Ab ∨ (~Bb ∨ Rbb)] ∧
   [(~Ab ∨ (~Ba ∨ Rba)] ∧ [~Ab ∨ (~Bb ∨ Rba)]   4, 보편 예화

```
                    Ba
                    Bb
                    Aa
                   ~Rab
  ~Aa    ~Bb    Rab    ~Aa    ~Bb    Rab
   ×     ~Ab     ×      ×      ×      ×
          ×
```

위 진리 나무는 전체를 다 그릴 필요가 없다. 왜냐하면 도중에 모순이 모두 발생하고 있기 때문이다. 따라서 이 논증은 타당하다.

예5)
1. $(x)(Ax \rightarrow (y)(By \rightarrow Rxy))$
2. $(\exists x)(Ax \land (\exists y)\sim Rxy)$ /∴ $(x)\sim Bx$

1. $(x)(Ax \rightarrow (y)(By \rightarrow Rxy))$
2. $(\exists x)(Ax \land (\exists y)\sim Rxy)$ /∴ $(\exists x)\sim Bx$
3. $(x)(\sim Ax \lor (y)(By \rightarrow Rxy))$ 1, 실질함축
4. $(x)(\sim Ax \lor (y)(\sim By \lor Rxy))$ 3, 실질함축
5. $\sim(x)\sim Bx$ 결론 부정
6. $(\exists x)Bx$ 5, 한량논리 동치
7. $Aa \land \sim Rab$ 2, 존재 예화
8. Bc 6, 존재 예화
9. $[(\sim Aa \lor (\sim Bb \lor Rab)] \land [\sim Ab \lor (\sim Bb \lor Rbb)] \land$
   $[(\sim Ab \lor (\sim Ba \lor Rba)] \land [\sim Ab \lor (\sim Bb \lor Rba)]$ 4, 보편 예화

```
                              Bc
                              Aa
                             ~Rab~
 ~                                                                              R
 A                           ~Bb                                                a
 a                                                                              b
 ×    ~Ab                    ~Bb                     Rbb                        ×
      ~Ab   ~Ba  Rba   ~Ab   ~Ba  Rba   ~Ab   ~Ba  Rba   ~Ab   ~Ba  Rba
      ~  ~  R  ~  ~  R  ~  ~  R  ~  ~  R  ~  ~  R  ~  ~  R  ~  ~  R  ~  ~  R
      A  B  b  A  B  b  A  B  b  A  B  b  A  B  b  A  B  b  A  B  b  A  B  b
      b  b  a  b  b  a  b  b  a  b  b  a  b  b  a  b  b  a  b  b  a  b  b  a
      ○  ×  ○  ×  ○  ×  ○  ×  ○  ×  ○  ×  ○  ×  ○  ×  ○  ×  ○  ×  ○  ×  ○  ×
```

이 진리 나무에서 보듯이, 모순이 발생하는 가지도 있지만, 모순이 발생하지 않는 가지도 있어서 이 논증은 개연 논증이며 따라서 타당하지 않다. 예4)와 예5)는 같은 전제이지만 예4)의 결론은 존재 명제이며 예5)의 결론은 보편 명제이다. 전제에서 존재 명제로 제시되어 있으면, 결론에서 부당하게 보편 명제로 끌어내서는 안 된다. 이것은 고전 논리학에서 부당 주연의 오류에 해당하는 것이다.

5-3. 자연 연역으로 결론을 추리하기

관계 논리를 자연 연역으로 추리하는 방법은 한량 논리에서와 동일하다. 한량 논리를 적용하는 데 있어서 항상 주의해야 할 것은 존재 명제를 예화할 때는 항상 새로운 개체 기호를 사용해야 한다는 것과 보편 일반화는 같은 종류의 관계를 같은 개체들이 가질 수 있도록 개체 기호를 선택해서 해야 한다는 것이다.

예1)
1. $(x)((\exists x)(Ryb \land Sxyb) \rightarrow Ax)$
2. $(\exists x)(Txb \land Sxab)$ / ∴ $(x)(Txb \rightarrow \sim Ax) \rightarrow \sim Rab$

위의 예에서는 개체 상항으로 a와 b가 이미 사용되고 있다. 따라서 존재 예화를 할 때 a와 b는 사용해서는 안 된다. 그리고 결론은 조건 명제이므로 조건적 증명법을 이용할 수 있다. 아래와 같이 자연 연역을 해보자.

1. $(x)((\exists x)(Ryb \land Sxyb) \rightarrow Ax)$
2. $(\exists x)(Txb \land Sxab)$ / ∴ $(x)(Txb \rightarrow \sim Ax) \rightarrow \sim Rab$
3. $(x)(Txb \rightarrow \sim Ax)$ 가정
4. $Tcb \land Scab$ 2, 존재 예화
5. $Tcb \rightarrow \sim Ac$ 3, 보편 예화
6. $(\exists x)(Ryb \land Scyb) \rightarrow Ac$ 1, 보편 예화
7. Tcb 4, 단순화
8. $\sim Ac$ 7, 5 전건긍정
9. $(\exists x)(Ryb \land Scyb)$ 8, 6 후건부정
10. $(y) \sim (Ryb \land Scyb)$ 9, 한량논리동치
11. $(y)(\sim Ryb \lor \sim Scyb)$ 10, 드 모르간
12. $\sim Rab \lor \sim Scab$ 11, 보편 예화
13. $Scab$ 4, 단순화
14. $\sim Rab$ 13, 12 선언삼단논법
15. $(x)(Txb \rightarrow \sim Ax) \rightarrow \sim Rab$ 3-15, 조건적 증명

위의 논증에서와 같이 기호화된 관계 논증일 때 우리는 모든 필요한 전제가 다 주어진 것이면 다른 한량 논리의 경우와 같은 방법으로 증명을 할 수 있다. 그러나 일상언어로 된 관계 논리 중에는 필요한 전제들 중에서 너무 당연한 것은 생략되어 있을 경우도 있다. 생략된 전제들이란 주로 어떤 관계의 속성을 나타내는 것인데, 이를 테면 갑이 을의 어머니이고 을은 병의 어머니라면 갑은 병의 어머니가 아니라 할머니이다. 이것은 우리말을 사용하는 사람들이라면 알고 있는 당연한 관계적 사실이다. 관계 논리에서는 이행 관계에 있는 경우에 자연 연역적 추론을 가능하게 하는 경우가 대부분이지만, 바로 위에서 든 예와 같은 경우에는 적용되지 않는다. 그러므로 우리는 우리의 언어적 사용 관습을 유의해야 한다. 예컨대, 아래와 같은 논증은 이러한 관계적 사실을 생략하고 있는 것이다.

예2)
1. 갑은 을의 어머니이다.
2. 을은 병의 어머니이다.
3. 따라서 만일 병이 자기 어머니만 사랑한다면 병은 갑을 사랑하지 않는다.

일상언어로 된 위의 논증이 정당하다는 것은 쉽게 알 수 있다. 그러나 그것을 기호화해서 타당성을 입증하려면 다음과 같은 복잡한 과정을 거쳐야 한다. 먼저 위 논증을 기호화하면 다음과 같다.

1. Mab
2. Mbc /∴ $(Lcb \land (x)(\sim Mxc \rightarrow \sim Lcx)) \rightarrow \sim Lca$

이 논증에서 생략되어 있는 관계적 사실을 기호화해서 보충하면 다음과 같다.

3. $(x)(y)(z)((Mxy \land Myz) \rightarrow \sim Mxz)$ 생략 전제 보충
4. $Lcb \land (x)(\sim Mxc \rightarrow \sim Lcx)$ 가정
5. $(x)(\sim Mxc \rightarrow \sim Lcx)$ 4, 단순화
6. $\sim Mac \rightarrow \sim Lca$ 5, 보편 예화
7. $(Mab \land Mbc) \rightarrow \sim Mac$ 3, 보편 예화
8. $Mab \land Mbc$ 1, 2, 연언화
9. $\sim Mac$ 8, 7 전건긍정
10. $\sim Lca$ 9, 6 전건긍정
11. $Lcb \land (x)(\sim Mxc \rightarrow \sim Lcx) \rightarrow \sim Lca$ 4-10, 조건적 증명

위 논증에서 보충 전제로 사용된 명제가 긍정해 주는 관계적 사실을 이행성(移行性, transitivity) 관계라고 한다. 이행 관계에는 이행적인 것과 비이행적인 것이 있다. 위의 예는 비이행적인 것이다. 이행적 관계의 예는 다음과 같다. A가 B보다 크고, B가 C보다 크다면, A는 C

보다 크다. A가 B보다 나이가 많고, B가 C보다 나이가 많다면, A는 C보다 나이가 많다.

일반적으로, 이행 관계와 비이행 관계를 기호로 나타내면 다음과 같다.

이행　관계:　　$(x)(y)(z)((Mxy \land Myz) \rightarrow Mxz)$
비이행 관계:　　$(x)(y)(z)((Mxy \land Myz) \rightarrow \sim Mxz)$

관계 논리에서 흔히 생략되는 또 하나의 관계적 사실은 대칭성(對稱性, symmetry)에 관한 것이다. 대칭성은 "갑이 을의 형제이면 을은 갑의 형제이다"와 같은 것이다. 반면 "갑이 을의 스승이면, 을은 갑의 스승이 아니다"와 같은 명제는 비대칭 관계의 명제이다.

일반적으로 대칭 관계와 반대칭 관계를 기호로 나타내면 다음과 같다.

대칭　관계:　　$(x)(y)(Rxy \rightarrow Ryx)$
반대칭 관계:　　$(x)(y)(Rxy \rightarrow \sim Ryx)$

다음의 논증에는 대칭 관계에 관한 전제가 생략되어 있다.

예3)
그 축제에 온 모든 남자는 거기에 온 모든 여자와 춤을 추었다. 따라서 그 축제에 온 모든 여자는 거기에 온 모든 남자와 춤을 추었다.

이 논증을 기호화하고 필요한 생략 전제를 보충하여 타당성을 자연 연역으로 추리해 보자.

예3)
1. $(x)((Mx \land Px) \rightarrow (y)((Wy \land Py) \rightarrow Dxy)$ /∴ $(y)((Wy \land Py) \rightarrow (x)((Mx \land Px) \rightarrow Dxy))$
2. $(x)(y)(Dxy \rightarrow Dyx)$ 　　　　　생략 전제 보충
3. $Wy \land Py$ 　　　　　　　　　　　가정
4. $Mx \land Px$ 　　　　　　　　　　　가정
5. $(Mx \land Px) \rightarrow ((Wy \land Py) \rightarrow Dxy)$ 　　1, 보편 예화
6. $(Wy \land Py) \rightarrow Dxy$ 　　　　　5, 4 전건긍정
7. Dxy 　　　　　　　　　　　　　　6, 3 전건긍정
8. $Dxy \rightarrow Dyx$ 　　　　　　　　　2, 보편 예화
9. Dyx 　　　　　　　　　　　　　　8, 7 전건긍정
10. $(Mx \land Px) \rightarrow Dyx$ 　　　　　4-9, 조건적 증명
11. $(x)((Mx \land Px) \rightarrow Dyx)$ 　　　11, 보편 예화
12. $(Wy \land Py) \rightarrow (x)((Mx \land Px) \rightarrow Dyx)$ 　3-11 조건적 증명
13. $(y)((Wy \land Py) \rightarrow (x)((Mx \land Px) \rightarrow Dxy))$ 　12, 보편 일반화

관계 논리에서 생략되는 또 하나의 관계적 사실은 반사성(反射性, reflexivity)이다. 반사성이란 누구든 또는 어느 것이든 자기 자신에 대해서 동일한 관계를 갖는 것이다. "나는 나 자신을 사랑한다"면 "나 자신은 나에 의해 사랑받는다"와 같은 말이다. 흔히 말하는 재귀적 용법에 해당하는 것이 반사 관계이다. 반사 관계를 기호로 나타내면 다음과 같다.

반사　관계:　$(x)(Rxx)$
비반사 관계:　$(x)(\sim Rxx)$

지금까지 설명한 이행성, 대칭성, 및 반사성에 관한 관계적 사실 외에도 자명한 관계라고 볼 수 있는 분석 명제의 주어와 술어 관계 같은 것이 관계 논리에서 생략될 수 있다. "아버지는 남자다"라든가 "대학생은 학생이다"와 같은 것은 자명한 분석 명제에 해당한다. 다음에 제시된 논증은 이러한 분석적 관계와 반사적 관계를 생략한 것이므로 이 두 가지 관계에 관한 생략된 전제들을 보충해서 타당성을 살펴보도록 한다.

(예4)
어떤 범죄자와 이름이 같은 사람은 누구나 불행하다. 그러므로 도둑질을 하는 사람은 누구나 불행하다.

이것은 다음과 같이 기호화된다.

1. $(x)((Px \land (\exists y)(Py \land (\exists z)(Cz \land Cyz) \land Nxy) \rightarrow Ux$
/∴ $(x)((Px \land (\exists z)(Bz \land Cxz))) \rightarrow Ux$

여기서 Px는 "x는 사람이다", Cz는 "z는 범죄이다", Cyz는 "y가 z을 범한다", Nxy는 "x는 y와 이름이 같다", Ux는 "x는 불행하다", Bz는 "z는 도둑질이다"를 나타낸다.

이 논증에서 생략된 전제는 "도둑질은 범죄이다"와 "누구든 자기 자신과 같은 이름을 갖는다"이다. 이것들을 기호화하여 생략 전제로서 보충하고 자연 연역으로 타당성이 있는지를 살펴보자.

1. $(x)((Px \land (\exists y)(Py \land (\exists z)(Cz \land Cyz) \land Nxy) \to Ux)$
   $/\therefore (x)((Px) \land (\exists z)(Bz \land Cxz)) \to Ux$
2. $(x)(Bx \to Cx)$ 생략된 전제 보충
3. $(x)Nxx$ 생략된 전제 보충
4. $Px \land (\exists z)(Bz \land Cxz)$ 가정
5. $(\exists z)(Bz \land Cxz)$ 4, 단순화
6. $Ba \land Cxa$ 5, 존재 예화
7. $Ba \to Ca$ 2, 보편 예화
8. Ba 6, 단순화
9. Ca 8, 7 전건긍정
10. Cxa 6, 단순화
11. $Ca \land Cxa$ 9, 10, 연언화
12. $(\exists z)(Cz \land Cxz)$ 11, 존재 일반화
13. Nxx 3, 보편 예화
14. Px 4, 단순화
15. $Px \land (\exists z)(Cz \land Cxz) \land Nxx$ 14, 12, 13, 연언화
16. $(\exists y)(Py \land (\exists z)(Cz \land Cxz) \land Nxy)$ 15, 존재 일반화
17. $(Px \land (\exists y)(Py \land (\exists z)(Cz \land Cyz) \land Nxy)) \to Ux$ 1, 보편 예화
18. $Px \land (\exists y)(Py \land (\exists z)(Cz \land Cxz) \land Nxy)$ 14, 16, 연언화
19. Ux 18, 17, 전건긍정
20. $(Px \land (\exists z)(Bz \land Cxz)) \to Ux$ 4-19, 조건적 증명
21. $(x)((Px) \land (\exists z)(Bz \land Cxz)) \to Ux$ 20, 보편 일반화

이항 술어의 관계 논리에 의해 동일성을 명료히 할 수 있다. 두 개체가 동일하다는 것은 서로 같은 속성을 갖는다는 것이다. 따라서 다음과 같은 추리가 성립한다.

Px
$x=y$
$\therefore Py$

그리고 하나의 개체는 어떤 특정 속성을 가지고 있는데 다른 개체는 그러한 속성을 가지고 있지 않다면, 그 두 개체는 동일하지 않다. 이러한 비동일성 관계를 추리로 나타내면 다음과 같다.

Px
~Py
∴ x≠y

    동일성에 관한 위의 두 추리 관계는 "동일성 규칙"으로 부를 수 있으며, 관계 논리에서 정리할 수 있다. 다만 동일성에 관한 명제를 포함하는 모든 논증이 다 동일성 규칙을 필요로 하는 것은 아니므로 타당성을 밝히려 할 때 그것을 하나의 추리 법칙으로 사용할 수 있다.
    다음의 예5) 논증은 동일성에 관한 명제를 포함하지만 타당성 검증에서는 동일성 법칙이 필요하지 않다.

예5)
1. (∃x)(Ax∧Rxa∧(y)((Ay∧By)→(x≠y))→~Rxa)∧(z)(Rxz→Bz) /∴ Ba
2. Ab∧Rba∧(y)(((Ay∧By)→(b≠y))→~Rba)∧(z)(Rxz→Bz) 1, 존재 예화
3. (z)(Rxz→Bz)   2, 단순화
4. Rba→Ba   3, 보편 예화
5. Rba   2, 단순화
6. Ba   5, 4, 전건긍정

다음의 예6)는 동일성 규칙이 들어 있는 논증이다.

예6)
1. (∃x)(Ax∧Bx∧(y)((Ay∧By)→(x=y))∧Cx) /∴ (x)((Ax∧Bx)→Cx)
2. Ax∧Bx   가정
3. Aa∧Ba∧(y)((Ay∧By)→(a=y))∧Ca   1, 존재 예화
4. (y)((Ay∧By)→(a=y))   3, 단순화
5. (Ax∧Bx)→(a=x)   4, 보편 예화
6. a=x   5, 2 전건긍정
7. Ca   3, 단순화
8. Cx   7, 6, 동일싱 규칙
9. (Ax∧Bx)→Cx   2-8 조건적 증명법
10. (x)(Ax∧Bx)→Cx   9, 보편 일반화

다음의 예7)은 비동일성이 들어 있는 논증이다.

예7)
1. (∃x)(Ax∧(y)((Ay∧(x≠y))→Rxy)∧By)
    /∴ (y)((Ay∧~By)→(∃x)(Ax∧Rxy))
2. Ay∧~By   가정
3. Aa∧(y)((Ay∧(a≠y))→Ray)∧Ba   1, 존재 예화
4. (y)((Ay∧(a≠y))→Ray)   3, 단순화
5. (Ay∧(a≠y))→Ray   4, 보편 예화
6. Ay   2, 단순화
7. Ba   3, 단순화
8. ~By   2, 단순화
9. a≠y   비동일성 규칙
10. Ay∧(a≠y)   6, 9, 연언화
11. Ray   10, 5, 전건긍정
12. Aa   3, 단순화
13. Aa∧Ray   12, 11, 연언화
14. (∃x)(Ax∧Rxy)   13, 존재 일반화
15. (Ay∧~By)→(∃x)(Ax∧Rxy)   2-14, 조건적 증명
16. (y)((Ay∧~By)→(∃x)(Ax∧Rxy))   15, 보편 일반화

6. 양상 논리

명제의 진리치에 대해서 참/거짓을 말해 왔다. 그런데 그러한 참/거짓에 대해서도, 필연적 참/거짓과 가능적 참/거짓을 나누는 방식으로 말하는 경우도 있다. 필연성과 가능성을 양상(modality)이라고 한다. 어떤 신앙인은 "신은 반드시 존재한다"고 믿는데, 이 말은 그에게 ""신은 존재한다"는 것은 반드시 참이다"라고 믿어진다는 것이다. 이와는 달리 어떤 과학자는 ""화성에는 생명체가 있을 수 있다""는 주장을 한다. 그에게 있어서 ""화성에는 생명체가 있다"는 것은 가능하다"라고 믿어진다는 것이다. 이처럼 필연성과 가능성은 우리 언어생활에 있어서 늘 개입되어 있다. 더우나 각종 시험 문제에 있어서 '반드시 참인 것은', '참일 수 있는 것은', '거짓임에 틀림없는 것은' 등과 같은 표현이 사용된다. 따라서 양상 개념에 대한 철저한 이해가 요구된다.

다음의 예를 살펴보자.

> (1) 너는 너의 운전 면허증이 만기가 되기 전에 갱신하는 것은 필수다.
> (2) 의식주는 필요하다.
> (3) 오늘이 월요일이든가 아니다는 필연적이다.

필수, 필요, 및 필연은 모두 같은 의미의 말이다. 영어로는 necessary로 표현된다. 우리말의 의미에 따라 위와 같이 (1), (2), (3)으로 그 용법이 달리 나타났다. (1)에서 운전 면허증이 만기가 되기 전에 그것을 갱신하는 것은 반드시 해야 할 일임을 말한다. (2)에서는 의식주가 없어서는 안 된다는 말이다. 면허증 갱신의 필수성과 의식주의 필요성은 필연성이라는 양상 개념이 의미하는 것과 같지 않다. 필연성이라는 양상 개념에 대한 정의는 다음과 같다.

필연성 =df 모든 가능 세계에서 명제 p는 참이다.

양상 개념의 정의에 가능 세계가 도입된다. 가능 세계란 어떤 명제가 참일 수 있는 세계를 말한다. 따라서 가능성이 먼저 정의되어야 하는데, 여기서는 순서를 바꾸었다.

가능성 =df 하나의 특정한 세계에서 명제 p는 참다.

여기서 말하는 하나의 특정한 세계는 하나의 가능 세계를 말한다. 예를 들어 다음과 같은 문장을 생각해 보자.

> (4) 어쩐지 나는 오늘 내 이상형을 만날 것 같다.

(4)는 말하는 사람이 자신의 이상형을 만나는 경우(그것이 하나의 특정한 가능 세계이다)가 있다면 참이 될 것이고, 그가 자신의 이상형을 만나지 못하는 경우(그것도 역시 하나의

특정한 가능 세계이다)가 되면 참이 되지 않을 것이다. 이처럼 가능적 참은 어떤 명제가 사실로서 성립하는 그러한 세계이다.

(4) 태양의 온도를 수은주 온도계로 측정할 수 있다.

(4)에서 '할 수 있다'가 사용되어 있다. 이것은 능력을 나타내는데, 능력은 가능성에 속한다. (4)는 물리적 가능성이 있다. 하지만 현실적 가능성은 없다.

(5) 2+2=5

(5)는 거짓이다. 더구나 필연적 거짓이다. 2+2가 5가 되는 곳은 어느 세계에서도 없다. (5)와 같은 논리적 불가능성은 현실적 불가능성을 함축한다. 반면에 논리적 필연성은 현실적 가능성을 함축한다. 위의 예문 (3)은 오늘이 월요일인 가능 세계가 있거나 오늘이 월요일이 아닌(즉 화요일, 수요일, 목요일, 금요일, 토요일, 일요일)인 가능 세계가 있다, 즉 오늘은 모든 가능 세계 중의 어느 날이다라는 의미에서 필연 명제이다. 바꿔 말해서, (3)은 필연적인데, 그것은 (3)이 거짓이 되게 할 어떠한 가능 세계도 없다. 또한 그 선언 명제의 어떤 선언지가 참이 될 수 있는 가능성은 있다.

'p는 필연적이다'를 나타내는 Lp로 나타내고, 'p는 가능적이다'를 'Mp'로 나타내자. 여기서의 L과 M은 양상을 나타내는 양상 연산자(modal operator)라고 한다. 양상 연산자들 간의 논리적 동치 관계는 다음과 같다.

양상 기본 문장		양상 동치 문장
1. Mp(p는 가능하다)	≡	~L~p(~p는 필연적이지 않다)
2. M~p(~p는 가능하다)	≡	~Lp(p는 필연적이지 않다)
3. L~p(~p는 필연적이다)	≡	~Mp(p는 불가능하다)
4. Lp(p는 필연적이다)	≡	~M~p(~p는 불가능하다)

위에서 가능하지 않다는 불가능하다로 나타냈다. 양상 간에는 함축이 되는 경우도 있다.

양상 문장		양상 함축 문장
5. Lp	→	Mp
6. L(p→q)∧Lp	→	Lq
7. L(p→q)∧Mp	→	Mq
8. Lp	→	p
9. p	→	Mp

5의 Lp는 모든 가능 세계에서 p이므로 임의의 가능 세계에서도 p는 참이다. 더 나아가서 임의의 가능 세계 중 하나인 현실 세계와 같은 우연 세계에 대해서도 p는 참이다. 이러한 우연 세계에서는 가능 세계를 나타내는 가능 연산자가 사용되지 않는다. 6과 7은 필연의 전건긍정식과 가능의 전건긍정식이다. 첫번째 전제는 5와 6에서 모두 필연 명제임을 주의하라. 9는 우연 세계에서 p가 참이라면 그것은 하나의 가능 세계에서 p가 참임을 나타낸다. 이것은 존재 일반화의 규칙과 같은 것으로 양상 논리에서도 받아들인다.

모든 가능 세계에서 참인 경우를 필연적 참이라고 하였다. 이에 대해 좀더 분석하면 두 가지로 나누어볼 수 있다. (1) 형식에 의해서만 참인 문장들(즉 논리적 참)은 문장들의 기술 내용이 그 문장들의 진리치에 영향을 주지 않기 때문에 모든 가능 세계에서 참이다. (2) 세계의 사실적인 상태가 무엇인지를 고려할 필요없이 그것들이 의미하는 것에 의해서만 참인 모든 문장들은 모두 다 모든 가능 세계에서 참이다(어떤 가능 세계가 고려되고 있는지에 관해 고려하지 않고, 고찰되고 있는 언어 속에 있는 표현들의 의미가 계속해서 일정하다고 가정된다). (1)은 (2)에 포함되지만, (2)는 문장들의 형식에 의해서만 참이 되지 않는 문장들도 포함한다. 예컨대 "모든 남자 형제들은 남자 형과 아우들이다"와 "모든 붉은 사물들은 빛깔이 있다"라는 문장들은 (2)의 원소들이지 (1)의 원소는 아니다. 이러한 문장들을 분석적 참이라고 한다(이에 대해서는 2.1.3절과 3.5.3절에서 다룬 바 있다).

가능 세계라는 개념에 근거하고 있는 이러한 언급은 단지 철학자들에게만 의미가 있는 것이 아니다. 양상 언어가 사용되는 경우가 많고 이러한 양상 개념을 이용하여 만들어진 문제도 자주 출제된다. 지금까지 다룬 양상 개념이 적용되는 논리 퍼즐을 풀어보자.

[문제] 여덟 명의 학생, G, H, I, K, L, N, O, 및 R이 세미나에 참석한다. 그들 중 정확히 여섯 명이 연속된 삼일 동안, 월요일, 화요일, 및 수요일에 동안 개별적인 구두 보고서를 발표할 것이다. 매일 두 명이 오전에 한 번, 오후에 한 번 보고서를 발표할 것이다. 다음의 조건을 따른다.

---

1. G는 화요일이 발표할 수 있는 유일한 날이다.
2. O도 R도 오후에 발표할 수 없다.
3. N이 수요일에 발표하게 되지 않는 한, N이 발표한 다음 날에 H와 I 둘 다 발표를 해야 한다.

1. 보고서 발표 순서일 수 있는 것은 어느 것인가?
   ① 월요일 오전: H, 월요일 오후: R
      화요일 오전: O, 화요일 오후: I
      수요일 오전: L, 수요일 오후, K
   ② 월요일 오전: I, 월요일 오후: O
      화요일 오전: H, 화요일 오후: K
      수요일 오전: N, 수요일 오후, L
   ③ 월요일 오전: L, 월요일 오후: H
      화요일 오전: G, 화요일 오후: K
      수요일 오전: R, 수요일 오후, I
   ④ 월요일 오전: N, 월요일 오후: H
      화요일 오전: R, 화요일 오후: I
      수요일 오전: O, 수요일 오후, L
   ⑤ 월요일 오전: O, 월요일 오후: N
      화요일 오전: I, 화요일 오후: H
      수요일 오전: K, 수요일 오후, G

2. K와 L이 발표하지 않는다면, 월요일, 화요일, 및 수요일 오전에 발표할 수 있는 학생들은 어느 것인가?
   ① H, G, 그리고 N
   ② I, R, 그리고 H
   ③ N, H, 그리고 O
   ④ O, R, 그리고 I
   ⑤ R, G, 그리고 H

3. 서로 같은 날 발표한다면 수요일에 해야만 하는 학생들의 짝은 어느 것인가?
   ① G와 L   ② H와 N   ③ I와 R   ④ K와 N   ⑤ O와 K

4. 만일 G, N, 그리고 R이 보고서를 발표하는데 서로 다른 날에 발표한다면, 다음에서 참일 수 있는 것은 어느 것인가?
   ① H는 수요일에 발표한다.   ② N은 월요일에 발표한다.
   ③ N은 화요일에 발표한다.   ④ O는 월요일에 발표한다.
   ⑤ R은 수요일에 발표한다.

5. 만일 K가 화요일 오후에 발표하고 H가 수요일 오후에 발표한다면, 월요일, 화요일, 및 수요일 오전에 발표하는 학생들의 목록일 수 있는 것은 어느 것인가?
   ① I, L, 그리고 N   ② L, G, 그리고 I   ③ N, I, 그리고 L
   ④ R, G, 그리고 I   ⑤ R, I, 그리고 L

6. 만일 H, K, 그리고 L이 반드시 이러한 순서는 아닐지라도 오전에 발표한다면, 다음에서 참이어야만 하는 것은 어느 것인가?
   ① H는 월요일에 발표한다.   ② I는 월요일에 발표한다.
   ③ I는 수요일에 발표한다.   ④ K는 화요일에 발표한다.
   ⑤ K는 수요일에 발표한다.

각 요일에 오전과 오후로 나누어져 있고, 여덟 명 중 여섯 명이 발표하는 상황이므로 여러 줄을 사용해서 도해해 보자. 구체적으로 결정되어야 하는 것은 여섯 자리이다. 시나리오와 조건에 맞게 구체적으로 발표 학생이 정해질 수 있는 칸을 요일별 및 오전 오후로 여섯 칸을 만든다. 그리고 G가 나올 수 있는 유일한 요일은 화요일이므로, 다른 두 요일에 Gx(G는 안 된다)를 표기해 놓는다. 이러한 경우는 위의 양상 개념 중 가능성이나 필연성이 붙지 않은 우연성이며 변항으로 간주되지 않은 상항에 해당한다. O와 R은 오전에 발표하므로 Ox와 Rx은 오후에 표기해 놓는다. N이 발표하면 I와 H는 다음 날에 발표한다. 이러한 조건을 반영하여 표로 나타내자. 월요일과 화요일에 해당하는 조건 "N→"도 나타내자. 사용되지 않은 두 명의 학생이 있으므로, 우리는 각 자리에 누가 있는가에 관해서 추가 결론을 끌어낼 수 없다.

학생 G, H, I, K, L, N, O, R

	월	화	수
오전			
오후			Ox Rx
	Gx		Gx
	N→	N→	

조건1. G는 화요일만 된다(그러므로 월도 아니고 수도 아니다).
조건2. O와 R은 오후가 아니다.
조건3. N→다음 날 I&H, 단 N이 수요일 아닐 때

1. 보고서 발표 순서일 수 있는 것은 어느 것인가? 가능성을 묻고 있으므로 조건을 위반하는 불가능한 것을 제외한다.
    ① 월요일 오전: H, 월요일 오후: R ▶ R이 오후로 조건2 위반
    ② 월요일 오전: I, 월요일 오후: O ▶ O가 오후로 조건2 위반
    ③ 월요일 오전: L, 월요일 오후: H ▶ 정답
    ④ 화요일 오전: R, 화요일 오후: I ▶ N이 월 ∴ 화에 I와 H여야, 그런데 R 있음
    ⑤ 수요일 오전: K, 수요일 오후, G ▶ G가 수에 있어 조건1 위반

2. K와 L이 발표하지 않는다면, 월요일, 화요일, 및 수요일 오전에 발표할 수 있는 학생들은 어느 것인가? 가능성을 묻고 있다. K와 L이 사용되지 않으므로 나머지 여섯이 사용된다. 제시된 조건 세 개에 따라 누가 오전에 발표할 수 있는지를 찾아보자. O와 R은 오후가 아니므로 둘은 이미 정해져 있다. 그래서 O와 R이 없는 것, ①, ②, ④ 및 ⑤는 제거된다. 따라서 정답은 ③이다.

3. 서로 같은 날 발표한다면 수요일에 해야만 하는 학생들의 짝은 어느 것인가? 필연 명제를 찾는 문제이다. 단지 여섯 명이 발표하므로, 조합 가능성이 상당히 있다($_8C_6$=28). 하지만 그 중 조건을 위반하는 것들이 있을 수 있으므로 역시 많이 줄어들 것이다. 어쨌든 짝들을 보고서 조건 위반이 발생하는 것을 제거하라.

① G와 L ▶ 불가. G는 수요일 안 된다.
② H와 N ▶ 조건에 일치하는 필연. N이 H와 같은 날이 될 수 있는 것은 수요일밖에 없다. 그렇지 않다면, 조건3을 위반하게 된다.
③ I와 R ▶ I와 R은 다른 요일일 수 있다.
④ K와 N ▶ K와 N은 다른 요일일 수 있다. K는 미지정 자유 행위자이다. 따라서 필연성 문제에는 핵심이 되지 않을 것이다.
⑤ O와 K ▶ K와 O는 다른 요일일 수 있다. K는 미지정 자유 행위자이다. 따라서 필연성 문제에는 핵심이 되지 않을 것이다.

4. 만일 G, N, 그리고 R이 보고서를 발표하는데 서로 다른 날에 발표한다면, 다음에서 참일 수 있는 것은 어느 것인가? 가능성을 묻는 문제이다. 이러한 문제에서 중요한 사항은 물음의 조건이다. 세 학생이 서로 다른 날 발표한다는 것이다. 이 셋 중 가장 제한을 받는 것은 어느 것인가? G는 화요일만 가능하다. 다음으로 제약을 많이 받는 학생은 누굴까? N이 월요일에 올 수 있는가? 안 된다. 그것은 I와 H가 화요일에 올 것을 요구하는데, 문제의 조건에 의해 한 자리만 열려 있기 때문에 안 된다. 그러므로 N은 수요일, R은 월요일이다. 그런데 R은 항상 오전이어야만 한다. G와 N은 오전이나 오후일 수 있다.

	월	화	수		
오전	R	G/?	N/?		
오후	?	?/G	?/N	Ox	Rx
	Gx		Gx		
	N→	N→			

① H는 수요일에 발표한다. ▶ N과 H 둘 다 수요일 가능하다. 이것은 조건3을 위반하지 않는다.
② N은 월요일에 발표한다. ▶ 불가. N은 수요일이다.
③ N은 화요일에 발표한다. ▶ 불가. N은 수요일이다.
④ O는 월요일에 발표한다. ▶ 불가. 월 오전은 R이 이미 정해져 있다.
⑤ R은 수요일에 발표한다. ▶ 불가. R은 월 오전으로 이미 정해져 있다.

5. 만일 K가 화요일 오후에 발표하고 H가 수요일 오후에 발표한다면, 월요일, 화요일, 및 수요일 오전에 발표하는 학생들의 목록일 수 있는 것은 어느 것인가? 가능성을 묻는 문제이므로, 불가능한 것을 모두 제거하면 된다. 질문의 조건에 따라 K와 H를 해당 칸에 놓더라도, 우리가 할 수 있는 것이 많지는 않다. 조건3의 의미를 잘 살펴서 활용해야 한다. H가 수요일이라고 해서 N이 반드시 화요일이라고 추론할 수는 없다. 왜냐하면 I도 수요일이라는 정보는 제공되어 있지 않기 때문이다. 다만 가능성이 있음을 부인해서도 안 된다. 선택지를 침착하게 검토하고 어느 원소가 사용되었는지 그리고 남아 있는 원소가 무엇인지를 추적하면서 답을 정하자.

① I, L, 그리고 N ▶ 불가. I, L, 및 N을 선택한다면, 남은 자리는 월 오후이며 남은 학생은 G, O, R 중 한 명이 놓여야 한다. 그런데 O와 R은 오후에 발표하지 않는다. 그리고 G는 월요일이 아니다. 그러므로 이 선택지는 불가하다.

② L, G, 그리고 I ▶ 불가. L, G 및 I를 선택한다면, 남은 자리는 월 오후이며 남은 학생은 N, O, R 중 한 명이 놓여야 한다. 그런데 O와 R은 오후에 발표하지 않는다. 그리고 N이 월요일이라면 화요일에는 I와 H가 놓여야 하는데, 그 둘이 놓이지 못한다. 그러므로 이 선택지는 불가하다.

③ N, I, 그리고 L ▶ 불가. ①과 같은 결과를 초래한다.

④ R, G, 그리고 I ▶ 정답. 가능. R, G, I를 오전에 놓는다면, 월요일 오후에 L을 놓을 수 있다.

	월	화	수		
오전	R	G	I		
오후	L	K	H	Ox	Rx
	Gx		Gx		
	N→	N→			

⑤ R, I, 그리고 L ▶ 불가. R, I, 및 L을 선택한다면, 남은 자리는 월 오후이며 남은 학생은 N, O, G 중 한 명이 놓여야 한다. 그런데 O는 오후에 발표하지 않는다. 그리고 N이 월요일이라면 화요일에는 I와 H가 놓여야 하는데, 그 둘이 놓이지 못한다. 또한 G는 문제의 전제에서 월요일이 안 된다. 따라서 ①과 ②와 같은 결과를 초래한다. 그러므로 이 선택지는 불가하다.

6. 만일 H, K, 그리고 L이 반드시 이러한 순서는 아닐지라도 오전에 발표한다면, 다음에서 참이어야만 하는 것은 어느 것인가? 필연성을 묻는 문제이다. H, K, 그리고 L이 오전에 발표하고 O와 R은 오후일 수 없기 때문에 I, G, 및 N이 오후여야만 한다. G는 화요일이어야만 한다. G가 화요일 오후이므로, N은 조건3에 의해 월요일일 수 없다, 따라서 수요일이다. 5번 문제에서 이러한 상황을 살펴보았다. 그러므로 G는 화요일이고 N은 수요일이므로 I는 월요일이다. 도해7에서 이름 다음에 ( ) 안에 들어 있는 수는 추리 순서를 나타낸다.

	월	화	수		
오전	H/K/L	H/K/L	H/K/L		
오후	I(3)	G(1)	N(2)	Ox	Rx
	Gx		Gx		
	N→	N→			

① H는 월요일에 발표한다. ▶ 가능하지만 필연은 아니다.
② I는 월요일에 발표한다. ▶ 정답이다. 필연이다.
③ I는 수요일에 발표한다. ▶ 거짓이다.
④ K는 화요일에 발표한다. ▶ 가능하지만 필연은 아니다.
⑤ K는 수요일에 발표한다. ▶ 가능하지만 필연은 아니다.

7. 오류론

7-1. 오류의 분류

논리적으로 사고한다는 것은 일정한 논리적 추리 규칙을 잘 지켜야 할 뿐만 아니라 여러 면에서 발생할 수 있는 오류를 피하고 오류에 빠지지 않아야 한다. 그러므로 오류의 종류가 무엇인가를 살펴서 그런 오류에 빠지지 않으려는 노력은 논리적 사고의 매우 중요한 부분을 차지한다. 오류는 일상적으로 잘못된 생각이나 거짓된 믿음을 가리키는 말로 사용된다. 그러나 논리적으로 오류는 논증이나 추론 또는 추리 과정에서의 잘못이나 실수를 가리키는 말로 사용된다. 오류는 겉으로 보기에 타당하게 보이지만 실제로는 타당하지 않은 논증 형태라고 할 수 있다.

아리스토텔레스가 13가지 오류를 분류한 이후에 많은 논리학 책은 오류를 여러 가지 형태로 분류하였다. 논리학자에 따라서는 오류를 51 개로 또는 112개로 분류하기도 한다. 그러나 오류를 분류하는데 체계적인 기준이나 보편적인 기준은 없다. 드 모르강(De Morgan)이 지적한 바대로 사람들이 잘못을 저지르는 방법을 분류하는 기준 같은 것은 없다.

그러나 일반적으로 분류를 하자면 오류에는 형식적 오류와 비형식적 오류가 있다. 형식적 오류 추론은 논리적 형식의 잘못에 기인한 것으로, 얼핏 보기에는 타당한 형식의 추론인 것처럼 보이지만 검토해 보면 타당하지 않은 형식의 추론을 말한다. 우리는 연역 논리를 다룰 때 형식적 오류들을 이미 살펴보았다. 고전 논리학에서는 (1) 부당 주연의 오류(소명사 부당 주연의 오류와 대명사 부당 주연의 오류), (2) 부당 환위의 오류, (3) 중명사 부주연의 오류, (4) 부당 부정의 오류, (5) 양특칭 전제의 오류, (6) 양부정 전제의 오류, (7) 네 개 명사의 오류 등이 설명되었다. 명제 논리에서는 (1) 전건 부정의 오류; (2) 후건 긍정의 오류; (3) 선언지 긍정을 설명하였다. 한량 논리에서는 (1) 부당한 보편 일반화의 오류를 설명하였다. 이러한 형식적 오류는 타당한 논증 형식과 관련된 것으로서 논리적 규칙을 어기는 데서 일어나는 오류이다. 즉 형식적 오류는 좁은 의미로 연역추리에서 발생하는 오류다. 연역의 기준에서 볼 때 귀납추리는 모두 오류다. 하지만 정형회된 추리를 잘 함으로써 우리는 지식을 확장할 수 있다. 귀납 논리에 대해서는 앞으로 더 자세히 다룰 것이지만, 비형식적 오류 속에 부적합성의 오류 또는 인과적 오류로 분류되는 것을 정리하겠다.

형식적 오류(formal fallacy)와 비형식적 오류(informal fallacy)를 학습함으로써 우리는 오류로부터 학습을 한다. 또한 우리는 오류를 통하여 논리학의 규범적 특성 때문에 추리 또는 논증에 대한 비판 방법을 학습할 수 있다. 이러한 논리학적 학습 방법을 비형식적 접근 방법이라고 한다. 지금까지는 형식적 접근 방법을 다루어 온 것이다. 이 책은 형식적 접근 방법에 중점을 두어 지금까지 논리적 추리를 설명해 왔다. 비형식적 접근 방법, 즉 논증과 그 비판에 대해서는 다음 책에서 더 자세히 다루기로 하고, 이 책에서는 간략히 비형식적 오류와 형식적 오류의 종류를 정리한다.

비형식적 오류는 논리적 규칙과 관계없이 부주의하거나 언어의 애매성과 모호성 때문에 생긴다. 비형식적 오류에는 다시 언어적 오류(linguistic fallacy)와 논증으로서의 부적합성의 오류(fallacy of irrelevance)가 있다. 언어적 오류는 언어의 애매성과 모호성에 의해 발생하는 오류와 전통논리학에서 강조의 오류, 결합의 오류와 분할의 오류 등이 포함된다. 부적합성의 오류는 겉으로 보기에는 타당한 논증처럼 보이지만, 전제가 결론에 대해 제시하는 근거가 충분하지 않거나 부적절하거나 불확실해서 발생하는 오류들로서 본성적으로 귀납 추론상의 오류에 해당한다.

7-2. 언어적 오류

일상적으로는 애매함과 모호함을 구별하지 않지만 논리적으로는 애매함과 모호함의 구별이 중요하다. 문장의 한 낱말이 동일한 맥락에서 두 가지 이상의 의미를 가지고 있음에도 불구하고 그 중 어느 것을 그 맥락에서 의미하고자 하는 것인지가 분명하지 않을 경우, 우리는 그러한 문장이나 낱말을 애매(ambiguous)하다고 한다. "나는 배를 좋아한다"고 할 경우 그 배가 먹는 배인지 운송수단으로서의 배인지 아니면 (가능성이 희박하지만) 신체 부위상의 배인지가 분명하지 않다.

어떤 문장이나 개념이 모호(vague)하다는 것은 애매함과 같이 여러 뜻이 있는 것이 아니라 주어진 맥락 안에서 오직 하나의 뜻을 가지고 있지만 그것을 적용하는 범위가 결정되지 않아서 불확실한 것을 말한다. 가령 대머리라는 개념이 그런 경우이다. 대머리는 머리카락이 없는 사람을 대머리라고 한다는 의미에서 다의적이지 않다. 그러나 어느 정도 머리카락이 없어야 대머리라고 할 수 있는지가 분명하지 않다. 그렇지만 대머리라는 개념을 이해하지 못하는 것은 아니다. 다만 대머리라는 개념을 적용할 수 있는지 아닌지가 분명하지 않다는 것이다. 애매함과 모호함의 오류는 개념의 경우와 문장(명제)의 경우로 나누어야 한다.

1) 애매어(曖昧語)의 오류

모든 사람은 죄인이다.
모든 죄인은 감옥에 간다.
그러므로 모든 사람은 감옥에 간다.

2) 애매 어구(語句)의 오류

아내는 나보다 돈을 더 좋아한다.

이 문장은 아내는 나와 돈 중에서 돈을 더 좋아한다는 뜻으로 해석할 수도 있고, 아내와 나 중에서 아내가 돈을 더 좋아한다는 뜻으로 해석할 수도 있다.

타인을 해치는 행위는 중형을 받아야 한다.
감기를 옮기는 것은 타인을 해치는 행위이다.
그러므로 감기를 옮기는 것은 중형을 받아야 한다.

3) 강조의 오류

어떤 문장의 특정 부분을 강조함으로써 그 뜻을 왜곡시키는 오류를 말한다.

우리는 <u>직장에서</u> <u>여성을</u> 성희롱하지 말아야 한다.
　　　　① 　　②

위의 문장을 강조 없이 읽으면 아무런 이상이 없다. 그러나 ①의 "직장에서" 부분을 유달리 강조하면 직장 아닌 다른 곳에서는 여성을 성희롱해도 된다는 뜻으로 해석할 수 있다. 또한 ②의 "여성을" 부분을 강조하면 남성은 성희롱해도 된다는 뜻으로 해석할 수 있다.

4) 은밀한 재정의의 오류

언어는 사회성과 역사성을 지니고 있다. 따라서 개인적 필요에 따라 개인이 즉흥적으로 단어의 의미를 마음대로 변화시키는 것은 언어의 기능에 큰 장애를 가져올 수 있다. 그럼에도 불구하고 우리는 종종 어떤 단어의 의미를 자의적으로 변화시키는 오류를 범한다. "미친 사람은 정신 병원에 수용해야 해. 요즘 세상에 뇌물 주는 것을 물리치다니, 미치지 않고 그럴 수 있어? 그 친구 정신 병원에 보내야겠어." 여기서는 '미친 사람'이라는 표현이 '뇌물을 거절하는 사람'으로 은밀하게 재정의되어, 멀쩡한 사람을 정신 병원에 보내야 한다는 오류가 발생하고 있다. 애매어의 오류가 사전상 두 가지 이상의 의미를 가지고 있어서 애매하게 된 말에 관한 것이라면, 은밀한 재정의의 오류는 사전상의 의미에 자의적 의미를 은밀하게 덧붙임으로써 애매하게 된 말에 관한 것이라 할 수 있다.

5) 사용 - 언급 혼동의 오류

우리는 세계의 모습을 기술하고 우리의 감정을 토로하기 위해 언어를 사용한다. 그러나 가끔 "'청와대'는 세 글자로 된 단어이다"와 같이 우리는 언어에 관해 기술할 수도 있다. 이 때 '청와대'라는 단어는 세계를 기술하기 위해 사용된 단어가 아니라, 세계의 일부로서 기술의 대상이 되고 있다. 이럴 경우 '청와대'라는 단어는 언급되었다고 말하는데, 어떤 단어가 사용되지 않고 언급되었다는 것을 나타내기 위해 위의 예에서처럼 홑따옴표를 이용한다. 만일 언급된 단어에 홑따옴표를 치지 않아, 홑따옴표를 쳐야 할 단어(언급된 단어)와 치지 않을 단어(사용된 단어)를 같은 단어로 간주하고 추론을 할 경우 사용-언급 혼동의 오류를 범하게 된다.

예를 들어, "한국의 수도는 서울이다. 서울은 두 글자로 된 단어이다. 그러므로 한국의 수도는 두 글자로 된 단어이다."에서 첫번째 문장 속의 단어 '서울'은 사용되었기 때문에 따옴표 없이 '서울'이라고 써야 하지만, 두번째 문장 속의 단어 '서울'은 언급된 것이기 때문에 따옴표로 묶어 ''서울''이라고 표기하여야 한다. 그렇게 표기하면 따옴표 없는 단어와 따옴표 있는 단어는 같은 대상을 나타내는 단어가 아니므로 첫 두 문장으로부터 결론인 세번째 문장이 도출되지 않는다. (따옴표 없는 단어는 남산이 있고 한강이 흐르는 서울을 나타내고, 따옴표 있는 단어는 두 글자로 된 단어를 나타낸다.)

6) 범주 오류

범주의 오류란 다른 범주에 속하는 말들을 같은 범주에 속하는 것으로 생각하고 사용하는 데에서 빚어지는 오류이다. 대학을 방문하여, 도서관, 강의실, 사무실, 운동장 등을 두루 돌아 본 다음, "그런데 대학은 어디 있지요?"라고 묻는 것은, 대학이 도서관이나 강의실과 같은 범주에 속하는 것으로 생각하고 묻는 범주 오류적 질문이다.

마음과 신체의 관계를 다루는 데 있어 심-신 동일론자들은 마음과 신체의 관계는 동일성 관계로서, 이것은 마치 번개가 전기적 방전과 동일하고, 열이 분자의 평균 운동 에너지와 동일한 것과 같다고 주장하였다. 이에 대해 마음과 신체가 서로 다른 독립적 실체라고 주장하는 이원론자들은 동일론자들이 범주의 오류를 범하고 있다고 논박하였다. 번개나 전기적 방전 그리고 열이나 분자의 평균 운동 에너지는 모두 물리적 현상으로 같은 범주에 속하므로 동일할 수 있으나, 마음과 신체는 서로 다른 범주에 속하는 것이므로 동일할 수 없다는 것이다. 동일론자와 이원론자들 간의 논쟁은 철학사적으로 아직도 진행되고 있다. 그러나 이 대목에서 이원론자들은 자신들의 입장의 토대 위에서 동일론자들의 입장을 공격하기 위해서 '범주의 오류'라는 용어를 적절하게 사용하고 있음에 틀림없다.

7) 합성의 오류 (결합의 오류)

두 개의 개념을 잘못 결합하였을 때에 생기는 오류이다. 곧 개념을 개별적으로 쓰일 때의 속성을 한데 합쳤을 때에도 적용함으로써 발생하는 잘못이다.

그 여자는 눈, 코, 입 어딜 봐도 나무랄 데 없이 예쁘다고 하더라.
그러니까 그녀는 미인임에 틀림없을 것이다.
김 선생님의 의견도 틀렸다.
민 선생님의 의견도 틀렸다.
그러므로 선생님들의 의견은 틀렸다.

3과 5는 홀수이다.
8은 3과 5로 되어 있다.
그러므로 8은 홀수다.

8) 분할의 오류(분해의 오류)

위의 경우와는 반대로 개념을 그 구성 성분으로 분해하여 적용하는 오류이다. 원 개념에 적용되는 사실을 그것을 분석하여 얻은 각 성분에도 적용하는 데서 오는 잘못이다.

이 물체는 자동차이다.
자동차를 분해하면 엔진과 차체로 나뉜다.
그러므로 엔진과 차체는 자동차이다.

12는 짝수다.
12는 5와 7로 나뉜다.
그러므로 5와 7도 짝수다.

7-3. 부적합성의 오류

부적합성의 오류는 논증이 논증으로서 적합하지 않을 때 발생된 오류이다. 그러한 부적합성의 오류 중 부적절한 자료에의 호소라는 오류는 불충분한 자료로부터 어떤 결론을 도출해 내거나, 자료 자체가 불충분하지는 않으나 그 자료에 대한 해석 내지 판단을 잘못함으로써 발생하는 오류이다. 따라서 이 부류에 속하는 오류는 기본적으로 감정상의 영향으로 인해 발생한 오류가 아니라 지적 판단의 잘못으로 인해 발생하는 오류이다.

1) 우연에 의한 오류

일반적이거나 본질적인 일반 규칙을 우연한 예외의 경우에도 잘못 적용하는 데서 생기는 오류이다.

거짓말은 죄악이다. 의사는 환자를 안심시키려고 거짓말을 하였다. 그러므로 의사는 죄악을 범했다.
동물은 본능대로 산다. 사람은 동물이다. 그러므로 사람은 본능대로 산다.

대전제에 나온 일반 명제를 우연한 예외적인 경우에 그대로 적용하여 오류를 생기게 한 것이다.

2) 역우연의 오류

우연적인 특수한 사실에서 일반적이고 본질적인 것을 이끌어내는 데서 생기는 오류이다.

나는 음식을 먹고 병을 앓았다. 그러므로 음식은 해로운 것이다.
그 친구가 산에 갔다가 봉변을 당했다. 그러므로 산은 갈 데가 못 된다.
그가 운동을 하다가 다리를 다쳤다. 그러므로 운동을 해서는 안 된다.

이것은 우연한 일로 생긴 일을 가지고 일반화를 시도하여 생기는 오류이다.

3) 성급한 일반화의 오류

소수의 예외적인 특수한 경우들만을 검토하고는 그것들을 성급하게 일반화해서 규칙을 끌어낼 때 범하게 되는 오류이다. 예컨대, 의사가 처방한 진통제가 몹시 아픈 환자의 고통을 없애주는 한두 경우만을 보고 진정제란 누구에게나 좋은 것이라고 결론을 내린다면 이것은 바로 성급한 일반화의 오류에 해당된다.

4) 근시안적 귀납의 오류

상당히 많은 자료들을 검토하였으나, 그 자료를 선택하거나 해석함에 있어 중요한 측면을 간과함으로써 잘못된 결론에 도달하는 오류이다. 이 오류가 성급한 일반화의 오류와 다른 점은 후자는 자료 자체의 불충분함에 의해 오류 추론이 되는 반면, 전자는 자료 자체는 불충분하지 않으나 그 자료의 선택이나 해석상 어떤 중요한 측면을 간과함으로써 오류 추론이 된다. 예컨대 1936년 미국의 「리터러리 다이제스트」지가 실시한 민주당의 루즈벨트 후보와 공화당의 란든 후보간의 대통령 예비 선거 여론조사가 좋은 예이다.

「리터러리 다이제스트」지는 유권자들에게 1천만 장의 투표 용지를 우송하였는데, 그 중 약 230만 장의 용지가 되돌아 왔다. 그 여론조사는 성급한 일반화의 오류를 범하지는 않았다. 왜냐하면 기표해서 되돌아온 투표 용지가 대단히 많은 편이었기 때문이다. 그렇지만 그 결과는 참담한 것이었다. 그 여론 조사는 란든 후보의 승리를 예측하였고, 루즈벨트 후보에 대해서는 그가 실제로 얻었던 투표수의 단지 80%만을 예측하였다. 그 후 얼마 안 지나, 약 50만 달러를 소비한 이 여론 조사로 인해 이 잡지사는 문을 닫게 되었다.

결과적으로 이 여론 조사는 한 가지 중요한 측면을 고려하지 못했던 것이다. 그것은 자료를 선택함에 있어 경제적인 계층의 차이를 간과한 것이었다. 이러한 간과는 여론 조사상의 두 가지 주요한 편향 요인에 나타나 있다. 첫째는 여론조사 대상자의 이름을 전화 가입자 명부와 자동차 등록 명부에서 주로 택했던 점이다. 나중의 연구에 의하면, 전화 가입자의 59%와 자동차 소유자의 56%가 란든 후보에 찬성 투표를 한 반면에, 정부의 구호 대상자들 중에서는 단지 18%만이 란든 후보에게 찬성했다는 것이 밝혀졌다. 둘째로는 여론 조사 투표 용지를 그 잡지사에 다시 우송해준 사람들의 집단이 편향된 점이다. 이 편향도 첫번째 요인 속에 작용하고 있는 경제적인 계층의 차이를 반영하고 있는 것으로 분석될 수 있을 것이다.

5) 잘못된 유추의 오류

유추는 서로 다른 두 유형의 대상들의 비교에 근거를 두고 있다. 이러한 유추는 두 유형의 대상들이 어떤 점들에서 비슷하므로, 이 두 유형의 대상들은 다른 점들에서도 역시 비슷하다고 결론을 내리는 것이다. 유추는 적절히 잘만 사용하면 합당한 결론을 얻을 수 있다. 따라서 유추가 항상 오류 추론인 것이 아니다. 유추의 정당화 정도는 비교되고 있는 두 유형의 대상들 사이의 질적, 양적 유사성과 차이성의 정도에 달려 있다. 결과적으로 잘못된 유추의 오류는 질적, 양적으로 비교되는 두 유형의 대상들 간에 유사성의 정도는 약하고 차이성의 정도가 강할 때 발생하는 오류이다.

예를 들어 보자면, "가계를 운영함에 있어서 빚이 늘도록 운영하는 일은 재정적인 파탄에 이를 수밖에 없음이 명백하다. 이와 마찬가지로, 정부가 적자 재정 정책을 쓰는 일은 국가 경제를 파국으로 이끌 수밖에 없다." 이 유추 추론은 국가 재정과 가계 사이에 논의의 초점과 밀접하게 연관되어 있는 차이점들이 많이 있음을 간과하고 있다. 예를 들어, 정부는 통화를 발행하고 조절하며, 세금을 징수라고, 또 금리에 대한 통제권을 발동하나, 가장에게는 이것들에 상응하는 조절 기능이 없음을 간과하고 있다.

6) 도박사의 오류

이 오류는 "모든 사건은 앞에서 일어난 사건과 독립적으로 일어난다"라는 확률 이론의 가정을 받아들이지 않는 데서 발생한다. 주사위 던지기에서 1부터 6까지의 각 면이 나올 확률은 똑같이 1/6이다. 그러나 주사위를 40번 던졌는데 4가 한 번도 나오지 않았으므로 다음 번 던지기에서 4가 나올 확률이 1/6보다 높다고 생각한다면, 이것이 바로 도박사의 오류이다. 도박사의 오류는 몬테 카를로(도박장으로 유명한 도시 이름) 오류라고도 한다.

7) 의도 확대의 오류

이 오류 추론은 '의도한다', '바란다', '희망한다', '믿는다', '생각한다' 등과 같은 지향적 태도(명제 태도) 동사와 관련된 오류이다. 만일 영수가 철수는 좋은 친구이다라고 믿는다고 하자. 그리고 영수와 같은 반 친구인 철수는 그들 반에서 생일이 제일 빠른 학생이라고 하자. 그러면 우리는 이 두 사실로부터 다음과 같은 결론을 도출하려 할 것이다: 영수가 자기 반에서 생일이 제일 빠른 친구는 좋은 친구이다라고 믿는다. 그러나 이것은 일반적으로 참이라고 말할 수 없다. 왜냐하면 영수는 철수가 자기 반에서 생일이 제일 빠른 학생이라는 사실을 모르고 있을 수 있기 때문이다 (또는 그 사실을 알고 있다 할지라도 영수가 철수는 좋은 친구이다라고 믿을 때에는 그 사실을 의식하고 있지 않을 수도 있다). 그러므로 이와 같이 원래 의도했던 바와는 달리 결론에서 영수의 의도를 확대 해석한 오류를 의도 확대의 오류라 한다.

이 오류는 '의도한다' 라는 지향적 태도를 나타내는 동사를 사용하여 생각하여 보면 더욱 뚜렷하게 드러난다. '외디프스 컴플렉스' 라는 말이 유래하게 된 이야기를 예로 들어 보자: 외디프스는 숲 속에서 사냥하고 있는 귀족을 죽이려 의도하였다. 숲 속에서 사냥하고 있는 귀족은 외디프스의 아버지이다. 그러므로 외디프스는 자신의 아버지를 죽이려 의도하였다.

8) 흑백 사고(논리)의 오류

이것은 반대 관계와 모순 관계를 혼동하는 오류이다. 어떤 대상이 희지 않다는 것으로부터 그것이 검다는 결론은 나오지 않음에도 불구하고 검다고 생각하는 오류이다. 예를 들어, 어떤 사람이 "신의 존재를 믿느냐?"는 질문에 고개를 좌우로 흔들었다고 해서 그가 무신론자라고 결론 내리는 것은 바로 이 오류를 범하는 것이다. 유신론자가 아니라고 해서 무신론자라는 결론은 나오지 않는다. 불가지론자일 수도 있기 때문이다. 이 오류가 양도 논법과 관련하여 발생하였을 때 그 오류를 특히 거짓 딜레마의 오류라고 부를 수 있다.

9) 선결 문제 요구의 오류(순환 논증)

결론에서 주장하고자 하는 바를 표현 방식만 바꾸어 전제로 제시하는 오류이다. 또 다른 예를 들어 보자.

어떤 사람이 "셰익스피어가 로빈슨보다 더 위대한 작가이다. 왜냐하면 문학에 일가견이 있는 사람들은 셰익스피어를 더 좋아하니까."라고 주장하였다. 이 말을 듣고 있던 상대방이 "어떤 사람이 문학에 일가견이 있는 사람이냐?"라는 질문을 던지자, 그 사람은 "셰익스피어를 로빈슨보다 더 좋아하는 사람이 바로 문학에 일가견이 있는 사람이다."라고 답변하였다.

이것은 위대한 그림이다. 왜냐하면 모든 훌륭한 미술 평론가가 평하고 있기 때문이다. 훌륭한 미술 평론가란 이런 위대한 그림을 평하는 사람이다.
그는 덕망이 높다. 그는 인격자이니까. 그가 인격자인 것은 덕망이 높기 때문이다.

성서의 글은 모두 하느님의 말씀이다. 성서가 하느님의 말씀인 것은 성서에 쓰여 있기 때문이다. 그러므로 성서가 하느님의 말씀인 것은 의심할 여지가 없다.

이 예에서는 성서가 하느님의 말씀이라는 사실을 증명하지 않고 전제와 결론에 돌려가면서 쓰고 있다. 이처럼 전제가 결론에 의지하고 또 결론이 전제에 의지하는 추론을 순환 논증에 따른 오류라 일컫는다. 이런 일은 흔히 발생하는 것이므로 유의해야 한다.

10) 거짓 원인의 오류

주어진 결과의 원인이 아닌 것을 원인으로 간주하거나, 앞서 발생했다는 점을 근거로 원인으로 간주하는 오류이다.

고대 중국인들은 일식을 "용이 해를 삼키는 것"이라고 생각했다. 따라서 일식이 일어나면 재앙이 일어난다고 믿었다. 그래서 일식이 시작되면 사람들이 모두 몰려나와 하늘을 향해 소리를 지르며 폭죽을 터트렸다. 그러면 용이 해를 토해내 일식을 막을 수 있다고 생각했던 것이다. 과연 사람들이 소리를 지르고 폭죽을 터트리자 해가 다시 나왔으므로 이러한 관습이 널리 행해졌다. 이때 해가 다시 나오는 원인을 폭죽과 고함소리라고 생각하는 것은 거짓 원인의 오류이다.

11) 복합 질문의 오류

이것은 겉으로는 단순한 질문 같이 보이지만 내용적으로는 두 개 이상의 질문이 복합되어 있는 질문을 받았을 때 그 질문에 포함된 다양한 내용을 살피지 않고 단순하게 "예", "아니요"의 대답을 하였을 때 범하게 되는 오류이다.

훔친 보석 어디에서 팔았나? 명동에 있는 보금당에서 팔았지?

위의 질문을 취조를 하는 형사가 절도 혐의자에게 했다고 생각해 보자. 혐의자가 아니라고 답을 해도, 절도 혐의를 기정 사실화해서 취조를 계속하게 된다. 이럴 경우의 질문이 복합 질문이고 결백한 사람에게 혐의를 씌운다면 오류를 범하는 것이다.

12) 사람에의 논증(인신공격의 오류)

사실이나 논지에서의 문제에 그 당사자의 신상 문제나 인격 문제를 끌어들이는 데서 생기는 오류이다. 가령, 상대방의 주장을 논박할 경우에 그 주장 자체의 옳고 그름을 떠나 발설의 동기나 발설자의 인격, 지위, 종교, 사생활, 사고 방식 따위를 관련시켜 말할 때 범하는 오류이다.

그가 그것이 사실이라고 말한 것은 그의 종교관이나 사생활에서 비롯되었다.
그 여자가 자기 가정 일이나 잘 처리할 것이지, 사회 문제에 대하여 발설하는 것 자체가 문제이다.
아직 나이도 어린데 무엇을 안다고 진리 운운하는 거야.

한편으로, 자기의 주장이나 남의 주장을 변호하는 데 논자의 지위, 경력, 학력 따위를 내세우는 경우도 마찬가지로 오류를 범한다.

내가 주장하는 바는 나의 오랜 경험과 지위가 뒷받침한다.
그건 권위자가 말하였으니 틀림없지.
경험자도 모르는데 겪어 보지도 않은 사람이 알 리가 있어.
자네는 전에도 그런 오류를 범하였으니 믿기 어려워.

위와 같은 예가 사람에 호소하는 논증으로서 논점을 흐리게 만드는 전략에서 사용된다.

13) 정황적 오류

어떤 주장이나 행위를 그 내용과 관련된 정당한 근거에서 비판하는 것이 아니라, 그 주장이나 행위를 하고 있는 사람이 처해 있는 어떤 처지나 상황, 직업이나 과거의 행적 등과 같은 개인적 주변 정황을 이유로 그 주장이나 행위가 잘못된 것이라고 일축할 때 발생하는 오류이다.

14) 피장파장의 오류

어떤 주장을 그 내용과 관련된 정당한 근거에서 비판하는 것이 아니라, 그 주장을 하고 있는 사람도 그 주장에 담겨 있는 것과 같은 잘못을 과거에 했다는 이유로 그 주장이 잘못된 것이라고 일축할 때 발생하는 오류이다.

실제로 피장파장의 오류는 정황적 오류의 특수한 경우로 볼 수 있으며 (왜냐하면 주장자가 주장하려고 있는 바에 해당하는 잘못을 과거에 범했음은 주장자의 과거 행적들 중의 하나이므로), 또 정황적 오류도 넓게는 인신 공격적 오류로 볼 수 있는 경우가 많으므로 (왜냐하면 많은 경우 어떤 사람의 처지나 정황이 그 사람의 인품이나 성격과 관련되어 있으므로), 이것들의 구분이 쉽지 않은 모호한 경우들이 있다.

15) 논점 일탈의 오류

어떤 학설이나 의견을 반박할 경우에 그 내용의 잘못이나 논리적 모순 따위를 지적하지 않고 그것과 직접 관련이 없는 이유를 들어 문제의 핵심을 흐리게 만드는 오류이다.

그 학설은 보나마나 틀린 것이다. 그 학설을 말한 사람은 이름도 안 알려져 있지 않아.
그 사람이 그 의견을 내 놓은 것은 딴 목적이 있었을 거야. 그러니 그것은 보나마나지.
그 사람의 말은 사실이 아닐꺼야. 그가 가끔 거짓말을 하는 일이 있거든.

16) 권위에 의거하는 논증

권위 있는 사람의 말이나 언명을 절대적으로 신봉하고 의지하는 데서 오는 오류이다.

그것은 더 논의할 여지가 없다. 일찍이 공자나 석가가 말한 일이니까.
성경에도 그렇게 쓰여 있는데 무얼 그래.
말이 많으면 안 된다. 속담에도 말 많은 집의 간장은 쓰다고 했다.
그것은 외국의 권위자들이 다 주장하는 것이니 섣불리 의심하지 말라.
우리가 음력으로 설을 쇠는 것은 오랜 전통에 입각한 것이니 논란의 여지가 없소.

17) 힘에 의거하는 오류

이성적으로 상대방을 설복하려 하지 않고 힘을 과시하거나 협박하는 따위 방식으로 주장을 펴는 데서 오는 오류이다.

우리의 의견에 찬동하지 않으려거든 이곳을 떠나시오. 다수의 의견에 따르지 않는 사람은 민주국가에서는 설 자리가 없는 법이니까요.
이 길은 삶의 길이니 딴 길로 가는 것은 멸망이 있을 뿐이다.
칼이 아니면 코란을 드시오.

이것은 반이성적이고 부조리한 논술 태도로서 지나친 권위주의에서 나온 발상이다.

18) 무지에 호소하는 오류(무지에의 논란)

어떤 주장이 참임을 입증할 수 있는 방법을 모른다는 것을 근거로 하여 그것은 거짓이라고 논증하는 오류이다. 가령 "귀신이 없다는 사실을 증명하지 못하기 때문에 귀신은 존재한다"와 같은 주장이 그런 예이다. 그러나 명제의 검증이나 반증의 방법에 대한 무지가 그 명제의 거짓 또는 참을 규정하는데 적절하다고 볼 수 없다.

19) 감정(또는 동정심)에 호소하는 오류

논리와 관계없는 감정에 호소함으로써 논의의 타당성을 주장할 때 빚어지는 오류이다. 가령 어떤 변호인이 피고의 범죄 사실을 도외시하고 피고의 석방만을 위해 판사의 동정심에 호소하는 다음과 같은 변론이 그 한 가지 예이다.

"피고는 어머니 없는 일곱 어린이의 아버지이며, 더욱이 병환 중에 있는 늙으신 부모님까지 모시고 있는 형편입니다. 그가 하루라도 벌지 못한다면 그의 일곱 어린이는 굶주려야 하고 늙은 부모는 약도 써보지 못하고 죽을 수밖에 없습니다. 철없는 어린이들이 무슨 죄가 있습니까? 병든 부모를 돌보지 못하게 하는 것이 인간의 도리입니까? 피고는 마땅히 석방되어야 합니다."

20) 대중에 호소하는 오류

냉철한 이성을 바탕으로 조리 있게 논의하는 것이 아니라 사람들의 감정에 호소하여 자기의 주장을 유리하게 이끌어 가는 데서 생기는 오류이다. 선동적인 정치가들이 흔히 범하는 오류이다. 곧 대중의 잘못된 편견이나 여론 등에 호소하여 논점을 벗어나는 것이다.

여러분! 내가 이것을 주장한다고 해서 내 개인에 이익이 되는 것은 조금도 아닙니다. 다만 저 불쌍한 동포들, 헐벗고 굶주리는 사람들을 돕고자 하는 데 근본 취지가 있습니다.
이것이 그의 피로 물들인 옷이다. 이 예리한 칼 자국을 보라. 우리에게는 그의 뜨거운 피가 흐르고 있다. 우리는 이 사건을 규명하고야 말 것이다. 여러분 일어섭시다.

위의 예에서 보듯이, 주장 내용의 타당성보다는 그것을 무조건 받아들이도록 대중의 감정을 자극하고 선동하거나 여론을 환기시키는 것이다.

21) 우물에 독 뿌리는 오류

자기편의 입장에 반대되는 주장을 하는 것은 나쁜 것 또는 불건전한 것으로 규정하면서 반론을 제기할 수 있는 가능성을 원천적으로 봉쇄하는 오류이다.

"우리가 추구하는 것은 그 누구도 반대할 수 없습니다. 만약 우리의 이상에 반대하는 사람이 있다면 그는 반역자라고 아니할 수 없습니다.
"제 정신을 가진 사람이라면 우리의 제안을 반대할 수는 없을 것입니다."

우리 당이 추구하는 것은 복지사회입니다. 우리의 이상에는 그 누구도 반대할 수 없을 것입니다. 만일 우리 당의 이상에 반대하는 사람이 있다면 그는 정신이상자라고 아니 할 수 없습니다. 자, 여러분은 우리 정당을 선택하여 복지사회를 이룩하시렵니까? 아니면 반대하여 정신이상자가 되시렵니까?

제4장 귀납 논리

1. 귀납이란 무엇인가

2. 귀납추리의 종류

3. 귀납의 정당화

1. 귀납이란 무엇인가

1-1. 귀납추리의 일반적 특징

연역추리의 한계는 우리의 지식을 확장시키지 못한다는 것이다. 반면에 귀납추리의 장점은 결론이 전제의 내용을 넘어선다는 것이다. 귀납적 결론은 전제의 정보내용을 넘어서는 확장 추리이다. 다음과 같은 단순 매거에 의한 귀납추리의 예를 들어보자.

예1)
까마귀$_1$은 검다.
까마귀$_2$는 검다.
까마귀$_3$은 검다.
　　……
　　……
지금까지 보아 온 까마귀는 모두 검다.
　∴ 모든 까마귀는 검다.

귀납추리는 개별적이고 특수한 관찰이나 예를 통해 좀 더 일반화된 명제를 이끌어내는 것이다. 귀납이라는 용어는 아리스토텔레스의 epagoge – 특수 실례로부터 일반화로 나아가는 과정 – 의 라틴어 번역에서 비롯되었다. 그것은 더욱더 넓은 범위로 점차 확장된다. 그때 귀납추리는 전제가 결론을 위해 좋은 지지이유가 되는 논증으로 구성될 수 있다. 하지만 논리적 연역의 증명적 힘을 가지고 있지 않다. 이러한 귀납추리에는 필연적으로 참인 결론을 산출하지는 못하는 모든 비증명적 입론이 포함된다.

귀납추리에서 전제는 증거로서 제시되는 것이라 볼 수 있으며 결론은 가설로서의 성격을 갖고 있다. 귀납추리를 증거와 가설 간의 관계로 간주하면, 증거가 가설을 얼마나 강력하게 지지하고 있는가 하는 것이 귀납추리가 좋은 것인지 아닌지 또는 건전한 것인지 아닌지를 판단하게 해 주는 기준이 된다.

귀납 논증에는 여러 가지 종류, 여러 가지 유형이 있다. Carnap(1950), pp. 207-208에서 귀납추리의 종류에 대해 다음과 같은 다섯 가지가 열거되고 있다. (1) 직접 추리, (2) 예측 추리, (3) 유비 추리, (4) 역 추리, (5) 보편 추리. 이것들은 모든 종류가 다 열거된 것도 아니며 제시된 종류가 상호 배타적이지도 않다. (1)은 모집단에서 표본으로의 추리이다. (2)는 하나의 표본에서 다른 하나의 표본으로의 추리이다. (3)은 한 개체에서 다른 개체로의 추리이다.

(4)는 표본에서 모집단으로의 추리이다. (5)는 한 표본에서 보편적 형식으로 된 가설로의 추리이다. 카르납의 이러한 분류와는 달리, 예전부터 귀납추리와 관련하여 연구되어 온 형식 중 중요하게 평가되고 있는 것을 살펴가도록 한다.

귀납 논증에는 과거에 발생하곤 했던 것에 근거하여 미래에 어떤 것이 일어날지를 예측하는 일상적인 유형의 논증이 있는가 하면, 고고학이나 인류학 등에서 자주 사용되는 방법으로서 현재 주어진 증거에 근거하여 과거에 대한 어떤 결론을 이끌어내는 유형의 논증도 있다. 그런가 하면 각종 여론조사에서 널리 사용되는 방법으로서 표본적인 관찰이나 실험에 근거하여 일반적인 결론을 이끌어내는 유형, 그리고 거꾸로 일반적으로 자주 일어나는 것에 근거하여 개별적인 경우에 관한 어떤 결론을 이끌어내는 유형도 있다. 또 사물이나 사태의 유사성에 근거하여 유추적으로(analogically) 어떤 결론을 끌어내는 논증도 귀납 논증에 속하고 인과 관계에 근거하여 어떤 원인을 추론해내는 논증도 귀납 논증의 일종이다. 여기서는 여러 유형의 논증 중에서도 특히 귀납 논증을 대표한다고 할 수 있는 것들을 중심으로 다루도록 하겠다.

1-2. 귀납추리의 한계

이미 알고 있는 사실로부터 알고 있지 않은 사실을 유도해 낸다. 때문에 귀납추리는 귀납적 비약을 행한다. 이러한 점을 구체적으로 지적한 철학자는 흄(D. Hume)이다. 그는 귀납 부정론의 입장에 선다. 이러한 귀납 부정론에서 서서 연역적 방법, 특히 후건부정식을 이용한 반증주의를 주장한 과학 철학자는 포퍼(K. Popper)이다.

귀납추리의 결론은 필연적으로 참이라고 주장되는 것은 아니다. 귀납추리의 결론은 연역추리의 결론과는 다르게 개연적으로 참이다. 이러한 개연성(probability)을 다른 표현으로 확률이라고 주로 표현하기도 한다. 인간의 지식을 확실성 또는 필연성을 추구하기도 하지만, 조금이라도 획득된 진리, 즉 사실을 모아 일반화하여(즉 규칙화하여) 법칙을 생성시키는 경우도 있다. 실제의 대다수의 과학자가 실험이나 관찰을 통하여 일반화하는 사고를 행하고 있다. 따라서 귀납이 그 본성상 오류 가능한 추리이나 불가피하게 사용할 수밖에 없으며, 인류의 지식을 성장시켜 온 사고 방식의 근간임을 부정할 수 없다. 이에 대해서는 우정규(1992)를 참고 바란다.

2. 귀납추리의 종류

일반화는 귀납추리의 가장 단순한 형태이다. 일반화는 보통 '모든 A는 B이다'라는 형태를 취한다. 한 표본을 중심으로 하여 그 표본이 속하는 전체에 대하여 결론을 내리는 추론 형식이다. 그러나 '모든'이라는 낱말을 사용한 모든 문장이 일반화에 의하여 추론된 문장은 아니다. 가령 내가 책의 모든 면을 보고 나서 "이 책에 있는 모든 인쇄된 글자는 검다"고 말했다면 이 문장이 일반화한 것이라고 보기는 어렵다. 단지, 이 문장은 내가 본 것을 묘사한 것일 뿐이다. 적어도 이유를 들어서 자신의 주장이 참일 수 있다는 형식을 갖추어야 한다. 이런 점에서 볼 때 귀납은 진리 추정의 방법이라고 한다.

아래에서는 귀납추리의 형식과 관련해서 귀납추리가 어떻게 분류되는지, 그 종류에 대해서 하나씩 설명해 나가겠다.

2-1. 단순 일반화에 의한 귀납과 통계적 일반화에 의한 귀납

2-1-1. 단순 매거에 의한 귀납(단순 일반화)

일반화는 표본 집단의 구성원의 수에 따라 단순 매거에 의한 일반화와 통계적 일반화로 나뉜다. 단순한 일반화는 "모든 백조는 하얗다"와 "물은 0 ℃에서 언다"처럼 전 성원이 가지고 있는 균일적 특징을 진술하는 경우이다. 단순 일반화는 표본 추출된 까마귀들이 모두 검다는 사실로부터 미래의 까마귀까지 포함하여 모든 까마귀는 검다고 추론한다. 이러한 단순 일반화는 정성적 귀납(qualitative induction)이라고 분류한다.

단순 매거에 의한 귀납법의 형식은 수학적 귀납법의 형식으로 차용되기도 한다. 그 일반 형식은 다음과 같다.

첫 번째 사례: 내가 본 첫 번째 백조는 하얗다.
두 번째 사례: 내가 본 두 번째 백조는 하얗다.
·
·
·
n 번째 사례: 내가 본 n 번째 백조는 하얗다.
그러므로 모든 백조는 하얗다.

이와 유사한 형식인 수학적 귀납법(數學的歸納法, mathematical induction)은 주어진 명제

P(n)이 모든 자연수에 대하여 성립함을 보이는 증명법이다. $n=1$에 대해 성립하고, k와 $k+1$에 대해 각각 성립함을 보인다.

  자연수 n에 관한 어떤 명제 P(n)에서 명제 P(n)이 임의의 자연수에 대하여 성립하는 것을 증명하려면, 다음 2가지를 증명하면 된다. (1) P(1)이 성립한다. (2) 명제 P(k)가 성립한다고 가정한다면, P(k+1)도 성립한다. 이와 같은 (1), (2)의 2단계에 의해서 주어진 명제 P(n)이 모든 자연수에 대하여 성립함을 보이는 증명법을 수학적 귀납법 또는 완전 귀납법이라고 한다. 이를테면, n이 자연수일 때, 등식

$$1+3+5+\cdots+(2n-1)=2n \quad \cdots\cdots ①$$

이 성립함을 수학적 귀납법으로 증명하면,

(1) $n=1$일 때, ①의 좌변은 분명히 1이며, 우변은 $1^2=1$이므로, $n=1$일 때, 등식 ①은 성립한다.

(2) $n=k$일 때 성립한다고 가정하면,

$$1+3+5+\cdots+(2k-1)=2k$$

이 식의 양변에 $2k+1$을 더하면,

$$1+3+5+\cdots+(2k-1)+(2k+1)=2k+(2k+1)$$

이며, 이 식의 우변을 정리하면, $2(k+1)$이 된다. 따라서,

$$1+3+5+\cdots+(2k-1)+(2k+1)=2(k+1).$$

이 식은 ①식에 $n=k+1$를 대입한 것이며, 여기서 $n=k$일 때 성립한다고 가정하면 $n=k+1$일 때도 성립한다는 것이 증명된 셈이다. (1), (2)에 의해서 등식 ①은 모든 자연수 n에 대하여 성립한다. 이 추론은 자연수 전체의 집합을 정의한 페아노의 공리계(公理系)의 제5공리를 기초로 하여 이루어진 논법이다. 이 때문에 페아노의 제5공리를 수학적 귀납법의 공리라고 한다. 이 수학적 귀납법은 일반적으로 연역이라고 인정한다. 여기서 귀납이라는 말의 의미는 일반적으로 수학적 패턴을 유도한다는 것과 같다.

  단순 일반화의 경우, 대상의 집합이 무한하다면 인간이 그것의 무한 원소를 경험할 수 없다. 그래서 어떤 사람이 경험한 바의 유한 개체들에 관한 정보에 근거해서 일반화하게 마련이다. 관찰되지 않은 개체가 그 명칭의 집합 원소의 공통 특성을 따르지 않을 수도 있기 때문에 귀납추리는 오류가 될 수 있다. 위의 백조에 관한 추리에서 오스트레일리아에서는 조류학적으로는 백조라고 분류되는 새가 색깔이 검다고 한다. 따라서 그 곳에 있는 백조까지 포함하면, 다른 말로 해서 인류의 경험적 지식이 확장되면 단순 일반화가 성립하지 않을 수도 있다.

  한편 수학적 귀납법을 연역이라고 인정하는 의미는 $k+1$ 번째 명제에서 k는 임의의 수이

므로 모든 수를 의미한다. 이러한 의미에서 단순 일반화가 연역화되는 경우가 있다. 그것은 대상의 집합이 유한하고, 유한한 원소가 모두 공통 특성을 가지고 있어서 완전 매거되는 경우이다. 따라서 완전 매거에 의한 귀납은 귀납이 아니라 연역이다.

2-1-2. 직입률에 의한 통계적 일반화

어떤 집합의 원소가 모두 공통 특성을 가지고 있지 않을 때는 단순 일반화가 성립하지 않는다. 그럴 경우에는 약간은 그러하고 다른 약간은 그렇지 않다고 결론을 진술해야 한다. 이럴 때 어떤 특성을 갖고 있는 비율(다른 말로 확률)을 표현할 수 있는데, 그러한 방식의 귀납적 추리가 통계적 일반화이다. 통계치는 양을 나타내므로 통계적 일반화는 정량적 귀납(quantitative induction)이라고 분류한다. 이것은 카르납이 말하는 역 추리에 해당한다. 통계적 일반화에 적용되는 규칙이 직입률(the straight rule)이라고 하는 것으로 그 형식은 다음과 같다.

관찰 표본 S에서 T라는 특성을 가지고 있는 대상들의 비율은 r이다.
그러므로 모집단 P에서 T라는 특성을 가지고 있는 대상들의 비율은 r이다.

이 직입률에 의한 통계적 귀납은 단순히 표본에서의 해당 특성 비율을 모집단의 해당 특성 비율로 추정하는 것이다. 표본이 모집단을 대표하는 것이 아니거나 표본을 추출할 때 우연히도 편의되어 있거나 하다면 오류가 발생하게 된다.

통계적 귀납은 사회 조사 방법론에서 자주 사용된다. 특히 투표와 관련해서는 지지자 예비 조사나 출구 조사는 모두 통계적 추리이다. 그 이유는 시간과 비용 때문이다. 충분한 시간과 비용이 있다면 완전한 조사, 다른 말로 전수 조사를 할 수 있다. 그렇지만 현실에서는 그렇지 않으므로 통계 조사를 하게 된다.

예를 들어, 3000명의 투표자를 표본 추출하여 다음 선거의 결과를 예측한다고 해 보자. 그 표본 집단의 투표 결과 1650 명은 A 후보를, 750 명은 B 후보를, 600명은 C 후보를 지지한 것으로 나타났다. 이 표본은 각각 55%, 25%, 20%의 비율로 나타났으며, 우리는 이것을 일반화하여 모든 투표자의 55%는 A 후보를 지지한 것이라고 결론을 내리는 경우, 그것은 통계적 일반화가 된다.

통계적 일반화가 보다 정확하기 위해서는 그 표본을 분류하는 사람의 자의성이 배제되어야 한다. 첫째로, 대표적이지 않은 표본이나 대표적인 표본이 되기에 적절하지 않은 표본을 근거로 해서 일반화할 때 빚어지는 오류가 편향통계의 오류이다. 둘째로, 귀납적 일반화를 보증할 정도의 충분한 자료를 모으기에 앞서 졸속으로 일반화하려 할 때 빚어지는 오류가 불충분 통계량의 오류이다.

통계적 일반화에서 오류를 줄여서 신뢰할 수 있게 하려 할 때, 그 표본이 성원으로 속해 있는 모든 계층이 그 표본처럼 나타난다는 것을 전제로 한다. 여기서 수행되는 추론은 아는 것에서 모르는 것으로의 일종의 비약을 포함한다. 그러므로 "어떻게 그 표본을 신뢰할 수 있는가?"라는 물음은 "전 구성원이 표본처럼 나타난다고 어떻게 장담할 수 있으며 또 그 표본이 전체를 대표한다고 할 수 있는가?"라는 물음과도 같다. 일반화를 신뢰할 수 있는가를 결정하는데 도움이 되는 규칙이 있다.

첫째, 다른 조건이 같다는 전제 하에서 그 표본이 크면 클수록 일반화는 신뢰할만하다. 둘째, 표본은 무작위로 추출되어야 한다. 전 구성원은 표본에 속하게 될 기회를 똑같이 가져야 되는 것이다. 이 규칙을 위반한 표본은 편협한 표본이 되는 것이다.

통계학은 이상에서 살펴본 바와 같이 귀납에 의거하고 있다. 대학교에서 통계학과가 있을 정도로 통계학은 엄밀하게 체계화되어 있으므로 귀납추리에 속하는 통계적 추리하고 하여 불신할 필요는 없다. 통계학은 우리에게 유용한 지식을 가져다 주며, 특히 의사 결정에 있어서 통계치, 특히 확률에 의거하여 기댓값을 계산하여 활용할 수밖에 없다. 이와 관련해서는 다음 장에서 다루는 의사 결정 이론을 참고하기 바란다.

2-1-3. 귀납적 일반화와 연관된 오류들

귀납적 일반화와 관련된 몇 가지 오류들을 고찰해 볼 차례이다. 이미 앞의 오류론에서 정리된 부적합성의 오류 중에 귀납과 관련된 오류를 설명한 바 있지만, 지금 다루고 있는 통계적 추론과 관련해서 발생하는 오류를 정리해 보자.

통계적 추리에서 표본이 충분한 크기를 가져야 한다는 조건이 충족되지 않았는데도 일반화하면 오류가 발생한다. 불충분한 통계의 오류(fallacy of insufficient statistics), 성급한 일반화(hasty generalization), 결론으로의 비약(leaping to the conclusion) 등의 이름으로 불리는 이 오류는 특히 한 두 번의 경험이나 관찰에 근거하여 쉽게 일반화시켜버리는 우리의 심리적 경향과도 유관하다.

사실 '불충분한 통계'로 '성급하게 일반화' 하여 '결론으로 비약' 한 것인지 아닌지를 따지기 이전에 먼저 고려해야 할 사항이 있다. 그것은 많은 경우 표본의 크기에 대해서는 아무런 정보도 주지 않은 채로 그 표본에 근거하여 어떤 주장을 할 수도 있다는 점이다. 예를 들어 특정의 칫솔사용과 충치발생 간의 상관관계를 통계적으로 조사한 결과 A제품의 칫솔을 사용하는 일군의 어린이들이 B제품의 칫솔을 사용하는 어린이들 보다 60%정도 더 적게 충치가 생겼다는 보고가 있다고 해보자. 우리는 이 보고를 어떻게 받아들여야 할까? 이 주장이 참일 수도 있다고는 생각이 되지만 무언가 석연치 않은 점이 있다. 그것은 바로 조사대상인 어린이들의 수, 즉 표본의 크기에 대해서는 아무런 말도 없기 때문이다. 만약 조사대상의 어린이 수를 각각 5명씩 잡았다면 이에 근거한 어떤 일반화도 의미를 가지기 힘들다. A제품을 사용하는 5명의 어린이가 우연하게도 모두 튼튼한 치아를 가진 반면 B제품의 칫솔을 사용하는 어린이들은 평소 초콜릿이나 사탕을 즐겨 먹는 어린이들일 수도 있다. 5명이라는 극히 작은 표본만 가지고서는 그러한 우연성을 배제할 아무런 방법도 없다.

따라서 이 문제를 피하기 위해서는 우선 표본의 크기에 관하여 어떤 정보가 주어져 있는지 없는지를 살펴 볼 필요가 있다. 표본의 크기가 충분한지 아닌지 따져 보는 일은 그 다음의 일이다.

이와 유사한 오류로서 편의된 통계의 오류(fallacy of biased statistics)라는 것도 있다. 이 오류는 표본이 너무 작아서가 아니라 일반화되는 전체의 한 부분에만 해당되는 것이어서 전체에 분포된 다양한 것들을 적절히 드러내 주지 못해서 대표성을 상실할 경우 발생되는 오류이다. 이 오류의 좋은 예로서 다음과 같은 잘 알려진 역사적 사실이 자주 인용된다.

1936년 Literary Digest사는 그 해의 대통령 선거에서 프랭클린 루즈벨트가 이길지 아니면 알프렛 랜든이 이길지를 예측해 보기 위하여 천만명의 유권자들에게 우편으로 여론 조사서를 발송하였다. 그 중 2백3십만 장이 회수되었는데 이에 의하면 랜든이 압도적으로 승리할 것으로 예측되었다. 여론조사의 대상이 되었던 천만 명 유권자들의 이름은 모두 전화번호부, 자사 잡지의 구독자 목록, 그리고 자가용 소유자의 목록에서 채택되었다.

이 선거에서 예측과는 달리 루즈벨트가 압도적인 승리를 하였다. 위의 여론조사에서 무엇이 잘못되었기에 예측이 빗나갔는가? 문제는 바로 조사대상으로 삼았던 표본집단이 모두 고소득층에 속했다는 점에 있었다. 미국의 경우 소득별 계층과 어느 당을 선호하는지는 서로 밀접히 연관되어 있기 때문에 일정한 계층에 속하는 사람들만을 표본으로 삼는다면 이 표본으로부터는 의미 있는 일반화가 성립될 수 없다. 표본의 크기가 아무리 크더라도 그것이 편중되어 있다면 제대로 된 일반화가 어렵다는 사실을 위의 예가 잘 보여주고 있다.

위의 두 경우와는 좀 다른 케이스로 강하게 확립된 일반화를 거부하는 것도 일종의 오류라고 할 수 있다. 통계적으로 내린 일반화와 배치되는 새로운 정보가 나타났을 때 이러한 일이 종종 발생한다. 예를 들어 누군가가 새 차를 구입할 목적으로 차종에 따른 관련된 모든 통계자료를 수집하였다고 하자. 그 통계자료에는 자동차의 기능, 안정성, 디자인, 애프터서비스 등 자동차에 관련된 모든 면이 서로 비교될 수 있는 정보들이 있다. 이 자료에 근거하여 그는 어떤 특정의 차가 제일 낫다는 결론에 도달하였다. 그러나 그 종의 차를 구입하기 이전에 어느 자리에서 만난 친구로부터 바로 그 차종을 자신이 현재 사용하고 있는데 여러 면에서 문제가 많아 크게 후회하고 있다는 말을 듣고 애초의 결정을 번복하고 말았다면 이는 바로 통계적 일반화를 합리적인 이유가 아닌 이유로 거부하는 오류를 범한 것이라 할 수 있다.

왜 이것이 오류인가? 새로운 정보를 무시하라는 이야기가 아님은 물론이다. 새로 추가되는 정보는 귀납 논증을 더 강하게 만들 수도 있고 더 약하게 만들 수도 있다. 그러나 위의 예에서 말해지는 새로운 정보란 좀 특수한 경우의 정보다. 그것은 어떤 보편성이나 일반성도 없는 단일한 경우이다. 일반성이 결여된 정보는 정보로서의 가치를 가지기 힘들다. 아무리 새로운 정보라도 하나의 단일한 경우만 가지고서는 많은 경우들을 주의 깊게 관찰해본 후 내려진 통계결과를 송두리째 뒤엎기에는 역부족이다. 그 차종에 속하는 것들 중에는 하자가 있는 는 많은 는 정보가 이미 통계에 포함되어 있다. 말하자면 그 친구의 경험은 엄밀히 말해서 새로운 정보가 아니다. 그 자료를 '통계적' 이라 부르는 이유도 거기에 있다. 한 두 개의 불량품이 있다는 사실은 그 통계적 일반화를 거부해야 할 아무런 합리적인 이유도 못된다.

일찍이 18세기 영국의 철학자 흄도 이러한 종류의 오류에 주목한 바 있는데 이러한 오류가 왜 발생하는지를 그는 인간의 심리적 경향이나 습관에 기대어 설명하려고 하였다. 현대 심리학자들도 대체로 동의하는 이 설명에 의하면 인간의 심리가 더 생생한(vivid) 정보에 더 쏠리게 되어 있다. 즉 친구로부터 얻은 정보는 직접 대면한 개인으로부터 구체적으로 생생하게 전해들은 것인 반면 통계적 정보는 개인을 떠난 객관적인 것이기 때문에 전자보다는 덜 생생하게 다가온다. 그렇기 때문에 단순한 통계보다는 친구의 말에 더 솔깃해지기 쉽다. 이러한 심리적 배경으로 생기는 오류를 오도(誤導)된 생생함의 오류(fallacy of misleading vividness)라고 부르기도 한다.

2-2. 비단조 논리

고전 논리학에 있어서 정언 삼단논법은 보편 명제로부터 예외 없이 모든 적용 개체에 대해 성립한다고 가정되었다. 그러나 우리의 언어나 지식이 모호하거나 불완전하기 때문에 문제가 발생한다. 다음과 같은 예를 살펴보자.

새는 난다.
트위티는 새다.
그러므로 트위티는 난다.

대전제의 새의 양적 범주가 보편이라면, 즉 "모든"이 새 앞에 생략되어 있다면 위 추리는 타당하다. 하지만 트위티가 펭귄에 속하는 새라면, 위 추리의 결론은 거짓이며 따라서 위 논증은 부당하다.

오늘날 학자들은 인간의 신념을 고착된 것으로 보지 않는다. 인간의 지식은 가변적이며 유동적이다. 새로운 정보에 의해 기존 신념이 고착되는 경우도 있으나, 새로운 정보와 기존 신념이 일치하지 않을 때는 개정을 하게 된다. 이와 같이 연역 논리의 단조성(monotony)을 벗어나는 비단조 논리(nonmonotonic logic)가 개발되었다.

2-2-1. 비단조 논리의 특성

연역 논리는 추리가 진행될 때 새로운 지식이나 정보를 반영하여 신념을 바꾸는 메카니즘을 갖고 있지 않다. 연역 논리의 이러한 특성을 단조적이라 한다. 비단조 논리는 사용 가능한 정보에 기초하여 추리를 진행하지만 새로운 정보가 추가될 때 그 추리는 제거되고 새로운 추리로 변환된다. 비단조 논리는 근거가 불완전하거나 완전한 정보 획득이 불가능한 상황에서 이용될 수 있는 추리 양식으로 귀납추리에 속한다.

Minsky(1975)는 연역 논리가 상식적 추리를 표현하기에는 부적절하다고 주장하면서 비단조 논리를 개발하였다. 많은 경우 우리의 추리는 불완전한 정보에 근거된 결론 도출로 되어 있다. 전제의 정보가 참이더라도 그 결론은 참이 아닐 수 있다. 다음과 같은 예를 생각해 보자. 가령 성냥개비를 성냥갑에 그었다면 우리는 전형적으로 그 성냥에 불이 붙어 탄다고 결론내릴 것이다. 그러나 해당 성냥갑이 젖었다고 들으면 우리는 그 결론을 수정하고 그 성냥은 불이 붙지 않을 것이라고 결론내릴 것이다. 성냥갑이 젖어 있지 않았더라도 성냥이 성냥갑에 그어졌지만 산소가 없다면 역시 불이 붙지 않았을 것이라고 결론내릴 것이다. 이와 같이 불완전한 정보에 근거해서 결론을 추론하지만 더 좋은 정보가 부가되면 그 결론을 수정하는 것이 비단조 논리이다.

비단조 논리는 보편성에 근거한 논리가 아니라 전형성(typicality)에 근거한 논리이다. 비단조 논리에서는 "새는 난다"고 할 때, "모든 새는 난다"는 것이 아니라 "전형적으로 새는 난다"는 것으로 이해한다. 어떤 새가 새의 전형에 해당하는 것이라면 그것은 날지만, 비전형에 속하는 것이라면 그것은 날지 못한다. 전형 추리는 반대되는 정보가 없는 한에서 타당한 것으로 받아들여지며 반대되는 정보가 나오면 결론은 수정된다.

이런 점에서 비단조 논리는 진리 보존적이지 않으므로, 연역 논리에 속하는 것이 아니라 귀납 논리에 속한다. 비단조 논리는 이처럼 시간 의존적인 논리이다. 비단조 논리는 새로운 정보가 도입되어 기존의 결론이 수정될 수 있는 논리 체계이다.

2-2-2. 비단조 논리의 유형

2-2-2-1. 초기화 논리(default logic)

우리는 일관성에 기초하여 비단조 추리에 접근하여 초기화 논리를 이용할 수 있다. 초기화 명제는 d론의 정식이 아니고 추리 규칙이다. 초기화 추리에서의 초기화는 달리 증명되지 않는 한 어떤 명제가 믿어질 수 있다는 명제 또는 규칙이다. 초기화 S는 S가 아니라고 증명되지 않는 한 S는 추리될 수 있다고 해석된다. 초기화는 큰 변화없이 예외가 인정될 수 있는 일반성을 진술할 때 사용된다. 예를 들어 초기화 규칙이 "모든 새는 날 수 있다"는 것이라면, 이 경우 예외는 펭귄이나 타조이다.

예를 들어 더 논의를 해보자. 창수는 전산과 교수이다. 그러므로 창수는 박사 학위가 있다. 물론 그는 박사 학위가 없을 수 있다. 만일 우리가 그가 박사 학위가 없다는 믿을 만한 정보를 듣는다면 우리는 그 결론을 철회한다. 창수의 예는 초기화 추리의 일반 패턴을 예시해 준다. 그 예는 다음과 같이 분석된다.

*x*가 전산과 교수이고 *x*가 박사 학위가 없다고 증명되지 않는 한 우리는 *x*가 박사 학위가 있다고 추리할 수 있다.

위 추리의 결론 부분을 초기화라고 한다. 새로운 부분은 "라고 증명되지 않는 한"이다. 이 부분이 의미하는 것을 형식화하기에는 다소 어렵다. 그러나 실제 프로그램에 그것을 작동시키는 것은 어렵지 않다. "라고 증명되지 않는 한" 부분은 "consistent"라는 기호를 도입하여 표현할 수 있다. 즉 (~P)라고 추리될 수 없으면 (일관적인(consistent) P)는 참이다. 반대 정보가 없는 한, 기존 정보에 근거하여 일정한 결론을 내릴 수 있다.

초기화 추리 규칙은 다음과 같은 형식이다. P이고 그것이 Q라고 가정하는 것과 일관적이라면 R이라고 추리하라. 이것은 다음과 같이 표기된다.

P: Q/R

이 정식에서 P, Q, R은 일상적인 정식이다. 조건 P가 주어지면 초기화 규칙은 Q가 아니라고 증명되지 않는다면 R이라고 추리하는 것을 허용한다. 이에 대한 구체적인 예는 다음과 같다.

$$\frac{Bird(x): \ MFly(x)}{Fly(x)}$$

이것의 의미는 다음과 같다. x가 새고 x가 난다고 일관성 있게 가정할 수 있다면 x는 날 수 있다고 우리는 추리할 수 있다. 이것을 일반화하면 다음과 같은 추리 규칙으로 표현된다.

$$\alpha(x): \ \beta(x)$$
$$\gamma(x)$$

여기서 $\alpha(x)$는 선행 조건이고, $\beta(x)$는 테스트 조건이고, $\gamma(x)$는 초기화의 결과이다. 위 규칙은 $\sim\beta(a)$가 발생하지 않으면 $\alpha(a)$로부터 $\gamma(a)$를 도출할 수 있음을 의미한다.

2-2-2-2. 자동인식적 추리(autoepistemic reasoning)

자동인식적 추리는 전형성에 위배되는 바가 알려져 있지 않았고 만일 내가 특정 대상이 전형적인 것이 아니라면 나는 알고 있었을 것인데, 실제로 그렇지 않으므로 나는 그것이 전형적이라고 자동적으로 인식하게 된다는 것이다. 예를 들어 보자. "나에게 형이 있었다면 내가 그 사실을 알고 있었을 것이다." 이것은 사람들이 보통 자신의 형을 알고 있다는 전형성에 대한 신념을 진술할 뿐만 아니라 나는 구체적으로 나의 모든 형을 알고 있다는 신념을 진술하고 있다. 물론 나의 형이 나에게 알려지지 않은 상황도 있을 수 있지만 그런 상황은 심각하게 고려되고 있지는 않다. 결과적으로 일종의 전형성이 있을 수 있다는 것이며 그러한 전형성은 추리자 자신에게 인식되어 있다는 것이다.

자동인식적 추리는 자신의 신념에 기초하여 행위하는 행위자의 신념을 모형화하려는 것이다. 중요한 관심 대상은 행위자의 전체 신념으로 해석되는 자동인식적 논리 정식의 집합이다. 자동인식적 추리는 신념 개념에 기초하여 L을 도입하는데, 그것의 의미는 '믿어지고 있다(is believed)'이다. 이 추리 방식에서는 새에 대해서 어떤 특정 새가 날지 못한다고 믿어지지 않는 한 그 새는 날 수 있다고 기꺼이 믿는다.

2-2-2-3. 제한화 추리(circumscriptive reasoning)

모든 대상은 어떤 측면에서는 비정상적(abnormal)이다. 우리는 어떤 대상의 어떤 측면이 비정상적이라는 것을 인정하고 싶어하며 그 나머지는 정상적이라고 가정한다. 우리는 비정상적이라는 술어를 도입하여 전형성에 대한 추리를 학 위한 직관을 얻을 수 있다. 예를 들어 새는 그것이 여러 가지 점에서 비정상적이지 않다면 날 수 있을 것이다. 술어를 제한함으로써 트위티는 날 수 있다는 식의 결론을 도출할 수 있다. 왜냐하면 새가 날 수 없다는 것은 비정상적이며 그 비정상성은 제한에 의해 최소화될 수 있기 때문이다.

제한화 추리는 술어 논리에서 상식적인 과정의 일부를 반영하기 위한 시도이다. 근본적인 주장은 상식은 이상하거나 비정상적 술어의 외연을 최소화한다는 것이다. 모든 사람은 어떤 새가 날지 못한다는 것을 알고 있다. 그러나 트위티가 새라는 것을 듣게 되면 우리는 트위티는 날 수 있다고 추리할 것이다. 그 이유는 날지 못함을 새의 병적인 또는 이상한 조건이며 상식은 그런 이상함의 영역을 최소화하기 때문이다.

이러한 제한화 추리를 기호화하면 다음과 같다.

$[b(x) \wedge \sim ab(x)] \rightarrow f(x)$

위에 나와 있는 기호 $b(x)$는 x는 새이며 x는 비정상적이지 않으며 x는 날 수 있다는 것이다. 이 경우 비정상적이라는 것을 정의하는 과제가 발생한다. 생각 가능한 방법은 비정상적인 대상의 수를 최소화하고 비정상적이라고 알려진 것만을 비정상적이라고 인정하는 것이다.

2-3. 통계적 삼단논법과 그 오류

2-3-1. 통계적 삼단논법의 형식

앞에서 개별적인 사례들을 관찰한 뒤 이를 전제로 삼아 일반적인 결론을 이끌어내는 추론의 형식만이 유일한 귀납 논증의 형식인 것은 아니라고 말한 바 있다. 거꾸로 일반적인 전제로부터 개별적인 것에 관한 진술을 결론으로 삼는 형식의 귀납 논증도 있다. 통계적 삼단논법(statistical syllogism)이 바로 그러한 형식의 귀납 논증으로 카르납이 말한 직접 추리에 해당한다. 통계적 삼단논법은 앞에서 말한 통계적 일반화와 반대 방향의 귀납 논증이다. 즉 통계적 일반화의 형식을 가진 귀납 논증이 통계적인 일반 명제를 결론으로 삼는 데 반하여 통계적 삼단논법은 통계적인 일반 명제를 전제로 삼는다. 따라서 이 논증은 일반적으로 또는 통계적으로 참(또는 거짓)인 것이 개별적인 경우에도 그렇다고 논할 때 사용되는 형식의 논증이다. 통계적 삼단논증의 형식을 말하자면 다음과 같다.

모든 F의 x%는 G이다.
a는 F이다.
따라서 a는 G이다.

위의 형식에서 F와 G는 개체들의 집합 또는 그 집합에 속하는 개체들의 속성을 나타내고, 소문자 a는 개체(사람, 장소, 사물 등)를 나타낸다. F는 준거 집합(reference class), 즉 두 번째 전제에서 언급된 개체가 속하는 집합을 가리키고, G는 속성 집합(attribute class)을 가리킨다. 이 속성 집합에 속하는 것들은 결론에서 그 개체가 가지고 있다고 주장되는 성질을 가진다.

2-3-2. 통계적 삼단논법의 평가

통계적 삼단논법도 귀납 논증의 일종인 만큼 귀납 논증의 일반적인 평가 방식, 즉 강한 논증과 약한 논증으로 나누어 평가하는 방식이 적용된다. 그렇다면 통계적 삼단논법의 강도를 측정하는 기준은 무엇일까? 가장 분명한 기준 중의 하나는 통계적 삼단논법의 전제에 언급되는 통계적 수치가 100%에 가까울수록 더 강하고 0%에 가까울수록 더 약해진다는 점이다. 예를 하나 들어보자.

대학생의 90%는 고등학교 때 과외수업을 받았다.
이군은 대학생이다.
따라서 이군은 고교 때 과외수업을 받았다.

위의 예에서 대학생의 90%가 아니라 99%가 과외수업을 받았다면 이 전제가 결론을 지지해 주는 정도가 더 강해질 것이고, 85%가 과외수업을 받았다면 그 정도가 더 약해질 것임은 당연하다. 대학생들이 고등학교 때 과외수업을 받았을 확률이 높으면 높을수록 이군도 과외수업을 받았을 가능성이 높아지고 그 반대라면 낮아질 것이다. 전제의 통계치가 90에서 85로 낮아졌다고 해서 잘못된 논증으로 볼 수 없던 것이 갑자기 잘못된 논증으로 둔갑하는 것은 물론 아니다. 달라진 것은 전제의 결론에 대한 지지의 정도가 조금 낮아졌다는 것뿐이지 그 논증에 대한 평가가 근본적으로 달라지는 것은 아니다. 그러나 전제의 통계치가 지나치게 낮아진다면 평가도 달라질 수 있다. 예컨대 51%의 대학생이 그렇다면 이군도 그렇다는 결론의 주장도 그만큼 약해진다. 그렇기 때문에 이 경우의 평가는 원래의 논증에 대한 평가와는 사뭇 다르게 내려질 수밖에 없다.

통계적 삼단논법을 평가할 수 있는 또 하나의 기준은 준거 집합을 선택할 때 얼마나 많은 관련 증거들을 사용하였느냐 하는 것이다. 이 기준은 그렇게 분명한 기준은 못되지만 그럼에도 불구하고 매우 중요하다. 문제는 하나의 개체가 속한다고 할 수 있는 집합의 수는 무한하다는 데에 있다. 이 기준이 분명하지 않은 이유도 이 문제와 연관된다. 앞의 예에서 이군이 속해 있다고 할 수 있는 집합의 수가 한 두 개로 한정되어 있지 않을 것임은 물론이다. 그가 고등학교 때 과외수업을 받았다는 결론을 내리기 위해선 그가 속해 있는 집합 중에서도 그 결론과 관계되는 집합, 즉 그가 과외수업을 받았을 확률에 영향을 줄 집합은 모두 고려해야 한다. 예컨대 그가 강남의 11평 짜리 도시 영세민 아파트에 산다고 해보자. 다른 정보들은 무시하고 이 점만 고려하더라도 다음과 같은 원래의 논증과는 정반대의 결론이 도출될 수 있다.

도시 영세민 아파트에 사는 학생 중 2%는 과외수업을 받았다.
이 군은 도시 영세민 아파트에 산다.
따라서 이 군은 과외수업을 받지 않았다.

원래의 논증과 이 논증은 모두 참인 전제들을 가졌고 나타난 통계적 수치도 각각 100%와 0%에 가깝기 때문에 전제에서 언급되는 통계적 수치가 어느 정도인지를 따지는 기준만 고려한다면 두 논증은 모두 강한 귀납 논증이라 아니할 수 없다. 그런 대도 두 논증의 결론은 서로 정반대이다. 이러한 결과를 막으려면 준거 집합을 선택할 때 사용 가능한(available) 관런 증거들을 모두 고려해야 한다는 기준을 적용시켜야 한다. 위의 예에서 이 군이 과외수업을 받았는지 받지 않았는지를 결정해 줄 모든 정보가 전제에 드러나야 한다.

통계적 삼단논법의 전제가 누구나 다 알고 있는 상식을 일반화시킨 것이라면 그러한 전제는 생략되는 수도 많다. 논증을 평가하려면 그러한 드러나 있지 않고 생략된 전제들도 고려의 대상으로 삼아야 한다. 숨겨진 전제가 알고 보니 사실은 그렇게 쉽게 일반화시키는 어려운 경우도 있을 수 있고, 또 사용 가능한 관련 증거들을 모두 담고 있는 것이 아닌 것으로 판명되는 경우도 있기 때문이다.

2-3-3. 통계적 삼단논법과 관련된 오류들

1) 불완전한 증거의 오류

통계적 삼단논법에서 준거 집합을 선정할 때 사용 가능한 관련 증거들을 모두 사용하지 않았다면 오류가 된다. 그러나 사실 어떤 논증에서 관련되는 증거들을 모두 고려하였는지 아닌지를 판단하기란 쉬운 일이 아니다. 그것은 '관련된'이라는 말이 모호하기 때문이다. 따라서 관련된 증거들이 모두 사용되었는지 아닌지를 판별하기 위해선 우선 어떤 증거들이 관련되고 또 어떤 증거들이 관련이 없는지부터 결정되어야 할 것인데, 이 결정부터가 '관련된'이라는 말의 모호성 때문에 간단하게 이루어질 수 있는 성질의 것이 아니다. 이러한 문제점이 있음에도 불구하고 이 점은 앞의 예에서 보았다시피 매우 중요하다. 어떤 증거를 택하느냐에 따라 전혀 다른 결론이 나올 수 있기 때문이다. 증거의 관련여부를 결정해 줄 엄밀한 방법은 없지만 적절한 배경 지식이 있다면 대체적으로는 결정될 수 있을 것이다.

'사용 가능한'이라는 말 또한 모호하다. 어떤 증거가 '사용가능'할지라도 시간이 없어서 또는 경비가 없어서 등등의 현실적인 이유로 현재로서는 사용할 수 없는 경우, 또는 단지 논리적으로만 가능할 뿐이지 현실적으로는 가능하지 않은 경우들도 있을 수 있다. '사용 가능한' 증거들을 모두 사용해야 한다는 기준에 이러한 비현실적인 경우들까지 포함되는 것은 아니다. 이 기준이 요구하는 바는 다만 적합한 준거 집합을 찾기 위해선 합당한 노력을 해야 한다는 것, 현실적으로 충분히 사용 가능한 증거인데도 부주의나 게으름 또는 편견으로 인하여 사용하지 않는 경우는 없어야 한다는 것, 더 나아가 확실히 그 관련성이 밝혀진 증거를 어떤 특정한 이유나 목적 때문에 의도적으로 놓쳐버리는 일은 없어야 한다는 것일 뿐이다.

가능한 모든 증거들을 사용해야 한다는 조건은 통계적 삼단논법뿐만 아니라 모든 다른 형태의 귀납 논증에도 공히 적용된다. 준거 집합을 언급할 필요가 없는 귀납 논증도 있을 수 있다. 그러나 결론의 진위여부에 영향을 줄 증거는 모두 고려해야 한다는 조건은 여전히 유효하다. 논증자가 자신이 내리고자 하는 결론을 미리 정해 놓고 그 결론에 불리한 증거들은 무시해버리고 우리한 증거들만 가지고 논증을 한다면 이는 논리적이고 비판적인 논증 형태라 할 수 없다,. 위의 기준은 바로 이를 막기 위한 일반적인 제약이라 할 수 있다.

2) 권위에 호소하는 오류

통계적 삼단논법이 권위에 호소하는 논증(arguments from authority)의 성격을 띨 수도 있다. 논증을 할 때 자신의 주장을 지지해 줄 직접적인 증거를 제시하는 대신에 관련된 분야의 권위자가 한 말에 호소하는 경우도 있기 때문이다. 권위에 호소하는 통계적 삼단논법은 다음과 같은 형식을 띨 것이다.

문제 P에 관해서 전문가 e가 하는 말의 대부분은 옳다.
e가 P에 관해서 s를 말한다.
따라서 s는 옳다.

이러한 형식의 논증이 강한 귀납이 될 수 있음은 물론이다. 관련 분야의 전문가나 권위자가 한 말은 대개의 경우 옳을 것이기 때문이다. 그러나 문제는 항상 옳지만은 않다는 데에 있다. 전문가나 권위자의 말에 호소하는 일이 오류에 빠질 위험성은 항상 있다. 권위에 호소하는 논증이 정당한 것인지 아니면 오류에 빠졌는지를 가려내기 위해서는 다음과 같은 점들을 고려해 볼 필요가 있다.

첫째, 인용되고 있는 권위가 문제의 분야에서 정말 권위인지 점검해 볼 필요가 있다. 그렇지 않다고 판단되면 오류에 해당된다. 진부하긴 하지만 대표적인 역사적 예로서 중세 천문학에 관한 문제를 교회의 권위에 의거하여 해결하려 한 것이라든지, 옛 소련에서 다윈의 진화론을 공산당의 권위로 배격한 것 등은 모두 이러한 오류에 해당된다.

두 번째로 논증의 주제가 꼭 전문가의 의견이나 지식에 호소해야만 하는 성질의 것인지도 고려해 볼 필요가 있다. 우리는 흔히 우리 스스로의 힘으로 해결할 수 있는 문제도 꼭 전문가나 권위자에 호소해야 되는 것처럼 여기는 수가 많다. 이 경우를 반드시 오류라고 볼 수는 없으나 무조건 권위에 호소해서 주장을 펴려는 태도에도 문제는 있다.

세 번째로 고려해 보아야 할 점은 논증의 주제가 전문가나 권위자의 의견에 호소해서 해결될 수 있는 성질의 것인 가이다. 전문가들도 아직 합의에 이르지 못한 종류의 문제는 아닌지, 그런데도 불구하고 일부 전문가의 의견만 참인 양 여기는 것은 아닌지도 따져 볼 필요가 있다.

네 번째로 전문가나 권위자의 의견이 올바르게 인용되고 사용되었는지도 따져 볼 일이다.

믿을 수 있는 전문가의 견해일지라도 논증자가 자신의 입장을 더 그럴듯하게 보이게 하기 위하여 전문가의 견해를 각색하거나 수정하는 수도 있기 때문이다.

이 외에도 고려할 사항이 더 있겠으나 무엇보다 중요한 점은 도대체 왜 권위에 호소해야 하는 지이다. 논증을 할 때 자신의 주장을 더 강하게 보이기 위하여 전문가의 권위에 기대려는 심리는 충분히 있을 수 있고 또 이해할 수 있는 일이나, 여기서 경계해야 할 점은 권위에 호소하는 일이 많을수록 논증의 힘은 대체적으로 더 약해지는 경향이 있다는 점이다.

그러나 앞에서도 지적힌 바처럼 그렇다고 권위에 호소하는 논증이 모두 잘못된 것이라는 뜻은 아니다. 모두 잘못된 것이라고 본다면 이것 역시 또 하나의 오류이다. 권위에 호소하여 어떤 주장을 펴려는 이유가 그 주장에 합리적 근거가 없기 때문만은 아니다. 말하자면 문제의 주장에 합리적 근거가 있어도 그것을 굳이 말할 필요가 없거나 아니면 그 주장에 무게를 더 주기 위해서(사실은 심리적인 효과 밖이 없는데) 등의 여러 실천적인 목적으로 권위에 호소하는 경우도 얼마든지 있을 수 있기 때문이다.

3) 인신공격형 오류

인신공격형 논증(앞 참조)이란 어떤 주장이 특정의 인물이 주장한 것이라는 이유만으로 거짓이라고 논하는 논증이다. 인신공격형 논증은 주변에서 흔히 접할 수 있는 논증형태인데 특히 법정에서 변호인이 반대편 증인의 신뢰성을 공격할 때 자주 사용된다. 이러한 유형의 논증이 대체적으로 오류임은 이미 앞에서 지적한 바 있다. 그러나 다음과 같은 통계적 삼단 논법의 형식을 취한다면 일단 문제는 없어 보인다.

**어떤 개인 a가 어떤 문제 S에 관하여 한 말은 대부분 거짓이다.
a는 S에 관하여 p를 말한다.
따라서 p는 거짓이다.**

이 형식의 논증에 형식상으로는 하자가 없어 보이지만 문제는 현실적으로 어떤 문제에 관하여 거의 항상 거짓말만 하는 사람은 매우 드물 것이라는 점이다. 물론 상황에 따라서는 '거의 항상 거짓말을 한다'는 주장이 설득력을 가질 때도 있다. 앞에서 언급한 법정에서도 그러한 말이 설득력을 가질 수가 있고, 이윤만 챙기려는 기업의 광고나 홍보, 정치적 이득만을 고려하거나 재벌의 이권만을 대변하는 정상배들의 발언, 사이비 과학자들의 주장 등도 이에 속한다.

그러나 이러한 경우들은 특수한 경우들이고 일반적으로는 '거의 항상 거짓말만 한다'는 경우가 그리 많지는 않을 것이다. 따라서 위 형식의 논증이 오류에 빠지기 쉽다. 앞에서 언급한대로 어떤 문제에 관해서 항상 거짓말만 한다는 대전제가 설득력을 가질 경우는 드물기 때문이다. 대전제의 주장이 의문시된다면 위 형식의 논증은 오류가 된다. 사실 그러한 주장이 의문시되는 경우가 더 일반적이다. 즉 위와 같은 논증이 인신공격형 오류가 되는 경우가 더 일반적이다.

이 오류의 가장 흔한 형태는 어떤 주장을 그 주장을 하는 사람이 싫다는 이유만으로 공격하는 경우이다. 사람이 싫은 이유도 여러 가지일 것이다. 그 사람의 평소 습관이나 성격 때문에, 그 사람의 평소 생각 때문에, 그 사람이 가지고 있는 종교 때문에, 그 사람이 속해 있는 어떤 단체 때문에, 또는 그 사람이 특정의 인종이므로, 심지어는 그 사람의 모습이나 입은 옷 때문에 등등. 이러한 사항들이 어떤 주장의 옳고 그름과는 아무런 논리적 연관성도 가지지 않을 것임은 물론이다.

인신공격형 논증이 오류가 되는 또 다른 경우는 우리가 결론의 주장이 거짓이라고 믿고 싶어할 때 일어난다. 어떤 사람의 주장을 반박할 수 있는 아무런 근거도 발견되지 않는데도 그 주장을 부인하고자 할 때 우리는 종종 그 주장 자체를 문제삼기보다는 그 주장을 한 사람의 성격이나 자질을 문제삼는 수가 있다 사람들은 일반적으로 어떤 주장이 믿을 만 한 것인지, 그 주장을 받쳐주는 논증이 얼마나 공고한지 보다는 그 주장을 한 사람이 어떤 사람인지, 존경할만한 사람인지 아니면 그 반대인지에 더 많은 관심을 가진다. 인신공격형 논증이 쉽게 오류에 빠지는 이유도 이와 연관된다.

인신공격형 논증이 한 사람의 성격을 공격할 때 이를 학대적 인신공격(abusive as hominem)이라 부르고, 공격이 사람 자체로 향하지 않고 그 사람이 처해 있는 정황(그 사람이 속한 종교, 인종, 단체 등)으로 향할 때 이를 정황적 인신공격(circumstantial ad hominem)이라 부른다.

'너 또한!' (tu quoque)이라 부르는 형태의 인신공격도 있다. 이는 논증자가 비판받고 있는 사람과 유사한 입장을 가지고 있다는 점을 들어 그 논증자의 주장을 공격하는 경우이다. 이러한 형태의 논증은 거의 항상 오류이다.

4) 의견 일치 논증의 오류

모든 또는 대개의 사람들이 그렇게 믿는다 (또는 믿지 않는다)는 점을 근거로 어떤 주장이 옳다고 (또는 그르다고) 생각할 수 있다. '의견 일치 논증' (arguments from consensus)이란 이러한 생각을 대변하는 논증이다. 이 논증이 '모든' 사람이 아니라 '대개의' 사람들이 그렇게 믿는다는 점을 전제로 삼을 경우 다음과 같은 통계적 삼단논법의 형식이 된다.

대개의 사람들이 문제 S에 관한 어떤 주장에 동의할 때 그 주장은 참이다.
p는 S에 관하여 대개의 사람들이 동의하는 주장이다.
따라서 p는 참이다.

　이러한 형식의 논증이 문제가 없는 경우도 물론 있겠지만 잘못될 경우는 더 많다. 이 형식의 논증이 분명히 잘못되었다고 판단되는 경우는 두 번째의 전제가 의심스러울 때이다. 어떤 주장이 대개의 사람들이 동의하는 주장인지 아닌지 판가름하기란 쉽지 않은 일이다. 상식에 호소하여 판가름하는 것이 보통일 터인데 문제는 상식이 항상 옳은 것만은 아니라는 데에 있다.
　상식적으로 생각해서도 대개의 사람들이 동의한다고 보기는 어려운 주장이라 판단되는데도 논증자가 그렇게 가정한다면 이는 분명히 잘못된 논증이 된다. 상품광고 같은 데서 그러한 잘못의 전형적인 예를 찾아 볼 수 있다. 사실 확인은 접어둔 채 대개의 사람들이 특정의 상품을 좋아한다는 전제 하에 그 상품을 사기를 권고한다면 이는 바로 잘못된 의견일치논증의 경우에 해당된다.
　첫째 전제에도 문제는 있다. 대개의 사람들이 동의하는 주장이 참이라는 전제가 참인 것으로 받아들여지려면 고려해 보아야 할 사항이 몇 가지 있다. 우선 도대체 어떤 주장의 참 여부가 대개의 사람들이 어떻게 생각하느냐에 따라 결정될 수 있는 성격의 것인지 따져 볼 필요가 있다. 반드시 사람들의 생각이 어떤지 물어 볼 필요가 있는지, 또 대개의 사람들이 그렇게 생각한다 하더라도 바로 그 사실 하나만으로 문제의 주장이 참이라고 할 수 있는지도 고려해 보아야 한다. 어떤 주장에 대한 '대개의 사람들이 그렇게 생각한다'는 근거가 옳다하더라도 많은 경우 그 보다는 더 나은 근거가 있게 마련이다.
　그렇게 때문에 의견 일치 논증은 잘못된 논증, 즉 오류일 수가 많다. 오류가 아니라 할지라도 논증의 힘은 상대적으로 약할 수밖에 없다. 이러한 약점에도 불구하고 이 형식의 논증이 이외로 많이 사용되는데 이는 아마도 어렵지 않게 논증을 구성할 수 있다는 편의상의 이유 때문일 것이다. 문제가 되는 주장이 상당한 중요성을 가진 주장이라면 대개의 사람들이 그렇게 생각한다는 근거는 엄밀한 의미에서는 근거가 될 수 없고 다만 그 주장에 힘을 좀 더 실어주는 보조적인 역할만을 할 뿐이다. 그 주장이 옳다면 더 나은, 논리적으로 더 공고하고 엄밀한 근거가 따로 있게 마련이다.
　그러나 별다른 합리적인 근거가 없어서 오직 사람들의 일치된 견해에만 매달릴 수밖에 없는 경우도 있다. 판례에만 근거하여 어떤 사건을 재판하는 경우라든지 공중도덕의 위반여부를 가리는 경우 등이 그러한 예에 해당된다. 그러나 이러한 경우들이 의견 일치 논증에 정확히 해당되는지는 구체적인 상황과 함께 따져 보아야 알 수 있을 것이다.

2-4. 유추(analogy)

2-4-1. 유추의 형식

유추는 가장 폭넓게 사용되는 귀납 논증의 형식이다. 왜냐하면 세상에는 유사한 것들이 너무나도 많기 때문이다. 말도 유사한 것들이 있고, 사물에도 유사한 것들이 있다. '유추'(analogy)란 유사한 것들 간의 직접적인 비교를 말한다. 유추의 용도는 여러 가지이다. 예컨대 어떤 특정의 유사성에 주목하도록 함으로써 일상의 세계를 일상적인 시각이 아닌 다른 시각으로도 볼 수 있음을 말하기 위해서도 유추가 사용된다. 문학, 특히 시 같은 데서 흔히 사용되는 유추가 그러한 경우에 속할 것이다. 또 과학 일반에서 많이 이용되는 소위 '모형이론'(Model Theory)이라는 것도 원형(原型)과 유사한 모형(模型)을 개발한다는 점에서 일종의 유추이다. 또한 신약 개발을 위한 동물 투약 실험도 역시 유추에 해당한다.

이러한 유추가 논증에도 사용될 수 있다. 유추를 사용한 논증을 '유추 논증'(arguments from analogy)이라 부른다. 유추 논증은 특히 주어진 논증이 연역적으로 타당하지 않음을 보이기 위한 한 효과적인 방법으로 자주 사용된다. 즉 주어진 논증과 동일한 형식을 가지면서도 전제들은 모두 참인데 그 결론은 분명히 거짓인 부당한 다른 논증을 구성해 보임으로써 동일한 형식의 원래 논증도 부당함을 증명하자는 것이다.

그런데 이와 같은 유추는 주로 주어진 논증을 비판하는 데 사용되는 논증이고, 남의 논증을 비판하고자 하는 것이 아니고 어떤 유사성에 근거하여 자신의 주장을 적극적으로 펴고자 할 때 사용되는 논증도 '유추'라 한다. 동물 실험은 말할 것도 없고, 판례에 의존하여 내리는 법적 판단, 행위의 유사성에 근거하여 내리는 도덕적 판단 등도 유추에 해당된다. 또한 한 개인의 성격이나 능력 등을 가늠하는 데에도 유추가 종종 사용된다. 예컨대 어떤 정치인이 그가 예전에 지금과 비슷한 상황에서 별 책임감 없이 행동했다는 전력을 근거로 하여 특정 업무를 제대로 수행하지 못할 것이라고 판단할 수 있다. 희망, 욕망, 두려움과 같은 감정과 관련하여서도 유추가 사용될 수 있다. 그가 지금 처한 상황이 이전에 내가 처했던 상황과 유사하기 때문에 그 상황에서 내가 느꼈던 두려움 또는 기쁨을 그도 느낄 것이라고 추론할 수 있다. 유추는 두 개의 상이한 대상을 비교함으로서 어떤 결론을 이끌어 내는 방법이다. 유추의 방법에 의해 우리는 하나의 대상이 몇 가지 점에서 다른 대상과 유사하기 때문에 다른 점에서도 유사할 것이라고 추론하게 된다.

유추의 형식을 다음과 같이 도식화할 수 있다.

X는 a, b, c, d, e를 가진다.
Y는 a, b, c, d를 가진다.
―――――――――――――――
그러므로 Y는 아마 e도 가질 것이다.

흰쥐와 사람이 생리적인 면에서 공통되는 성질을 갖고 있다. 그리고 새로운 약품으로 개발할 물질의 부작용을 유추에 의해 추리한다고 하자.

X는 a, b, c 등의 성질을 갖고 있다.
Y는 a, b, c 등의 성질을 갖고 있다.
그런데 X에게 성질 F가 있음이 발견된다.
―――――――――――――――――――――
그러므로 Y에게도 성질 F가 있음이 발견될 것이다.

유추의 타당성 여부는 비교되는 대상 사이의 유사성에 달려 있다. 그 유사성은 비교되는 대상들의 본질적이고도 적절한 유사점들에 바탕을 두어야 한다. 비교되는 두 대상 사이에 적절한 유사성이 없음에도 유추추리에 의해 결론을 이끌어 내면, 그것은 개연성이 없고 타당한 것이 못된다.

유추는 은유법의 기초가 된다. 또한 우리가 실제로 경험할 수 없는 세계에 대해 추정적 지식을 갖게 하는 방법이다. 예를 들어 우주 생물학자는 화성에 물이 있는지의 여부에 관심이 많다. 화성 사진을 분석해 보면 얼음이 있었던 흔적이 있다는 것으로 미루어 물이 있을 것이라고 추리한다. 지구에서 보듯이, 물이 있는 곳에서는 생명체가 있다. 따라서 화성에도 생명체가 있을 것이다. 이러한 방식으로 우주 생물학자는 추리하여 자신의 연구 결과를 주장하게 되는데, 그 추리 방법이 다름아닌 유추이다.

2-4-2. 유추의 강도

유추가 광범위하게 사용되고는 있지만 사실은 다른 귀납 논증 보다는 약한 편이다. 유추의 결론의 근거가 되는 유사성이라는 개념은 대표적으로 불분명한 개념 중의 하나이기 때문이다. 예를 들어보자 미국 대통령이었던 레이건은 니카라구아의 콘트라 반군을 지원할 의회 지원금 요청 연설에서 콘트라 반군들을 미국의 독립전쟁에서 싸웠던 애국자들에 비유하였다. 그런 반면 콘트라 반군을 지원하는 데 반대하는 어느 상원의원은 니카라구아의 사태를 베트남 전쟁에 비유하였다. 여기서 이 두 비유는 모두 논증적으로 사용되고 있다. 즉 레이건

대통령은 니카라구아 사태가 미국 독립전쟁과 유사하다는 근거로 의회가 지원을 해야 한다는 주장을 폈고, 반대로 상원의원은 그 사태가 베트남 전쟁과 유사하니 지원을 하지 말아야 한다는 주장을 폈다. 두 주장은 다음과 같은 논증에 의거하고 있다.

레 이 건: 상황 S에서 할 수 있는 옳은 일은 A를 수행하는 것이었다.
　　　　 상황 T는 상황 S와 유사하다.
　　　　 따라서 T에서 할 수 있는 옳은 일은 A를 수행하는 것이다.

상원의원: 상황 S′에서 옳지 않은 일은 A를 수행하는 것이었다.
　　　　 상황 T는 상황 S′과 유사하다.
　　　　 따라서 T에서 옳지 않은 일은 A를 수행하는 것이다.

　이 두 논증은 모두 강해 보인다. 그러나 사실은 그렇게 강한 논증이라고 보기는 힘들다. 두 논증 모두 상황간의 유사성에 근거하여 서로 상반된 주장을 하고 있다. 동일한 상황에서 한 쪽은 A를 수행하는 것이 옳다고 주장하고 다른 쪽은 옳지 않다고 주장한다. 이렇게 서로 정반대의 결론이 나오게 된 것은 결정적으로 상황간의 유사성을 보는 시각이 다르기 때문이다. 한 쪽은 문제의 상황 T가 S와 유사하다고 보고, 다른 쪽은 S가 아니라 S′과 유사하다고 본다. 따라서 어느 쪽 주장이 더 설득력이 있는지는 T가 S와 유사하다는 말이 맞는지 아니면 T가 S′과 유사하다는 말이 맞는지에 달려 있다. 그러나 실은 그 두 말 중에 어느 쪽이 맞는지를 판단하기란 거의 불가능하다. 두 쪽이 다 맞을 수도 있고 다 틀릴 수도 있다. '유사하다'는 말만큼 불분명한 개념도 드물기 때문이다. 너무나 불분명하여 모든 것은 모든 것과 어떤 면에서건 유사하다고도 할 수 있을 정도이다. 따라서 위의 두 주장이 모두 언뜻 보아서는 그럴듯해 보이지만 사실은 그 근거들이 그렇게 단단한 편은 못된다.
　유추의 이러한 약점에도 불구하고 비유가 가지는 심리적 설득력 때문에 매우 자주 그리고 널리 사용된다. 물론 그 중에는 강한 귀납으로 여길 수 있는 것들도 있다. 특히 자연종(natural kinds)의 유사성에 근거한 유추는 심리적으로는 물론 논리적으로도 설득력이 있다. 예컨대 옻나무에서 옻이 옮은 경험이 있는 사람이 자신이 경험하였던 그 옻나무와 유사한 나무를 보고 "이 나무를 만지면 옻이 옮을 것이다"라고 추리한다던가, 화상을 입은 경험이 있는 아이가 또 불을 보면 가까이 가지 않으려 한다거나 하는 경우는 모두 강한 귀납이라 볼 수 있다.
　위의 예에서 이미 암시되었다시피 사실 강한 유추에는 암암리에 귀납적 일반화가 숨어 있다. 어떤 나무를 보고 옻이 오를 것이라는 추리에는 이러 저러한 나무는 모두 옻을 옮긴다는 귀납적으로 일반화된 믿음을 전제되고 있고, 불을 보면서 가까이 가면 안 되겠다는 생각에도 불 같이 생긴 모든 것은 가까이 가면 통증이 생긴다는 일반화된 믿음이 깔려 있다. 이 숨겨진 귀납적 일반화까지 들추어내어 유추의 형식을 말한다면 다음과 같다.

**어떤 부류의 대상들은 거의가 다 F라는 성질을 가지고 있다.
이 대상 a는 위의 부류에 속하는 대상이다.
따라서 a도 F를 가지고 있다.**

유추가 얼마나 강한지는 전제에서 언급되는 유사성이 얼마나 강한지, 그리고 그것이 결론에서 언급되는 유사성과 얼마나 연관이 되는지에 달려 있다. 어떤 약물이 쥐에게 해로운 영향을 끼친다는 실험 결과를 토대로 그 약물이 인간에게도 유사한 해로움을 끼칠 것이라고 결론짓는다면 이것도 일종의 유비논증이다. 인간과 쥐 사이에 생리적 유사성이 있다는 전제가 이 논증에서 사용되고 있기 때문이다. 이 전제에서 말해지는 유사성은 결론에서 언급되는 유사성과 상당한 연관성을 가진다고 볼 수 있다. 왜냐하면 유사한 생리적 특징들을 갖고 있다는 사실은 동일한 약물이 두 경우 유사한 생리적 결과를 산출할지 아닐지 하는 문제에 결정적 영향을 미칠 것이기 때문이다. 그러나 문제는 전제에서 말해지는 유사성이 얼마나 강한 것이냐에 있다. 즉 인간과 쥐가 많은 점에서 유사하다고 할 수 있지만 그 유사성이 약물 반응과 같은 구체적인 문제와 관련하여 의미 있는 역할을 할 수 있는지는 따져 보아야 할 일이다. 인간과 쥐 사이에는 유사점이 있는 반면 상당한 차이점도 있다. 우선 종적으로도 다르다. 이 차이점들 중에는 문제의 약물 투여의 결과에 어떤 식으로든 영향을 미치는 것들도 있을지 모른다. 전제에서 언급되는 유사점이 많을수록 논증은 강해지겠지만 반대로 언급 안 되는 차이점이 많다면 논증은 그만큼 약해질 수밖에 없다.

유추의 강도를 가늠할 수 있는 또 다른 척도는 전제에서 사례들이 얼마나 많이, 그리고 얼마나 다양하게 언급되고 있느냐이다. 다시 말하여 유비를 허용하는 사례들의 크기와 다양성이 어느 정도인지도 그 유비에 근거한 논증이 얼마나 강한지를 판가름해줄 수 있게 한다. 사례들의 범위가 크고 그 종류가 다양할수록 어떤 유사성이 관련되는지가 더 쉽게 파악될 수 있다. 전제에서의 유사성과 결론에서의 유사성이 이 경우와는 다른 다양한 상황에서도 함께 성립한다면 양자의 관계가 단순히 우연적인 관계만은 아니라고 생각할 수 있다. 예컨대 앞에서 말한 쥐에 대한 약물 실험이 쥐뿐만 아니라 다른 여러 동물에게도 이루어져 유사한 결과를 얻는다면 그 약물이 인간에게도 비슷한 영향을 끼칠 것이라는 결론은 더 강해질 수 있다. 즉 그 약물과 그로 인한 생체 내의 변화 간에는 단순한 우연적인 관계가 아니라 그것보다는 더 강한, 이를테면 인과 관계 같은 것이 있을 것이라는 판단도 가능해진다.

2-5. 인과 논증

2-5-1. 인과 논증의 성격

인과 또는 인과 관계에 관한 진술이나 주장은 과학에서 거의 필수적이다. 과학적 탐구뿐만 아니라 일상생활에서도 인과적 진술이나 주장(causal statement or causal claim)은 매우 흔하게 일어난다. 자주 사용되는 말로 '……때문에'라든지 '……로 인하여' 등은 대개 인과적 주장을 하기 위해서 사용되는 말들이다. 예컨대 자동차가 시동이 걸리지 않을 때, 약속한 사람이 약속 시간에 나타나지 않을 때, 공연이 갑자기 취소되었을 때, 컴퓨터의 프로그램이 갑자기 작동을 하지 않을 때 우리는 왜 그럴까 궁금해 하고 그 원인을 알아보려고 한다. 그 결과 말해지는 진술에 위의 말들 또는 그와 유사한 말들이 사용되는 것이 보통이다. 이러한 진술이 바로 인과적 진술이고 인과적 주장이다.

인과적인 주장이나 진술을 결론으로 하는 논증을 인과 논증(causal argument)이라 부른다. 그러나 '인과 논증'이 어떤 고정된 단일한 형태의 논증을 가리키는 것은 아니다. 귀납적 일반화의 형식을 가진 인과논증도 있고 유추의 형식을 가진 인과 논증도 있다. 또 통계적 삼단논증도 인과적 결론을 끌어내는 데 사용되기도 한다. 이것은 다시 말하여 인과 논증이 어떤 형식을 취하든 귀납 논증의 일종이라는 뜻이다. 인과 논증이 왜 귀납 논증의 형식을 취하는 것인지에 대해선 차츰 밝혀질 것이다. 인과 논증을 연역 논증의 일종으로 볼 것인지 아니면 귀납 논증의 일종으로 보아야 할 것인지 하는 문제는 인과 관계를 어떻게 보느냐에 달려 있다. 원인과 결과의 관계를 필연적인(necessary), 또는 결정론적인(deterministic) 것으로 본다면 인과 논증은 연역의 형식을 가지게 될 것이다. 그러나 그 관계가 필연성의 관계가 아니라 규칙적(regular), 확률론적(probabilistic), 통계적(statistic) 등의 이름으로 불릴 수 있는 관계라면 귀납의 형식을 갖는다고 보아야 할 것이다. 서양의 근세이전에는 인과를 전자로 해석했으나 근세 이후 현대과학에 이르기까지는 후자 쪽으로 해석하는 경향이 우세하다. 인과 논증을 일종의 귀납 논증으로 취급해야 할 이유도 여기에 있다.

우리는 인과적 주장이 어떻게 정당화될 수 있으며 인과 논증은 어떻게 평가되는 가에 관심을 갖는다. 그러나 그 이전에 우선 인과 논증을 귀납 논증의 일종으로 보아야 할 근거에 대하여 좀 더 자세한 언급을 할 필요가 있겠다. 그러기 위해서 우선 '원인'이라는 말의 의미 분석과 함께 인과에 관한 전통적인 필연성 이론을 배격하고 대신 규칙성 이론 내지는 확률성 이론을 최초로 제시한 근세의 흄의 인과 분석을 소개하겠다. 그리고 마지막으로 인과적 주장의 정당화(justification) 문제에 못지 않게 일상생활에서의 원인의 발견(discovery) 문제도 중요한 만큼 이 문제의 대표적인 방법으로 알려져 있는 밀(J. S. Mill)의 방법에 관해서도 알아보겠다.

2-5-2. 원인의 다양한 의미

　원인이라는 말은 여러 가지 의미로 사용된다. 원인이라는 말의 뜻은 문제되는 상황이 어떤 상황인지, 그 상황에 대해서 우리가 얼마만큼 알고 있는지, 또 우리의 관심은 어디에 있는지 등에 따라 달라질 수 있다. 예를 들어 어떤 살인사건의 경우 그 죽음을 대하는 검사의 태도와 관심은 의사의 태도와 관심과는 다를 것이다. 검사의 관심은 무엇보다 누가 그 살인을 저질렀을까 에 모아질 것인 반면, 의사의 관심은 누가 그랬느냐 보다는 신체의 어떤 부위가 작동을 멈추었는지에 쏠릴 것이다. 따라서 검사는 어떤 피고인의 행위가 그 살인사건의 원인이라고 말할 것이지만 의사는 그 원인에 대하여 다른 견해를 가질 수 있다. 만약 피살된 사람이 총에 맞은 즉시 죽었다면 죽음의 원인이 이를테면 혈액의 다량유출이었다고 할 것이고, 즉시 죽지 않고 병원으로 이송되어 수술을 받던 중 마취의 부작용으로 죽었다면 질식이 죽음의 원인이었다고 말할 것이다. 물론 이 경우 두 주장, 즉 원인에 대한 검사의 견해와 의사의 견해가 양립 불가능한 것은 아니다. 다시 말하여 검사의 주장과 의사의 주장이 아무런 모순이나 대립도 없이 다 옳을 수 있다. 피고의 행위도 원인일 수 있고 또 혈액의 과다한 유출도 원인일 수 있기 때문이다. 그 죽음의 가장 가까운 원인이 혈액의 과다한 유출이라 할지라도 피고의 행위도 혈액의 과다 유출이라는 현상이 생기도록 한 한 원인일 수 있기 때문이다.

　이 말은 어떤 사건에 단 하나의 원인만 있는 것은 아니라는 뜻이다. 시간적 연장(延長)을 전혀 가지지 않는 사건도 이론적으로는 가능할지 모르나 대부분의 일상적 사건들은 시간적 지속을 가지고 그 지속 중에 일어난 더 세부적으로 개별화(individualization)될 수 있는 사건들의 연속으로 이루어진다. 다시 말하여 하나의 사건은 더 세부적인 사건들의 연쇄(chain)이다. 따라서 그 연쇄를 이루고 있는 고리 하나 하나가 다 원인 아니면 결과가 될 수 있다. 즉 그 연쇄는 인과적 연쇄다. 위에 든 예에서 혈액의 다량 유출도 또 피고의 행위도 그 살인사건의 연쇄를 이루는 중요 고리들 중의 하나로 파악될 수 있다. 따라서 원인을 찾고자 하는 사람의 관심에 따라 이 고리가 원인으로 파악될 수도 있고 저 고리가 원인으로 파악될 수도 있다.

　그 죽음을 있게 한 인과적 연쇄는 물론 앞에서 말한 것 보다 훨씬 더 많은 고리들을 가질 것이다. 피해자를 병원까지 이송한 앰불런스가 교통 혼잡 때문에 지연되었을 수도 있고, 마취의사가 다급한 나머지 피해자가 마취에 알레르기 반응을 하는지 안 하는지를 점검해 보는 일을 잊었을 수도 있다. 한 개인의 죽음과 같은 사건에는 일일이 적시하기 힘들 정도로 다양하고 복잡한 사건들이 서로 엉켜있을 것이다.(이 점을 고려한다면 인과적 과정을 하나의 연쇄와 비슷한 것으로 파악하는 것도 사실은 정확한 파악이라고 볼 수 없다. 왜냐하면 하나의 사건이 일어나게 된 배경과 그 과정은 단선적이기보다는 복선적일 것이기 때문이다. 말하자면 단 하나의 연쇄과정만 있는 것이 아니라 다수의 연쇄과정들이 복잡하게 서로 엉켜있다는 것이 인과과정에 대한 더 정확한 파악일 것이다. 그래서 인과과정을 인과 연쇄(causal chain)라는 표현 대신에 인과 그물(causal network)이라고 표현하는 것이 더 적절하다는 입장도 있다) 그 복잡한 사건을 이루는 연쇄에서 특히 어떤 한 부분을 골라 그것이 '원인이다'라고 말하게 되는 것은 바로 그렇게 말하는 사람이 그 부분에 특별한 관심을 가졌기 때문이다.

인과 개념을 조건(condition)개념과 연관시켜 이해할 수도 있다. 어떤 사건이든지 그 사건이 발생하게 된 데에는 일정한 조건이 갖추어져 있게 마련이다. 따라서 그 사건을 발생시킨 원인은 그 사건이 발생하게 된 조건과 밀접히 연관될 수밖에 없다. 잘 알려져 있다시피 조건 중에는 필요조건도 있고 충분조건도 있다. 또 둘을 합쳐 '필요충분조건'(necessary and sufficient condition)이라 불리는 것도 있다. 예를 들자면 화재가 발생했을 때 그 주위에 산소가 있었음은 그 화재 발생의 필요조건이다. 그러나 충분조건은 아니다. 산소만 있었다고 해서 화재가 발생할 수 있는 것은 아니기 때문이다. 그러나 일단 화재가 발생하였다면 반드시 거기에는 산소가 있었다고 할 수 있다. 산소가 없었다면 화재가 발생하지 않았을 것이라는 점에서 산소가 있었음도 그 화재의 한 원인이라 할 수도 있지만 이러한 의미, 즉 필요조건의 의미로서의 원인은 일상적으로 우리가 이해하고 있는 원인과는 좀 거리가 있다. 과학적으로는 그것도 원인의 한 요소로 간주되어야 할지 모르나 이것만이 원인이라든가, 또는 이것이 주요 원인이라고는 할 수는 없다. 그럼에도 불구하고 우리가 필요조건에 관심을 가지는 이유는 때로는 어떤 바람직하지 않은 결과를 어떻게 하면 제거할 수 있는가하는 실천적인 고려 때문이다. 화재라는 바람직하지 않은 결과가 어떻게 하면 오지 않게 할 수 있을까 했을 때 당연히 그 사건의 필요조건에 관심이 가지 않을 수 없다. 필요조건 하나만 제거되어도 그러한 결과는 오지 않을 것이기 때문이다. 예컨대 의사가 어떤 병을 방지하고자 할 때 보통 주목하는 것이 그 병의 필요조건들이다.

반대로 어떤 결과를 오지 않게 하는 것이 아니라 그 결과를 오게 하는 데 관심이 있을 경우에는 필요조건 대신 충분조건에 더 주목하는 것이 보통이다. 충분조건이란 그 조건이 갖추어지면 문제의 결과가 나타날 확률이 크기 때문이다. 예컨대 어떤 낡은 건물을 파괴시키려고 할 때 폭약들을 얼마만큼 또 어떻게 장치해야 할 것인가에 관심을 갖게 될 것이다. 적정한 수의 폭약들의 적절한 배치, 그리고 그것들의 폭파는 그 건물의 파괴에 대한 충분조건이다. 이 예에서 읽을 수 있다시피 충분조건은 필요조건보다는 훨씬 더 상식적으로 이해되는 원인에 가깝다. 이 예에서도 산소가 있었음이 건물 폭파의 한 필요조건이지만 그것을 원인이라 말하는 것보다는 위에서 말한 충분조건을 원인으로 말하는 것이 훨씬 더 설득력이 있다. 충분조건이 필요조건보다 더 중요한 인과적 요인이기 때문이다.

그러나 충분조건은 보통 단일하지 않다. 하나만의 조건이 있어 그것이 어떤 사건의 발생에 충분조건이 되는 경우는 드물다. '충분조건'이라는 말은 더 일반적으로 배경에 있는 필요조건들과 관련하여 사용된다. 그 중에서도 특히 사건의 발생에 근접되어 있다고 할 수 있고, 또

특별한 관심을 유발시키는 조건들이 인과적 요인으로 여겨진다. 예를 들어 물을 화씨 100도까지 끌어올림이 물이 끓는 데 충분조건이라 주장할 수 있다. 그러나 이 주장은 물에 불순물이 비교적 적다든지, 기압이 정상적이다 등과 같은 필요조건들이 갖추어졌을 때만 참이다. 배경에 있는 조건들이 비교적 표준적이고, 급격하게 변화되는 것이 아니고, 또 우리가 마음대로 할 수 없는 성격의 것일 경우 우리는 그러한 배경적 조건들을 주목하지 않고 무시하기 쉽다. 그 주된 이유는 보통 그러한 배경조건들은 우리의 의사와는 관계없이 객관적으로 항상 주어져 있는 것들이기에 결과를 가져오는데 눈에 띠게 관심을 자극하는 부분은 우리가 우리의 마음대로 할 수 있는 부분이 될 수밖에 없기 때문이다.

사실 어떤 조건이 필요조건인지 아니면 충분조건인지 하는 문제는 문제 자체가 잘못 설정되었다고 할 수 있다. 필요조건은 단일한 사건이고 (이 때 단일성의 기준은 무엇인지 하는 어려운 문제가 따르지만) 충분조건은 여러 가지가 합친 복합적인 것으로 그 속에는 필요조건도 포함되기 때문이다. 그래서 필요조건은 개별적이고(individual) 충분조건은 합동적(joint)이라고 보아 개별적으로 필요하고 합동으로 충분하다(individually necessary and jointly sufficient)라는 말을 쓰기도 한다. 예컨대 잔디의 성장에 개별적으로 필요하고 합동으로 충분한 조건들은 적당한 양의 물, 적절한 온도, 산소, 햇빛 등이 된다. 따라서 이러한 일련의 조건들을 원인으로 간주할 수 있지 않느냐는 시각도 있다.

그러나 개별적으로 필요하고 함께 충분한 조건들을 남김없이 전부 다 파악하기란 쉽지 않다. 어떤 사건의 필요조건에 대하여 우리가 상당히 알고 있을 때라도 그렇다. 어떤 사건이 어떤 유형의 것이고 그러한 유형의 사건에 대한 필요조건은 무엇 무엇인지가 일반적으로 알려져 있는 경우라 할지라도 그렇게 알려진 필요조건들이 합쳐 그 사건에 대한 충분조건이 되는지 아닌지는 아무도 모른다. 알려지지 않은 필요조건들이 얼마든지 있을 수 있기 때문이다. 인과 관계가 개입되는 상황이란 복잡하게 마련이라 관련되는 조건들을 일일이 분석해 내기는 사실상 불가능에 가깝다.

지금까지 원인이라는 말의 다양한 의미에 관하여 살펴보았다. 중요한 점은 이 말의 사용법이 단 하나만 있는 것이 아니라 상황과 관심에 따라 여러 가지일 수 있다는 점이다. 특히 필요조건 또는 충분조건으로 파악할 수 없는 경우, 즉 원인이 결과에 대하여 필요조건이라고도 할 수 없고 충분조건이라고도 할 수 없는 경우도 있다는 점에 유의할 필요가 있다. 원인을 확률의 개념으로 파악해야 하는 경우가 그러한 경우에 속한다. 예컨대 흡연은 폐암의 필요조건도 충분조건도 아니다. 흡연하지 않는 사람들도 폐암에 걸릴 수 있고 반대로 애연가라도 폐암에 안 걸릴 수가 있다. 그렇지만 그렇다고 해서 흡연이 폐암의 원인이라는 점을 부인할 수는 없다. 여러 가지 증거로 보건대 흡연은 폐암의 확률론적 원인(probabilistic cause)임에 틀림없다. 원인이라고 생각될 수 있는 것이 없을 때보다는 있을 때 문제의 결과가 생길 확률이 높을 경우 그 원인을 우리는 확률론적 원인이라 부른다.

2-6. 흄의 인과 분석

원인이라는 말을 위에서 말한 다양한 의미가 모두 드러나도록 정의하기란 쉽지 않다. 원인에 대한 만족할 만한 정의란 있을 수 없는지도 모른다. 그럼에도 이 말에 대한 정확한 정의를 찾으려는 시도는 역사적으로 있어 왔다. 18세기 스코트랜드의 철학자 흄의 시도가 그 대표적인 예에 속한다. 그는 "A가 B의 원인이다"라는 일반 형식의 명제가 어떤 의미를 가지고 있는지를 분석하고자 하였다. 그의 관심은 비교적 단순한 사건(그는 두 당구공의 부딪침과 그 후의 공들의 움직임을 인과적 사건의 대표적인 예로 삼았다), 또는 사건의 유형 간에 성립되는 인과 관계에 집중되었다.

당구공의 예에서 흄이 분석해 낸 결과는 두 공의 부딪침이라는 인상(impression)과 이어지는 두 공의 운동에 대한 인상에서 이 두 인상 외에 그것들을 연결시켜 준다는 제 3의 인상을 줄 아무 것도 발견할 수 없다는 것이었다. 말하자면 인과 관계라고 알려진 현상을 들여다 보니 거기에는 원인이라고 할 수 있는 사건, 그리고 결과라고 할 수 있는 사건, 이 두 사건만 있지 연결(connection)이라고 할 수 있는 것은 관찰되지 않는다는 것이다. 여기서 흄이 말하는 연결이란 힘(force), 에너지(energy), 효능(power), 필연성(necessity), 또는 필연적 연결(necessary connection) 등의 말들과 동의어이다.

이러한 분석 결과가 갖는 철학적 함축은 지대하다. 특히 원인과 결과 간에 필연성이 발견되지 않는다 또는 없다(엄밀히 말하여 '발견되지 않는다' 와 '없다' 는 말은 서로 구별되어야 하겠지만)는 주장은 엄청난 반향을 불러일으키기에 충분하였다. 인과 관계의 핵심은 필연성에 있다고 본 것이 전통적인 생각이었기 때문이다. 이러한 기존의 전통적인 또는 정통적인 인과관과 대비하여 볼 때 흄의 이 주장은 분명 특이하고, 과격하고, 지나치게 벗어난 의외의 주장이었다. 그래서인지 그 후 지금까지도 인과에 대한 논의는 주로 흄의 주장에 대한 공방으로 이어져 왔다. 앞에서 잠시 언급한 확률적 인과 개념도 흄의 인과관에서 발전된 한 변형으로 볼 수 있다. 흄의 이론이 역사적으로도 그 자체 충분한 가치를 지니지만 확률적 인과론을 비롯한 현대 이론에 미친 영향도 지대하므로 흄의 이론을 좀 더 살펴 볼 필요가 있겠다.

인과 관계가 있다고 주장되는 상황에서 흄이 발견하고 확인할 수 있었던 것들을 요약한다면 다음과 같다.

1. 근접성(contiguity): 사건 A와 사건 B가 시간과 공간에서 서로 연속되어 있다. (즉 '원거리 작용'(action at a distance)이라는 것이 있을 수 없다.)
2. 계기성(succession): B가 A에 시간적으로 따른다. (결과가 원인을 앞설 수 없다.)
3. 항상적 연결성(constant Conjunction): A가 일어날 때마다 B가 일어난다.

흄은 이 세 가지 요소를 인과 관계의 필요조건으로 보았다. 그 중에서도 특히 조건 3이 흄의 인과관에서 차지하는 비중은 크다. 조건 3이 의미하는 바는 소위 단일 인과(singular causation)라는 것은 없고 원인이든 결과든 모든 사건은 일정한 단일(type)의 사건이기 때문에 원인과 결과은 구게도 한 사건 단일과 다른 사건 단일 간은 구게라는 것이 흄의 주장이다. 이 주장은 다시 말한다면 모든 인과적 진술은 일정한 일반적 법칙에 포섭된다는 뜻이다.

위의 세 조건 하나하나가 과연 인과의 필요조건이 되는지 아닌지도 논란거리이지만 이 보다 더 중요한 문제는 이 세 조건들이 합쳐 인과의 충분조건이 되는지, 안 된다면 또 어떤 조건들이 추가되어야 하는가이다. 흄도 위의 세 조건들을 합친 것이 충분조건이 된다고 보지는 않았다. 이 세 조건들이 인과적으로가 아니라 서로 우연적으로 연결된 두 사건 간에도 만족될 수 있다는 점은 누가 보아도 명백하다. 흄도 위의 세 가지 조건들이 인과적 관계와 우연적 관계를 구별시켜주는 데에는 충분치 못하다는 점을 인정하였다. 그러나 그는 그의 분석이 잘못되었다거나 미비해서 그렇다고는 보지 않았다. 위의 세 가지 관계가 유한한 인간이 발견해 낼 수 있는 최대의 것이라고 생각했기 때문이다. 위의 세 조건들에다 다음의 4번째 조건을 추가시키면 충분조건이 될 수 있다는 시각도 있음은 물론이다.

4. 필연성(Necessity): A가 일어나면 필연적으로 B도 일어난다.

이 조건이 추가된다면 인과 관계와 우연적 관계가 구별될 것임은 물론이다. 필연과 우연은 정의상 서로 상반되는 개념 짝이기 때문이다. 그러나 흄은 인과 관계란 단순히 개념만의 문제(관념들만의 상호관계 문제)는 아니라고 보았다. 인과 관계는 엄연히 하나의 사실의 문제(a matter of fact)이기 때문에 그 관계의 성격이 어떤 것인지는 경험적으로 확인될 수밖에 없다. 말하자면 원인과 결과의 연결 방식은 예컨대 '삼각형의 내각의 합'이라는 개념과 '180도'라는 개념, 또는 '총각'의 개념과 '결혼하지 않은 남자'의 개념이 서로 연결되어 있는 방식과는 다르다는 것이다. '원인'이라 불리는 사건을 아무리 관찰해 보아도 거기에는 '결과'라 불리는 사건과의 필연적 연결 같은 것은 발견되지 않는다는 것이 흄의 주장이다. 그럼에도 불구하고 사람들이 인과 관계를 필연적인 관계로 보는 것은 유사한 경험을 수없이 반복해서 생긴 심리적 습성 때문이라는 것이다. 간단히 말하여 필연성이란 원인과 결과 사이에 객관적으로 존재하는 관계적 속성이 아니라 인간 마음의 성향에서 비롯되었다는 것이다.

인과 문제에 대한 흄의 입장이 이와 같다고 해서 그의 주장을 우리가 더 이상 인과적 진술이나 주장을 할 수 없고 인과적 추리도 포기해야 한다는 것으로 이해한다면 잘못이다. 흄은 인과적 추리나 진술의 포기는 사실 세계에 대하여 우리가 할 수 있는 중요한, 아니 가장 중요한 추리를 포기하는 것과 같다고 본다.

흄의 철학에서 인과 추리는 좀 특수한 지위를 갖는다. 인과 추리는 인지적(cognitive) 행위로서의 추리, 즉 논리적이고 이성적인 추리와는 다르다. 그것은 일종의 감성적인(sensitive) 행위로서 마음의 자연스러운 흐름과도 같다. 어떤 사건이 주어지면 그러한 유형의 사건에는 저러한 유형의 사건이 뒤따라 일어났다는 평소의 반복된 경험에 힘입어 우리의 마음은 자연스럽게 후자 유형의 사건으로 넘어가게 마련이다. 마음의 이러한 자연스러운 이행과정을 그는 '인과 추리'라고 불렀다.

따라서 이러한 의미로서의 인과 추리는 인간 마음의 자연적 본성에 속한다. 흄은 이 본성이 무엇보다 중요하다고 여겼다. 왜냐하면 우리의 감각에 주어진 것을 넘어서 우리가 보거나 느끼지 못하는 대상이나 존재들에 관한 정보를 줄 수 있는 추리는 인과 추리 밖에 없다고 보았기 때문이다. 그리고 더 근본적으로는 사실 세계 또는 경험 세계에 관한 어떠한 정보도 이성적이고 논증적인 추리에 의해서는 얻어질 수 없다고 보았기 때문이다.

인과 관계에 대한 흄의 분석은 이와 같이 인간의 심리 현상과 연관하여 이루어지고 있기 때문에 '규칙성 이론'이나 '필연성 이론' 같은 하나의 이름으로만 이해하기가 힘들다. 그래서 흄 이후의 많은 철학자들이나 과학자들은 흄의 분석의 심리적 측면은 도외시하고 위에서 말한 3번 조건에 특히 주목하여 흄의 이론을 규칙성 이론으로 단순화시켜 파악하려는 입장을 취했다. 항상적 연결이란 다른 말로 표현한다면 바로 규칙성과 같은 개념이다. '항상적' 또는 '규칙적'이라는 말은 '필연적'이라는 말과 의미하는 바가 다르다. A유형의 사건과 B유형의 사건의 관계가 필연적이라면 현재 A유형에 속하는 사건이 발생했을 경우 앞으로 B유형의 사건이 반드시 발생할 것이라고 단언할 수 있다. 그러나 그 관계가 필연적이 아니라 규칙적인 것에 불과하다면 미래에 그러한 종류의 사건이 필연적으로 발생할 것이라고 단정할 수 없다. 미래가 과거와 유사할 것이라고 믿을 하등의 논리적 근거가 없기 때문이다. 지금까지 그래왔으니 앞으로도 그럴 것이 틀림없다, 또는 그럴 확률이 높다는 정도의 이야기 밖에 할 수 없다. 흄의 이론을 현대의 확률적 인과론의 선구로 보는 이유도 여기에 있다.

'확률적'이라는 말과 대비되는 말로서 '결정론적(deterministic)'이라는 말이 있다. 결정론(determinism)이란 일어나는 모든 사건이 인과적으로 충분한 조건들의 한 결과라고 보는 철학적 입장이다. 결정론은 각각의 경우에 어떤 조건들이 있는지를 우리가 안다고 주장하지는 않는다. 그것은 이 세계가 어떠한가에 대한 입장이지 세계에 대하여 우리가 획득할 수 있는 지식에 관한 입장이 아니다. 이 입장에 따르면 세계의 기본구조는 결정론적이다. 인과를 확률적으로 접근하려 함은 복잡한 인과구조 – 어떤 숨겨진 인과 요인들(hidden variables) – 에 대하여 우리가 무지하기 때문이다.

인과 관계가 결정론적인지 아닌지는 대답하기 힘든 철학적인 문제이다. 이 우주의 인과적 구조가 기본적으로 결정론적인 것이라면 '확률론적 인과'란 단지 우리가 숨겨진 인과 요인을 알지 못해서 나온 말일뿐일 것이다. 흄이 살았던 시대에서 가장 진보된 과학으로 여겨졌던 것은 두 말할 필요도 없이 뉴턴의 물리학이었다. 뉴턴의 인력 법칙과 운동 법칙들에는 결정론적인 인과들이 드러나 있다. 뉴턴의 과학적 성공은 앞으로 과학이 더 발전하면 현재로선 확률로밖에 말할 수 없는 많은 경우에도 결정론적인 원인이 있었음이 밝혀질 것이라는 믿음과 기대를 가지게 하였다.

그러나 흄과 뉴턴의 시대와는 다르게 현대에는 그 당시로서는 예상하지 못했을 정도로 과학이 발전되었음에도 불구하고 과학적 논의에서는 여전히 결정론보다는 확률이 더 많이 논의되고 언젠가는 결정론적 원인이 밝혀질 것이라는 믿음과 기대도 거의 찾아볼 수 없게 되었다. 특히 현대의 양자 물리학(quantum physics)에선 확률 개념의 중요성이 차지하는 비중은 지대하다. 양자 물리학에선 원인을 '확률론적'이라는 말로 표현하는데 이는 우리가 소위 '숨겨진' 원인을 발견할 수가 없어서가 아니라 세계의 기본 구조 자체가 확률론적인 성격을 띠고 있기 때문이라는 것이다. 17세기의 뉴턴의 과학적 업적에 비견되는 현대의 양자 역학은 결정론적 원인이라는 개념을 버리고 그 자리에 확률론적 원인이라는 새로운 개념을 대치시켰다.

2-7. 인과적 오류

인과적인 주장을 하는 논증이 논리적 오류를 범했을 때 발생되는 오류를 '인과적 오류'(causal fallacy)라고 한다. 이러한 오류는 보통 인과 관계의 어떤 중요한 면을 간과했을 때 발생한다. 앞에서 언급하였다시피 인과 관계를 어떻게 볼 것인가에 대해선 여러 해석들이 있다. 그 여러 해석들이 어떤 점에서는 서로 정반대 되는 입장을 취한다는 것도 사실이지만 또 어떤 점에서는 서로 일치한다는 것도 사실이다. 그 일치점을 우리는 최소한 두 가지로 나누어 이야기해볼 수 있겠다.

첫째, 원인과 결과의 관계가 결정론적인 관계가 아니라 확률적인 것이라 하더라도, 또는 결정론적이냐 아니면 확률론적인가 하는 문제와는 상관없이, 그 관계는 보통 반복적이고 규칙적인 양상을 띤다는 점이다. 이 양상은 우리가 원인을 인과적 필요조건이나 충분조건으로 이해하든, 필요충분조건으로 이해하든, 또 아니면 다른 어떤 특수한 형태의 것으로 이해하든 관계없이 성립된다. 두 번째는 원인의 발생이 결과의 발생에 시간적으로 앞선다는 점이다.

많은 인과적 오류들이 인과 관계의 이 두 특징들과 연관해서 생긴다. 따라서 이 특징들을 염두에 두면서 인과적 오류는 왜 발생하고 또 거기에는 어떤 유형의 것들이 있는지 알아보기로 하자.

2-7-1. 우연과 원인의 혼돈

인과 관계의 두 번째 특징, 즉 원인이 결과에 시간적으로 앞선다는 점에만 주의한 나머지 "A가 B의 원인이다"라는 말을 단순히 "A가 B보다 먼저 일어났다"라는 말과 동일한 것으로 이해하기 쉽다. 이러한 식으로 이해한다면 인과적 오류가 된다. 'Post Hoc' 이라는 특수한 이름으로 불리는 이 오류의 성격은 "Post hoc, ergo propter hoc" (이것 후에, 따라서 이것 때문에)라는 라틴말에 단적으로 드러나 있다. 이는 어떤 것이 다른 것보다 단순히 시간적으로 앞선다는 점에만 근거하여 그것을 원인으로 간주하는 오류를 말한다.

두 사건이 시간적인 선후 관계에 있다고 해서 그 중 앞선 것을 원인, 뒤에 오는 것을 결과로 볼 수 없음은 자명하다. 두 사건이 우연적으로, 즉 아무런 인과 관계도 없이 그렇게 되는 경우도 허다할 것이기 때문이다. 이 점은 너무나 당연하기 때문에 그러한 오류를 범하는 일이 실제로 있겠는가는 의문이 들기도 한다. 그러나 그럼에도 불구하고 관련되는 사건이 흔한 것이 아니라든가 뜻밖의 것일 경우 종종 그러한 오류가 저질러진다. 예를 들어 잘 작동되던 냉방기가 정기적인 점검을-이를테면, 청소를 한다든지 필터를 바꾼다든지 또는 프레온 가스를 새로 채운다든지 하는-하고 난 직후 작동이 되지 않을 때 점검 과정에서 잘못이 생겨 그것이 원인이 되어 작동을 멈추지 않았나 생각하기 쉽다. 그러나 정밀히 조사해 본 결과 고장의 원인은 정기 점검과는 아무런 관계도 없는 다른 데 있었음이 밝혀졌다면 앞서의 생각은 바로 이 오류에 해당된다.

흔히 '미신'이라고 불릴 수 있는 것들도 대개는 이 오류의 범주에 속한다. 예컨대 금요일만 되면 안 좋은 일이 있거나 안 좋은 소식을 듣게 되는 일이 잦았다고 해서 금요일은 나에게 불운을 가져다주는 원인으로 단정한다든지, 어떤 필요에 의해 조상의 묘를 이장하자마자 불운한 일이 일어났을 경우 그 원인을 바로 묘 이장으로 생각한다든지 또는 커피를 마신 다음 수학 문제가 잘 풀린다고 생각하여 양자간에 인과 관계가 있다고 생각하는 것 등은 모두 Post Hoc의 오류에 속한다.

이 외에도 결과가 어떤 식으로든 그 원인과 유사하다든지 또는 원인이 결과 속에 있는 것이면 무엇이든 다 포함한다, 다시 말하여 원인에는 없던 것이 결과에는 있을 수가 없다는 믿음도 Post Hoc 오류의 가능한 한 원천이 될 수 있다. 민간요법에서 흔히 볼 수 있는 일로서 식물이나 동물의 어떤 부분이 사람의 장기와 비슷하게 생겼다는 이유만으로 그 부분들이 약용으로 여겨지는 경우가 많다. 그러한 부분들을 복용하고 난 후에 병이 치유되었다거나 어떤 특정 장기나 신체 부위의 활력이 나아졌을 수도 있다. 그러나 그렇게 된 데에는 사실 여러 요인들이 작용했을 것이므로 그 복용만이 원인이라고 하기는 힘들다. 복용을 안 했더라도 그러한 효과는 나올 수도 있을 것이다. 우연히도 복용한 후에 그러한 효과가 나타났다고 해서 그것이 바로 원인이라고 단정함은 대표적인 Post Hoc의 오류에 해당된다.

우연적인 관계와 인과적인 관계를 구별할 수 있는 좋은 방법 중의 하나는 실험을 해 보는 일이다. 실험의 방법이 여의치 않을 경우에는 규칙적으로 반복되는지 아닌지를 지속적인 관찰에 의해 살펴볼 필요가 있다. 역사적인 예로 17세기 영국의 이튼에서 있었던 일인데 많은 사람들이 흡연을 한 후부터 그 당시 유행하였던 전염병이 사라졌다는 사실을 근거로 흡연이 그 전염병의 퇴치에 효과가 있다고 믿었다. 그러나 그 양자의 관계를 계속적으로 관찰한 결과 그 관계가 단지 우연적인 것에 불과하고 진정한 인과 관계는 아님이 밝혀졌다. 이어서 살펴볼 것인데, 밀(J.S. Mill)은 일찍이 인과 관계를 확인하기 위해서는 그가 제시한 방법을 계속적으로 사용하는 것이 중요하다고 역설한 바 있다. 그의 견해는 지금도 실험과 관찰의 방법에 잘 반영되어 있다. 관계없는 요소들은 제거하고 인과 관계에 핵심적인 요소들만 잡아 보자는 것이 실험적 방법의 목적이다. 만약 이러한 방법이 불가능한 경우라면 문제의 관계가 우연적인 것인지 인과적인 것인 지의 판단을 당분간 유보하는 것이 더 안전하다.

2-7-2. 공통 원인의 무시

관광차 중국을 방문한 한국인 여행객들이 북경 시내를 관광하며 기분 좋게 첫날을 보낸 후 그 날 밤 모두 심한 배탈이 났다고 하자. 그리고 그 날 저녁 식사 중 목은 버섯 요리에 문제가 있었던 것으로 판명이 났다고 하자. 이 경우 변질된 버섯이 많은 사람들로 하여금 배앓이를 앓도록 한 공통 원인(common cause)이라 할 수 있다. 물론 확률적으로 말하여 여행객들 한 명 한 명이 모두 배탈이 날 동일한 확률을 갖는다고는 할 수 없을 것이다. 건강의 정도도 각자 다를 것이고 변질된 음식에 대한 반응도 각자가 다를 것이기 때문이다. 그러나 각기 다른 원인으로 동일한 날 동일한 시간에 우연히 모두 배탈이 날 가능성이 전혀 없는 것은 아니지만 그 확률은 너무나 낮아 무시해도 좋을 정도일 것이다. 이 보다는 공통 원인이 있어 그러한 현상이 생겼을 확률이 훨씬 높을 것이다.

20세기 초의 과학철학자 라이헨바하는 『시간의 방향』(The Direction of Time, 1956)이라는 서서에서 공통 원인의 중요성을 인식하고 공통 원인의 원리(the principles of common cause)를 제시한 바 있다. 그는 이 원리를 통계적 구조로 설명하고 있는데 간단히 말하면 다음과 같다. 어떤 사건들이 우연히 일치하여(coincidence)발생했는데 이것이 너무나 있을 법하지 않는(improbable) 것일 경우 그러한 현상은 공통 원인에 의거하여 설명될 수 있다. 일상생활에서 예를 들자면 다음과 같은 것이 있을 수 있다. 한 반에 있는 두 학생이 제출한 기말 보고서가 동일할 경우, 두 학생은 서로 다른 과 소속이고 학년도 다르고, 그래서 서로 말도 주고받은 적이 없을 정도로 모르는 사이라 한 학생이 다른 학생의 보고서를 베꼈을 가능성이 처음부터 배제된다면, 이 있을 것 같지 않는 사건을 설명할 수 있는 길은 오직 공통 원인을 찾는 길밖에는 없다.

공통적인 것을 원인으로 한 동시 발생의 예는 일상생활에서나 과학에서나 꽤 흔한 편이다. 홍역 바이러스는 붉은 반점과 고열을 동시에 유발시킨다. 반점과 고열의 발생도 '규칙적'이라 할 수 있지만 그 어느 쪽도 다른 쪽의 원인이라고 할 수는 없다. 태풍과 기압계의 내려감도 서로 규칙적으로 발생하는 관계에 있지만 이 양자가 모두 기압의 급속한 하강이라는 공통 인자를 원인으로 해서 생긴 것이다.

원인이라 생각되는 사건과 결과라 생각되는 사건 사이에 일정한 규칙성이 있음이 실험과 관찰에 의하여 확인되었다 하더라도 그것만으로 어떤 것이 원인이고 어떤 것이 결과라고 단정하기는 힘들다. 공통 원인이 있을 가능성을 이예 처음부터 배제하고 규칙성에만 근거하여 인과 관계에 대한 판단을 내린다면 이것도 일종의 오류, 즉 공통 원인을 간과하거나 무시하는(ignoring a common cause) 오류에 해당된다. 예컨대 북 중미 유적들을 발굴하던 고고학자들은 도기가 많이 발견되는 곳에서는 맷돌 조각들도 많이 발견된다는 사실을 알게 되었다. 그렇다고 그들이 도기가 있음으로 인해서 맷돌 조각들이 있게 되었다든지 거꾸로 맷돌 조각들이 있었기에 도기도 있게 되었다는 결론을 내리지는 않았다. 만약 그러한 결론을 내린다면 위의 오류를 범하게 된다. 어떤 다른 공통 원인이 있어 도기도 발견되고 맷돌 조각들도 발견되었을 것이다.

2-7-3. 원인과 결과의 혼돈

인과 관계와 관련된 오류로서 원인과 결과를 혼돈 하는 경우도 있다. 이 오류는 인과 관계의 방향을 잘못 판단해서 생기는 오류이다. 결과가 원인 보다 앞설 수 없음은 자명하다. 따라서 이 오류를 피하는 길은 인과 관계에 있다고 판단되는 두 사건의 시간적 순서에 주목하는 길이다. 예컨대 폐암의 발생이 흡연과 상관관계를 가지고 있다는 사실이 과거 몇 십 년 간 관찰되어 왔다. 그래서 많은 사람들은 양자간에 직접적인 인과 관계가 있어서 흡연의 증가가 원인이고 폐암의 증가가 그 결과라고 믿고 있다. 그러나 폐암이 생기면 흡연의 욕구가 더 강해진다는 생각아래 폐암의 증가가 더 많은 흡연을 유발시키는 원인이라고 믿는 사람들도 있다. 이것은 바로 원인과 결과를 혼돈한 오류의 예가 된다.

대부분의 경우 어느 것이 시간적으로 앞서는지는 비교적 쉽게 판가름할 수 있으나 인과적 상황이 복잡한 경우에는 그렇게 간단히 판별될 수 있는 것만도 아니다. 예컨대 아프리카의 어느 지역에 상당히 오랫동안 많은 사람들이 살았었는데 이들이 갑자기 사라지고 그 자리에 전혀 다른 인종의 사람들이 들어와 살게 되었다는 고고학적 증거가 있다고 하자. 이 일련의 사건들의 시간적 순서가 어떤가에 대해서는 해석에 따라 달라질 수 있다. 다시 말하여 원래 그곳에 살고 있던 사람들이 그 지역을 버리게 된 것은 새로 온 인종들의 침략 때문일 수도 있고, 아니면 이미 살던 사람들이 다른 무슨 이유로 인해서 그 지역을 떠났기 때문에 그 지역에 새로운 인종들이 이주하게 되었을 수도 있다. 전자의 해석에 의하면 원주민들의 이주가 새 종족의 침략 후에 이루어졌고 후자의 해석을 따른다면 이주가 먼저 이루어진 다음 다른 인종들이 들어 온 셈이 된다.

경우에 따라서는 관찰을 더 해보거나 인과적 과정의 어떤 부분을 간섭해 보는 의도적 실험을 해봄으로써 인과 관계의 방향, 즉 어느 것이 원인이고 어느 것이 결과인지를 알아 볼 수 있다. 우리가 흡연 증가의 원인이 폐암이라는 주장을 받아들일 수 없는 것은 폐암의 진전 상황과 폐암에 걸린 사람들의 흡연 습관이나 기간 등을 면밀히 관찰해 보았기 때문이다. 그리고 아프리카 지역의 주민 이주의 문제와 관련하여서는 고고학자들이 전쟁의 흔적이라든지 농업하기에 맞지 않는 조건의 흔적 같은 것 등을 알아봄으로써 어느 것이 원인인지를 판가름할 수도 있을 것이다.

2-7-4. 발생적 오류 : 원인과 이유

발생적 오류(genetic fallacy)란 어떤 주장이 어디에서 어떻게 나왔는지를 묻는 주장의 기원(origin)에 관한 문제와 그 주장이 정당한 것인지 아닌지를 묻는 정당화(justification)의 문제를 혼동했을 때 생기는 잘못을 말한다. 이 오류는 앞에서 말한 오류들과는 그 성격을 달리하는 것이지만 위에서 말한 기원의 문제라는 것이 바로 원인의 문제이기 때문에 인과와 관련된 오류의 범주에 넣었다. 어떤 주장이나 믿음을 가지게 된 원인과 그 믿음을 정당화시켜 주는 증거(evidence)는 서로 다른 문제이다.

기원의 문제가 원인을 묻는 문제라 한다면 정당화의 문제는 증거의 문제이고 이유의 문제이다. 논리적으로 올바른 논증에 제시되는 증거는 그것이 참이라면 결론도 참인 것으로 받아들여야 할 이유(reason)를 제공해 준다. 그러나 어떤 주장을 하거나 어떤 믿음을 가지게 되는 데에는 반드시 어떤 논리적 이유만 있는 것이 아니고 그 주상이나 믿음을 유발시킨(cause) 심리적 요인도 있을 수 있다. 어릴 때 부모로부터의 주입, 사회적 제도나 관습, 국가의 강요, 개인적 취향 등 하나의 믿음이 생기게 된 데에는 다양한 요인들이 있다. 이러한 심리적, 사회적 요인들은 하나의 믿음이 생기게 된 원인을 설명하는 데 중요한 역할을 한다. 그러나 그 어느 것도 그 믿음이 정당하다는 이유는 되지 못한다. 어두운 데 있으면 자신에게 어떤 해가 끼칠 것만 같아 어두움을 싫어하는 사람의 경우 어두움이 해를 끼칠 것이라는 그의 믿음은 어릴 때 어두운 방에 갇혀 벌을 받던 끔직한 경험 때문에 생겼을 수도 있다. 따라서 왜 그가 어두움을 싫어하는지를 설명하자면 그 개인적 경험을 하나의 중요한 원인으로 언급하지 않을 수 없을 것이다. 그렇지만 그러한 경험은 그가 어떤 정당한 근거에서 그러한 믿음을 갖게 되었는지, 그의 믿음이 정당한 것인지, 그 믿음에 대한 증거는 있는지의 문제와는 상관없다. 그 두려움이 생기게 된 데 대한 인과적 설명은 그 믿음에 대한 이유나 증거의 문제와는 다른 차원의 것이다. 이를 같은 것으로 본다면 바로 발생적 오류를 범하게 된다.

2-8. 밀의 귀납법

밀(J. S. Mill)은 인과 관계의 규정에 관한 문제에 체계적인 답을 제시한 사람으로 유명하다. 그가 제시하고 있는 귀납법의 공리에는 다음의 다섯 가지 종류가 있다.

2-8-1. 일치법(the method of agreement)

만일 연구하고자 하는 현상의 둘 또는 그 이상의 사례들이 단 하나의 사정만을 공유한다면, 그 사례들에 있어서 그 점에서 일치하는 하나의 사정은 주어진 현상의 원인(또는 결과)이다. 다음의 예는 일치법의 형식이다.

    A,B,C가 함께 작용할 때 X가. 나타난다.
    A,D,E가 함께 작용할 때 X가 나타난다.
    ∴ A가 X의 원인이다.

속초에 함께 놀러간 동창생 3명이 회집에서 회를 먹고 식중독에 걸렸다고 하자. 회의 종류는 여러 가지였다. 이 때 어떤 회가 식중독의 원인인지를 밝히기 위해, 회집에서 제공한 어물들을 기호로 나타내고 학생들이 섭취한 어물들을 나열하고 비교하기 위해서 기호를 붙여 보자.

    <제공한 어물>
    광어: A, 도다리: B, 오징어: C, 해삼: D, 멍개: E, 및 새우: F

<사례>	<섭취한 어물>	<현상>
1	ABD	식중독
2	BCE	식중독
3	ABF	식중독

식중독에 걸린 3명의 동창생들이 공통적으로 먹은 어물은 도다리(B)이므로 도다리가 식중독의 원인이라고 밝혀낼 수 있다.

2-8-2. 차이법(the method of difference)

어떤 현상이 일어나는 사례와 일어나지 않는 사례를 비교해 보았을 때, 한 가지 사정을 제외하고는 모든 사정을 같이 공유하는 경우, 두 사례의 유일한 차이인 그 한 가지 사정은 현상의 불가결한 원인 또는 결과이다. 그리고 이와 같이 차이를 지적함으로써 인과 관계를 추리하는 방법이 차이법이다. 그런데 차이법은 일치법의 단점을 보충하기 위하여 일치법과 병행하여 사용하는 것이 좋다. 단지 차이법만으로 인과 관계를 규명하기는 어렵다. 왜냐하면 차이법은 인과 관계의 불가결한 한 부분을 밝히는 것으로 그칠 수 있기 때문이다. 그리고 오직 한 가지 사정만이 다른 두 사례를 발견하기도 쉽지 않다. 차이법은 다음과 같은 형태로 나타낼 수 있다.

> A, B, C, D가 함께 작용했을 때 X가 나타난다.
> B, C, D만이 작용했을 때 X가 나타나지 않는다.
> 그러므로 A가 X의 원인이다.

일치법을 살펴본 예에서 식중독에 걸린 사람은 도다리를 먹었다. 그런데 정말 도다리가 식중독의 원인인가를 더욱 확실히 밝히기 위해, 그 날 그 식당에서 다른 어물을 먹었으되 도다리를 먹지 않은 사람은 식중독에 걸리지 않았는지 확인해 보면 더욱 좋을 것이다.

이처럼 어떤 현상이 일어나는 사례와 일어나지 않는 사례를 비교해 보았을 때, 한 가지 사정을 제외하고는 모든 사정을 같이 공유하는 경우, 두 사례의 유일한 차이인 그 한 가지 사정은 현상의 불가결한 원인 또는 결과이다. 그리고 이와 같이 차이를 지적함으로써 인과 관계를 규명하기는 어렵다. 왜냐하면 차이법은 인과 관계의 불가결한 한 부분을 밝히는 것으로 그칠 수 있기 때문이다.

2-8-3. 일치차이병용법(the joint method of agreement and difference)

앞에서 살펴본 일치법과 차이법을 병행하는 방법이 일치/차이 병용법이다. 일치법을 사용하였을 때 식중독의 원인이 도다리일 것이라는 점이 밝혀졌으나, 도다리 외에 원인이 여럿일 수도 있으므로 도다리만이 식중독의 유일한 원인이라는 주장을 강력히 내세울 수 없다는 것이 일치법의 한계이다. 그러나 일치/차이 병용법에 있어서는 도다리를 먹은 사람은 식중독에 걸렸으나 도다리를 먹지 않은 사람은 식중독에 걸리지 않았다는 사실을 동시에 드러내 보이게 하여, 도다리와 식중독 사이에는 인과 관계가 성립함을 보다 명확히 할 수 있다.

그러나 일치/차이 병용법을 사용하는 데도 한계가 있다. 즉 일치/차이 병용법을 사용할 수 있는 경우는 일치법에 있어서 여러 사례들이 공유하는 사정이 단 한 가지뿐이며, 차이법에 있어서 비교되는 사례들이 공유하지 않는 사정이 단 한 가지뿐인 경우이다. 이것이 여럿인 경우는 정확한 인과 관계 규정이 어려워진다.

2-8-4. 잔여법(잉여법, the method of residues)

"어떤 현상에서든지 이전의 일반화에 의하여 어떤 전제들의 결과라고 알려진 부분을 제외시키면, 그 현상의 나머지 부분이 남아있는 전제의 결과이다." 잔여법을 정식화하면 다음과 같다.

ABC-------abc
B는 b의 원인으로 알려졌다.
C는 c의 원인으로 알려졌다.
―――――――――――――――――
그러므로 A는 a의 원인이다.

2-8-5. 공변법(the method of concomitant variation)

공변법은 원인과 결과를 인력으로 따로 떼어 살펴볼 수 없는 경우에 원인이 변화하면 결과도 변화한다는 것을 관찰하여 그 인과 관계를 분명히 하는 방법이다. 이 때 원인과 결과 사이에는 비례 또는 반비례의 관계가 있음이 관찰될 것이다.

예를 들면 기온이 0℃에서 10℃ 상승하면 온도계의 눈금도 0℃에서 10℃로 변화하여 나타나고, 다시 기온이 10℃에서 20℃로 상승하면 온도계의 눈금도 10℃에서 20℃로 변화하여 나타난다. 이 예를 통해서 우리는 온도의 변화와 온도계의 눈금의 변화 사이에는 어떤 인과 관계가 형성되어 있음을 알 수 있다.

3. 귀납의 정당화

귀납은 본성상 오류 가능한 추리이며, 인간은 지속적인 탐구 과정을 하므로, 오류가 발견되면 시정을 하게 된다. 이런 점에서 귀납은 진리 추정으로 간주되며 자기 시정적인 확장적 추론이다. 이런 점에서 귀납에 대해 Russell(1948)은 철학의 스캔들이라고 수사했다. 이렇듯 문제성이 큰 귀납에 대해서는 그 정당성을 묻는 것이 추리 방법의 기법 개발에 못지 않게 중요한 논의가 되어 왔다. 한편 기법 개발을 위해서도 어떠한 정당화의 관점을 가지고 있느냐와 밀접한 관련이 있을 수밖에 없다. 귀납의 정당화에 대한 전체적인 개괄과 소개는 우정규(1992) 12장을 참고하기 바란다. 아래에서 이러한 귀납 정당화에 관련된 논의의 기초적인 내용만을 살펴보자.

3-1. 논리적 정당화

논리적으로 타당한 논증은 만일 그 논증의 전제가 참이라면 그 결론도 참이어야 한다는 사실에 의해 특징지어질 수 있다. 연역 논증은 이러한 특징을 갖고 있다. 만일 귀납 논증이 이러한 특징을 갖고 있다면 귀납의 원리는 정당화될 수 있다. 그러나 귀납 논증은 그렇지 않다. 귀납 논증은 논리적으로 타당한 논증이 아니다. 귀납추리의 전제가 참이더라도 결론은 필연적으로 참일 수 없다.

3-2. 자연의 제일성(Uniformity of Nature)에 의한 정당화

자연의 제일성 개념은 Mill(1843)이 주장하였다. 자연의 제일성은 형이상학적 가정이다. 이러한 가정에 대한 진위는 인간의 인식 능력으로서는 판단 불가하며 그 가정을 받아들이는 한에서 유효한 논의가 될 수 있다.

<u>나는 살코기를 여러 번 먹었는데 한 번도 식중독에 걸리지 않았다.</u>
그러므로 오늘 먹는 살코기도 식중독을 일으키지 않을 것이다.

이와 같이 우리는 자연이 제일하다거나 또는 때때로 주장되는 것 처럼 공간과 시간의 전 영역을 통해서 원인이 같으면 결과도 같다는 가정에 기초하여 귀납적 결론을 정당화할 수 있다. 다시 말하면 귀납체계는 자연은 제일하다는 가정을 기초로 하여 정당화할 수 있다는 것이다. 그러나 자연의 제일성 원리에 대한 정확한 정의를 제시하는 일이 매우 어렵다는 것이다. 특히 중요한 점은 자연이 모든 면에서 단순히 제일하지 않으며 미래가 모든 면에서 과거와 같지 않다는 점이다. 미래는 과거와 같을 수 있지만 모든 면에서 그런 것은 아니다. 게다가 우리는 미래가 과거와 어떤 면에서 어느 정도 같은가를 미리 알지 못한다.

3-3. 경험적 정당화(순환적 정당화)

귀납적 논증이 과거에 매우 성공적이었으므로 귀납이 정당화될 수 있다는 주장을 할 수 있다. 그러나 이 주장은 선결문제 미해결의 오류를 범하고 있다.

귀납 논증에 의해 높은 귀납적 확률을 지닌다고 판단된 논증은 과거에 거의 언제나 옳은 전제로부터 옳은 결론을 제시했었다.
그러므로 이런 논증은 과거, 현재, 미래에 거의 언제나 옳은 전제로부터 옳은 결론을 제시 할 것이다.

귀납의 원리는 x_1이라는 경우에 성공적으로 작용했다.
귀납의 원리는 x_2이라는 경우에 성공적으로 작용했다.
그러므로 귀납의 원리는 항상 작용한다.

경험적 정당화는 귀납의 귀납적 정당화라고도 불리며, 실용적 정당화라고 불리기도 한다. 실용적 정당화를 주장한 대표적인 학자로는 Reichenbach(1938)가 있다. 그는 어부가 물고기를 잡으려면 물고기가 있건 없건 그물을 던져야 하는 것과 같이, 우연히도 고기가 잡혔다면 실용성(즉 효과성)이 있는 것처럼 귀납은 실용적으로 정당화된다고 주장했다. 귀납을 귀납적으로 정당화하는 문제를 연구한 학자로는 Black(1954)이 대표적이다. Salmon(1966)은 그의 스승인 라이헨바하의 입장에 서서 귀납을 정당화한다. Rescher(1980)(이 책은 우정규(1992)로 번역되어 있다)는 라이헨바하의 입장을 받아들이고 더 나아가서 실용적 관점에서의 정당화를 주장했다. 이에 대해서는 우정규(1987, 1992)를 참고하기 바란다.

3-4. 실용적 정당화

귀납추리는 경험적으로나 이론적으로나 그 근거를 확보하기가 매우 어렵다. 그러나 귀납과 확률의 문제는 실천이라는 차원에서는 정당성을 가질 수 있다. 귀납의 실용적 정당화는 파이글(H. Feigle)과 라이헨바하, 레셔(N. Rescher)에 의해 정교하게 다듬어졌다. 레셔는 도구적 정당화 개념을 사용한다. 이런 정당화는 귀납을 목표지향적 활동, 즉 실천의 운용방법으로 규정하여 목적에 도움됨을 밝히는 것이다. 레셔는 도구를 탐구 수단(즉 방법)으로 간주하며 방법이 도구로서 행위자의 특정 목적에 도움이 되면 족하다는 방법론적 관점에서 실용성을 고려한다. 그러므로 도구적 정당화는 레셔에게 있어서 방법론적-실용적 정당화로 확대된다.

레셔는 귀납을 탐구 방법론으로서의 하나의 제안으로 보아 다단계적 순환적 정당화를 제시한다. 그의 방법은 초기 단계에서 다음과 같은 고려 사항에 입각해서 귀납적 방법이 제안된다. (1) 잠재적 성공 가능성: 성공할 수 있는 다수의 방법이 있다. (2) 직시적 최적합성: 성공하려면 이 방법을 쓸 수밖에 없다. (3) 안전성: 이 방법을 사용함으로써 입을 수 있는 피해는 없다. 이러한 고려 사항에서 초기의 잠재적 방법들 중 최적합성을 가지고 있다고 보는 하나의 방법을 채택하게 된다. 이후의 단계에서는 획득한 자료에 의해 그 자료가 정말로 성공했다면 계속 사용하게 된다. 하지만 실패했다면 다른 대안적인 방법을 채택해서 사용해야 한다. 이와 같은 재정당화의 방법은 환류(feedback)에 의거한다. 이러한 방식에 의해 귀납은 퍼스가 말한 바와 같은 자기 시정성을 갖는다.

3-5. 반증주의적 귀납관

귀납법이 갖고 있는 난점에 직면하여 아주 다른 개념으로 과학을 생각하는 것이 좋을 것이다. 귀납적 방법과 귀납적 증명이 안고 있는 문제를 동시에 해결할 수 있는 새로운 출발점을 제공한 철학자는 포퍼이다. 포퍼는 가설 연역적 방법에 기초한 과학 개념을 제시하였다. 포퍼의 과학자 상에 의하면 과학자는 케플러와 뉴턴의 이론과 같이 대담하고 포괄적인 이론을 생산하기 위하여 자유롭고 창조적으로 그의 상상력을 이용한다. 그리고 이러한 이론이 생성되면 세계의 존재방식에 의해 그 이론은 가능한 한 엄격하게 테스트되고 결함이 발견되면 그 이론은 폐기된다.

과학자 공동체는 가장 이상적인 열린 사회이며 이 사회 안에서는 모든 사람이 아이디어와 이론을 제안할 수 있고 누구나 그것을 비판할 수 있다. 인간의 모든 탐구에 내재되어 있는 무지와 불확실성에 비추어 본다면 이론을 증명하려는 시도는 반증하려는 시도로 대치되어야 하며, 전제들이 과학적인 연구에서 제거될 수 있다는 귀납주의적인 희망은 과학적 연구에서 창조석인 식관이 갖는 역할을 충분히 알게 됨으로써 포기된다.

포퍼에 의하면 우리는 이론을 증명할 수 없지만 이론을 반증할 수 있다. 그러므로 우리가 과학에서 해야만 할 일은 우리의 이론을 지지하는 경험적인 증거를 수집함으로써 이론을 증명하려는 무익한 노력을 기울일 것이 아니라, 이론을 반증하려고 노력해야 한다.

한 이론이 아주 잘 테스트될 수 있고 그 테스트를 통과하면 그 이론은 잘 확인된 이론이다. 한 이론의 테스트 가능성은 그 이론이 가지고 있는 테스트 가능한 예측을 산출할 수 있는 능력, 경험적인 내용의 정도와 관련이 있다. 포퍼는 명백히 확인의 정도를 적극적인 확증의 정도로 사용하고 있다.

　우리는 성공적으로 방법론에서 귀납적인 논증의 흔적을 완전히 제거할 수 있겠는가? 귀납적인 흔적을 완전히 제거한다는 것은 포퍼에게 있어서 대단히 중요하다. 포퍼주의자들이 고려해야 할 첫 번째 중요한 문제는 귀납추리 없이 엄격한 테스트를 실제로 말할 수 있는가 하는 것이다. 엄격한 테스트라는 개념을 귀납적이 아닌 방식으로 자세하게 설명하는 것은 어려울 뿐만 아니라 포퍼의 과학철학은 이전에 잘 확인된 이론을 받아들여야 할 적절한 이유를 제시하지 못하고 있다.

　진정한 포퍼주의자들이 생각하는 과학의 목적은 자연에 대해 참인 보편적인 지식을 획득하는 것이다. 가장 좋은 이론이란 가장 많은 설명력과 내용을 가진 이론, 단순성과 가장 높은 이론, 가장 덜 미봉적인 이론을 말한다. 그러한 이론이 또한 가장 좋은 이론이 항상 가장 잘 테스트된 이론일 필요는 없다.

　우리를 둘러싼 환경에 어떤 규칙성이 실제로 존재한다면 우리는 스스로 어떻게 우리가 그것의 발견에 착수할 수 있는지를 물을 수 있다. 우리는 자연스럽게 어떤 경향성과 원초적인 이론에서 출발할 수밖에 없다. 그곳에 나타난 규칙성은 상상력으로 만들어 낸 허구는 아니다. 그 규칙성은 시간의 흐름 속에서 살아 남아 있으며 그 규칙성의 기초에 대한 일반화는 적어도 여러 세대들의 생존을 방해하지는 않았다. 만일 우리의 환경이 급격하게 변하지 않는다면 우리는 그것들을 하나의 출발점으로 받아들일 충분한 이유를 가지고 있다.

　많은 사람들에게 과학은 1차적으로 세계의 실제적 규칙성뿐만 아니라 아직까지 발생하지는 않았지만 주변에서 발생할 수 있는 사건을 결정하는 사물의 본질과 물리적 또는 인과적 필연성에 대한 발견이다. 강한 관점에 있어서 과학은 물리적 세계의 규칙성에 관한 것이지만 적어도 세계의 규칙성 가운데 어떤 규칙성은 세계의 심층적인 규칙성을 지시하거나 세계의 본질을 지시하거나 그런 규칙성이 발생하도록 하는 것, 주변에서 실제로 발생하지는 않았지만 잠재적으로 발생할 수 있는 어떤 것을 지시하는 것으로 간주될 수 있다. 과학은 우연적이 아닌 본질적인 자연의 규칙성을 다룬다. 우리가 우리 이론을 단순히 자연에 존재하는 포괄적인 규칙성의 드러남으로 여기든 그 규칙성을 세계의 심층구조의 드러남으로 여기든 관계없이 수용 가능성이 가장 높은 이론은 현재 우리가 가지고 있는 지식에 기초해 있지만 우리로 하여금 현재의 지식을 의미있게 넘어설 수 있도록 해주는 그러한 이론이다. 왜냐하면 그런 이론에 의해 우리는 이미 우리가 가지고 있는 지식이 아닌 존재하기만 한다면 자연 속에 존재하는 넓은 범위를 포괄하는 규칙성으로 밝혀낼 수 있다는 희망을 가질 수도 있기 때문이다. 그리고 우리는 오직 자연에 퍼져 있는 규칙성의 기초 위에서 만일 실제로 존재한다면 자연적인 필연성과 사물의 본질을 알 수 있다는 희망을 가질 수도 있다.

제 5 장   확률 논리와 의사 결정 논리

1. 확률 논리

2. 의사 결정 논리

1. 확률 논리

1-1. 확률 논리 체계에서의 공리

확률에 관한 기초 논리는 이미 17세기 초 빠스칼(Pascal)과 페르마(Fermat)에 의하여 마련되었다. 그 후 확률논리는 발전을 거듭하면서 거의 모든 과학에서 빼놓을 수 없는 필수적인 방법론의 하나로 정착하게 되었다. 그것은 또 과학의 영역뿐만 아니라 여러 현실적인 문제에도 광범위하게 적용되고 있다.

20세기에 와서는 확률 논리의 공리적(axiomatic) 체계화가 시도되었고 그럼으로써 순수 수학의 추상적 형식 체계의 하나로 간주되었다. 형식 체계란 공리(axiom)들과 그것들로부터 형식적으로 연역되는 정리(theorem)들로만 구성된 체계를 말한다. 공리는 정리와는 다르게 연역되는 것이 아니다. 하나의 형식 체계의 공리들은 그 체계 내에서는 증명되지 않는다. 공리는 또 형식 체계 안에서 어떠한 의미도 부여되지 않은 원초적인 용어들(primitive terms)을 포함하기 때문에 그 자체로서는 무의미하다. 그러한 공리 체계를 우리는 해석되지 않았다(uninterpreted)고 한다.

그러나 형식적 체계가 그 자체로서는 해석되지 않은 것이지만 해석될 수 없는 것은 아니다. 그 체계의 원초적 용어들에 일정한 의미가 부여된다면 해석이 되는 셈이다. 가능한 해석에는 추상적 해석과 물리적 해석의 두 가지 종류가 있다. 추상적 해석이란 하나의 형식 체계를 수학이나 논리학의 어떤 분야에 연관시킴으로써 그 체계를 의미있는 것으로 만드는 해석을 말한다. 예컨대 유클리드 기하학도 공리화될 수 있다. '점'이라는 원초적 용어가 한 쌍의 수를 나타내는 것으로 해석되고 '직선'이라는 원초적 용어는 수의 쌍들의 집합을 나타내는 것으로 해석될 수 있다. 그러한 해석의 결과가 바로 분석기하학(analytic geometry)이다. 이에 반하여 물리적 해석은 원초적 용어들, 따라서 전 체계를 물리적 세계의 어떤 부분에 연관시킴으로써 그 체계를 의미있게 만드는 해석이다. 예를 들어 '직선'은 광선으로 해석될 수 있고 '점'은 미세한 금속 조각으로 해석될 수 있다. 그러한 해석의 결과는 물리적 기하학이 된다. 하나의 형식 체계의 물리적 적용 가능성과 경험 과학적 유용성을 획득할 수 있음은 물리적 해석 덕분이다.

확률 논리의 형식적 체계화도 공리와 정리들의 논리적 연역 관계로 이루어진다. 이 체계에서는 확률을 대변하는 용어만 원초적인 것이고 그 외의 다른 용어들은 모두 수학이나 논리학에서 확정된 의미로 사용되는 것들에서 빌려 온 것이다. 이제 공리화된 확률 논리 체계가 어떤 것인지 살펴보자.

확률은 아무런 조건이 없는 사건에 대해 진술된 명제에 대해서 부여될 때 절대적 확률, 즉 무조건 확률이다. 하지만 어떤 제한 조건 하에서 진술된 명제에 부여되면 조건 확률이 된다. 조건 확률(conditional probability)이란 관계적 개념이기 때문에 일종의 이항 관계 함수(two-place function)로 여겨질 수 있다. 그래서 확률을 나타내는 기호는 "P(,)"과 같은 것이 된다. 괄호 안의 방점 양쪽에 들어갈 수 있는 것들을 편의상 집합으로 간주해 보자. 그리고 영어 대문자 'A', 'B', 'C', ……를 집합을 나타내는 기호라고 하자. 따라서 "P(A, B)"는 조건확률을 나타내는 표현으로서 A가 주어졌을 때 B를 얻을 수 있는 확률을 뜻한다. 예컨대 A를 주사위를 던지는 횟수의 집합이라 하고 B를 던진 결과 윗면에 6이 나타날 경우의 집합이라 한다면 P(A, B)는 주사위를 던졌을 때 6이 나올 확률을 뜻한다. 확률의 값은 0에서 1 사이에 있는 어떤 수가 되며 이 수는 더하기, 곱하기 등의 계산이 허용된다. 따라서 확률들을 결합하는 데 사용되는 연산은 잘 알려진 산술적 계산과 같다. 그 외 또 확률계산에 필요한 기호들은 집합 논리에서 사용되는 연산기호들이다. "A∪B"는 A와 B의 합집합(union)을, "A∩B"는 A와 B의 교집합(intersection)을, 그리고 "non-A"는 A의 여집합(complement)을 뜻한다. 또 그리스 문자 "φ"는 공집합을 나타낸다.

Salmon(1966)에서 제시된 공리들을 살펴보자.

A1. P(A, B)의 값은 0과 1 사이에 있는 실수이다. 즉 0 ≤ P(A, B) ≤ 1
A2. A가 B의 부분집합(subclass)이라면 P(A, B)=1
A3. B와 C가 상호 배타적이라면 P(A, B∪C)=P(A, B)+P(A, C)
A4. P(A, B∩C)=P(A, B)×P(A∩B, C)

1-2. 확률 정리

위의 4개의 공리들로부터 다음과 같은 정리들이 도출된다.

T1. P(A, B)=1-P(A, non-B)

증명: A2에 의하여 P(A, B∪non-B) = 1. 왜냐하면 집합 A의 모든 구성원은 집합 B의 구성원이든가 구성원이 아니든가 둘 중의 하나이기 때문이다. 따라서 A는 B∪non-B의 부분집합이다. B의 구성원이 되면서 동시에 구성원이 안 되는 것이라고는 있을 수 없으므로 B와 B는 상호 배타적이다. A3에 의하여 P(A, B∪non-B)=P(A, B)+P(A, non-B) = 1. 따라서 P(A, B)=1-P(A, non-B). 이것은 보통 여사건 확률 정의로 간주한다.

T2. $P(A, \emptyset) = 0$

증명: B이면서 동시에 non-B인 것은 없으므로 B∩non-B는 공집합이다. 그러나 공집합의 여집합 non-(B∩non-B)는 B이거나 B가 아닌 모든 것을 포함하는 B∪non-B이다. 따라서 T1에 의하여 $P(A, B∩non-B)=1 - P(A, non-(B∩non-B))=1 - P(A, B∪non-B)$.

T1을 증명에서 보았다시피 $P(A, B∪non-B)=1$. 따라서 $P(A, \varphi)=0$.

T3. $P(A, C)=P(A, B) \times P(A∩B, C)+P(A, non-B) \times P(A∩non-B, C)$.

증명: 집합 C에 속하는 것들의 집합은 B와 C 양자 모두이거나 아니면 B와 C 양자 모두인 것들의 집합이다. 따라서

$$P(A, C)=P(A, [B∩C]∪[non-B∩C]).$$

어떤 것도 B의 구성원이면서 동시에 non-B의 구성원인 것일 수 없으므로 B∩C와 non-B∩C는 상호 배타적이다. A3에 의하면

$$P(A, [B∩C]∪[non-B∩C])=P(A, B∩C)+P(A, non-B∩C).$$

A4에 의하여

$$P(A, B∩C)=P(A, B) \times P(A∩B, C)$$

그리고 $P(A, non-B∩C)=P(A, non-B) \times P(A∩non-B, C)$
이 결과들을 연결하면 T3이 얻어진다.

T4. 만약 $P(A, C) \neq 0$ 라면

$$P(A∩C, B) = \frac{P(A, B) \times P(A∩B, C)}{P(A, C)}$$

$$= \frac{P(A, B) \times P(A∩B, C)}{P(A, B) \times P(A∩B, C)+P(A, non-B) \times P(A∩non-B, C)}.$$

증명: A4에 의하여

$$P(A, C∩B)=P(A, C) \times P(A∩C, B)$$

따라서 $P(A, C) \neq 0$ 라면

$$(1) \quad P(A \cap C, B) = \frac{P(A, C \cap B)}{P(A, C)}$$

$B \cap C$는 분명 $C \cap B$와 동일한 집합이므로 A4를 이용하여

$$P(A, C \cap B) = P(A, B \cap C) = P(A, B) \times P(A \cap B, C).$$

이를 (1)에 대입하면 T4의 첫 번째 등식이 얻어지고 T3을 이용하여 두 번째 등식이 얻어진다. 이 T4는 일반적으로 곱셈 정리라고도 한다.

마지막으로 베이즈 정리는 제6장에서 소개하는 내용을 참고하고 또한 확률 논리에 대한 더 상세한 논의는 우정규(2002), 4장 확률 의미론을 참고하기 바란다.

2. 의사 결정 논리

18세기에 버틀러(Butler)는 지적하였듯이 "확률은 인생의 지침이다(Probability is the guide of life)"라고 말했다. 이 말의 뜻은 확률은 인생을 안내하고 보호해 준다는 것이다. 미래가 어떻게 될지 아무도 모른다. 미래의 세계가 어떻게 될지, 어떤 상황이 전개될 것이며 우리는 어떤 식으로 변할 것인지 등에 관해서 완전한 지식을 가질 수는 없지만 우리는 가능한 한 최선을 다하여 예측하고, 계획을 짜고, 예측과 계획에 맞게 선택하고 결정하고 행동한다. 이렇게 함에 있어서 확률은 대단히 중요한 역할을 한다. 왜냐하면 우리가 어떤 결정을 내리기 전에 여러 가지 가능한 결과들의 확률을 먼저 판단할 필요가 있기 때문이다. 우리가 대학에 들어가기로 결정한 것은 그 이전에 대학교육을 받음으로써 우리의 삶이 여러 가지 방식으로 나아질 확률에 대한 믿음이 있었기 때문이다.

그러나 우리가 어떤 특정한 행위를 하기로 결정하는 데에는 그렇게 함으로써 어떤 사건이나 조건이 발생할 확률의 정도만이 고려해야 할 유일한 사항은 아니다. 그러한 행위를 하기 위한 비용, 그리고 그러한 행위를 취함으로써 생길 수 있는 이득 등도 고려해야 한다. 어떤 목적을 달성할 수 있는 확률은 매우 크나 달성된 목적이 우리에게 줄 수 있는 혜택은 극히 미약한 경우도 있겠고, 반대로 목적달성의 확률은 매우 낮으나 예상되는 혜택은 상당히 큰 것일 경우도 있겠다.

어떤 목적의 바람직함과 그렇지 못함을 나타내기 위하여 '효용(동의어로 유용성)(utility)', 또는 '가치(value)'라는 말이 자주 사용된다. 바람직한 목적이나 상황은 긍정적 유용성 또는 긍정적 가치를, 그리고 바람직하지 못한 목적이나 상황은 부정적 유용성 또는 부정적 가치를 가졌다고 말한다.

결정 이론(또는 결단 이론 또는 의사 결정 이론, Decision Theory)이란 상황이나 맥락(즉 우리가 어느 정도의 지식과 정보를 사용 가능하냐에 따라 변한다)에 따라 어떻게 결성을 해야 할 것인지에 대한 이론을 말한다. 이미 앞에서 의사 결정과 관련된 예제를 다룬 적이 있는데, 결정의 내용은 의사이다. 따라서 '결정'이란 어떤 행위를 결정자의 의사로써 하기로 한 결정을 말한다. 이러한 결정에는 선택된 것은 취하고 선택되지 않은 것은 버리게 된다. 결정(decision)이란 영어의 어원상 자름을 뜻한다. 이런 점에서 결단(決斷)이라는 말도 많이 사용한다. 결정 이론의 목표는 합리적(rational or reasonable) 결정을 하기 위한 기준을 개발하는 것이다. 결정 이론을 단순화시켜 말한다면 결정이 일어나는 일반적 맥락에는 다음과 같은 세 가지 종류가 있다.

1. 위험하의 결정(Decision under risk): 우리의 행위가 어떤 결과를 가져올지 정확히 알 수 없는 맥락. 이러한 맥락에선 가능한 여러 결과에 다양한 확률이 부여될 수 있고, 또 우리가 가지는 지식은 부분적이거나 불완전할 수밖에 없다.
2. 확실성하의 결정(Decision under certainty): 우리의 행위가 어떤 결과를 가져올지 정확히 알 수 있는 맥락. 이러한 맥락에서는 우리의 지식은 '현실적 확실성'(practical certainty)을 갖는다.
3. 불확실성하의 결정(Decision under uncertainty): 행위의 가능한 결과가 다양하고 가능한 각 결과에 어떠한 확률도 부여할 수 없는 맥락.

의사 결정을 하기 위한 기본적인 틀은 앞의 1.2.3절에서 제시하였으므로 생략하고, 위와 같은 세 가지 맥락에 따라 어떤 결정 원칙과 방법을 따를 것인지를 살펴가기로 한다.

2-1. 위험하의 결정

예를 들어 귀가 잘 들리지 않아 병원을 찾은 어느 환자가 수술하는 게 좋겠다는 의사의 권고를 듣고 수술여부를 결정해야 할 경우가 여기에 해당된다. 수술은 세 가지 가능한 결과를 낳을 수 있다. 각각의 결과에 다음과 같은 확률이 부여될 수 있다. 수술 후 매우 좋아질 확률: 0.85, 좋아지지 않을 확률: 0.10. 그리고 더 나빠질 확률: 0.05. 여기에다 효용 개념까지 도입하면, 첫 번째 결과는 확률도 높을 뿐 아니라 효용도 크다고 할 수 있는 반면, 두 번째 결과는 효용이 매우 낮고(청각문제도 해결되지 않은 채 환자는 고통을 감수해야 했고 또 수술비용도 지불해야 했다), 세 번째 결과는 효용이 가장 낮다고 할 수 있다. 환자가 수술을 하지 않기로 결정한다면 나타날 결과는 문제가 있는 자신의 귀에 아무런 변화도 없다는 것 한 가지 뿐이다. 이 결과의 효용은 수술해서 실패하는 경우보다는 높겠지만 수술 결과가 좋은 경우보다는 훨씬 낮다. 이러한 상황에서 그 환자는 어떤 결정을 내려야 할 것인가?

환자는 수술을 해서 나타날 결과는 결국은 가장 확률이 높은 결과가 아니겠느냐고 생각할 수도 있다. 그러나 "항상 어떤 행위의 결과 중에서 가장 확률이 높은 것이 나타날 것으로 생각하고 행위하라"는 지침은 의사결정 규칙으로서는 빈약하기 짝이 없다. 왜냐하면 그것은 다양한 결과들이 각각 어떤 효용을 가지고 있는지를 따져보지 않은 채 그냥 무시해버리기 때문이다. 비합리적 결정이 이래서 생기곤 한다. 예컨대 어떤 도둑이 자신의 도둑질로 인하여 종신형을 받을 리 만무하다, 즉 종신형을 받을 확률은 매우 낮다는 생각만으로 그 도둑질을 하기로 작정한다든지, 또는 집 주인이 자신의 집에 불이 날 확률이 매우 낮다(통계에 따라)는 점에만 근거하여 화재보험 들기를 거부한다면 이는 모두 다양한 효용을 고려하지 않고 위의 지침이 가지는 단순논리에만 따른 비합리적인 결정이라 아니할 수 없다.

"다른 어떤 결과보다도 더 높은 효용을 가지는 결과를 낳을 행위를 선택하라"라는 것도 의사결정의 한 지침이 될 수 있음직 하다. 앞에서 말한 환자가 이 지침을 따른다면 수술을 하기로 결정할 것이다. 왜냐하면 청각기능의 회복은 분명 가장 효용이 높은 결과일 것이고 또 다른 어떤 행위가 아니라 바로 수술을 해야만 그러한 결과가 나올 것이기 때문이다. 그러나 앞의 것과 마찬가지로 이 지침 역시 그 지침에 이야기되고 있는 대로만 한다면 어리석은 결정이 된다. 다음과 같은 경우를 생각해보자. 돈의 효용을 높이 사는 어떤 사람이 천만원을 가지고 대학을 가느냐 마느냐로 고민한다고 해보자. 그리고 누군가가 이 사람에게 천만원을 투자해 보라고 권한다고 해보자. 천만원을 투자해서 그 열배의 이익이 생길 확률은 10%인 반면 천만원을 다 잃을 확률은 90%이다. 이러한 상황에서 대학교육에 높은 가치를 두는 대부분의 사람들은 그 천만원을 투자하는 것은 합리적인 행위가 못된다고 생각할 것이다.

위험하의 결정을 올바르게 평가하기 위해선 효용과 확률을 모두 고려하는 규칙이 요구된다. "예상되는 효용을 극대화하는 행위를 선택하라"가 그러한 규칙이다. 이 규칙을 이해하기 위해선 예상되는 효용을 어떻게 계산해 낼 수 있는지를 알 필요가 있다. 이를 위해선 우선 효용을 양화시키고 측정할 수 있어야 한다.

효용의 측정 문제는 결코 간단한 문제가 아니다. 청각을 회복한다든지 성공적이지 못한 수술을 받는다, 또는 청각을 잃는다 등과 같은 행위에 어떻게 수적 가치를 부여할 수 있다는 말인가? 객관성은 여기서 문제가 안 된다. 효용의 측정이 거기에 부여된 양적 가치가 누구에게서나 인정된다는 의미로서 객관적일 필요는 없다. 요구되는 것은 어떤 결정을 해야 할 사람이 그의 효용을 측정해야 한다는 점뿐이다. 그러나 이것조차도 많은 경우 매우 어려운 작업이다.

결정 이론에 관한 연구는 보통 투기나 투자와 같은 돈과 관련된 결정의 예를 가지고 시작한다. 모든 다른 조건이 같을 경우 삼천만원의 이득을 가져 올 투자가 천만원의 이득을 가져 올 투자 보다 세 배나 더 바람직하다(세 배의 효용)고 볼 수도 있다. 돈의 단위가 효용의 단위와 이러한 식의 상관관계를 가진다면 잃은 만큼 또는 얻은 만큼의 돈이 가질 효용을 측정하기란 그렇게 어렵지 않다. 왜냐하면 돈이란 이미 측정 가능한 단위로 계산될 수 있기 때문이다. 우선 돈과 관련된 경우 예상되는 효용이 어떻게 측정될 수 있는지를 알아보자.

장날에 장에 가서 도박놀이를 한다고 해보자. 돈 만원을 가지고 A도박놀이를 할 것인지 B도박놀이를 할 것인지를 내가 결정해야 한다. 만원을 들여서 A도박놀이를 할 경우 오만원이 생길 확률은 0.05%, 삼만원이 생길 확률은 0.10%, 만원이 생길 확률은 0.20%, 그리고 한푼도 생기지 않을 확률은 0.65%라고 해보자. B는 주사위 놀이인데 만원을 걸고 주사위를 두 번 굴려 똑같은 면이 나온다면 오만원을 받고 그렇지 않을 경우 한푼도 못 받는다. 효용을 측정하는 문제와 일거나 따는 돈의 양을 측정하는 문제가 서로 관계가 있다는 점을 드러내기 위하여 내가 두 놀이에 경도되는 마음이 동일하고 어떤 놀이를 하든 만원을 투자해서 가능한 한 많은 돈을 얻는 것이 나의 목적이라고 가정해 보자.

A도박놀이를 한다고 했을 때 예상되는 효용은 다음과 같다.

[(50,0000×0.05)+(30,000×0.10)+(10,000×0.20)+(0×0.65)] - 10,000
=(2,500+3,000+2,000) - 10,000=-2,500

이와 같이 A도박놀이를 하게 되면 2,500원을 잃게 된다.

일반적으로 어떤 결정의 예상되는 효용을 계산하는 규칙은 각각의 가능한 결과가 가지는 확률에 그 각각의 결과와 연관되는 효용의 단위수를 곱하는 것이다. 이렇게 곱한 것에다 애초에 든 비용을 뺀 것이 그 결정의 예상되는 효용이다.

주사위 놀이에서 두 번 굴려 같은 면이 나올 확률은 1/6이다. 이 확률도 여러 가지 방식으로 계산될 수 있다. 두 번 굴려 두 번 다 1면이 나올 확률은 1/36이다. 다른 다섯 면에 관해서도 마찬가지이다. 따라서 어떤 면이든 두 번 나올 확률은 (1/36+1/36+1/36+1/36+1/36+1/36)=1/6이다. 또 다른 식으로 볼 수도 있다. 즉 첫 번째 주사위를 굴리면 어느 면이든지 나올 것이다. 그 다음 굴려 바로 그 면이 나올 확률은 6면 중에 하나이므로 1/6이 된다.

두 번 다 같은 면이 나올 경우의 효용은 5만원이다. 그렇지 않을 확률은 5/6이다. 이 경우의 효용은 0이다. 50,000×1/6=8333.33…이고 0×5/6=0이니까 여기에서 10,000원을 빼면 -1,667이 된다. A도박놀이의 예상되는 효용(돈으로 측정된)은 -2,500인 반면 B도박놀이의 예상되는 효용은 -1,667이다. 따라서 예상되는 효용을 극대화하라는 규칙을 따른다면 나는 B도박놀이를 택해야 한다. 그리고 A를 하든 B를 하든 기대값은 놀이하는 사람에게 손실을 초래하게 되며, 그러한 손실은 도박 게임 운영자의 이익이 된다.

앞의 청각의 예를 가지고 효용을 측정해 보자. 이 경우에 할당되는 측정치는 바로 내가 할당하는 측정치이다. 내가 할당하는 단위도 바로 '효용의 단위' 이다. 이 경우의 측정치는 반드시 돈의 양으로 환산될 수 없고 또 그럴 필요도 없다.

1) 수술의 가능한 결과들과 연관되는 효용의 단위들(괄호 속의 것은 확률):
   청력이 매우 좋아짐 : 10(0.85)
   개선되지 않음   : -2(0.10)
   더 나빠짐   : -10(0.05)

2) 수술하지 않을 경우 생기는 결과의 효용의 단위:
   아무런 변화도 없음 : 0(1)

이상과 같이, 수술의 예상되는 효용은 (10x0.85)+(-2x0.10)+(-10x0.05)=7.8이다. 그리고 수술하지 않는 것의 예상되는 효용은 (0x1)=0이다. 수술에 드는 비용은 여기서 따로 계산되지 않았다. 그것은 각각의 가능한 결과에 효용이 부여될 때 이미 반영된 것으로 보면 된다. 따라서 상기의 규칙을 따른다면 나는 수술을 받는 길을 택해야 한다.

위험하의 결정을 할 때 따라야 할 가장 좋은 규칙이 무엇일까를 고찰함으로써 밝혀진 하나의 사실은 경우에 따라서는 규칙이 다르더라도 결론은 동일할 수 있다는 점이다. 그것은 가장 확률이 높은 결과가 또한 가장 큰 효용을 가지는 경우이다. 수술의 경우가 바로 그러하다. 그러나 어떤 규칙이 합리적인 충고를 해주지 못한다고 보일 때는 "예상되는 효용을 극대화하는 행위를 선택하라"는 규칙을 따르는 것이 적절하다. 이런 일은 낮은 확률을 가진 결과가 매우 큰 효용을 가질 때 또는 반대로 높은 확률을 가진 결과가 매우 적은 효용을 가질 때 자주 일어난다. 예상되는 효용이 극대화되는 방향으로 행위하라는 규칙이 일반적으로 합리적 행위결정을 위한 좋은 규칙으로 받아들여지고 있는 이유도 여기에 있다. 이 규칙은 다른 규칙들이 올바른 행위를 하도록 유도할 때뿐만 아니라 합리적인 것으로 보이지 않는 행위를 하도록 유도하는 때에도 적용될 수 있다.

2-2. 확실성하의 결정

어떤 상황에선 선택 가능한 행위는 여럿인데 그 어떤 행위를 선택하든 결과는 동일한 것일 수 있다. 이러한 상황에서 내리는 결정을 '확실성하의 결정'이라 부른다. 그러나 엄밀하게 말해서 이 말은 사실은 정확한 것이 아니다. 왜냐하면 결과는 행위를 선택하는 순간에는 아직 나타나 있지 않은 미래의 일이고 미래의 일은 절대 확실한 것일 수 없기 때문이다. 결정을 하는 순간과 결과가 나타나는 순간 사이에도 얼마든지 변할 수 있는 것이 세상의 일이다. 그 사이에도 전혀 예측하지도 못한 일이 벌어질 수도 있고 예사롭지 않은 일이 발생할 수도 있다. 그러나 이러한 일의 발생은 일반적인 것이 아니기 때문에 우리가 확실성하의 결정을 이야기할 때 그러한 가능성은 무시해도 좋을 것 같다.

확실성하의 결정은 확률계산을 필요로 하지 않는다. 각각의 행위가 가져올 가능한 결과는 하나뿐이기에 이 결과와 연관되는 확률은 1이다. 따라서 이러한 상황에서 적용되는 규칙은 단순하다: "가장 높은 효율성을 가진 행위를 선택하라". 이것을 "확실한 것 원리(the sure thing principle)"라 한다.

확률을 계산할 필요는 없지만 때에 따라서는 효율성을 어떻게 비교할 수 있는지는 주의깊게 따져보아야 한다. 예컨대 어떤 제품이 보장기간이 얼마나 긴지에 따라 각각 다른 가격으로 팔린다고 해보자. 내가 2년 보장의 자동차 타이어를 일정한 금액으로 산다면 일년에 드는 비용이 얼마인지 계산해 낼 수 있고 이를 3년 보장의 타이어를 샀을 경우 일년에 드는 비용과 비교해 볼 수 있다. 그러나 이 결정에는 또 다른 요소도 개입될 수 있다. 내가 이 차를 얼마나 오래 사용할 것인지, 타이어를 바꾸는 일이 얼마나 귀찮고 번거로운 일인지, 새로 갖춘 타이어가 보장기간 동안 내내 안전할 것인지 등등. 효율성을 비교하는 데에는 항상 단순한 금전상의 고려 이상의 것이 개입된다. 이 이상의 것을 고려함으로써 결정하기가 더 어려워진다고 해서 무시할 수는 없다. 많은 경우 그러한 추가적인 요소들에 대한 고려는 확실성하의 결정을 위험하의 결정으로 바꿀 수 있는 확률을 포함한다. (예컨대 나의 차가 2년을 더 지속할지 아니면 3년을 더 지속할지는 확실하지 않다. 따라서 1보다 더 낮은 확률을 가진다.)

어떤 면에선 확실성하의 결정을 위한 효용을 비교하는 일이 위험하의 결정을 위한 효용을 비교하는 일보다 더 단순할 수 있다. 확실성하의 결정을 평가하는 데 요구되는 종류의 비교를 하기 위해선 효용에 단지 순위만 주면 된다.(가장 높은, 그 다음 높은 등등으로) 여기에선 효용의 양과 확률을 곱하는 것이 아니기 때문에 효용의 단위가 필요 없다. 다시 말하여 가장 높은 효용이 그 다음 높은 효용보다 10배가 더 높은지, 아니면 8배가 더 높은지, 또는 얼마나 더 높은지에 관심을 둘 필요가 없다. 효용의 단위는 곱하기 같은 산술적 작업을 하기 위해서만 필요하다.

확실성 하에서의 결정은 세계 상태 중 확실히 발생할 상태에 대해 신념도를 1로 부여하는 방식이다. 시간에 따라 변화하는 신념도를 시의도(currency)라고 한다. 확실성 하에서의 결정은 결정시점에서 시의도가 1인 결정이다. 이에 대한 자세한 논의는 우정규 역(1994) 참조.

2-3. 불확실한 상황 하에서의 결정

불확실한 상태에서 무슨 결정을 해야 할 때 우리는 그 결정으로 인하여 생길 수 있는 가능한 결과가 다양할 것이라는 점을 알고 있다. 그러나 그 각각의 가능한 결과가 어느 정도의 확률을 가질지를 알 수 있는 방법은 없다. 그런데 어느 정도의 확률을 부여해야 할지조차 알 수 없을 정도로 불확실한 상황이란 그렇게 많지 않다. 대부분의 경우에는 과거에 경험했던 바나 그 동안에 모아 두었던 정보들에 근거하여 어느 정도로든 확률을 부여할 수 있다. 대충이나마 어떤 확률을 부여할 수 있다는 것은 위험한 상황 하에서 있다는 것을 의미한다. 잘못된 결정을 할 가능성이 있을 때는 언제나 필요한 규칙, 즉 기대 효용을 극대화하는 행위를 선택하라는 원리를 따르는 것이 합리적이다.

불확실한 상황에선 우리가 확률에 대한 어떤 정보도 가지고 있지 못하기 때문에 다양한 결과들이 가질 효용만 고려하여 선택할 수밖에 없다. 그러나 효용을 어떻게 부여하느냐하는 문제도 쉬운 문제는 아니다. 확실한 상황 하에서 결정을 할 때와 마찬가지로 여기서도 여러 가지 효용에 순위대로 순서만 주면 된다.

불확실한 상황에서 결정을 할 때 종종 한 행위의 가능한 결과가 다른 행위의 결과보다 나을 때가 있다. 각각 두 가지 가능한 결과를 갖는 두 행위를 선택해야 하는 단순한 상황은 다음과 같이 표로 나타낼 수 있다.

행위	순위별 결과 순위	
	I	II
I	4	3
II	2	1

위의 표에서 행위 I은 효용이 가장 낮은, 그리고 그 다음 낮은 두 결과를 낳는다. 행위 II는 가장 높은 효용과 그 다음 높은 효용이 있는 두 결과를 낳는다. 따라서 분명히 행위 II가 "가장 좋은" 행위이며 선택되어야 할 행위이다. 행위 II의 어느 결과이든 그것은 행위 I의 두 결과 보다 낮다.

"가장 좋은" 행위가 어떤 것인지 보기 위해서 다음과 같은 불확실한 상황을 생각해 보자. 대학을 가고자 하는 어떤 운동선수가 국립대학과 사립대학 각각으로부터 장학금을 주겠다는 제의를 받았다고 하자. 그는 우선은 대학에 가서도 운동을 하고 싶지만 그것과는 관계없이 가능한 좋은 교육을 받기를 원하기도 한다. 그리고 그는 국립대학이 더 좋은 교육을 받을 수 있다고 생각한다. 그에게 주어진 4가지 가능한 선택을 그 효용의 순위에 따라 말한다면 다음과 같이 될 것이다. (1)국립대에서 운동선수가 됨 (2) 국립대에서 운동선수가 안 됨 (3) 사립대에서 운동선수가 됨 (4) 사립대에서 운동선수가 안 됨. 여기서 국립대에 가는 것이 그가 취할 수 있는 "가장 좋은" 행위가 된다.

그러나 위의 예에서 운동선수가 되는 것을 무엇보다 중요하게 생각하는 다른 선수가 있다고 해보자. 이 선수에게 주어진 효용의 순위는 (1) 국립대에서의 운동선수 (2) 사립대에서의 운동선수 (3) 사립내에서 운동선수가 안 됨 (4) 국립대에서 운동선수가 안 됨이 될 것이다. 이러한 상황에선 그가 취할 수 있는 "가장 좋은" 행위는 없다. 국립대에 가는 것이 가장 높은 효용과 가장 낮은 효용을 동시에 가지고 있기 때문이다. 가장 좋은 행위가 없다면 그 다음 질문은 그냥 만족할 만한 행위는 없는가이다. 만약 두 번째 선수가 순위 3 이상의 효용에는 만족하지만 그 보다 낮은 효용에는 만족하지 않는다면 국립대에 가는 것이 그에게 만족할만한 행위가 못될 것이다. "만족할 만한 행위를 선택하라"는 지침을 따른다면 그는 사립대를 택해야 할 것이다.

가장 좋은 행위도 없고 또 만족할만한 행위도 없을 경우 따라야 할 규칙도 없다. 그 운동선수들이 어떤 선택을 할 것인지는 부분적으로는 그들이 어떤 사람인가에 달려 있다. 결정이론가들은 세 가지 다른 유형을 구분한다.

1. 도박가: 단 하나의 행위만이 가장 높은 효용을 가진 상황이라면 그 행위를 선택하는 것이 가장 좋다. 도박가라면 그 행위를 취하는 데 기꺼이 돈을 걸 것이다. 위의 운동선수가 도박가라면 국립대에 갈 것이다.
2. 조심스런 사람: 조심스런 사람은 가장 높은 효용을 가진 것보다는 가장 낮은 효용을 가진 것을 택한다. 이 선택은 "최소의 것을 최대화"하기 위한 선택이다. 위의 운동선수가 이러한 유형의 사람이라면 사립대를 택할 것이다. 왜냐하면 사립대 선택과 관련된 가장 낮은 효용은 3인 반면 국립대 선택과 관련된 가장 낮은 효용은 4이기 때문이다.
3. 계산가: 계산가는 여러 가지 행위의 기대 효용을 계산하기 위하여 어렵더라도 효용의 단위를 정하고자 한다. 기대 효용은 단순히 순위만으로는 결정될 수 없기 때문이다. 그래서 기대 효용이 가장 높은 행위를 선택하자는 것이 계산가의 전략이다.

위의 운동선수가 계산가형의 인간이라면 그는 효용의 단위를 다음과 같이 책정할지도 모른다. 국립대에서 운동함(10), 국립대에서 운동 안 함(2), 사립대에서 운동함(8), 사립대에서 운동 안 함(6). 이렇게 정해졌을 때 국립대 선택의 기대 효용은 (10+2)/2=6 이고, 사립대 선택의 기대 효용은 (8+6)/2=7이 된다. 평균치가 가장 높은 것을 고르라는 지침을 따른다면 사립대에 가야 할 것이다.

2-4. 하나의 사례 검토: 죄수의 딜레마

남녀 한 쌍이 절도 용의자로 체포되었다고 하자. 경찰은 체포에 필요한 충분한 증거를 확보했다고 생각하지만 검사는 충분하다고 생각하지 않는다. 증거를 더 확보하기 위한 노력의 일환으로 두 사람은 서로간의 상의가 금지되었고 각각에게 다음의 말이 검사로부터 주어졌다.

죄를 고백하시오. 당신의 동반자가 고백하지 않는다면 당신은 1년 더 가벼운 형을 받게 될 것이나 당신의 동반자는 최대 5년의 형을 받게 될 것이오.

각 죄수가 이 말을 듣고 그 자신도 고백하고 자신의 동반자도 고백한다면 어떻게 될 것인지를 알고 싶어하였다. 검사의 대답은 만약 둘 다 고백한다면 각각 3년씩의 형을 받게 될 것이라는 것이었다. 검사는 또 만약 둘 다 고백하지 않는다면 현재 확보된 증거만으로도 어느 정도의 형을 받게 될 것이고 그 형기는 최대 2년이 될 것이라는 말도 덧붙였다.

이러한 말을 하면서 검사는 둘 다 고백하지 않는 것이 더 유리하다고 생각할지라도 고백을 하게 될 것이라고 확신하였다. 그 이유는 무엇일까?

우리는 각 죄수가 자신의 동반자가 고백을 할지 안할지에 대하여 어떠한 확률도 부여할 수 없다고 가정하였다. 그래서 각각은 불확정한 상황에서 결정을 해야 할 형편에 놓이게 되었다. 만약 효용의 단위가 가능한 형기와 연관성을 가진다면 각 죄수는 다음과 같은 행위의 선택과 그 행위의 가능한 결과와 연관되는 효용에 직면하게 된다.

	동반자가 고백하다	고백하지 않는다
고백함	-3 (3)	-1 (1)
고백하지 않음	-5 (4)	-2 (2)

* 위 표에서 괄호 속의 숫자는 효용의 크기에 따른 선호 서열을 말한다.

이러한 상황에서 '최선의 행위'라는 것은 없다. 왜냐하면 고백함의 한 결과는 고백하지 않음의 가능한 결과 보다 더 낮은 효용을 갖고 또 거꾸로 고백하지 않음의 한 결과는 고백함의 가능한 결과 보다 더 낮은 효용을 갖기 때문이다. 만약 만족스러운 행위가 있다면 그것은 고백하는 행위가 된다 왜냐하면 최저의 효용이 고백하지 않음의 한 결과와 연관되기 때문이다. 만약 두 사람이 다 만족스러운 행위를 취해야 한다는 규칙을 따른다면 각자는 고백할 것이다. 그러나 만약 만족스러운 행위란 없고 각자가 불확정한 상황 아래에서 결정을 내리기 위한 다른 어떤 규칙을 따른다 하더라도 각 죄수는 고백할 것이다.

도박꾼의 전략은 최고의 효용과 연관된 결과를 낳을 행위를 선택하는 것이다. 이 경우 고백하는 것의 가능한 한 결과가 최고의 효용을 가진다. 따라서 조심스런 전략은 최소의 효용을 극대화시키는 것, 즉 고백하는 것이 될 것이다. 고백하는 것의 기대 효용은 다음과 같이 계산된다.

$$(-3+-1)=-2$$

이에 반하여 고백하지 않음의 기대 효용은 다음과 같다.

$$(-5+-2)/2=-3.5$$

검사가 보기에는 두 죄수 모두 합리적인 결정을 내릴 것이고 그 결정은 곧 둘 다 고백하는 것이다.

죄수의 딜레마는 결정이론에서 많은 흥미로운 문제들을 야기시킨다. 중요한 점은 두 죄수가 서로 간에 의견교환이나 협력을 하지 못하도록 격리시킨다는 점이다. 그들이 서로 협력하여 공통의 이익이 될 해결책을 찾을 수 없도록 되어 있는 것이 불확정한 상황 하에서의 결정이라는 문제의 조건이다. 그러나 그들이 서로 의사교환을 할 수 있다고 한다면 각자는 상대방이 서로간에 합의한 사항을 이행할 것으로 믿어야할지 아닐지를 결정해야 할 문제에 봉착하게 된다. 이 결정도 불확정한 상황 하에서의 결정이라면 다시 딜레마가 생긴다.

물론 죄수의 딜레마라는 것이 인위적으로 만든 문제이지만 이와 같은 상황이 실제로도 종종 일어난다. 예컨대 일군의 제조 공장들이 어떤 강 주변에 위치하여 폐기물들을 강에다 버린다고 해보자. 그 강이 오염될 위험은 상당하다. 만약 오염도가 상당히 오른다면 공장주들은 무거운 벌칙을 받게 될 것이다. 공장들이 확장되고 아무런 벌금도 내지 않아도 된다면 공장주들이 챙길 수 있는 이익은 증대된다. 그러나 모든 공장들이 확장된다면 오염도는 벌금을 물어야 할 정도로 높아질 것이며 그 결과 기둘 수 있는 이익은 현재의 수준보다 더 낮아질 것이다.

어떤 회사 X의 이사들이 확장을 고려하고 있다고 치자. 이사들이 생각하기로 그들의 회사만 확장되고 다른 회사들은 그대로 있다고 한다면 오염도가 지나치게 눈에 띨 정도로 오르지는 않을 것이며 X에서 생기는 이익도 10%도 증대될 것이다. 만약 X가 확장 안 되고 대신 다른 회사들이 확장된다면 X는 다른 회사들과 함께 벌금도 내야할 뿐만 아니라 다른 회사들과는 다르게 이익의 증가도 가져올 수 없다. 이 경우 X는 현재 수준보다 10% 낮은 이익을 보게 될 것이고 다른 회사들의 이익은 5% 낮아질 것이다. 다른 회사들도 확장할 것인지 아닌지에 대한 아무런 정보도 가지지 않았다고 할 때 회사 X의 이사들은 어떤 결정을 내려야 할까? 이 상황은 죄수의 딜레마와 동일한 상황이다. 아래의 P는 이득을 가리킨다.

	다른 회사들의 확장	확장하지 않음
X의 확장	P−0.05P	P+0.10P
X가 확장하지 않음	P−0.10P	P

제 6 장　가설과 추론

1. 가설과 증거

2. 가설-귀납적 방법

3. 가설-귀납적 방법의 복잡성

4. 반증

5. 베이즈의 확증 이론

1. 가설과 증거

1-1. 가설

이 장에서 다루어질 주제는 가설(hypothesis)과 그 가설을 경험적으로 확인하는 방법에 관한 문제이다. 많은 경우 우리는 주어진 경험적 증거를 넘어 지식을 확장시키고자 한다. 경험적 증거에 의하여 확인되는 것에만 우리의 지식을 국한시켜야 한다면 이 세계에 관하여 우리가 알 수 있는 것은 별로 없을 것이다. 우리는 현재의 경험에 의하여 확인되지 않을지라도 과거 또는 미래에 관하여 추측을 하거나 예측을 하기도 한다. 추측과 예측을 할 수 있기에 인간의 경험은 그만큼 더 풍부해지고 또 자신과 세계에 대한 이해도 더 깊어질 수 있다. 그러나 아무렇게나 한 추측이나 예측이 모두 합리적 세계이해의 범주에 드는 것은 아니다. 그 범주에 들려면 일단 최소한의 합리적 근거를 가져야 한다. 그 최소한의 합리적 근거가 바로 가설이다. 물론 가설도 또한 합리성을 가진 것이어야 한다. 우리가 합리적으로 논의해 볼 수 없는 성질의 것도 '가설' 이라는 이름을 못 붙일 이유야 없겠지만 이성적 논의의 대상에서는 제외된다. 이 말은 가설이 합리적인 가설이 되기 위해선 경험적 내용이 있어야 한다는 뜻이다. 현실적으로든 원리적으로든 경험적으로 검증해 볼 수 있는 내용을 갖추어야 소위 '합리적' 또는 '과학적' 가설이라 할 수 있을 것이다.

물론 가설이라는 말도 일상언어에서 여러 가지 다른 용도로 쓰인다. 때때로 그것은 어떤 경우가 맞을 것이라는 추측 또는 맞지 않겠나 하는 의심을 뜻하기도 한다. "나의 가설에 의하면 그 사람이 틀림없이 범인이야"라든지 "내일쯤에는 그가 나타날 것이라는 것이 나의 가설이야" 같은 경우에 사용된 '가설' 이 그러한 뜻으로 사용된 경우이다. 또 어떤 때는 아직 정당한 것으로 확인되지 않은 믿음을 가리키기 위해서 사용되기도 한다. "태양계에서 지구 아닌 다른 혹성에도 생물이 있을 것이라는 믿음은 가설에 불과해"라고 할 때의 '가설' 이 바로 그러한 용법으로 사용된 경우이다. 이 책에서 논의될 '가설' 은 앞에서 말한 합리적 가설, 즉 그 가설에서 나온 예측이 어떤 결과를 낳느냐에 따라 진위에 대한 검증이 가능한 주장을 가리키는 밀로 사용하겠다.

그렇다면 가설이 경험적 내용을 가진 가설이기 위해선 어떤 형태 또는 형식의 것이어야 하는가? 서양학문의 역사를 보면 학문이 다루는 주장 또는 명제들은 대개는 '보편적 일반화(universal generalization)' 라 할 수 있는 것들이었다. 그러나 모든 가설이 이러한 형태를 취한다고 할 수는 물론 없다. 학문에 따라선 개별적인 것에 관한 주장이나 명제를 다루는 경우도 있겠고 또 학문이 아니라 일상생활에서도 개별적 사건이나 사실에 대한 가설을 세우는 경우가 많기 때문이다. 개별적인 것에 관한 가설이라도 경험적으로 검증 가능한 내용을 얼마든지 가질 수 있다. 따라서 보편적인 법칙을 찾거나 세우고자 하는 것이 학문의 일반적인 목표라고 해서 보편적 일반화만을 가설이 취할 수 있는 유일한 형식이라고 할 수는 없다.

1-2. 증거

일반적으로 가설을 검사할 때 우리는 그 가설로부터 어떤 결론, 어떤 예측이 나올 수 있는지를 본 다음 실험을 하거나 관찰을 해봄으로써 그 결론의, 그 예측의 참 여부를 결정짓는다. 그러나 그러한 검사의 결과가 참인 것으로 판명된다고 해서 예측을 낳은 가설도 반드시 참이라고는 할 수 없다. 예측된 바가 참이라면 가설도 참일 확률이 크다는 정도의 이야기는 할 수 있어도 결정적으로 참이라고 보기는 어렵다. 말하자면 예측그러가설의 관계는 연역적인 관계가 아니라 귀납적인 관계이다. 이와 같이 검사의 결과에 . 하여 가설을 귀납적으로 지지 또는 지지해 주지 않는 것을 '확증(confirm)' 또는 '반증(反證, disconfirm 또는 falsify)'이라 부른다. 이 장에서 우리가 다룰 문제는 귀납논리의 중요주제 중의 하나인 바로 이 확증의 논리이다.

따라서 확증의 논리에서 가설 못지않게 중요한 것이 증거(evidence)이다. 가설이 확증되고 안 되고는 결국 증거가 있느냐 없느냐의 문제이기 때문이다. 증거란 무엇이며 어떤 것이 증거가 될 수 있을까? 증거란 누구나 관찰할 수 있는 것, 일반적으로 동의되고 있는 것이라고 이해해도 상식적으로는 큰 무리가 없겠으나, 철학적 관점에서는 그러한 상식적인 이해만 가지고서는 증거의 성격을 충분히 드러낼 수 없다. 철학적 관점에 서면 아무 문제도 없어 보이는 상식에도 사실은 적잖은 문제점이 있다는 사실이 밝혀질 수 있다. 증거에 대한 상식적 견해에 어떤 문제점이 따르는지 잠시 살펴보기로 하자.

가설이란 일단 경험적 내용을 가진 것이어야 한다는 점을 염두에 두자. 따라서 그러한 경험적 내용의 가설을 확증시켜 줄 증거 역시 경험적인 것이어야 할 것임은 물론이다. 다시 말하여 증거는 어떤 식으로든 경험에 호소하여 그 진위가 확인될 수 있는 성격의 진술로 표현되어야 한다.

그런데 여기서 문제가 발생한다. 그러한 진술은 확실한 것이어야 하는가? 그리고 그러기 위해서는 그 진술이 관찰자의 직접적인 감각경험을 기술하는 것이어야 하는가? 이 문제에 대한 철학자들의 입장은 대체로 두 가지로 구분된다. 한편으로 증거진술은 확실한 것이어야 하고 그러기 위해선 직접적인 경험에 관한 진술이어야 한다는 입장이 있는가 하면 , 또 다른 한편으로는 증거진술이 확실한 것일 필요는 없고 다만 물리적 상태를 기술하는 것이면 족하다는 입장도 있다.

먼저 가설을 확증시켜줄 증거가 확실성을 가져야 하고 또 그 증거는 관찰자 자신의 직접적인 감각경험에 관한 것이어야 한다는 입장을 살펴보자. 이 입장을 지지하는 사람들의 주장은 다음과 같다. 가설의 확증이나 확률은 가설 자체만으로는 성립 안되고 오직 실제의 증거와 관련하여서만 의미를 가진다. 증거가 달라지면 가설이 확증되는 정도, 즉 확률도 변할 수 있다. 동일한 가설이라도 주어진 증거에 따라 상대적으로 그 확증도가 달라진다. 따라서 어떤 가설을 확증시켜줄 증거가 확실한 것이라면 그 가설의 확률도 그만큼 높아질 것이다. 그러나 그 반대로 주어진 증거가 확실한 것이 아니라면 가설에 대한 신빙도도 그만큼 약해질 것이다. 그러므로 가설이 믿을만한 것이 되려면 그것에 대한 증거가 확실한 것이어야 한다.

이와 같은 주장의 밑바닥에는 토대가 되는(foundational) 믿음 또는 지식이론이 전제되어 있다. 지식이론에서 토대주의란 간단히 말하여 지식이 지식으로 정당화되기 위해선 궁극적인 토대가 있어야 하고 이 토대는 그 자체로 정당화되는 것이어야 한다는 입장이화되기 위 이론을 가설에 적용시키면 가설에 대한 경험적 증거는 그 자체가 또 다른 가설의 성격을 띠어서는 안 되고 다른 데 의존하지 않고 그 자체로서 확실하다고 할 수 있는 것이어야 한다는 주장이 된다.

그러나 이러한 주장에는 토대주의가 갖고 있는 문제점이 그대로 노출되어 있다. 그 문제란 과연 어떤 것이 그러한 성격을 가진, 즉 그 자체로서도 정당화되는, 또는 그 자체로서 확실한 증거가 될 수 있는지 하는 문제이다. 일상적으로 접하는 중간 크기의 사물들을 기술하는 진술이 그러한 성격의 증거가 될 수 있다는 견해도 있고, 물리적 사물에 대한 진술은 언제나 틀릴 가능성을 기본적으로 갖고 있는 또 하나의 가설에 불과하다는 이유로 최종적인 증거의 역할을 할 수 없고 오로지 지금 여기에서 내가 직접 감각적으로 경험하는 것에 관한 진술만이 그러한 토대로서의 성격을 가질 수 있다는 견해도 있다.

직접적인 감각경험에 관한 진술이 과연 그 정당성을 더 물을 수 없는 최종적인 증거가 될 수 있는지에 대해선 논란이 많이 있어 왔다. 이러한 논란과 연관하여 아예 토대주의의 입장 자체를 받아들이지 않으려는 견해도 있다. 위에서 말한 두 번째 입장이 바로 이러한 견해를 취한다. 이 견해에 의하면 직접적인 경험에 관한 것이든 물리적 사물에 관한 것이든 도대체 절대적으로 확실한 토대가 되는 진술을 찾겠다는 시도 자체가 잘못된 것이다. 가설을 확증시켜줄 증거란 물리적 사물에 관한 것이면 족하다는 것이다. "이 막대는 5 미터이다", "리트머스 시험지가 붉게 변했다" 등과 같은 관찰에 근거한 '물리주의적' 진술(observational or physicalistic statement)이면 충분히 증거의 역할을 할 수 있다는 것이다.

그러나 이 두 번째 입장에도 문제는 따른다. 이 입장은 무엇보다 먼저 증거로 여길 수 있는 진술과 그렇게 여길 수 없는 진술간에 분명한 구분이 어렵다는 문제를 일으킨다. 증거가 될 수 있는 진술은 물리적 사물에 관하여 직접적으로 관찰할 수 있는 것들에 관한 진술이라고 하였지만 '직접적으로 관찰 가능한'이라는 개념부터 아주 모호하기 때문에 증거의 역할을 할 수 있는 진술과 그렇지 못한 진술을 명확히 가려낼 수 있는 척도가 되지 못한다. 어떤 경우가 관찰 가능한 경우고 또 어떤 경우가 관찰 가능하지 않은 지부터 불분명하기 때문이다.

증거 진술과 증거 진술이 아닌 것을 구별해 주는 명확한 척도가 없다면 증거와 가설의 구분도 모호해진다. 어떤 진술을 증거로 보아야 할 것인지 아니면 가설로 보아야 할 것인지는 자의적인(arbitrary) 문제가 되어버린다. 그렇게 되면 가설을 확증하는 절차도 자의적인 것이 되며, 따라서 과학 활동 자체의 존립근거도 위태롭게 된다.

2. 가설 - 귀납적 방법

가설을 확증하는 논리적 방법을 보통 '가설-귀납적 방법(hypothetico-inductive method)'이라고도 부른다. 이 방법이 사용되는 영역은 다양하다. 그 중에서도 과학의 영역에서는 특히 많이 사용된다.

가설-귀납적 방법이란 위에서 말한 대로이다. 간단하게 다시 말하자면 그 절차는 다음과 같다. 어떤 가설이 참인지 아닌지를 알기 위하여 그 가설로부터 어떤 예측이 나올 수 있는지를 알아본다. 만약 그 예측이 참인 것으로 판명된다면 그 가설이 확증되었다고 할 수 있고 거짓으로 판명된다면 확증되지 않았다고 할 수 있다. 그러나 이러한 설명은 가설-연역적 방법을 지나치게 단순화시킨 것으로서 과학자들이 하는 실제 추론과는 거리가 있을 수 있다.

역사적인 예를 한 가지 들어보자. 갈릴레오는 지구와 다른 위성들이 태양의 주위를 돈다는 가설에 근거한 어떤 예측이 참인지 아닌지를 점검하기 위하여 망원경을 사용하였다. 망원경이 발명된 1609년 이전에 프톨레미(Ptolemy), 코페르니쿠스(Copernicus), 브라헤(Tycho Brahe) 등의 세 가지 천체 이론이 있었다. 갈릴레오는 망원경을 발견하지는 않았지만 동일한 해에 스스로 망원경을 고안하여 천체를 관측하는 데 처음으로 사용하였다. 그가 이 도구를 고안한 직후에 그의 제자 중의 한 사람이 만약 코페르니쿠스의 이론이 옳다면 태양과 지구 사이에 있는 금성도 우리에게 달과 유사한 모양의 변화(전부 다 보이는 상태로부터 전혀 보이지 않는 상태까지)를 겪는 것으로 비치지 않겠느냐는 견해를 제시하였다. 이러한 제안을 확인해보기 위하여 갈릴레오는 몇 달 동안 금성을 관찰해 보았다. 그 결과 그는 금성도 달과 같이 시기에 따라 여러 가지 모양으로 변화를 겪는다는 사실을 관찰할 수 있었다. 이 관찰 자료를 그는 코페르니쿠스의 이론이 옳음을 보여주는 증거로 해석하였다.

가설-귀납적 방법을 이해하기 위한 첫 걸음으로서 위의 갈릴레오의 추리를 다음과 같은 논증 형식으로 재구성해 볼 수 있겠다. 그의 가설은 "코페르니쿠스의 이론은 옳다"가 되겠다. 이 가설에 근거하여 그는 관찰에 의하여 검증될 수 있는 "금성도 여러 가지로 변화된 모습으로 보일 것이다"라는 예측을 도출하였다. 따라서 그의 논증은 다음과 같이 구성되었다.

만약 코페르니쿠스의 이론이 옳다면 금성은 여러 가지로 변화된 모습을 보일 것이다.
금성은 여러 가지로 변화된 모습을 보인다.
따라서 코페르니쿠스의 이론은 옳다.

이 논증에서 첫 번째 전제는 조건문이다. 이 조건문의 전건은 가설이고 후건은 예측이다. 두 번째 전제는 그 예측이 사실임을 말하고 있다. 그리고 결론은 가설이 참임을 주장하고 있다. 이 논증을 일반화시킨다면 다음과 같다.

만약 그 가설이 참이라면 그 예측도 참이다.
그 예측은 참이다.
따라서 그 가설은 참이다.

그런데 이러한 형식의 논증에는 문제가 하나 따른다. 형식상으로만 보자면 명백히 후건 긍정의 오류를 범하고 있기 때문이다. 이 문제에 대한 답변은 다음과 같다. 위의 논증이 형식상의 오류에 해당된다는 지적은 그것이 연역 논증이라는 전제 하에서이다. 실제로 이 형식의 논증은 후건 긍정에 해당하는 귀추법이므로 연역 논증이 아니다. 논증을 하는 사람의 의도가 무엇이었는지는 논리 외적인 문제라 따지기 어렵겠지만 실제 과학적 추리를 하고 그것에 근거하여 어떤 주장을 펴는 사람들이 그러한 논증으로 의도하는 바는 연역적이기보다는 귀납적인 경우가 더 많다.

엄밀하게 말한다면 위의 논증 형식에서 결론이 '그 가설은 참이다'가 아니라 '그 가설은 확증되었다'로 바뀌어져야 할 것이고, 그렇게 바뀌지 않았다 하더라도 '그 가설은 참이다'라는 결론을 '그 가설은 확증되었다'로 이해해야 할 것이다. 앞에서도 지적한 바처럼 확증이란 진리의 절대적 보장이 아니라 긍정적인 귀납적 지지를, 그리고 반 확증은 부정적인 귀납적 지지를 뜻할 뿐이다. 이러한 점에서 가설-귀납적 방법은 기본적으로 연역법과는 다르다. 요컨대 확증의 논리는 귀납 논증임을 분명히 이해해 두어야 한다. 가설을 확증하기 위하여 실제로 사용되는 추론형식은 사실은 단순한 후건 긍정의 형식을 가진 논증보다는 훨씬 더 복잡하기 때문이다. 이제 확증논리가 어떤 복잡성을 갖고 있는지 살펴보기로 하자.

3. 가설 - 귀납적 방법의 복잡성

 가설-연역적 방법에서 연역적이라 할 수 있는 부분은 그 논증의 전체적인 구조가 아니라 가설과 그 가설로부터 연역되는 관찰 가능한 예측 간의 연결부분이다. 가설과 예측간의 연결을 연역적이라 함은 전건(가설)이 참이라면 후건(예측)이 거짓일 수 없음을 뜻한다. 이 조건 문장이 바로 확증 논증의 전제가 된다. 이렇게 확증 사례가 획득되면 그 사례는 가설을 확증하는 귀납 논증이 된다. 요컨대 가설로부터 사례를 예측하는 것은 연역 논증이지만 사례를 통해 가설을 확증하는 것은 귀납 논증이다.

 가설과 증거 간의 관계는 어떤 구조로 연결하여 논증을 하느냐에 그 방식이 연역적일 수도 있고 그 방식이 귀납적일 수도 있다. 따라서 가설과 증거 간의 관계 설정이 중요하다. 이와 관련된 사항을 좀더 살펴보자.

3-1. 보조 가설

 갈릴레오의 가설을 검증할 때 그 가설을 예측과 연역적으로 연결시키기 위해서는 추가적인 가정이 요구된다. 보조 가설(auxiliary hypothesis)이라 불리는 이 가정은 예측이 가설로부터 연역적으로 도출되려면 참이어야 한다. 그러나 그러한 추가적인 가정은 겉으로 진술되지 않고 생략되는 것이 보통이다. 진술되지 않는 이유는 그러한 가정은 관찰이나 실험의 조건에 관한 일반적으로 받아들여지고 있는 이론적 배경의 한 부분인 경우가 많기 때문이다. 그래서 보조 가설은 원래의 가설을 검증하는 맥락에선 보통 참인 것으로 여겨지지만 다른 맥락에선 그 자체도 검증을 받아야 할 경우도 있다. 갈릴레오의 실험에서 가정된 보조 가설 중의 하나는 "금성은 지구와 태양 사이에 있다"는 것이었다. "망원경은 천체를 관측하는 데 믿을 만한 도구다"라는 것도 보조 가설이다. 이 보조 가설들이 생략되지 않고 진술된다면 갈릴레오의 논증의 전제는 다음과 같은 조건 문장으로 표현된다.

 만약 코페르니쿠스의 이론이 옳고 망원경이 믿을만한 관찰도구이며 금성이 지구와 태양 사이에 있다면 금성은 여러 가지 모양으로 변화하는 것으로 보일 것이다.

 보조 가설에는 두 가지 주요 유형이 있다. 한 유형은 적합한 검증 조건(proper testing condition)에 관한 것이다. 일반적으로 이 유형의 보조 가설은 검증에서 사용될 모든 장비나 재료들이 적절하게 작동하는지, 그리고 검증의 결과를 관찰하는 사람이 그 결과를 올바로 평가할 수 있는 사람인지 하는 문제에 관련된다.

 또 다른 유형의 보조 가설은 이론적 배경 지식(theoretical background knowledge)에 관한 것이다. 대개의 가설 검증은 참이라고 가정된 다른 주장의 배경에 반대하여 수행된다. 의 약품들의 치유력에 관한 가설들을 검증할 때 생리학과 분자생물학의 어떤 이론들이 참이라고 가정된다. 광학 이론은 현미경이나 망원경을 사용하는 검증에선 어디에서나 중요한 배경적 역할을 한다. 이론적 지식이 그 자체 검증되지 않고 다른 가설을 검증하는 데에 참이라고 가정된다면 이 가정은 바로 보조 가설의 한 유형으로 사용되는 셈이다.

망원경을 사용한 갈릴레오의 실험에서 망원경이 과연 믿을만한 도구인지에 대한 의문, 즉 그가 사용한 보조 가설 자체에 대한 의문이 생길 수도 있다. 실제로 갈릴레오의 발견에 이러한 의문을 제기한 사람들이 많았고 이 문제와 관련하여 갈릴레오는 카톨릭 교회로부터 많은 탄압을 받았다. 이 논쟁에서 갈릴레오는 금성의 변화하는 모습뿐만 아니라 목성을 도는 위성, 그리고 달 표면에 있는 많은 산까지도 관찰할 수 있었던 망원경을 실지로 비판자에게 내보이면서 한번 들여다보라는 권고를 하였다. 그러나 많은 비판자들은 무엇이 정말 있는지 없는지를 망원경만 믿고서는 결정할 수 없다는 이유, 즉 망원경을 통하여 보이는 것은 진정한 관찰이 될 수 없다는 이유로 한번 들여다보기도 거절하였다.

갈릴레오가 살았던 시대에 망원경에 대해 제기되었던 물음들은 대개 이론적인 것들이었다. 다시 말하여 망원경의 관찰 도구로서의 적합성뿐만 아니라 망원경 제작을 가능하게 하였던 광학 원리들 자체도 당시의 주도적 학자들에게 의문시되었다. 볼록렌즈로 사물을 보면 사물의 제 모습이 안보이고 어떤 형태로든 일그러진 모습으로 보이는데 그 볼록렌즈를 두개씩이나 겹쳐 만들어진 망원경이 어떻게 멀리 있는 것까지도 더 분명하게 볼 수 있다는 것인지가 그들의 의문이었다. 널리 유포되어 있는 믿음이 새로운 검증에 의하여 뒤집어지려 할 때 그 검증의 보조 가설이 의심을 사는 경우가 많다.

코페르니쿠스의 이론이 옳다고 믿었던 사람들과 옳지 않다고 믿었던 사람들 간의 논쟁에서 가정으로 사용된 보조 가설들이 옳은지 아닌지는 어느 쪽에서도 의문시되지 않았다. 예컨대 어느 누구도 금성이 지구와 태양 사이에 있다는 가설에 의문을 제기하지 않았다. 이 가설은 당시의 모든 이론에서 당연한 것으로 여겨졌다.

이와 같이 확증 논리에서 보조 가설이 차지하는 비중은 결코 무시될 수 없기에 이에 따라 앞에서 소개한 가설-연역적 추론의 가장 단순한 형식은 이제 다음과 같은 형식으로 바뀌어져야 할 필요가 있다.

만약 H이고 $A_1, \cdots, A_n$이라면 P이다.
P는 참이다.
따라서 H와 $A_1, \cdots, A_n$은 참이다.

H는 검증될 가설을, $A_1, \cdots, A_n$은 보조 가설들을, 그리고 P는 관찰 가능한 예측을 가리킨다. 그런데 이 형식의 논증도 역시 연역적으로 타당하지 않다. 또 다른 개선이 필요하다.

3-2. 대안 가설

　보조 가설을 첨가한 형태의 논증도 가설논리의 복잡성을 충분히 반영해 주지 못한다. 그 주된 이유는 대안 가설(alternative hypothesis)의 중요성을 설명해 주지 못하기 때문이다. 대안 가설이란 보조 가설과 더불어 원래의 가설에서 나올 수 있는 바와 정확하게 동일한 관찰적 예측을 낳을 수 있는 가설을 말하는데, 대립 가설 또는 경쟁 가설이라 부르기도 한다.

　갈릴레오의 시대에 당시의 주도적 과학자들에 의하여 서로 경쟁관계에 있는 세 개의 천체 이론들이 제안되었다. 프톨레미의 이론과는 달랐던 티코의 이론은 금성의 모습변화에 대하여 갈릴레오가 관찰한 바와 동일한 예측을 하였다. 티코의 이론은 당시의 망원경을 사용하여 확보될 수 있는 모든 점에서 코페르니쿠스의 이론과 일치하였다. 앞에서 소개된 확증논리는 거기에 보조 가설을 첨가하더라도 동일한 예측을 낳는, 그러면서도 서로 양립할 수 없는 두 가설이 있다면 그 중에서 어떤 것을 선택해야 할 것인가에 대해선 아무 것도 말해주지 않는다. 티코의 이론도 또 코페르니쿠스의 이론도 모두 금성의 모습변화에 대한 동일한 예측을 하였는데 두 이론 중 어느 것을 선택할 것인가?

　문제를 더 명확하게 하기 위해서 또 다른 예를 들어보자. 인간이 언제 처음으로 아메리카 대륙을 밟았는지는 쉽게 답을 찾기 힘든 질문 중의 하나이다. 베링 해협을 건너 아시아로부터 왔으리라는 믿음이 널리 퍼져 있다. 그러나 그렇다면 그것이 언제부터인가? 약 만 이천 년 전 베링 해협의 양쪽 대륙 곳곳에 인간들이 흩어져 살고 있었음을 말해주는 증거는 많다. 아마도 소수의 아시아인들이 건너와 오랜 기간을 통해 전 북미대륙으로 퍼졌는지도 모른다. 그러나 문제는 만 이천 년 이전에는 북미대륙 어느 곳에도 인간이 살았음을 가리키는 증거가 거의 없다는 점이다.

　몇 십 년 전 두 명의 고고학자가 "인간들이 이만 칠 천 년 전 알래스카에 살았다"는 가설을 확증해주는 중요한 발견을 하였다. 그들은 인간들에 의하여 도구로 사용되었으리라고 여겨지는 매머드의 뼈를 발견하였던 것이다. 매머드의 뼈는 비교적 짧은 시간 안에 쉽게 부러지는 상태로 변하기 때문에 인간들이 그것을 도구로 사용하였다면 적어도 매머드가 살았던 시대에 인간들도 있었다는 추론이 가능하다. 그 도구화된 뼈들을 과학적으로 면밀히 조사한 결과 매머드가 대략 이만 칠 천 년 전에 죽었다는 것이다.

　그러나 다른 많은 고고학자들은 이 뼈의 발견을 인간들이 이만 칠 천년 전에 북미 대륙에 살았다는 가설을 확증해 줄 증거로 받아들이지 않았다. 이들은 다른 대안 가설도 유효하다고 지적하였다. 즉 그 뼈가 이만 칠 천년 전에 죽은 동물의 것이긴 하지만 그것이 툰드라 지방에서 약 만 오 천 년 가량 얼어 있었다는 가설도 가능하다는 것이다. 그렇다면 약 만 이 천 년 전 그것이 새로 이주한 인간들에 의하여 발견되어 도구로 만들어졌으리라는 추론도 또한 가능해진다. 매머드의 뼈가 부서지기 쉽지만 얼은 상태에서 보관되면 상당한 시간이 지난 후에도 도구화될 수 있으리라는 것이다.

이 대안 가설이 언뜻 보아 좀 지나친 것 같지만 사실은 그렇지 않다. 최근 오랫동안 얼어 있었던 매머드들이 시베리아 대륙에서 발굴된 적이 있다. 그 살은 식용화 되었고 그 상아들은 시장에서 팔렸다. 또 매머드들이 어떤 먹이를 먹었는지를 알아보기 위하여 위가 검사되었고 뼈는 도구로 만들어졌다. 따라서 만 이 천년 전에도 이 지역에 인간들이 살았다는 가설을 지지해 줄 증거가 사라진 셈이다. 고고학자들은 매머드 뼈들이 도구화되기 이전에 만 오천년 동안 얼어 있었다는 가설이 이 지역에 이만 칠천년 전부터 인간들이 살았다는 가설보다 더 그럴듯하다고 믿게 되었다.

다시 원래의 문제로 되돌아 가보자. 위의 예 대로라면 다른 가설들로부터 동일한 예측이 나올 때 검증이 이루어지기 이전에 더 그럴듯해 보이는(또는 더 높은 사전 확률(prior probability)을 가진) 가설이 확증된 가설이라고 말할 수 있겠다. 이 사전 확률로 인해 가설이 참일 것 같게(likely) 된다. 따라서 사전 확률을 통계학적 전문 용어로 우도(likelihood)라고 한다. 이 우도는 베이즈 정리에서 볼 때, 우변의 분자에 들어 있는 P(B, A)를 가리킨다. 이것은 P(B)와 마찬가지로 사전 확률이다. 통상 B에 가설 H가 대입되고 A에 증거 E가 대입된다. 한편 좌변 P(A, B)는 사후 확률이라 한다. 베이즈 정리는 궁극적으로 사후 확률은 사전 확률에 의해 수렴된다는 것을 함축한다.

따라서 사전 확률(가설이 그것에 대한 검증을 고려하기 이전에 참일 확률)이 확증 논리에서 하는 역할은 매우 중요하다. 사전 확률은 여러 개의 대안 가설들 중에서 어떤 것이 검증에 의하여 확증될지를 결정하는 데 도움을 줄뿐만 아니라 어떤 가설이 검증해 볼만한 가치가 있는지를 결정하는 데에도 사용될 수 있다. 만약 어떤 가설의 사전 확률이 매우 낮다면 과학자들은 애써 시간과 노력과 돈을 들여가며 그 가설을 검증해 볼 필요를 못 느낀다. 반대로 어떤 가설의 사전 확률이 높다면 실혹 검증이 성공을 못하더라도 보조 가설들을 첨가하면서 그 가설의 구제(save the hypothesis)를 위하여 노력을 아끼지 않는다. 태양 중심 이론 지지자들과 지구 중심 이론 지지자들 간의 논쟁 코페르니쿠스의 이론이 처음으로 출간된 이후 근 100년 간이나 계속되었다. 그 대부분 기간 동안 사전 확률은 지구 중심 가설을 지지하였다. 그러나 뉴턴의 만유인력 법칙과 운동법칙이 나와 지구중심 가설에 치명타를 입혔다. 지구 중심 이론에서 요구되는 운동은 불가능함을 증명한 이 법칙들은 거의 모든 과학자들에 의하여 받아들여졌다.

하나의 가설이 가진 사전 확률이 어느 정도인지는 여러 가지 요인에 의하여 결정된다. 그 전의 연구나 검증까지도 어떤 가설의 확률에 영향을 줄 수 있다. 이미 잘 확립되어 있는 과학이론과 양립 가능한 가설의 사전 확률은 그렇지 않은 가설의 사전 확률보다 높다. 믿을만한 '권위'에 의하여 제안된 가설은 보통사람들에 의하여 제안된 가설보다 더 큰 사전 확률을 가진다. 사전 확률의 측정은 대체적으로 밖에 할 수 없는 경우가 있고 양적으로 정확한 수치로 나오는 경우도 있다.

3-3. 확증 논증의 귀납적 본성

이제 가설 확증에 사용되는 추론의 구조가 어떠한지 알아보자. 그것은 확증 논증을 단순한 조건 논증으로 하여 확증 사례를 예측하는 가설-연역적 형식만으로 보아서는 안 된다. 새로운 형식은 조건적 논증이 가설에 관한 추론에서 어떤 역할을 하는지를 보여줄 뿐 아니라 가설 확증 논증이 전체적으로는 귀납적인 구조를 가지고 있음도 드러내 줄 것이다.

가설 확증 논증의 구조는 다음과 같이 요약될 수 있다.

1. 애초에 가설이 그럴 법하다(어느 정도의 사전 확률을 가지고 있다).
2. 가설과 그 보조 가설이 모두 참이라면 관찰 가능한 예측도 참이다.
3. 관찰 가능한 예측이 참이다.
4. 원래의 가설보다 더 높은 사전 확률을 가진 어떤 다른 대안 가설도 없다.
5. 따라서, 그 가설은 참이다.

이러한 형식의 확증 논증에서 전제는 4개이다. 첫째 전제는 검증되어야 할 가설의 사전 확률을 진술하고, 두 번째와 세 번째 전제들은 단순 조건 논증에서의 전제들과 동일하다. 네 번째 전제 역시 사전 확률에 관한 진술이다. 즉 만약 다수의 대안 가설들이 검증된다면 가장 높은 확률을 가진 것으로 드러나는 가설이 가장 잘 확증된 가설이다. 다수의 가설들로부터 연역적으로 도출되는 예측은 그 각각의 가설들을 모두 확증한다. 그러나 검증하기 전에 가장 확률이 높았던 가설이 검증 후에도 가장 높은 것으로 남는다. 확률의 이 서열이 변화되는 유일한 경우는 부정적(즉 반증 사례) 증거가 나올 경우 뿐이다.

"그 가설은 참이다"라는 것이 확증논증의 결론일지라도 확증논증이 귀납 논증이므로 전제가 결론을 지지해 주는 강도가 다양하다는 점을 잊어서는 안 된다. 예컨대 검증되어야 할 가설보다 약간 낮은 사전 확률을 가진 다른 대안 가설들이 있을 경우 원래 가설이 참임을 보이는 논증은 그렇게 강하지 못하다. 이 경우 그 가설은 검증된 후 검증되기 이전 보다 약간 더 지지도를 높였을 뿐이다. 다른 대안 가설이 분명히 없을 경우에는 그러한 논증은 강하다고 할 수 있다.

확증 논증으로 어떤 가설이 얼마나 강하게 지지를 받는지의 문제와 관련하여 또 하나 고려해야 할 사항은 가설 자체의 성격이다. "부엌에 쥐가 한 마리 있다"와 같은 낮은 차원의 경험적 가설은 몇 가지 간단한 증거만으로도 강하게 지지될 수 있다. 그러나 코페르니쿠스의 가설과 같은 이론적인 가설은 몇몇의 관찰만으로는 강하게 확증되지 않는다. 증거의 유형, 증거의 양과 질 등이 복합적으로 고려되어야 할 것이다.

그리고 경우에 따라서는, 즉 가설의 성격이 어떠하냐에 따라서는 이미 확증된 가설이라 할지라도 차후에 새로운 증거의 추가로 인하여 그 가설의 확증도가 달라질 수 있다는 점도 유념해야 한다. 귀납 논증은 그 성격상 새로운 증거의 추가로 인하여 더 강해질 수도 더 약해질 수도 있다.

3-4. 인과적 가설의 확증

우두의 공격이 천연두에 대한 면역이 된다는 가설의 확증은 의학사에서 유명하다. 수세기 동안 의사들은 천연두를 막을 길을 찾아 왔다. 이 병은 전염성이 매우 강해 20세기 이전까지 유럽과 중동지역에서 대유행하였고 불과 몇 년 전 까지도 세계의 많은 곳에서 이 병으로 고통 받는 사람들이 많았다. 콜럼버스를 따라 미 대륙으로 온 사람들 중에서 이 병을 가지고 온 사람들이 있어 그 병에 한 번도 걸려 본 적이 없었던 인디언들이 수없이 죽었다. 이제는 이 병이 지구상에서 완전히 사라졌지만 불과 몇 년 전 까지만 해도 공포의 대상이었었다. 이 병에 걸렸다가 살아난 사람은 평생 면역력이 생긴다는 사실도 잘 알려져 있다. 그리고 사람에 따라선 이병이 가볍게 지나간다는 사실도 잘 알려져 있다. 영국에서 우유 농장에서 일하던 사람들이 이 병과 비슷하지만 훨씬 더 약한 병에 걸렸다. 이 새 병은 사람 뿐 아니라 소도 걸리기 때문에 우두라 명명되었다. 그 지방에 살았던 의사 제너(Jenner)는 우두의 공격이 그 병의 재발은 물론 천연두까지도 면역시켜준다는 그 지역사람들의 믿음을 알게 되었다. Jenner는 이 믿음(가설)을 검증해 보기로 작정하였다 그는 우두에 걸린 한 소년에게 천연두 접종을 시도하였다. 그 결과 그 소년은 천연두에 걸리지 않았다. 천연두에 대한 면역이 되어 있었던 것이다. 따라서 그 가설은 확증되었다.

앞에서 말한 확증논리의 형식에 따라 Jenner의 논증을 재구성해보자면 다음과 같다.

1. "우두의 공격은 천연두에 대한 면역력을 생기게 한다"는 가설은 그럴 법하다(어느 정도의 사전 확률을 가지고 있다.)
2. 만약 이 가설이 옳다면 그 소년에게 천연두에 대한 면역력이 있을 것이다.
3. 그 예측, 즉 그 소년에게 천연두에 대한 면역력이 있을 것이라는 예측은 참이다.
4. 이 가설보다 더 높은 사전 확률을 가진 어떤 대안 가설도 없다.
5. 따라서 우두의 공격은 천연두에 대한 면역력을 생기게 한다.

Jenner의 이 가설은 인과적 가설이다. 우두의 공격이 천연두에 대한 면역력 생성의 원인이다. 그런데 인과적 가설은 검증하기가 쉽지 않다. 왜냐하면 어떤 사건에 대해선 보통 가능한 여러 가지의 원인들이 있을 수 있기 때문이다. 천연두에 대해서도 어떤 사람은 자연적으로 면역력을 가지고 있을 수도 있다 검사 대상이었던 그 소년도 그러한 사람에 해당되기에 면역력이 있었는지도 모를 일이다. "그 소년은 천연두에 대한 자연적인 면역력을 가지고 있다"는 또 다른 인과적 가설도 원래의 가설과 마찬가지로 동일한 예측을 낳는다.

그러나 문제는 그러한 대안 가설도 가능하다고 할 수 있으나 이 가설은 원래의 인과적 가설보다는 훨씬 낮은 사전 확률을 가진다는 데 있다. 정확한 통계는 나와 있지 않지만 이 병과 관련하여 자연적 면역은 비교적 드물다고 알려져 있다.

4. 반증

과학적인 가설은 증명(prove)될 수 없고 오직 반증(disprove)만 될 수 있다는 것이 일반적인 통설이다. 그렇기 때문에 과학자들은 가설을 확증하려 하기보다는 반증(falsify)이나 반확증(disconfirm)을 시도하는 것이 좋다는 것도 통설이다. 이러한 반증은 귀납에 대한 부정적 견해를 갖고 있는 포퍼의 반증주의에서 이미 말한 바 있다. 여기서는 사례를 통해 설명하겠다.

프톨레미의 이론에 의하면 금성은 그 변화하는 모습 전체를 드러내지 않는다. 금성은 그 이론에 따르면 항상 기우러진 모양만 가진다. 갈릴레오는 "프톨레미의 이론이 옳다"는 가설을 반 확증시키기 위해서 다음과 같은 논증을 사용할 수도 있었다. 이 가설로부터 연역적으로 나오는 예측은 "금성은 그 변화하는 모습 전체를 드러내지 않는다"이다.

만약 프톨레미의 이론이 옳다면 금성은 그 변화하는 모습 전체를 드러내지 않는다.
금성은 그 변화하는 모습 전체를 드러낸다.
따라서 프톨레미의 이론은 옳지 않다.

이 논증은 첫째 전제의 후건을 부정하는 연역적으로 타당한 형식의 논증이다. 따라서 가설을 확증하는 경우와 반증하는 경우 간에는 분명한 차이가 있다. 즉 후자는 연역적으로 타당한 논증이지만 전자는 귀납에 의존해야 한다. 바로 이 차이점 때문에 과학자들은 반 확증의 방법에 더 많은 관심을 두어 왔다. 이 방법은 특히 어떤 가설들은 분명하게 옳지 않음을 연역적으로 보여주기 때문에 옳지 않은 가설들이 이러한 방식으로 제거되고 나면 옳은 가설이 최종적으로 남을 것이라는 기대를 갖게 해준다는 점에서 과학자들의 관심을 끌었다. 예컨대 지구 중심 가설이 연역적으로 거부된다면 태양 중심 가설이 자동적으로 실격승하게 된다. 그러나 이미 살펴 보았듯이 어떤 가설의 제안자는 불리한 예측으로부터 그 가설을 방어하고자 생긴 보조 가설들만 거부함으로써 원래의 가설을 버리지 않고 꾸준히 유지하고자(즉 이것을 가설을 구제한다고 표현한다) 하는 경우를 우리는 역사에서 찾아 볼 수 있다. 프톨레미의 이론이 지금은 천문학자들에 의하여 거부되지만 갈릴레오가 살았던 당시에는 그 이론의 사전 확률이 너무나 높아 천체망원경에 의한 관찰의 결과에도 잘 무너지지 않았다. 이를 다음과 같은 논증으로 나타낼 수 있다.

만약 프톨레미의 이론이 옳고, 천체망원경이 믿을만한 관찰도구라면, 그리고 금 성이 지구와 태양 사이에 있다면, 금성은 그 변화하는 모습을 드러내지 않을 것이다. 금성은 그 변화하는 모습을 드러낸다. 따라서 프톨레미의 이론이 옳지 않거나 천체망원경이 믿을 수 없거나 아니면 금성이 지구와 태양 사이에 있지 않다.

이 논증의 결론에 대하여 대부분의 갈릴레오 시대 사람들은 프톨레미의 이론보다는 천체망원경의 신뢰성을 거부하고자 하였다.

위 논증의 일반적 형식은 다음과 같다.

**만약 H이고, 또 $A_1, \cdots, A_n$ 이라면 P이다.
P는 거짓이다.
따라서 H가 거짓이든지 $A_1, \cdots, A_n$이 거짓이든 지이다.**

이 형식의 논증에서 결론이 연역적으로 타당하게 도출되었다. 그러나 그 결론은 가설을 단순히 부정하는 것이 아니다. 결론에서 주장되는 바는 가설이 거짓이든지 아니면 보조 가설들 중의 어느 것이 거짓이든지이다.

실제 과학에서 단순히 가설을 구제하기 위해서 어떤 보조 가설을 부인하는 것은 적합한 일이 아니라고 여겨지는 것이 보통이다. 가설이 좋아서 단순히 그것을 건드리지 않기 위하여 보조 가설을 임의로 거부 또는 첨가하는 것은 미봉적 추론(ad hoc reasoning)이라는 이름의 오류로 간주된다. 그러나 어떤 경우가 임의적인지에 대해선 논란이 많다. 갈릴레오는 그의 반대자들이 천체망원경을 들여다보기를 거절했다는 이유로 그들이 임의적이라고 생각했지만 반대자들은 그들이 굴곡된 렌즈가 상을 왜곡시킨다는 점을 알고 있었기 때문에, 따라서 천체망원경을 통하여 보더라도 그것이 갈릴레오의 주장을 지지해주지는 못한다고 생각했기 때문에 그들이 임의적이라고는 생각하지 않았다.

보조 가설이 문제시되고 검증의 대상이 될 수 있음은 물론이지만 원래의 가설이 그런 것처럼 그것 하나만 독립해서 검증될 수는 없다. 다른 보조 가설들과 함께 검토되어야 한다. 그렇기에 가설의 거부도 그것을 입증하는 것만큼이나 단순하지 않다.

보조 가설들이 받아들여졌다 하더라도 틀린 가설들을 제거함으로써 옳은 가설을 연역적으로 확실하게 도출하는 일이란 결코 쉬운 일이 아니다. 제거되어야 할 가능한 거짓 가설들의 수는 이론적으로 무한하다. 물론 우리가 실지로 검증해 볼만하다고 생각하는 가설들이야 그렇게 많지는 않겠지만 그래도 꼭 검증될 필요가 있는 가설들을 간과하거나 알지 못하고 지나칠 수가 있다. 있을 법한 가설이 꼭 두 개뿐이어서 그 중의 하나를 거부하게 되면 자연히 다른 하나를 인정할 수밖에 없는 경우란 극히 드물다. 예컨대 갈릴레오가 프톨레미의 가설을 거부하는 데 성공했다 하더라도 바로 그럼으로써 코페르니쿠스의 가설이 입증된 것은 아니다. 왜냐하면 지구 중심적인 티코의 가설도 금성의 모습 변화와 양립될 수 있었기 때문이다.

5. 베이즈의 확증 이론

확증 논증과 반증 논증이 사전 확률에 대한 고려가 추가되고, 또 필요한 확률들이 양적으로 표현될 수 있다면 베이즈 정리(Bayes's Theorem)-확률의 수학적 계산에 관 한 정리-가 확증과 반증 논증에 대한 형식적 모형을 제공해 준다.

5-1. 베이즈 정리

확률 계산은 이미 알려진 확률에 근거하여 아직 안 알려진 확률을 계산하는 데 사용된다. 예컨대 개별 연언지(連言枝)의 확률이 알려져 있을 때 연언 명제에 대한 확률을 계산하기 위하여 소위 곱셈 규칙(multiplication rule)을 사용할 수 있다.

$Pr(h_1 \text{ and } h_2/e) = Pr(h_1 \mid e) \times Pr(h_2 \mid e \text{ and } h_1)$

여기서는 앞의 확률 논리에서 사용된 표현 $P(e, h_1 \text{ and } h_2)$과는 다르게 │를 사용하여 표현하였다. │의 오른 쪽에 있는 것이 조건이다.

이미 정해진 정보를 갖고 아직 나오지 않은 결과의 확률이 얼마나 될지가 문제가 되는 경우도 있지만(예컨대 카드놀이에서 에이스가 나올 확률을 알고 싶어 할 경우), 결과를 이미 관찰하고 난 후에 어떤 정해진 틀에서 그러한 결과가 나왔는지를 알고 싶어 하는 경우도 있다. 예를 들어 동전을 네 번 던져 모두 머리 쪽이 나왔다면 우리는 그 동전이 정상적인 동전인지 궁금해 한다. 베이즈 정리는 이러한 경우에 사용된다. 즉 이미 어떤 확률들이 알려져 있을 경우 소위 역(inverse) 또는 사후(post-trial) 확률을 계산하는 데 사용된다.

따라서 베이즈 정리가 사용될 수 있기 위해선 사전 확률이 먼저 알려져 있어야 한다. 위의 예에서 우리는 그 동전이 정상적일 사전 확률과 비정상적일 사전 확률을 알 필요가 있다.(비정상적이라 함은 동전이 편편하지 않고 어느 쪽으로 약간 구부러져 있어 던졌을 경우 일정한 쪽이 쉽게 나올 수 있도록 되어 있음을 말한다). 이러한 사전 확률은 계산에 의해서 나오는 것이 아니라 배경 지식에 의하여 부여되는 것이 보통이다. 이를테면 그 동전이 은행에서 거스름으로 받은 것이라면 정상적인 동전일 사전 확률이 매우 높을 것이고, 동전치기 하는 노름꾼으로부터 받은 것이라면 정상적일 사전 확률이 상대적으로 낮다고 볼 수 있다. 그 동전이 노름꾼에서 얻은 것이어서 정상적인 동전일 사전 확률이 0.1밖에 안 된다고 가정해 보자. 그 동전이 정상적이든지 비정상적이든지 둘 중의 하나이므로 비정상적일 사전 확률은 0.9가 되는 셈이다.

그 다음 그 동전이 정상적일 때 관찰된 결과(네 번 다 머리가 나왔다는 결과)가 나올 확률과 그 동전이 비정상적일 때 그러한 결과가 나올 확률도 알 필요가 있다. 그 동전이 정상적이라면 네 번 연달아 머리가 나올 확률은 $(1/2)^4$, 즉 0.0625가 된다. 반면에 그 동전이 던져서 머리 쪽이 쉽게 나올 수 있도록 휘어져 있다면 연달아 머리 쪽이 나올 확률은 1이다. 머리 쪽이 나오도록 휘어져 있다는 가설에서 네 번 다 머리 쪽이 나왔다는 결과가 연역적으로 도출된다면 그 확률은 1이 될 수밖에 없다.

여기에다 또 하나 그 가설이 참인지 아닌 지와 무관하게 그 관찰된 결과가 일어날 확률도 알아야 할 필요가 있다. 이 확률을 일컬어 결과에 대한 전체 확률(total probability)이라 한다. 예컨대 두개의 바구니 (h_1)과 (h_2) 중에서 눈을 감고 공을 꺼냈을 경우 그 공이 흰 공일 (e) 확률을 알고자 한다고 하자. 각 바구니가 선택될 확률은 각각 1/2로서 동일하다. (h_1에 대한 사전 확률은 h_2에 대한 사전 확률과 같다) 그러나 h_1에는 50개의 흰 공과 50개의 검은 공이 들어 있고 h_2에는 75개의 흰 공과 25개의 검은 공이 있다고 해보자. 꺼낸 공이 h_1에서였다면 그 공이 흰 공일 확률은 1/2이지만 h_2에서였다면 그 확률은 3/4이 된다. 따라서 어느 바구니에서 꺼냈는지와는 상관없이 흰 공이 나올 전체적 확률은

$$[Pr(h_1) \times Pr(e \mid h_1)] + [Pr(h_2) \times Pr(e \mid h_2)]$$

즉 이 경우 $(1/2 \times 1/2) + (1/2 \times 3/4) = 5/8$이다.

마지막으로 베이즈 정리는 문제되는 가설의 사전 확률이 0보다는 클 때만 적용될 수 있다. 베이즈 정리의 수학적 공식을 보면 그 이유를 알 수 있다.

노름꾼으로부터 얻은 동전이 정상적인 것인지 아닌지의 문제로 돌아가자. h를 "그 동전은 정상적이다"라는 가설을 가리키고 e를 "네 번 연달아 머리 쪽이 나왔다"는 증거를 가리킨다고 하자. 따라서 Pr(h)는 h가 참일 사전 확률이고 Pr(-h)는 -h가 참일 사전 확률이다. 또 Pr(e/h)는 그 동전이 정상적인 것일 경우 네 번 다 머리 쪽이 나올 확률이고 Pr(e/-h)는 그 동전이 정상적인 것이 아닐 경우 네 번 모두 머리 쪽이 나올 확률을 가리킨다. 마지막으로 Pr(h/e)는 우리가 계산해내고자 하는 역(逆) 확률, 즉 네 번 모두 머리 쪽이 나왔을 경우 그 동전이 정상적인 것일 확률을 말한다.

베이즈 정리. Pr(h)가 0이 아니라고 가정하고

$$Pr(h \mid e) = \frac{Pr(h) \times Pr(e \mid h)}{Pr(h) \times Pr(e \mid h) + Pr(-h) \times Pr(e \mid -h)}$$

(이 식에서 분자에 나타난 확률은 e에 대한 전체적 확률이다. 즉 어느 가설이 참인지와는 관계없이 네 번 다 머리 쪽이 나올 확률이다.)

이 등식에다 앞에서 부여된 수치들을 대입하면

$$Pr(h/e) = \frac{0.1 \times 0.0625}{0.1 \times 0.0625 + 0.9 \times 1}$$

0.0068은 h의 사후 확률(posterior probability)인데 이것은 그 가설의 사전 확률인 0.1보다 훨씬 낮다. 다시 말하여 네 번 던져 네 번 다 머리 쪽이 나왔다는 증거가 있기 전에는 h의 확률이 0.1이던 것이 그 증거가 있고 난 후에는 0.0068로 대폭 낮아져버렸다. 다시 말해서, 그 동전은 정상적이지 않을 것이다. 즉 이것은 그 동전이 정상적인 동전일 것이라는 가설이 잘못된 것임을 말해 준다.

참고 문헌

- 김범인(2008). 「양상 술어 논리와 일차 술어 논리의 상호 번역가능성」. 고려대학교대학원 박사학위논문.
- 김봉주(1992). 『개념학: 의미론의 기초』. 1판 1988. 서울: 한신문화사.
- 소두영(1991). 『상징의 과학 기호학』. 부천: 인간사랑.
- 소흥렬(1979). 『논리와 사고』. 서울: 이화여대출판부.
- 심재기, 이기용, 이정민(1984). 『의미론서설』. 서울: 집문당
- 안건훈 역(1993). 『철학적 분석』. S. Gorovitz, M. Hintikka, D. Provence, R.G. Williams, Philosophical Analysis: An Introduction to Its Language and Techniques, New York: Random House, 1979, 서울: 고려원.
- 우정규(1987). 「귀납의 실용적 정당화: N. Rescher의 직입률을 중심으로」. 고려대학교대학원 석사학위논문.
- 우정규 역(1992). 『귀납: 과학방법론에 대한 정당화』. N. Rescher, Induction: An Essay on the Justification of Inductive Reasoning: Pittsburgh: Univ. of Pittsburgh Press, 1980.
- 우정규(1994). 「주체적 결단의 전략적 합리성」. 고려대학교대학원 박사학위논문.
- 우정규 역(1994). 『합리적 결단과 인과성』. E. Eells, Rational Decision and Causality. Cambridge: Cambridge Univ. Press, 1982.
- 우정규(2002). 『과학을 위한 게임 확률 의미론과 적용』. 서울: 대종출판.
- 이익환(1983). 『현대의미론』. 3판. 1988. 서울: 민음사.
- 정영기(1996). 『과학적 설명과 비단조논리』. 서울: 엘맨출판사.
- Austin, J.L(1962). How to Do things with Words. London: Oxford University Press.
- Barwise, J. and Etchemendy, J.(1992). The Language of First-Order Logic. 3th ed. Stanford: Center for the Study of Language and Information.
- Black, M.(1949). "The Justification of Induction". In Language and Philosophy. Ithaca: Cornell Univ. Press.
- Boole, G.(1854). An Investigation of the Laws of Thought, on which are founded the Mathematical Theories of Logic and Probabilities.
- Carnap, R.(1947). Meaning and Necessity. Chicago: University of Chicago Press.
- Carnap, R.(1950). Logical Foundations of Probability. Chicago: The University of Chicago Press.
- Carnap, R.(1958). Introduction to Symbolic Logic and Its Applications. New York: Dover.
- Copi, I.M.(1978). Symbolic Logic. New York: The Macmillan Company. 5th ed. 1st ed. 1954.
- Feigle, H.(1934). "The Logical Character of the Principle of Induction", Philosophy of Science, vol. 1, 20-29.
- Frege, G.(1879). Begriffschrift. Halle: Louise Nebert.
- Grice, H.P(1975). "Logic and Conversation" in P. Cole and J.L Morgan, eds. Syntax and Semantics. Vol.3: Speech Acts. New York: Seminar Press.

- Grunbaum, A. and Salmon, W.C.(1988). The Limitations of Deductivism. Berkeley: University of California Press.
- Jeffrey, R.C.(1983). The Logic of Decision. 2nd ed. Chicago: Chicago Univ. Press.
- Jeffrey, R.C.(1992). Probability and the Art of Judgment. Cambridge: Cambridge Univ. Press.
- Kaplan, M.(1996). Decision Theory as Philosophy. Cambridge: Cambridge Univ. Press.
- Mayer, R. E.(1992). Thinking, Problem Solving, Cognition. 1st ed. in 1983). New York: W.H. Freeman and Company.
- Mill, J.S.(1843). A System of Logic: London. 8th ed., New York, 1930.
- Miller, D.W. and Starr, M.K.(1967). The Structure of Human Decisions. Englewood Cliffs: Prentice-Hall.
- Minsky, M.(1975). "A Frameword for Representing Knowledge", in P. Winston ed., The Psychology of Computer Vision. New York: McGraw-Hill Book, co., inc..
- Morris, C.W.(1938). "Foundations of the Theory of Signs". In O. Neurath, R. Carnap & C. Morris, eds., International Encycolpedia of Unified Science. Chicago: University of Chicago Press, pp.77-138.
- Popper, K.(1968). The Logic of Scientific Discovery. Harper Torchbooks, Harper and Row.
- Pospesel, H.(1984). Propositional Logic: Introduction to Logic. Englewood Cliffs: Prentice-Hall. 2nd ed. 1st ed. 1974.
- Qunie, W.V.O(1953), "Two Dogmas of Empiricism," From a Logical Point of View, Harvard Univ. Press.
- Reichenbach, H.(1938). Experience and Prediction. Chicago.
- Resnik, M.D. Choices: An Introduction to Decision Theory. Minneapolis: University of Minnesota Press.
- Robin, J.W.(1969). Mathematical Logic: A First Course. New York: W.A. Benjamin, Inc.
- Ruchilis, H. and Sandrda, O.(1990). Clear Thinking. Buffalo, New York: Prometheus Books.
- Russell, B(1948). Human Knowledge: Its Scope and Limits. London.
- Russell, B.(1903). The Principles of Mathematics. Cambridge, at the University Press.
- Salmon, W.C.(1966). The Foundations of Scientific Inference. Pittsburg: Pittsburg Univ. Press.
- Schagrin, M.L, Rapaport, W.J., & Dipert, R.R.(1985). Logic: A Computer Approach. New York: McGraw-Hill Company.
- Searle, J.R.(1969). Speech Acts:an Essay in the Philosophy of Language. Cambridge: Cambridge Univ. Press.
- Stalker, D. ed.(1994). Grue! The New Riddle of Induction. Chicago and La Salle: Open Court.
- Trusted, J.(1979). The Logic of Scientific Inference: An Introduction. The Macmillan Press, Ltd..
- Winston, P. ed.(1975). The Psychology of Computer Vision. New York: McGraw-Hill Book, co., Inc..
- Wittgenstein, L.(1922). Tractatus Logica-Philosophicus. ed. CK. Ogden. London: Routledge and Kegan Paul.
- Wittgenstein, L.(1953). Philosophical Investigation. Trans. by G.E.M. Anscombe. Oxford: Blackwell.

찾아 보기

가능성 ································58,98,211,215
가능세계 의미론 ·····························190
가능적 참 ································211,212
가로 쓰기 ·····································91
가설 ···················77,78,235,275,295~310
가설-귀납적 방법 ·····················298~300
가설의 구제 ·································303
가언삼단논법 ·······53,55,122,140,141,173,192
가정(가정된 전제) ··························183
가족 유사성 ··································35
가치 ···························283,285,189,243,262
간접 요구 ··························63,64,66,67,71
간접 추리 ································122,134,140
간접적 해석 ··································67
감각 자료 ····································40
감정(또는 동정심)에 호소하는 오류··········231
강조의 오류 ································220,221
개념 ···9,25~40,48,50,64~72,76,81,84,89,9,102,135
개념론··28
개별적으로 필요하고 합동으로 충분하다 ···261
개연 명제 ································150~156
개체 변항 ································186,187,189,197
개체 상항 ························186,190,191,199,202,204
거짓 원인의 오류··························228
건전성 ·····························89,97~99,100,101
검증 ····················58,101,194,295,300~308
검증 가능성의 원리 ··························58
격 ···123,124
결과 ········14,19~21,42,52,54,158,200,262~273
결단 ······································19,283
결단 행렬 ·····································19
결론으로의 비약 ····························240
결정론 ·································258,264,265
결합 법칙 ····································176
결합사 ·························14,41~43,49,51,54,57,85,91,97
경계 사례 ····································34
경우만(only if) ···························225,242
계기성 ······································262
고전 논리(학)······32,57,79,102,107,111,187,195,204,219,243

고정문 ··61
고클레니우스의 연쇄식 ·················139,140
곱셈 규칙(정리) ····························308
공리 (체계) ·········95,96,174,238,270,279,280
공변법 ·······································272
공집합 ·························33,109~111,280,281
공통 원인의 무시··························267
공통 원인의 원리··························267
공통조건에 의한 후건 연언화 ············178
관계 논리············187,197,199,200,202,205~209
관계의 준칙 ··································64
교과서(text) ··························11,41,61
교환 법칙 ·······························14,163,176
구문론 ·······························56,57,59,107,108
권위에 의거하는 논증 ····················230
귀납 논리 ·····························10,15,219,244
귀납 논증 ···75,76,79,235,236,242,247~249,252,
                255,256,273,274,299,300,304
귀납추리 ···16,75,77,101,218,235~240,243,273,
                274,276
귀납의 경험적 정당화(순환적 정당화)········274
귀납의 논리적 정당화 ·····················273
귀납의 방법론적-실용적 정당화 ········274,275
귀납의 정당화 ·····························273
귀류법 ································75,91,157
귀속도 ··34
귀추법 ·································15,76,78,299
규범적 측면(논리학의)·························11
근시안적 귀납의 오류························225
근접성 ······································262
기대 효용 ····································19
기술적 측면(논리학의, 사고의) ···············11
기원의 문제 ·································269
기호 ····················9,14,16,25,27,33,42,43,46,56,59
기호학 ·····································56,57
까다로움··46
내용 ··59,89
내포(intension) ·······························32
내포(implicature) ·····························65
내포적 의미론 ································58

너 또한(tu quoque) ····················252
네 개 명사의 오류 ·················124,217
논리 경험주의 ·····················40
논리 실증주의 ····················29,40,41
논리적 구성물 ·····················40
논점 일탈의 오류····················230
논증 ··························48,75~,79~
다의성 ····························34
단순 매거에 의한 귀납(단순 일반화) ···235,237
단순화 ···························173
단순 환위 ·······················116,119
단어 ···························25~55
단일 인과 ·························263
단조성, 단조적······················243
단칭 명사 ·······················184,186
단칭 명제 ·····················134,185,191
담화 ···························60,64
대당관계 ·······················111~118
대명사 ···57,100,123,125,126,128,130,132,142,219
대명사 부당주연의 오류···············132
대상 언어 ·························30
대소(대당)관계 ·················78,116,126
대안 가설 ·····················302~306
대우 ··········14,50,55,109,120,122,132,172,177
대전제 ·······57,79,80,100,123~128,136~140,252
대중에 호소하는 오류·················231
대치 규칙 ·························175
대칭 관계 ·······················198,206
도박사의 오류 ·····················226
도상 ····························56
동어반복 ······················29,79,174,177
동일률 ······················29,79,102~106
동일성 명제 ·······················209
동치 ·······················28,39,42,50
동치 규칙 ···············97,172,175,178,182,199
두뇌 ···························9~11
드 모르강(법칙)···47,48,55,75,177,181~184,192,201
등위적 전개 과정 ····················88,89
디지털 ···························56
라이헨바하(H. Reichenbach) ·········40,267,274
말하는 방식 ·······················29,57
메가라 학파 ························34
메타언어 ··························30
먹집합 ···························32
명목적 정의 ························35

명사 ····························33
명제 ·······················102,103,123
명제 논리 ···············93,149,185,194,219
명제 변형 ·········91,111,116,118,132,175,201
명제 태도 ·····················58,59,226
모순 ·················68,98,105,106,157~179,188
모순 개념 ·······················120
모순(대당)관계 ················117,143,146
모형 이론(적 의미론)·················254,
모호한 ·························34,64,229
무모순율 ·······················105,106
무지에 호소하는 오류(무지에의 논란)·······231
무한 집합 ·························33
문법··························27,39,42,44,57,102
문자 ························56,62,65~72,93
문자외적 의미 ················62,63,66,69,70
문자적 의미 ·················62,63,66~68,71
문자적 정보 ·······················67
문장 ········14,27~29,35,3~43,47,57~63,66,102,
                                103,106,188
문제 해결 ························10~12
미봉적 추론 ·······················306
미적 기능 ·························27
믿어지고 있다(is believed) ············245
밀(J. S. Mill) ··················258,270
밀의 귀납법 ·······················270
반가언삼단논법 ···················140,141
반대(대당)관계 ·····················227
반대딜레마로 반박하는 방법··············146
반대칭 관계 ·······················206
반사 관계 ·························207
반사실적 조건문 ·····················48
반어 ························66,68,69,71
반증 ················16,17,76,231,296,306~308
반증주의적 귀납관 ···················275
발견 ·························15~17,28
발생적 오류 ·····················269,270
배경 지식 ·······················249,300
배분 법칙 ·························176
배중률 ·······················45,106,107
배타적 선언 ····················45,46,49
버틀러(Butler) ··················154,172
범주 ··························30,31
범주 오류 ···················30,70,100,222
베이즈 정리 ·····················282,303

벤다이어그램 ·······308~210	삼항 술어 ·······185,197
변형 ·······27,28,39,57	상위적 전개 과정 ·······88,89
보 개념 ·······120,122	상징(성) ·······9,27
보조 가설 ·······300~305,307,308	상태 기술 ·······197
보편 예화 ·······189~210	생성 ·······15,27,28,57
보편 일반화 77,78,191,192,204,206,208~210,219	서사 ·······60,72
보편 추리 ·······235	서술 ·······28,61
보편 한량 ·······186~190	서술문 ·······62,63
복합 명제 ·······40,42,43,47,49,57,149,175	선결 문제 요구의 오류(순환 논증) ·······227
복합 질문의 오류 ·······228	선언(宣言, declaration) ·······28
본질적 정의 ·······35	선언(選言, disjunction) ·······42,44,45
부가 ·······173	선언배분법칙 ·······178
부당 주연의 오류 ·······119,127,128,140,204,219	선언삼단논법 ·······122,142~144,172,179
부당 환위의 오류 ·······219	선언지 ······44,45,49,142,143,146,160,162, 163,
부당한 보편 일반화의 오류 ·······219	173,177,179,212,219
부울(G. Boole) ·······109,111	선택집합 ·······190
부적합성의 오류 ·······105,219,220,224,240	선행 조건 ·······245
부정 ······42,43~45,105,108,112,120,127,194,197	설득적 정의 ·······36
부주연 ·······100,110,111,118,119,126	성급한 일반화의 오류 ·······225
분석 명제 ·······29,207	세계의 상태 ·······19,198
분석성 ·······29	세로 쓰기 ·······91
분자 명제 ·······41,42,149~151	소대(대당)관계 ·······116
분할의 오류 ·······220,223	소명사 ·······57,100,123,125~128,130,132,219
불충분한 통계의 오류 ·······240	소명사 부당주연의 오류 ·······219
불확실성하의 결정 ·······284	소반대관계 ·······114,133
비단조 논리 ·······243,244	소전제 ···57,79,80,123~130,136,137,141,142,144,
비동일성 ·······208,210	수사 언어 ·······67
비동치 ·······49	수용 가능성 ·······98,276
비반사 관계 ·······207	수학적 귀납법 ·······237,238
비이행 관계 ·······206	수행문 ·······61
비전형 ·······244	수행적 의미 ·······62
비정상적(abnormal) ·······246,209	숙어 ·······69~72
비트겐슈타인(L. Wittgenstein) ·······30	술어 ···28~30,34,44,57,83,102~111,118,119,122,
비형식 논리(접근 방법) ·······219	187,190,197,202,207,246
비형식적 오류 ·······219,220	술어 계산 ·······185,186
뿔 사이로 피하는 방법 ·······146,147	술어 논리 ·······185,187,191,246
뿔로 잡는 방법 ·······146,147	스타와 슬래쉬로 구성된 게임 ·······93,95,96
사고 ·······9~14,102	식 ·······123,124
사람에의 논증(인신공격의 오류) ·······228	신실재론 ·······40
사실의 문제 ·······261	실용적 정당화 ·······274,275
사용 ·······68	아날로그 ·······56
사용-언급 혼동의 오류 ·······222	아리스토텔레스 ······10,30,32,33,35,57,102,109,
사전 확률 ·······303~310	111,218,235
사후 확률 ·······303,310	아리스토텔레스 연쇄식 ·······138
삼단논법 ·······79	애매 어구의 오류 ·······220,221

애매성 ······································34,220
애매어의 오류 ····························221
약식 진리표········157~159,161,162,183,194,199
약식 추리···································80,101
약식삼단논법 ····························134,136,
약식진리표 ···············91,97,156,159,160,162
약정적 정의 ·····································35
양 ·······································48~50,64,107~
양도논법-복잡구성적 ······················145
양도논법-복잡파괴적 ······················145
양부정전제의 오류 ·······················128,129
양상 ···211~213
양상 동치 ····································212
양의 준칙 ······································64
양조건언 ·····················42,48,49,50,162,178
양특칭전제의 오류 ·························128
어법 ···42,62
언급 ··68
언어 ··9,10,14,25~72
언어 사용 ·····················25,30,47,56,60,62,68
언어적 오류 ································220
여사건 확률 정의······························280
역 추리 ····································235,239
역우연의 오류 ·······························224
연결 ·······································38,45,262
연쇄 추리(식) ·································83,84
연언 ·······································44,45,49
연언지 ··44,45
연언화 ··································55,173,181,308
연역 논리 ····················10,15,41,100,219,243,244
연역 정리 ·····································177
연역추리 ···································15,41,75
예측 추리 ·····································235
오도(誤導)된 생생함의 오류 ···············242
외연 ·······································32~35,39,40,246
외연 논리학 ···································40
우도(likelihood) ·····························303
우물에 독 뿌리는 오류 ························232
우연과 원인의 혼돈·······························266
우연(적)(성) ·········72,213,215,224,241,257,263,
                                   266,267,276
우연에 의한 오류································224
우정규 ················40,41,103,236,273,274,282
원인 ·······15,62,76,158,228,236,258,259~273,306
원인과 결과의 혼돈································268

원자 명제 ·······································40~
원초적인 용어들 ································279
원형 ··33,254
위계적 망모형 ···································36
위험하의 결정 ·······················284,285,287,288
유사한 모형 ···································254
유와 종의 차이 ·································30,35
유추 ···············30,71,72,76,225,226,236,254~257
유한 집합 ·····································33,190
유형(type)의 사건 ···························261,264
은밀한 재정의의 오류····························221
은유 ·······································66,70~72,255
의견 일치 논증 ·······························252,253
의도 확대의 오류····································226
의미론 ························27,28,29,33,39,40,56~60,64
의미론적 동치 ·····································28
의사 결정 ·······························17,240,283,284
의사소통 ································25,35,56,62,66
의식 ···9
이상 언어 ····································14,25
이중 부정 ·································47,105,175
이차 논리 ·····································186
이출 원리 ·································101,177,183
이치논리(학) ·································40,102,107
이항 관계 함수······································280
이항 술어 ·································185,187,197,208
이해(론) ····································25,35,51,59~
이행 관계 ·····································205,206
이환(법) ·································120~122,132
인공 언어 ··61
인과 그물 ·····································260
인과 논증 ·····································258
인과 연쇄 ·····································260
인과적 가설 ···································305
인상 ···262
인식적 의미 ································29,58,99
일관적인(consistent) ·························244,245
일물일어설 ···································33,109
일반 명제 ·····················185~187,189,224,247
일부환질환위(법)·································120,121
일상언어 ···14,25,34,47,91,130,134,191,205,294
일치법 ·······································270~272
일치차이병용법 ·································271,272
일항(단항) 술어 ·······························187,191,197
입론 ··76,235

자기 시정적 ······································75,273
자동인식적 추리 ·································245
자연 언어 ··59
자연 연역 ······93~96,101,132,172~183,204~207
자연의 제일성 ·······························273,274
자연종 ··256
잔여법(잉여법) ····································272
잘못된 유추의 오류 ·······················225,226
적절성(felicity) ·····································63
전가언삼단논법 ···································142
전개(식)·······································190,198
전건 ···14~16,43,46,47,49,51,52,55,76,78,92,141,
   142,144,147,152,158,159,175,183,299,300
전건긍정(식) ······14~16,52,97,141,153,172,181,
   182,192,193,204,205,206,208,209,210,213
전건부정의 오류 ······························14,15
전제 14,15,17,48,51,52,75~77,79,80~86,89,96~101,
   126,130,139,140,142,152~154,181,184,195
전체 확률 ···310
전칭 긍정 명제 ····························45~,108~
전칭 부정 명제 ·································108~
전형성 ·······································244,245,246
전환질환위(법)··························120~122,132,177
정당화(justification)의 문제 ················269
정량적 귀납 ·······································239
정리 ·································95,177,279,280
정보 ···26,41,60
정보적 기능 ································26,27,36
정식···95
정언명제···107~
정언 삼단논법 ······························100,122~
정의 ···28~
정의항 ··28~
정체성 ··103~105
정황적 오류 ·······································229
정황적 인신공격 ·································252
제거적 유물론 ······································16
제한화 추리 ·······································246~
제한 환위 ···119
조건 확률 ···280
조건문(언) ·····················14,15,42,46~,104,299
조건적 증명법 ······························183,184
조건제시법 ···34
존재 예화 ····································189~191
존재 일반화 ·················185,191~193,208,210,213
존재 한량 ································186~190,201
종결 명사 ······································126,127,132
종합 명제 ··29
죄수의 딜레마 ······························290,292
주연 ··100,110~
주장 ·············28,30,69,75,76,79,86,87,229,230,232
준기 집합 ····································24~249
중명사·············57,100,111,121,123~130,132,142
중명사 부주연의 오류 ···············99,100,219
중성적 일원론 ······································40
증거 ···53,235,236,248,250,261,269,270,296~298
지령적 기능 ·····································26,27
지시(指示, direct)······························27,63
지시(指示, denote) ······························33
직시적 정의 ···34
직입률 ··17,239
직접 추리 ·······················78,118,132,133,177,235
직접적 해석 ···67
진리 나무 ····162~167,170,183,194~196,199~204
진리 대응설 ·································39,57,102
진리 보존적 ····························48,75,89,96,98,244
진리 의미론 ···41
진리 조건 ······································39,58,59
진리 조건적 의미론 ·························39~,57
진리 추정 ····································237,273
진리 함수 ··························40,43~45,49,149,190
진리표······43~45,49,91,97,149~161,183,194,199
진술 ············28,29,40,41,48,49,59~69,75,78,84,
                   85,87,89,103,296
질 ···107,108,113,116,118
질의 준칙 ··64
집합(론) ······························28,31,33,34,40,58,64
차이법 ··271,272
초기화 논리 ································244,245
초기화의 결과 ····································245
추론(리) ······10~13,40,46,66,74~76,78,79,80,98,
   99,106,132,134,191,205,217,219,222,225,226,
   228,237~240,247,254,273,299,301,307
추리규칙 ·····································172~179
충분조건 ·················50,64,68,97,260,261,263,265
친교적 기능 ·····································26,27
카르납(Carnap) ·····················25,40,236,239,247
크레올(creole) ·····································25
타당성 ···89,90,96~98,124,150,152,157,163,199
탐구 방법론····························10,13,16,17,275

태도의 준칙 …………………………… 64	화용론 ………………… 27,56~60,64,66,67
테스트 조건 …………………………… 245	화행론 …………………………… 56,67
텍스트 ……………………………… 60,88	확률 ………………… 17,46,264,277~282,303
통계적 삼단논법 ………………… 17,247~252	확률 공리 …………………………… 279
통계적 일반화에 의한 귀납 ……………… 237	확률 의미론 ………………………… 41,282
통계적 추론 ………………………… 76,240	확률 정리 …………………………… 280
특칭 긍정 명제 …………………… 108,110	확실성하의 결정 ……………… 284,287,288
특칭 부정 명제 …………………… 108,110	확장적 ……………………………… 74,271
파악(론) ………………………… 59,60,66	확정 기술(구) ……………………… 33,184
파이글(H. Feigle) …………………… 274	확증 …………………… 296,297~299,304,305~308
퍼지(로직) ………………………… 34,46	확증 가능성의 원리 ……………………… 58
편유편무의 법칙 ……………………… 114	확증주의 …………………………… 40,41
편의된 통계의 오류 …………………… 241	환위 ………………………… 118,119,132,219
포괄적 선언 ……………………… 45,49,172	환위환질(법) ………………………… 118
포퍼(K. Popper)………… 236,274,275,276,306	환질 ………………………… 118,120,122,175
표상 …………………………………… 102	환질환위(법) …………………… 118,120,121
표식 ……………………………………… 27	효용(유용성) …………… 279,283,284~287,291
표현문 ……………………………… 62,63	후건 ………………………………… 14,15
표현적 기능 …………………………… 36	후건긍정의 오류 …………………… 141,142
피장파장의 오류 ……………………… 229	후건부정(식) …………… 52,141,172,175,179~182
피정의항 ………………………… 28,29,35	흄(D. Hume) ………………… 242,262,264
피존(pigeon) …………………………… 25	흑백 사고(논리)의 오류 ………………… 227
필연성 ……………… 211~,236,258,262~264,276,	힘에 의거하는 오류 …………………… 230
필연적 거짓 ………………………… 212	Austin ……………………………… 61
필연적 참 …………………………… 211	Black ……………………………… 274
필요조건 ……………… 50,64,68,260,261,263,265	Boole …………………………… 33,109,274
필요충분조건 ……………… 50,134,260,265	Chomsky ……………………………… 27
하위적 전개 과정 ……………………… 88,89	epagoge …………………………… 235
학대적 인신공격 ……………………… 252	Feigl ……………………………… 274
한량 논리 …… 45,108,173,183,186,190,194,197,	Frege ……………………………… 27
199,204,205,219	Grice ……………………………… 64~
함축 …………………… 33,47,89,177,212,262	Mayer ……………………………… 10
합리적 결정 ……………………… 282,291	Minsky ……………………………… 243
합성성 ………………………………… 27	Morris ……………………………… 56
합성의 오류 ………………………… 223	n 항 술어 …………………………… 185
항상적 연결성 ……………………… 262	NP ………………………………… 57
항위(모순) 명제 …………………… 150,151,152	Quine ……………………………… 29
항진 명제 …………… 103,104,150,152,154,155	Rescher …………………………… 274
해석 …………………………………… 60	Ruchilis and Sandra …………………… 11
행위 …………………… 19,56,61,229,245,524	Russell …………………………… 27,273
헤라클레이토스 ……………………… 104	Salmon …………………………… 274
협조 원리 …………………………… 64,65	Schagrin, Rapaport, & Dipert …………… 93
형식 (체계) ………… 28,89,91,108,150,247,254	Searle ……………………………… 62
형식적 오류 ……………………… 219,220	VP ………………………………… 57
형식적 접근 방법 ……………………… 220	Wittgenstein ……………………… 25,61

> 저자와의
> 협약에 의해
> 검인생략

논리와 추리

과학 방법론의 기초 및 PSAT/LEET 문제 풀이를 위한 응용 기법

2010년 3월 1일 초판 인쇄
2010년 3월 5일 초판 발행

지은이 | 우정규
펴낸이 | 손대권
펴낸곳 | 대종출판
등 록 | 제 300-2000-7호
주 소 | 서울 종로구 연지동 136-46
           한국기독교회관 603호
전 화 | 02)742-6114
팩 스 | 02)747-5572

ISBN 978-89-92315-22-7   03170

정가 18,000원

※ 본서의 무단 복제행위를 금합니다.
※ 잘못된 책은 바꿔 드립니다.